0,50

VLM

D. Martyn Lloyd-Jones

Geistliche Krisen überwinden

VLM

Verlag der
Liebenzeller Mission
Lahr

Die Deutsche Bibliothek – CIP-Einheitsaufnahme

Lloyd-Jones, David Martyn: Geistliche Krisen überwinden / D. Martyn Lloyd-Jones. [Aus dem Engl. von Johannes W. Volkert]. – 3., überarb. Aufl. – Lahr : Verl. der Liebenzeller Mission, 1995
(Edition C : C ; 450)
Einheitssacht.: Spiritual depression [dt.]
Bis 2. Aufl. u. d. T.: Lloyd-Jones, David Martyn: Geistliche Krisen und Depressionen
ISBN 3-88002-590-8
NE: Edition C / C

Die englische Originalausgabe erschien unter dem Titel
"Spiritual Depression" bei Pickering & Inglis, London – Glasgow

Aus dem Englischen von Johannes W. Volkert

ISBN 3-88002-590-8
3. Auflage 1995

Umschlaggestaltung: Grafisches Atelier, Dettingen
Gesamtherstellung: St.-Johannis-Druckerei, 77922 Lahr
Printed in Germany 12281/1995

Inhalt

Vorwort

Die vorliegenden Predigten wurden an aufeinanderfolgenden Sonntagen in Westminster Chapel gehalten und werden hier praktisch unverändert wiedergegeben.

Ihre Notwendigkeit ergab sich aus meinen seelsorgerlichen Erfahrungen, und sie werden jetzt hauptsächlich aufgrund vielfacher Anfragen in Buchform veröffentlicht.

Da ich glaube, daß die größte Notwendigkeit heute eine neu erwachte und frohe Kirche ist, ist das Thema, das in diesen Predigten behandelt wird, für mich von größtmöglicher Bedeutung. Unglückliche Christen sind – gelinde gesagt – ein schlechtes Zeugnis für den christlichen Glauben; es besteht kaum Zweifel daran, daß die überschwengliche Freude der ersten Christen eine der stärksten Ursachen bei der Verbreitung des Christentums war.

Die Behandlung des Themas ist auf keinen Fall erschöpfend. Ich habe versucht, mich mit dem auseinanderzusetzen, was meiner Erfahrung nach die häufigsten Ursachen von Problemen sind. In mehreren Fällen (z. B. bei der Beziehung zwischen Leib, Seele und Geist) hätte ich mich gerne ausführlicher mit der Thematik befaßt, aber das war in einer Predigt kaum möglich. Predigten sind keinesfalls für die „Experten" gedacht, sondern für den „gewöhnlichen Menschen" und für die, die Hilfe benötigen.

Es ist mein Gebet, daß Gott die Predigten solchen Menschen zum Segen werden läßt.

Alle, denen dieses Buch auf irgendeine Weise eine Hilfe ist, werden sich meinem Dank an Frau Hutchings, die die Predigten mitstenographierte, und an meine Frau, die die Korrekturen, das Korrekturlesen usw. durchführte, anschließen wollen.

Westminster Chapel D. M. Lloyd-Jones

Allgemeine Betrachtung

Was betrübst du dich, meine Seele, und bist so unruhig in mir? Harre auf Gott; denn ich werde ihm noch danken, daß er mir hilft mit seinem Angesicht. Psalm 42, 6

Was betrübst du dich, meine Seele, und bist so unruhig in mir? Harre auf Gott; denn ich werde ihm noch danken, daß er meines Angesichts Hilfe und mein Gott ist. Psalm 42, 12

Die einfachste Beschreibung der fünf Bücher der Psalmen ist, daß sie das inspirierte Gebet- und Gesangbuch Israels waren. Sie sind Offenbarungen der Wahrheit, nicht abstrakt, sondern in den Begriffen der menschlichen Erfahrung. Die offenbarte Wahrheit wird eingeflochten in die Gefühle, Wünsche und Leiden des Gottesvolkes durch das, was es erlebte.

Gerade weil die Psalmen eine so getreue Beschreibung dieser Empfindungen sind, erwiesen sie sich durch die Jahrhunderte hindurch immer als eine Quelle von tiefem Trost und großer Ermutigung für das Volk Gottes – sowohl für Israel als auch für die christliche Kirche.

Hier sind wir in der Lage, Menschen zu beobachten, wie sie mit ihren Problemen und mit sich selbst ringen. Sie sprechen zu sich selbst und zu ihrer Seele, indem sie ihre Herzen bloßlegen, ihre Probleme zergliedern, sich selbst tadeln und ermutigen. Manchmal sind sie voller Freude, manchmal niedergeschlagen, aber sie sind immer aufrichtig. Aus diesem Grund sind sie für uns von wirklicher Bedeutung, wenn wir ebenfalls aufrichtig sind.

In Psalm 42, über den wir nachdenken wollen, ist der Psalmist unglücklich und in Not. Darum bricht er in diese dramatischen Worte aus: »Was betrübst du dich, meine Seele, und bist so unruhig in mir? Harre auf Gott ; denn ich werde ihm noch danken, daß er meines Angesichts Hilfe und mein Gott ist.« Diese Aussage, die in diesem Psalm zweimal vorkommt, finden wir auch in dem nachfolgenden Psalm. Manche halten Psalm 43 für einen Teil des 42. und nicht für einen eigenständigen Psalm. Das ist eine Frage, die nicht ausschlaggebend sein kann, und sie ist auch völlig unwesentlich. Aber in beiden Psalmen wird die Aussage wiederholt, denn wir finden sie ebenso am Ende von Psalm 43.

Der Psalmist erzählt von seiner Not, vom Elend seiner Seele und von der Lage, in der er sich befand, als er diese Worte schrieb. Er nennt uns den Grund seines Elends.

Augenscheinlich war er zu jenem Zeitpunkt daran gehindert, gemeinsam mit anderen am öffentlichen Gottesdienst im Tempel teilzunehmen. Aber nicht nur das; offensichtlich wurde er von bestimmten Feinden angegriffen. Da waren jene, die ihr möglichstes taten, ihn zu entmutigen, und er erzählt davon. Wir sind jedoch hauptsächlich daran interessiert, in welcher Weise er sich dieser Situation stellt und wie er damit fertig wird.

Geistliche Krisen – ihre Ursache

Unser Thema befaßt sich mit dem, was wir als »geistliche Depression« bezeichnen können, mit ihren Ursachen und mit der Art und Weise, in der sie behandelt werden sollte.

Es ist interessant, wie häufig sich die Heilige Schrift mit diesem Thema beschäftigt, und der einzige Schluß, der daraus gezogen werden kann, ist, daß Depressionen sehr häufig vorkommen. Es scheint eine Sache zu sein, die Gottes Volk von Anfang an quälte, denn sowohl das Alte als auch das Neue Testament setzt sich mit diesem Problem auseinander. An sich wäre das bereits ein ausreichender Grund, sich mit dem Thema »Depressionen« zu befassen, aber ich tue es auch, weil hier vielfach die eigentümliche Not vieler Gläubiger und das besondere Problem, das sie in der heutigen Zeit quält, zu liegen scheint.

Dafür gibt es viele Gründe. Einer der Hauptgründe sind zweifellos die schrecklichen Ereignisse, die wir in dieser Generation durchlebt haben: die zwei Kriege und der sich daraus ergebende Umbruch. Das ist keineswegs der alleinige Grund, aber m. E. trägt er dazu bei. Aber was immer auch der Grund sein mag, die Tatsache bleibt, daß es eine große Anzahl Christen gibt, die einen unglücklichen Eindruck machen. Sie sind niedergeschlagen, ihre Seele ist »unruhig in ihnen«, und gerade aus diesem Grunde lenke ich die Aufmerksamkeit auf dieses Thema.

Bei einer umfassenden Analyse dieser Thematik müssen wir zwei Linien verfolgen. Zuerst müssen wir uns mit dem befassen, was die Bibel dazu sagt, und dann können wir anschließend bestimmte aufschlußreiche biblische Beispiele oder Illustrationen dieses Zustandes betrachten und sehen, wie sich die betreffenden Personen verhielten und wie Gott mit ihnen handelte. Das ist eine gute Art, Probleme im geistlichen Leben zu bewältigen. Es ist immer gut, mit der Bibel zu beginnen, denn dort wird zu jeder Situation eine erklärende Lehre erteilt; und es ist ebenfalls gut, Beispiele und Illustrationen aus derselben Quelle zu betrachten.

Die zwei Methoden können uns außerordentlich helfen; und ich möchte hier mit Nachdruck für die Wichtigkeit der Befolgung dieser Methoden eintreten. Es gibt Leute, die nur an den Illustrationen, an den Erzählungen interessiert sind; doch wenn wir die Prinzipien, die durch die Erzählungen veranschaulicht werden, nicht sorgfältig ableiten, werden wir unseren Zustand letztendlich dadurch wohl noch verschlimmern. Obwohl durch die Betrachtung von Beispielen und Illustrationen ein großer Gewinn erzielt werden kann, ist es von entscheidender Bedeutung, daß wir uns zuerst mit der Lehre beschäftigen. Es gibt viele Menschen, die in Not zu sein scheinen, weil sie mehr oder weniger von den Erfahrungen anderer Menschen leben oder weil sie nach den Erfahrungen anderer Menschen trachten. Da sie immer auf Menschen und deren Erlebnisse sehen, anstatt zuerst nach der Lehre zu greifen, verirren sie sich so oft und so schlimm. Unsere Bibelkenntnis hätte uns vorwarnen und vor dieser besonderen Gefahr schützen sollen, da sie unverändert beides tut, wie wir bei der Erörterung unseres Themas sehen werden. Einerseits gibt es die großartige lehrmäßige Unterweisung, klar und deutlich, und dann hat Gott in seiner Gnade andererseits auch die Illustrationen hinzugefügt, damit wir sehen können, wie sich die großen Prinzipien in der Praxis auswirken.

Ich brauche kaum zu erklären, warum ich es für notwendig halte, daß wir uns mit dieser besonderen Frage befassen. Ich tue es zum Teil um jener willen, die sich in einem depressiven Zustand befinden, damit sie aus dieser Not, dieser Unruhe, diesem Mangel an Freiheit, dieser Spannung, diesem quälenden Zustand befreit werden mögen, der von dem Psalmisten so trefflich im 42.

Psalm beschrieben wird. Es ist sehr betrüblich, wenn man bedenkt, daß es Gläubige gibt, die den größten Teil ihres Erdenlebens in einem Zustand der Depression verbringen. Das bedeutet nicht, daß sie keine Christen sind, sondern daß sie viel verpassen, ja daß sie so viel verpassen, daß es wichtig ist, daß wir schon allein ihretwegen den ganzen Zustand geistlicher Depression, der so deutlich in diesem Psalm umrissen ist, erforschen sollten.

Aber es gibt einen anderen, noch wichtigeren Grund, nämlich den, daß wir uns mit diesem Problem auseinandersetzen müssen um des Reiches und der Ehre Gottes willen.

Mit den geistlichen Krisen sich auseinandersetzen

Ein depressiver Christ ist gewissermaßen ein Widerspruch in sich, und er ist ein sehr schlechtes Zeugnis für das Evangelium. Wir leben in einem geschäftigen Zeitalter. Die Menschen heute sind nicht zuerst an der Wahrheit, sondern an den Ergebnissen interessiert. Die einzige Frage, die sie stellen, ist: Funktioniert es? Sie forschen und suchen krampfhaft nach etwas, das ihnen helfen kann. Nun glauben wir, daß Gott sein Reich zum Teil durch sein Volk ausbreitet, und wir wissen, daß er oftmals die bemerkenswertesten Dinge in der Geschichte der Kirche durch das einfache Christenleben ganz gewöhnlicher Menschen getan hat. Nichts ist daher wichtiger, als daß wir uns aus einem Zustand befreien, der anderen Menschen den Eindruck vermittelt, daß Christ-sein gleichzusetzen ist mit unglücklich-sein, traurig-sein, krankhaft-sein und daß ein Christ jemand ist, der »Freuden verachtet und sein Leben in Mühsal verbringt«.

Es gibt in der Tat viele, die dies als Grund nennen für die Tatsache, daß sie keine Christen sind und daß sie alles Interesse, das sie jemals am Christentum hatten, verloren. Sie sagen: »Seht euch die Christen an, seht den Eindruck an, den sie vermitteln!« Gerne vergleichen sie uns mit den Menschen draußen in der Welt, mit Menschen, die so begeistert sind von den Dingen, an die sie glauben – was immer es auch sein mag. Sie schreien bei ihren Fußballspielen, sie sprechen über die Filme, die sie gesehen haben, sie sind voller Erregung und wollen, daß jeder es weiß; aber die Christen scheinen zu oft niedergeschlagen zu sein und vermitteln zu oft den Anschein von Trauer, Mangel an Freiheit und fehlender Freude.

Es steht völlig außer Frage, daß dies der Hauptgrund dafür ist, daß eine große Anzahl Menschen das Interesse am Christentum verloren hat. Und – seien wir offen und ehrlich – in gewissem Sinne ist ihr Standpunkt berechtigt; wir müssen bekennen, daß ihre Kritik angebracht ist. Es ist daher unsere Pflicht, nicht nur um unseretwillen, sondern auch um des Reiches Gottes und um der Ehre des Christus willen, an den wir glauben, ihn und seine Sache, seine Botschaft und seine Macht auf eine solche Art und Weise zu vertreten, daß Männer und Frauen, die alles andere als ablehnend sind, angezogen und gefesselt werden, wenn sie uns beobachten – wie immer unsere Lage oder Situation auch sein mag. Wir müssen so leben, daß sie einfach sagen müssen: »Wollte Gott, daß ich auch so sein könnte! Wollte Gott, daß auch ich in dieser Welt leben und durch das Leben gehen könnte, wie jener es tut!« Es ist offensichtlich, daß wir, wenn wir selbst niedergeschlagen sind, niemals in der Lage sein werden, so etwas zustande zu bringen.

Im Augenblick möchte ich die Aufmerksamkeit auf unser Thema im allgemeinen lenken. Ich möchte die Ursachen im allgemeinen betrachten und erwägen sowie auch die Art und Weise, wie wir dieses Problem bei uns selbst angehen müssen, wenn wir daran leiden.

Nach einer allgemeinen Betrachtung werden wir in der Lage sein, das Problem der Depression mehr im einzelnen zu erörtern, und ich möchte die Wichtigkeit dieser Verfahrensweise hervorheben. Wenn man die Werke und die Schriften jener untersucht, die in der Geschichte der Kirche in unserem Land wegen ihrer Arbeit an dem vorliegenden Problem sehr bekannt sind, wird man feststellen, daß sie ausnahmslos auf diese Art und Weise vorgingen. Ich weiß, daß das heute nicht modern ist. Wir haben es alle eilig; wir wollen alles auf einmal. Wir glauben, daß die ganze Wahrheit in einigen Minuten dargelegt werden kann.

Die Antwort darauf ist, daß dies nicht möglich ist, und der Grund dafür, daß heute so viele ein oberflächliches Glaubensleben führen, liegt darin, daß man sich keine Zeit dafür nimmt, sich selbst zu prüfen.

Lassen Sie mich dafür ein Beispiel geben. Man hört so oft von Leuten, die Schwierigkeiten haben, eine vom Arzt verschriebene

Heilbehandlung zum erfolgreichen Abschluß zu bringen. Sie gehen zu einem Arzt, und er gibt ihnen Anweisungen. Sie gehen nach Hause in der Meinung, genau zu wissen, was zu tun ist; aber wenn sie das Gehörte in die Tat umsetzen wollen, stellen sie fest, daß der Arzt ihnen nicht ausreichend detaillierte Anweisungen gegeben hat. Er hatte eine allgemeine Aussage gemacht und war gar nicht bis zu den Einzelheiten gekommen. So sind sie in Verlegenheit und wissen nicht, was sie tun sollen; auch können sie sich nicht genau erinnern, wie die Behandlung durchgeführt werden soll.

Dasselbe trifft zu für den Schulunterricht. Der kluge Lehrer legt immer zuerst seine allgemeinen Grundsätze fest, versäumt es aber nie, sie im Detail auszuarbeiten. Allgemeine Aussagen sind an sich nicht ausreichend; wir müssen uns ebenfalls den Einzelheiten zuwenden. Im Augenblick beschäftigen wir uns jedoch mit dem Allgemeinbild.

Das Allgemeinbild geistlicher Krisen

Zuerst wollen wir den Zustand der Depression betrachten. Wir können keine bessere Beschreibung dieses Zustandes geben als der Autor des 42. Psalmes. Er gibt uns ein außerordentlich genaues Bild einer christlichen Depression.

Lesen Sie die Worte, und Sie können jenen niedergeschlagenen Menschen fast vor sich sehen. Sie können es ihm beinahe am Gesicht ansehen. Beachten Sie in diesem Zusammenhang den Unterschied zwischen Vers 6 und Vers 12. In Vers 12 heißt es: »Was betrübst du dich, meine Seele, und bist so unruhig in mir? Harre auf Gott; denn ich werde ihm noch danken, daß er meines Angesichts Hilfe und mein Gott ist.« In Vers 6 sagt er es so: »Was betrübst du dich, meine Seele, und bist so unruhig in mir? Harre auf Gott; denn ich werde ihm noch danken, daß er mir hilft mit seinem Angesicht.« In Vers 6 erklärt er, daß der Anblick des Angesichtes Gottes immer hilft; aber in Vers 12 spricht er von »meinem Angesicht«. Mit anderen Worten: Dem Menschen, der betrübt und unruhig und elend ist, der unglücklich und depressiv ist, ist dies immer am Gesicht abzulesen. Er schaut betrübt und bekümmert drein. Man sieht mit einem Blick, wie es um ihn steht.

Ja, so sagt der Psalmist letztlich, aber wenn ich wirklich auf Gott schaue, geht es mir besser, dann verändert sich mein Angesicht auch zum Positiven: »Er ist meines Angesichts Hilfe und mein Gott.« Ich verliere jenes verzerrte, verstörte, geängstigte, betrübte, verwirrte und in mich gekehrte Äußere, und ich beginne gelassen und ruhig, ausgeglichen und heiter auszusehen. Dies ist nicht das Aufsetzen einer Maske, sondern etwas, das unvermeidlich ist.

Wenn wir depressiv oder unglücklich sind, wird das, ob uns das nun gefällt oder nicht, an unserem Gesicht zu sehen sein. Andererseits muß, wenn wir im rechten Verhältnis zu Gott stehen und in einer wirklich geistlichen Haltung leben, dies auch zwangsläufig auf unserem Gesicht zum Ausdruck kommen – wenngleich ich damit nicht behaupten möchte, daß wir fortwährend jenes leere Grinsen vorzeigen müssen, das nach Auffassung mancher Leute das Wahrzeichen echter christlicher Freude ist. Man braucht nichts »aufzusetzen« – es wird einfach »da« sein. Es muß zwangsläufig zum Ausdruck kommen: »Er ist meines Angesichts Hilfe.«

Nun schauen wir uns aber nochmals das Bild jenes elenden Menschen an. Er sieht aus, als trage er die Last der ganzen Welt auf dem Rücken. Er ist niedergeschlagen, traurig, verängstigt und verwirrt. Nicht nur das: Er sagt uns, daß er weint: »Meine Tränen sind meine Speise Tag und Nacht.« Er weint bitterlich – und das alles, weil er so verwirrt und verängstigt ist. Er ängstigt sich um sich selbst, er sorgt sich um das, was ihm geschieht, er ist beunruhigt über die Feinde, die ihn angreifen und Andeutungen über ihn und seinen Gott machen. Alles scheint ihm zuviel zu sein. Er kann seine Gefühle nicht beherrschen. Er geht noch weiter und sagt, daß seine Lage sogar Auswirkungen auf seinen Appetit hat. Er sagt, daß seine »Tränen seine Speise sind«. Wir alle kennen diese Erscheinung. Wenn wir uns sorgen und ängstigen, verlieren wir den Appetit, und wir mögen nichts essen. Ja, die Speise erscheint einem widerlich. Obwohl dies nun selbst vom physischen und medizinischen Standpunkt aus ein interessanter Umstand ist, wollen wir hier lediglich darauf hinweisen, wie wichtig es ist, dieses Symptom zu erkennen. Die Schwierigkeit bei diesem Zustand ist, daß, während wir darunter leiden, wir uns oft nicht des Eindruckes bewußt sind, den wir auf andere Menschen machen.

Weil wir uns gerade um jenen Eindruck kümmern sollten, ist es hilfreich, uns ein objektives Bild davon zu machen. Hätten wir nur die Fähigkeit, uns so zu sehen, wie andere uns sehen, wäre das oftmals der wichtigste Schritt zum Sieg und zur Befreiung. Es ist gut, uns selbst zu betrachten und zu versuchen, das Bild herbeizuzaubern, das wir anderen bieten: ein depressiver Mensch, traurig und weinend, der weder essen noch mit jemandem sprechen möchte und so mit seinen Sorgen beschäftigt ist, daß er einen verdrießlichen und niedergeschlagenen Eindruck macht.

Nach der allgemeinen Beschreibung des Zustandes der Depression können wir nun weiterschreiten, um einige der allgemeinen Ursachen zu nennen.

Erste Ursache: das Temperament

Erstens und vor allem möchte ich das Temperament erwähnen. Es gibt schließlich unterschiedliche Menschentypen. Vielleicht fragt sich jemand, warum ich dies zuerst nenne. Vielleicht auch möchte jemand sagen: »Wenn Sie über Christen sprechen, müssen Sie nicht mit Temperament oder Typen kommen. Das Christentum hat ja das alles weggeschafft, und Sie sollten diese Art der Betrachtung nicht in eine solche Angelegenheit mit einbeziehen.« Das ist ein sehr wichtiger Einwand, der beantwortet werden muß. Ich möchte die Tatsache an den Anfang stellen, daß Temperament, Psychologie und Aufmachung auf unsere Errettung überhaupt keine Auswirkung haben. Das ist, Gott sei Dank, gerade die Basis unseres Christseins. Es ist gleichgültig, welches Temperament wir haben; wir werden alle auf dieselbe Weise errettet, durch dieselbe Tat Gottes in und durch seinen Sohn, unseren Herrn und Heiland Jesus Christus.

Das ist unsere Antwort auf die Psychologie und auf die Kritik am Christentum, die sich oft aus dem Psychologiestudium ergibt. Lassen Sie mich dies verdeutlichen. Es ist unwichtig, welche Herkunft Sie haben. Es ist unwichtig, welches Temperament Sie vielleicht in dieser Welt bekommen haben. All das macht nicht den geringsten Unterschied aus in bezug auf die Errettung. Wir betrachten so etwas nicht als einen »religiösen Komplex«, sondern rühmen die Tatsache, daß die Kirchengeschichte in reichem Maße beweist, daß jede denkbare Temperamentsart in der Gemeinde des lebendigen Gottes vorhanden war und auch heute noch immer vorhanden ist. Obwohl ich aber nachdrücklich betone, daß das Temperament an sich völlig unwichtig ist in bezug auf unsere grundlegende Errettung, betone ich ebenso nachdrücklich, daß das Temperament bei den tatsächlichen Erfahrungen im Glaubensleben eine große Rolle spielt und daß man bei dem Versuch, eine Situation wie die der geistlichen Depression zu bestimmen, das Temperament voranstellen muß.

Mit anderen Worten: Es gibt nach meiner Erkenntnis der biblischen Lehre über dieses Thema nichts Wichtigeres, als daß wir unverzüglich und so schnell wie nur möglich uns selbst kennenlernen. Denn es ist eine Tatsache, daß wir auch als Christen alle völlig verschieden sind und daß die Probleme und Schwierigkeiten, die Verlegenheiten und Prüfungen, die wir wahrscheinlich erfahren, in großem Maße durch den Unterschied in Temperament und Typ bestimmt werden. Wir stehen alle freilich in demselben Kampf, so wie wir alle an derselben Errettung teilhaben, und wir haben alle dieselbe gemeinsame, zentrale Not. Aber die Darstellungsformen des Problems variieren von Fall zu Fall und von Mensch zu Mensch. Es gibt nichts Sinnloseres, als bei der Betrachtung des Problems der Depression von der Annahme auszugehen, daß alle Christen in jeder Hinsicht völlig gleich seien. Sie sind es nicht, und sie sollen es auch nicht sein.

Auch dies kann ich am besten mit einem Beispiel aus einem anderen Bereich deutlich machen. Wir sind alle Menschen, und als solche haben wir grundsätzlich dieselbe Konstitution. Dennoch wissen wir ganz genau, daß nicht zwei von uns gleich sind, ja, daß wir eigentlich alle in so mancherlei Hinsicht verschieden sind. Man begegnet oft Leuten, die Lebensweisen oder Heilmethoden vertreten, die jene grundlegende Tatsache völlig außer acht lassen und die deswegen offensichtlich falsch sind. Diese Menschen möchten die ganze Welt auf dieselbe Diät setzen. Sie schreiben eine universale Diät vor, die jeden heilen soll.

Ich meine, das ist unmöglich und erklärtermaßen völlig falsch. Ich habe oft gesagt, daß das erste grundlegende Gesetz der Ernährungslehre in jenem alten Sprichwort enthalten ist: »Jack Spratt could eat no fat, his wife could eat no lean.« (Jack Spratt – Sprotte, schmächtiges Kerlchen – konnte kein Fett essen und seine Frau nichts Mageres.) So ist es! Einerseits ist es amüsant, aber andererseits ist es ein wichtiges, grundlegendes Prinzip für die Ernährungslehre.

Konstitutionsmäßig sind »Jack Spratt« und seine Frau verschieden, und der Vorschlag, daß dieselbe Diät für beide das Beste wäre, ist bereits im Ansatz unlogisch. Sie sind beide menschliche Wesen, aber als Menschen sind sie in ihrem Aussehen verschieden.

Oder nehmen wir ein anderes Beispiel. In den Schulen besteht die Bestrebung, allen Kindern dieselben gymnastischen Übungen vorzuschreiben. Auch hier treffen wir auf denselben grundsätzlichen Fehler. Wir unterscheiden uns alle in der Körpergröße und in der Größe unserer Gliedmaßen, und es ist unvernünftig, allen Typen dieselbe harte und strenge Regel aufzuerlegen. Einige haben diese Fähigkeit, andere haben sie nicht, und der Vorschlag, daß jedes Kind dieselbe physische Leistung vollbringen soll, ist ebenso ungeheuerlich wie der Wunsch, jedem Menschen dieselbe Diät vorzuschreiben. Wir alle brauchen Körperbewegung, aber nicht auf dieselbe Weise und in demselben Ausmaß.

Dies möge als Verdeutlichung der Tendenz zur Reglementierung genügen. Mir ist wichtig, daß man kein solches allgemeines Gesetz festlegen kann, als ob der Mensch eine Maschine wäre. Dies ist, wie ich bereits zeigte, im physischen Bereich und unendlich viel mehr auch im geistlichen Bereich falsch.

Es ist ganz offensichtlich, daß wir die Menschen in zwei Hauptgruppen aufteilen können. Es gibt die sogenannten introvertierten und extravertierten Menschen. Es gibt die Menschenart, die im allgemeinen »nach innen« schaut, und es gibt die Menschenart, die immer »nach außen« sieht. Und es ist von größter Wichtigkeit, daß wir uns nicht nur als zu der einen oder anderen dieser zwei Gruppen gehörig erkennen, sondern außerdem erfahren, daß die eine Gruppe anfälliger für Depressionen ist als die andere. Wir müssen damit beginnen, uns selbst zu erkennen und zu verstehen.

Es gibt einen Menschentyp, der besonders anfällig ist für geistliche Depressionen. Das heißt nicht, daß er schlechter ist als andere Menschen. Im Gegenteil, ich kann mit gutem Gewissen sagen, daß sehr oft diejenigen, die sich in der Kirchengeschichte so sehr auszeichnen, gerade zu dem Menschentyp gehören, von dem wir im Augenblick sprechen. Einige der größten Heiligen gehören zu den Introvertierten; der extravertierte Mensch ist im allgemeinen mehr oberflächlich. Im natürlichen Bereich gibt es den Menschentyp, der dazu neigt, sich und alles, was er tut, ständig zu analysieren, der stets darüber nachgrübelt, welche Auswirkungen seine Taten haben könnten, der immer zurückschaut und der immer voller Skrupel ist. Es kann sich um etwas handeln, das nur ein einziges Mal getan wurde, aber er muß sich einfach ständig damit beschäftigen. Er kann nicht ungeschehen machen, was getan wurde, und doch verbringt er seine Zeit noch und noch damit, zu analysieren und abzuwägen und sich Vorwürfe zu machen.

Sicher kennen Sie jenen Menschentypen. All das wird nun auf den geistlichen Bereich und auf das geistliche Leben übertragen. Mit anderen Worten: Es ist offensichtlich, daß für solche Menschen die Gefahr besteht, krankhaft zu werden. Ich sagte bereits, daß ich Namen nennen könnte. Der bekannte Henry Martyn gehörte mit Bestimmtheit zu jenem Menschentyp. Beim ersten Blick auf das Leben dieses Gottesmannes sieht man sofort, daß er zum nach innen gekehrten Typ gehörte. Er war introvertiert und litt unter einer offensichtlichen Neigung zur Krankhaftigkeit und Insichgekehrtheit.

Diese zwei Begriffe erinnern uns daran, daß das grundlegende Problem bei diesen Leuten darin besteht, daß sie die Trennungslinie zwischen Selbstprüfung und Selbstbeobachtung nicht immer sorgfältig ziehen. Wir stimmen alle dem zu, daß wir uns selbst prüfen sollen, aber wir sind uns ebenfalls darüber einig, daß Selbstbeobachtung und Krankhaftigkeit schlecht sind. Wo aber liegt die Grenze zwischen der Selbstprüfung und der Selbstbeobachtung? Ich meine, daß wir die Grenze der Selbstprüfung überschreiten, wenn wir in gewissem Sinne nichts anderes tun, als uns selbst zu prüfen, und eine solche Prüfung der eigenen Person der Hauptinhalt unseres Lebens wird. Wir müssen uns von Zeit zu Zeit prüfen, aber wenn wir das immer tun, wenn wir unsere Seele sozusagen ständig sezieren, ist das Selbstbeobachtung. Und wenn wir immer mit anderen über uns selbst, unsere Probleme und Schwierigkeiten sprechen und unaufhörlich mit sorgenvollem Gesicht zu ihnen gehen und sagen: »Ich habe große Probleme«, dann heißt das wahrscheinlich, daß wir die ganze Zeit auf uns selbst konzentriert sind. Das ist Selbstbeobachtung, und das wiederum führt zu dem Zustand, den wir Krankhaftigkeit nennen.

Hier nun liegt der Punkt, von dem wir immer ausgehen müssen. Kennen wir uns selbst? Kennen wir unsere besondere Schwäche? Kennen wir die Sache, der wir verfallen sind? Die Bibel sagt sehr viel darüber. Sie ermahnt uns, über unsere Stärke und Schwäche zu wachen. Nehmen wir zum Beispiel Moses. Er war der sanftmütigste Mann, den es je gab, so wird uns gesagt; und dennoch stand seine größte Sünde, sein Versagen, gerade damit in Verbindung. Er setzte seinen eigenen Willen durch, er wurde zornig. Wir müssen sowohl unsere Stärke als auch unsere Schwäche im Auge behalten. Der Weisheitskern besteht darin, daß wir uns dieser grundlegenden Sache bewußt sind. Wenn ich von Natur her introvertiert bin, muß ich diesbezüglich immer vorsichtig sein und mich vorsehen, daß ich nicht in einen Zustand der Krankhaftigkeit verfalle. Der Extravertierte muß sich ebenso kennen und vor den Versuchungen seines Temperaments auf der Hut sein. Manche von uns sind von der Veranlagung her und je nach dem Typ, dem wir angehören, mehr dieser geistlichen Krankheit ausgesetzt als andere. Wir gehören zu derselben Gruppe wie Jeremia, Johannes der Täufer, Paulus, Luther und viele andere. Eine großartige Gruppe! Ja, aber man kann nicht dazugehören, ohne in außergewöhnlicher Weise dieser besonderen Art der Prüfung unterworfen zu sein.

Zweite Ursache: der Gesundheitszustand

Jetzt wollen wir die zweite wichtige Ursache, den Gesundheitszustand, betrachten. Erstaunt dies jemanden? Ist einer der Ansicht, daß es, solange man Christ ist, nicht darauf ankommt, in welcher Verfassung sich der Körper befindet? Nun, in dem Fall werden Sie bald enttäuscht werden. Der körperliche Zustand hat sehr wohl einen Einfluß. Es ist sehr schwer, die Grenze zwischen dieser und der ersten Ursache zu ziehen, da das Temperament bis zu einem gewissen Grad von der körperlichen Verfassung beherrscht zu werden scheint und es bestimmte Menschen gibt, die durch ihren Körpertyp fast im physischen Sinne für Depressionen anfällig sind. Mit anderen Worten: Es gibt bestimmte physische Leiden, die zu einer größeren Empfänglichkeit für Depressionen beitragen. Thomas Carlyle ist da meines Erachtens ein außergewöhnliches Beispiel. Oder auch jener großartige Prediger, der im letzten Jahrhundert fast vierzig Jahre lang in London auf der Kanzel stand – Charles Haddon Spurgeon, einer der wahrhaft größten Prediger aller Zeiten.

Dieser große Mann hatte sehr unter geistlichen Depressionen zu leiden, und die wichtigste Erklärung dafür war in seinem Fall zweifellos die Tatsache, daß er Gicht hatte – eine Krankheit, die ihm schließlich den Tod brachte. Er mußte sich oft mit diesem Problem der geistlichen Depression in äußerst schmerzhafter Weise auseinandersetzen. Die Tendenz zur plötzlichen Depression ist die zwangsläufige Begleiterscheinung der Gicht, die er von seinen Vorfahren geerbt hatte. Und bei vielen Menschen, die zu mir in die Seelsorge kommen, habe ich festgestellt, daß in ihrem Fall ganz offensichtlich der körperliche Zustand die Hauptursache der Schwierigkeit ist.

Zu dieser Gruppe kann man, allgemein gesprochen, Müdigkeit, Überanstrengung, Krankheit und jede Form von Leiden rechnen. Man kann das Geistliche nicht vom Körperlichen trennen, denn wir bestehen aus Körper, Geist und Seele. Die größten und besten Christen sind, wenn sie körperlich schwach sind, offener für einen Anfall geistlicher Depression als sonst. Wir finden in der Heiligen Schrift viele Beispiele dafür.

Hier möchte ich aber eine Warnung aussprechen. Wir dürfen weder die Existenz des Teufels vergessen, noch dürfen wir es zulassen, daß er uns dazu verführt, das, was eigentlich körperlich ist, als geistlich anzusehen. Wir müssen jedoch in jeder Hinsicht vorsichtig sein, wenn wir dies unterscheiden wollen; denn wenn Sie sich Ihrem körperlichen Zustand hingeben, werden Sie in einem geistlichen Sinne schuldig. Wenn Sie jedoch bedenken, daß die körperliche Situation teilweise für die geistliche Verfassung verantwortlich ist und Sie Nachsicht dabei üben, werden Sie besser in der Lage sein, mit den geistlichen Problemen fertig zu werden.

Eine weitere häufige Ursache geistlicher Depression ist das, was wir als eine »Reaktion« bezeichnen könnten – eine Reaktion auf eine große Segnung, eine Reaktion auf eine ungewöhnliche und außerordentliche Erfahrung. Ich hoffe, mich später mit Elia unter dem Ginsterstrauch befassen zu können. Meines Erachtens war Elias größtes Problem, daß er unter einer Reaktion litt – unter der Reaktion nämlich auf das, was auf dem Karmel geschehen war (1. Kön. 19). Abram machte dieselbe Erfahrung (1. Mose 15). Wenn nun Menschen zu mir kommen und irgendeine bemerkenswerte Erfahrung, die sie gemacht hatten, beschreiben, freue ich mich mit ihnen und danke Gott; aber zugleich bin ich auf der Hut und um sie besorgt, daß keine depressive Reaktion eintritt. Das muß nicht geschehen, aber wenn wir uns der Gefahr nicht bewußt sind, kann es der Fall sein. Wenn wir uns nur klarmachten, daß, wenn es Gott gefällt, uns eine ungewöhnliche Segnung zuteil werden zu lassen, wir nachher ungewöhnlich aufmerksam sein müssen, dann könnten wir diese Reaktion, die sich so oft einstellt, vermeiden.

Nun wollen wir uns der nächsten Ursache zuwenden. In gewissem Sinne und bei letzter Untersuchung handelt es sich dabei um die eine und einzige Ursache für geistliche Depressionen – nämlich um den Teufel, den Widersacher unserer Seele. Er kann unser Temperament und unsere körperliche Verfassung benutzen, indem er so mit uns verfährt, daß wir uns von unserem Temperament beherrschen und bestimmen lassen, anstatt dem Temperament den Platz anzuweisen, der ihm gebührt. Es gibt unendlich viele Arten, auf die der Teufel geistliche Depression hervorruft. Wir dürfen ihn nie außer acht lassen. Das eine Ziel des Teufels besteht darin, Gottes Volk so niederzudrücken, daß er zum Weltmenschen sagen kann: »Schau einmal, das sind nun Gotteskinder! Möchtest du so werden?« Offensichtlich besteht die ganze Taktik des Widersachers unserer Seelen und des Gegners Gottes darin, uns depressiv zu machen, so daß wir so aussehen, wie bereits oben beschrieben wurde, nämlich unglücklich.

Dritte Ursache: der Unglaube

Im Grunde kann ich es so sagen: Die letzte Ursache aller geistlichen Depression ist der Unglaube. Denn nur bei Unglaube kann der Teufel etwas ausrichten. Gerade weil wir auf den Teufel hören anstatt auf Gott, müssen wir ihm unterliegen und unter seinen Angriffen zusammenbrechen. Darum sagt der Psalmist wiederholt: »Harre auf Gott, denn ich werde ihm noch danken . . .« Er erinnert sich an Gott. Warum? Weil er niedergeschlagen, weil er depressiv war und weil er Gott vergessen hatte, so daß sein Vertrauen auf und sein Glaube an Gott und seine Macht sowie seine Beziehung zu ihm nicht so waren, wie es sein sollte. Zusammengefaßt können wir tatsächlich sagen, daß die letzte und eigentliche Ursache purer Unglaube ist.

Wir haben nun die Ursachen betrachtet. Wie verhält es sich aber mit der Behandlung im allgemeinen? Ich möchte mich hier ganz kurz fassen: Das erste, was wir lernen müssen, ist das, was der Psalmist lernte: Wir müssen lernen, an uns zu arbeiten. Der Psalmist gibt sich nicht damit zufrieden, nur am Boden zu liegen und sich selbst zu bedauern. Er tut etwas dagegen: Er arbeitet an sich selbst. Aber er tut noch etwas, das noch viel wichtiger ist: Er spricht mit sich selbst. Dieser Mann sagt sich: »Was betrübst du dich, meine Seele, und bist so unruhig in mir?« Er spricht mit sich selbst, er spricht sich selbst an. »Aber«, so sagt vielleicht jemand, »ist das nicht gerade das, was wir nicht tun sollten, da unser größtes Problem doch darin besteht, daß wir uns zuviel mit uns selbst beschäftigen? Dies steht doch gewiß im Widerspruch zu dem, was Sie vorhin sagten. Sie warnten uns vor krankhafter Selbstbetrachtung, und nun sagen Sie uns, daß wir mit uns selbst reden sollen!«

Wie können wir beides miteinander in Einklang bringen? Folgendermaßen: Ich behaupte, daß wir mit uns selbst reden sollen, anstatt es unserem Selbst zu erlauben, mit uns zu sprechen! Sind Sie sich darüber im klaren, was das heißt? Meiner Meinung nach ist das größte Problem bei der ganzen Angelegenheit der geistlichen Depression in gewissem Sinne dies, daß wir unser Selbst zu uns reden lassen, anstatt daß wir zu uns selbst reden. Versuche ich nun bewußt, paradox zu sein? Absolut nicht. Sondern hier liegt gerade des Pudels Kern. Haben Sie sich klargemacht, daß der Kummer in Ihrem Leben zum größten Teil der Tatsache zuzuschreiben ist, daß Sie auf Ihr Selbst hören, anstatt daß Sie zu Ihrem Selbst reden? Betrachten Sie einmal die Gedanken, die Ihnen so beim Aufwachen kommen. Sie haben sie nicht in Gang gesetzt, aber sie beginnen, zu Ihnen zu sprechen, sie bringen die Probleme von gestern wieder zurück usw. Jemand spricht. Wer spricht zu Ihnen? Ihr Selbst spricht zu Ihnen. Die Methode des Psalmisten war dies: Anstatt dieses Selbst zu sich reden zu lassen, begann er mit dem Selbst zu sprechen. »Was betrübst du dich, meine Seele?« so fragt er. Seine Seele hatte ihn niedergedrückt, erdrückt. Daher erhebt er sich und sagt: »Selbst, höre einmal, ich spreche mit dir.« Wissen Sie, was das bedeutet? Wenn nicht, haben Sie diesbezüglich nur wenig Erfahrung.

Die größte Kunst im geistlichen Leben besteht darin, zu wissen, wie man mit sich selbst umgehen muß. Sie müssen an sich arbeiten, Sie müssen sich selbst ansprechen, sich selbst belehren und kritisieren. Sie müssen zu Ihrer Seele sagen: »Was betrübst du dich, meine Seele – welche Sache hat dich so in Unruhe versetzt?« Sie müssen Ihr Selbst antreiben, tadeln, verurteilen, ermutigen, und Sie müssen ihm sagen: »Hoffe auf Gott« – statt auf diese deprimierte und unglückliche Art und Weise zu jammern. Und dann müssen Sie sich an Gott erinnern: wer er ist, was er ist, was er getan hat und was er tun möchte. Und wenn Sie das gemacht haben, enden Sie mit folgendem: Trotzen Sie sich selbst, trotzen Sie anderen Menschen, trotzen Sie dem Teufel und der ganzen Welt, und sagen Sie mit dem Psalmisten: »Denn ich werde ihm noch danken, daß er mir hilft mit seinem Angesicht« und »daß er meines Angesichts Hilfe und mein Gott ist«.

Das ist in Kürze das Wesen der Heilbehandlung. Bei der weiteren Erwägung des Themas werden wir dies näher ausführen. Hier geht es darum, daß wir begreifen, daß unser Selbst, diese andere Person in uns, angefaßt werden muß. Hören Sie nicht auf sie; sprechen Sie sie an. Reden Sie mit ihr; verurteilen Sie sie; tadeln Sie sie; spornen Sie sie an; ermutigen Sie sie; erinnern Sie sie an das, was Sie wissen, anstatt ihr seelenruhig zuzuhören und sich von ihr bedrücken und deprimieren zu lassen. Denn gerade das wird sie immer tun, wenn Sie ihr die Kontrolle überlassen. Der Teufel ergreift das Selbst und gebraucht es, um uns in Depressionen zu stürzen. Wir müssen uns wie der Psalmist erheben und sagen: »Was betrübst du dich, meine Seele? Warum bist du so unruhig in mir?« Höre damit auf! »Harre auf Gott, denn ich werde ihm noch danken, daß er mir hilft mit seinem Angesicht« und »daß er meines Angesichts Hilfe und mein Gott ist«.

Das wahre Fundament

So halten wir nun dafür, daß der Mensch gerecht wird ohne des Gesetzes Werke, allein durch den Glauben. Römer 3, 28

Ich möchte diese Aussage aus dem Römerbrief mit Ihnen überdenken in dem Licht des grundlegenden Textes, mit dessen Betrachtung wir beim letzten Mal begannen.

Zweifellos ist der Zustand, den wir als geistliche Depression kennen, ein sehr oft auftretendes Übel; in der Tat entdeckt man, je mehr man darüber nachdenkt und darüber spricht, wie weit verbreitet dieses Übel ist.

Wir betrachten das Problem der Depression, weil es, wie ich aufgezeigt habe, zumindest zwei gute Gründe dafür gibt. Erstens ist es sehr traurig, wenn jemand in einer solchen Situation verharrt. Aber der zweite Grund ist noch schwerwiegender und wichtiger: Solche Menschen sind nämlich sehr armselige Vertreter des christlichen Glaubens. Wenn wir die gegenwärtige Welt mit all ihrer Not und Mühsal, mit all ihren Problemen und Traurigkeiten betrachten, gibt es nichts Wichtigeres, als daß wir, die wir uns selbst Christen nennen und den Namen Christi für uns in Anspruch nehmen, unseren Glauben auf eine solche Art und Weise ausleben, daß die anderen den Eindruck haben, daß hier die Lösung und die Antwort liegt.

Von innerer Freude geprägt

In einer Welt, in der alles so traurig verkehrt gelaufen ist, sollten wir uns als Männer und Frauen erweisen, die dadurch auffallen, daß sie allen Umständen und Widrigkeiten zum Trotz von einer tiefen, inneren Freude geprägt sind. Dies ist – und da werden Sie mir sicher zustimmen – das Bild, das uns überall in der Schrift – sei es im Alten Testament oder im Neuen – von der Gemeinde gegeben wird. Die Gottesmänner zeichneten sich diesbezüglich aus, und sie schienen, ungeachtet der Umstände und Bedingungen, ein Geheimnis zu besitzen, das sie befähigte, siegreich zu leben und mehr als Überwinder zu sein. Es ist daher unsere

Pflicht, den Zustand der geistlichen Depression sehr genau zu untersuchen.

Wir haben bereits die allgemeinen Umstände betrachtet und einige der Hauptursachen überdacht. Wir sahen bereits, daß der Kern der Behandlung nach der Meinung des Psalmisten darin besteht, daß wir uns selbst ins Auge sehen. Mit anderen Worten: Wir müssen zu uns selbst reden, anstatt unser Selbst zu uns reden zu lassen. Wir müssen selbst an uns arbeiten; wir müssen uns selbst ansprechen, wie der Psalmist sich und seine Seele ansprach, und die Frage stellen: »Was bist du so unruhig in mir? – Du hast kein Recht, so zu sein. Warum bist du niedergeschlagen und entmutigt?« Er sieht sich selbst ins Auge und spricht zu sich selbst, erwägt Gründe und Gegengründe in sich selbst und bringt sich auf den Glaubensgrund zurück. Er ermahnt sich, an Gott zu glauben, und dann ist er in der Verfassung, zu Gott zu beten.

Ich möchte diese Methode, die von dem Psalmisten befürwortet wird, aufgreifen. Das Grundprinzip ist, daß wir uns selbst ins Auge sehen und ergründen müssen, und wenn wir zu jenen gehören, die die Freude der Errettung und die Freude des Herrn überhaupt nicht zu kennen scheinen, müssen wir die Ursache finden. Es gibt viele Ursachen, und in diesem Fall scheint es mir am klügsten zu sein, sich einzeln mit diesen Ursachen zu beschäftigen und sie ausführlich zu behandeln. Nichts darf als selbstverständlich angesehen werden. Im Gegenteil, man könnte leicht nachweisen, daß die Hauptursache für das Problem der Depression in der fatalen Neigung besteht, die Dinge als selbstverständlich anzusehen. Mehr und mehr entdecke ich, daß dies der Fall ist, wenn ich mit anderen über diese Fragen spreche. Es gibt so viele Menschen, die niemals eine wahrhaft christliche Haltung zu erreichen scheinen, weil sie in bestimmten Hauptfragen, in bestimmten grundlegenden Dingen, mit denen man sich am Anfang hätte auseinandersetzen sollen, nicht zu einem klaren Standpunkt gekommen sind.

Freude aus dem Glauben

Auf das Risiko hin, an dieser Stelle mißverstanden zu werden, möchte ich es einmal so ausdrücken: Die besondere Not, mit der wir uns befassen, kommt meines Erachtens mehr unter denen vor, die religiös erzogen wurden, als unter denen, die keine religiöse Erziehung erhielten. Es ist wahrscheinlicher, daß jene, die in christlichen Häusern und Familien erzogen und immer mit in die Kirche genommen wurden, von ihr befallen werden, als jene, bei denen das nicht der Fall ist. Es gibt viele Menschen, die Zeit ihres Lebens auf eine Art und Weise zu leben scheinen, die Shakespeare als »bound in shallows and miseries« (wörtlich übersetzt: gebunden in Oberflächlichkeit und Elend) bezeichnet. Sie scheinen niemals aus diesem Zustand herauszukommen. Sie sind mit der Kirche in Kontakt gekommen und sehr am Christentum interessiert, und dennoch: Wenn man sie mit der neutestamentlichen Beschreibung des neuen Menschen in Christus vergleicht, erkennt man auf einmal, daß da ein großer Unterschied besteht. Sie sehen es auch selber, und dies ist oft der Hauptgrund für ihre Depressionen und ihr Elend. Sie sehen, daß andere Christen sich freuen, und sie sagen: »Nun, ich kann nicht sagen, daß ich auch so bin. Jener Mensch hat etwas, was ich nicht habe.« Sie würden die ganze Welt dafür geben, wenn sie auch etwas von dem erhalten könnten, was der andere hat. Sie nehmen christliche Biographien zur Hand und lesen über das Leben verschiedener Gottesmänner, die das Leben der christlichen Kirche reicher gemacht haben, und sie stellen sofort fest, daß sie jenen nicht gleichen. Sie wissen, daß sie niemals wie jene waren und daß es etwas gibt, in dessen Genuß jene Menschen offensichtlich gekommen sind, das sie aber selber niemals besaßen.

Es befinden sich zahllose Menschen in dieser unglücklichen Situation. Das Christenleben scheint ihnen ein dauerndes Problem zu sein, und sie stellen immer wieder die gleiche Frage: »Warum kann ich es nicht erreichen? Warum kann ich nicht so sein?« Sie lesen Bücher, sie besuchen Versammlungen und Konferenzen, immer auf der Suche nach dem, was sie nicht finden. Und sie sind entmutigt; ihre Seele ist entmutigt und verzagt.

Wenn wir solchen Menschen begegnen, ist es von höchster Bedeutung, daß wir sicher sind, daß sie die allerersten und grundlegendsten Regeln (oder Erkenntnisse) des christlichen Glaubens klar erkannt haben. Immer und immer wieder habe ich im Gespräch festgestellt, daß ihre wirkliche Not gerade hier liegt. Ich würde nicht sagen, daß sie keine Christen sind, aber ich vermute, daß sie das sind, was ich armselige Christen nennen würde, einfach weil sie den Weg der Errettung nicht verstanden haben und weil aus diesem Grunde ihr ganzer Glaube und all ihre Bemühungen mehr oder weniger vergeblich waren. Sie konzentrieren sich oft auf die Frage der Heiligung, aber das hilft ihnen nicht, weil sie die Rechtfertigung nicht begriffen haben. In der Annahme, daß sie auf dem richtigen Weg sind, gehen sie davon aus, daß sie jetzt nur noch auf diesem Weg bleiben müssen.

Es ist eine interessante theologische Frage, ob solche Menschen Christen sind oder nicht. Ich selber bin der Meinung, sie sind es. Das klassische Beispiel ist natürlich John Wesley.

Ich zögere zu behaupten, daß John Wesley bis 1738 kein Christ war; aber ich bin mir dessen sicher, daß John Wesley bis 1738 den Weg der Errettung als Rechtfertigung allein durch den Glauben nicht verstanden hatte. Er hatte in gewissem Sinne die gesamte Lehre der Bibel anerkannt, aber er hatte sie weder verstanden noch völlig erfaßt. Ich bezweifle nicht, daß er, wenn man ihn gefragt hätte, selbst die Fragen über den Tod Jesu korrekt beantwortet hätte; und dennoch hatte er in der Praxis die Rechtfertigung durch den Glauben nicht klar erkannt.

Sie werden sich erinnern, daß es ausschließlich dem Zusammentreffen mit den mährischen Brüdern (Herrnhuter) und im besonderen dem Gespräch mit einem Mann namens Peter Böhler auf einer Reise von London nach Oxford zu verdanken war, daß er diesen wesentlichen Glaubensgrundsatz in Wahrheit erfaßte. Wesley war ein Mann, der versucht hatte, in seinem christlichen Leben Freude zu finden, indem er verschiedene Dinge tat: den Gefangenen in Oxford predigte, sein Studium an der Universität aufgab und die Gefahren einer Überquerung des Atlantiks auf sich nahm, um den Heiden in Georgia das Evangelium zu verkünden. Er versuchte, Freude zu finden, indem er sein Leben auf eine bestimmte Weise einrichtete. Tatsächlich bestand das ganze Problem bei John Wesley darin, daß er niemals die Lehre der Rechtfertigung durch den Glauben verstanden oder erfaßt hatte. Er hatte den Vers, den wir jetzt überdenken, nie begriffen: »So halten wir nun dafür, daß der Mensch gerecht werde ohne des Gesetzes Werke, allein durch den Glauben.« Es scheint fast unmöglich, daß ein solcher Mann, der in einem außerordentlich gottesfürchtigen Hause erzogen worden war und der sein ganzes Leben in der

Reichsgottesarbeit verbracht hatte, in einem so wichtigen, grundlegenden Punkt keinen klaren Blick besaß – und das von Anfang an. Aber es war so.

Gewißheit bringt Freude

Ich vermute, daß dies noch bei einer großen Anzahl Menschen der Fall ist. Sie nehmen an, daß sie die ersten Dinge richtig erkannt haben. Aber sie sind sich über ihre Rechtfertigung niemals völlig im klaren, und gerade an dieser Stelle verursacht Satan Verwirrung. Es paßt ihm ausgezeichnet, daß solche Menschen sich mit Heiligung und Heiligkeit und verschiedenen anderen Dingen beschäftigen. Sie können jedoch nicht eher richtigstehen, bis sie an diesem Punkt klar sehen, und darum müssen wir hiermit beginnen. Es hat keinen Sinn, sich weiterhin mit dem Überbau zu beschäftigen, wenn das Fundament nicht in Ordnung ist. Darum beginnen wir mit dieser wichtigen Lehre. Verwirrung ist ein altes Problem. In gewissem Sinne ist es das Meisterstück des Satans. Er wird uns sogar dazu ermutigen, rechtschaffen zu sein, solange es ihm gelingt, uns an dieser Stelle zu verwirren. Daß er sich auch heute so verhält, ergibt sich aus der Tatsache, daß der durchschnittliche Kirchenmensch jemanden einfach deshalb für einen Christen zu halten scheint, weil er gute Werke tut, obwohl er im Hinblick auf diese Grundwahrheit vielleicht völlig falschsteht.

Es ist ein altes Problem, und es war das Kernproblem bei den Juden. Es ist das, was Jesus den Pharisäern ständig sagte, und es war sicherlich der Inhalt eines Großteils der Gespräche, die der Apostel Paulus mit den Juden führte. Sie standen völlig falsch im Hinblick auf die gesamte Frage des Gesetzes, und das Hauptproblem war, ihnen den richtigen Blickwinkel zu zeigen. Die Juden glaubten, daß das Gesetz von Gott gemacht wurde, damit der Mensch sich durch das Halten dieses Gesetzes selbst retten könne. Sie sagten, daß alles, was man zu tun habe, darin bestehe, das Gesetz zu halten, daß man sich dadurch selber rechtfertige und daß, wenn man sein Leben gemäß dem Gesetz führe, Gott einen annimmt und man in Gottes Augen wohlgefällig ist. Und sie glaubten, daß ihnen dies möglich war, weil sie das Gesetz niemals begriffen hatten. Sie legten ihre eigene Auslegung hinein und machten aus dem Gesetz etwas, das innerhalb ihrer Reichweite lag. Darum dachten sie, daß alles in Ordnung sei. Das ist das Bild, das in den Evangelien und überall im Neuen Testament von den Pharisäern gegeben wird. Es war das ganze Grundproblem bei den Juden, und es ist noch immer das Kernproblem vieler Menschen. Wir müssen erkennen, daß es bestimmte Dinge gibt, die wir vollkommen verstanden haben müssen, bevor wir wirklich hoffen können, Frieden und Freude am christlichen Leben zu haben.

Diesen allem vorangehenden Punkt können wir sehr gut anhand einer allgemeinen Darlegung der Lehre des dritten Kapitels des Römerbriefes ausführen. Die ersten vier Kapitel dieses großartigen und eindrucksvollen Briefes sind diesem einen Thema gewidmet. Paulus wollte diese eine Botschaft über die Gerechtigkeit, die vor Gott gilt, durch den Glauben an Jesus Christus, unbedingt deutlich machen. Er hatte bereits in Römer 1, 16 + 17 gesagt: »Denn ich schäme mich des Evangeliums von Christus nicht; denn es ist eine Kraft Gottes, die da selig macht alle, die daran glauben, die Juden vornehmlich und auch die Griechen. Denn darin wird offenbart die Gerechtigkeit, die vor Gott gilt, welche kommt aus Glauben in Glauben; wie denn geschrieben steht: Der Gerechte wird aus Glauben leben.« Ja, aber die Frage war, warum nicht jeder das glaubte. Warum nahmen dies nicht alle, die es hörten, fast automatisch an als die größte gute Nachricht, die jemals in die Welt kam? Die Antwort ist, daß sie es nicht glaubten, weil sie die Notwendigkeit nicht sahen. Sie hatten eine falsche Vorstellung von Gerechtigkeit.

Die Gerechtigkeit, von der Paulus spricht, bedeutet, »in einem rechten Verhältnis zu Gott stehen«. Es gibt letztlich kein Glück, keinen Frieden, keine Freude, wenn wir nicht in einem rechten Verhältnis zu Gott stehen. Nun wird dies von allen zugestanden; dem wird sowohl von dem armseligen wie von dem überzeugten Christen beigepflichtet. Ja, aber der ganze Unterschied zwischen beiden ist, daß der erstere, der armselige Christ, falsche Vorstellungen darüber hat, wie die Gerechtigkeit vor Gott erlangt werden muß. Das war auch das Problem bei den Juden. Sie waren der Ansicht, wie ich Ihnen aufgezeigt habe, daß diese Gerechtigkeit erreicht wird durch ein Leben unter der strengen Befolgung des Gesetzes. Aber ihr ganzes Gesetzesverständnis war völlig falsch. Sie verzerrten das Gesetz mit dem Ergebnis, daß genau das, was

Gott ihnen zur Hilfe mit auf den Weg des Heils gegeben hatte, in ihrer Hand zu dem Haupthindernis geworden war, das Heil zu erlangen.

Was sagt uns der Text wirklich? Es gibt bestimmte einfache Grundgedanken, die wir völlig verstanden haben müssen, bevor wir jemals hoffen können, die Freude über die Errettung zu schmecken. Der erste Grundsatz ist das Bewußtsein von Sünde. Wir müssen uns unserer Sündhaftigkeit vollkommen bewußt sein. Hier folge ich der Methode des Apostels Paulus und erhebe einen Scheineinwand. Ich stelle mir vor, daß jemand auf einmal sagt: »Wollen Sie über die Sünde predigen, über das Sündenbewußtsein? Sie sagen, es sei Ihre Absicht, uns froh zu machen, aber wenn Sie über das Sündenbewußtsein predigen wollen, macht uns dies mit Sicherheit noch unglücklicher. Versuchen Sie bewußt, uns unglücklich und deprimiert zu machen?« Die einfache Antwort darauf lautet: »Ja!« Das ist die Botschaft des großen Apostels in diesen Kapiteln des Römerbriefes. Es mag sich widersinnig anhören – die Bezeichnung tut nichts zur Sache –, aber ohne Frage ist dies die Regel, und es gibt keine Ausnahmen. Sie müssen unglücklich gemacht werden, bevor Sie wahre christliche Freude erfahren können. Im Grunde liegt das wirkliche Problem beim armseligen Christen darin, daß er wegen des Sündenbewußtseins niemals wirklich unglücklich war. Er hat die wesentliche Vorbedingung zur Freude übergangen; er hat etwas übernommen, von dem er kein Recht hatte, es zu übernehmen.

Lassen Sie es mich erneut mit einer Aussage der Bibel verdeutlichen. Erinnern Sie sich an den betagten Simeon, der das kleine Jesuskind auf seinen Armen hielt? Er sagte etwas sehr Bedeutungsvolles: »Siehe, dieser wird gesetzt zum Fall und Aufstehen vieler in Israel« (Luk. 2, 34). Es gibt kein Wiederaufstehen, wenn nicht zuvor der Fall erfolgt ist. Das ist ein absolutes Gesetz, und dennoch ist es eine Sache, die heute leider von vielen vergessen und von noch mehr Leuten vorgeschützt wird. Aber die Bibel hat ihre Ordnungen, und diese Ordnungen müssen eingehalten werden, wenn wir die Segnungen der Errettung durch Christus erlangen wollen. Im Grunde ist das einzige, was einen Menschen zu Christus treiben und ihn sich auf Christus stützen lassen kann, ein wahres Sündenbewußtsein.

Wir verirren uns, weil wir nicht zutiefst von unserer Sünde

überzeugt sind. Darum sage ich, daß dies vor allem das Problem derer ist, die religiös oder christlich erzogen worden sind. Ihr Hauptproblem ist oft ihre falsche Vorstellung von Sünde. Ich kann mich an jemanden erinnern, der mir das bei irgendeiner Gelegenheit auf sehr drastische Weise sagte. Es handelte sich dabei um eine Frau, die in einem sehr religiösen Elternhaus erzogen worden war, die immer am Gottesdienst teilgenommen hatte und die fleißig und aktiv im Kirchenleben engagiert war. Sie war dann Mitglied einer Kirche, in der sich eine Anzahl Personen plötzlich von der Welt und von verschiedenen Arten üblen Lebens – Trunkenheit und ähnlichen Dingen – bekehrt hatten. Ich kann mich gut daran erinnern, wie sie zu mir sagte: »Wissen Sie, ich wünsche mir fast, anders erzogen worden zu sein. Ich wünschte, ihre Art Leben gelebt zu haben, damit ich jene wunderbare Erfahrung auch hätte machen können.« Was meinte sie damit? Was sie in Wirklichkeit sagte, war, daß sie sich selbst nie als Sünder gesehen hatte. Warum nicht? Dafür gibt es viele Gründe. Ein Mensch ihrer Art denkt bei Sünde ausschließlich an eine Handlung, an sündige Taten. Und nicht nur das, sondern nur an bestimmte besondere Taten. Daher neigt er dazu, anzunehmen, daß er, da er diese besonderen Dinge nicht begangen hat, überhaupt kein richtiger Sünder ist. In der Tat sieht er es manchmal ganz einfach und sagt: »Ich habe mich niemals wirklich für einen Sünder gehalten. Aber das ist auch nicht erstaunlich, da ich von Anfang an wohlbehütet aufgewachsen bin. Ich kam niemals in die Versuchung, solche Dinge zu tun, und es ist daher nicht erstaunlich, daß ich mich niemals für einen Sünder gehalten habe.« Hier sehen wir das tatsächliche Wesen dieses Trugschlusses. Sein Denken richtet sich auf Handlungen, auf besondere Taten und auf Vergleiche mit anderen Menschen und ihren Erfahrungen und so fort. Aus diesem Grunde besaß er niemals ein wirkliches Sündenbewußtsein, und darum hat er niemals klar gesehen, daß er den Herrn Jesus Christus absolut braucht. Er hat in der Predigt gehört, daß Christus für unsere Sünden starb, und er sagt, daß er das glaubt; aber er hat niemals dessen absolute Notwendigkeit für sich selbst erkannt.

Wie können solche Menschen von der Sünde überzeugt werden? Das ist Paulus' Thema im dritten Kapitel des Römerbriefes. Er hat sich auch im zweiten Kapitel bereits damit befaßt. Er tut das folgendermaßen. Seine grundlegende These lautet: »Da ist keiner, der gerecht sei, auch nicht einer; sie sind allzumal Sünder und mangeln des Ruhmes, den sie bei Gott haben sollten« (Röm. 3, 10. 23). Wer sind diese »alle«? Er sagt uns anschließend, daß es sowohl die Juden als auch die Heiden sind. Die Juden würden natürlich zustimmen, daß die Heiden bestimmt Sünder sind; sie hielten sich nicht an das Gesetz; sie waren Sünder gegen Gott. »Aber Moment mal«, sagt Paulus tatsächlich, »ihr seid alle gleichermaßen Sünder.« Der Grund, warum die Juden Jesus haßten und ihn kreuzigten, die ganze Erklärung vom »Anstoß des Kreuzes«, der Grund, warum Paulus von seinen Landsleuten, die den christlichen Glauben haßten, so behandelt wurde, war, daß nach diesem Glauben die Juden ebenso Sünder sind wie die Heiden. Das Christentum behauptet, daß der Jude – derjenige, der angenommen hatte, immer ein rechtschaffenes und religiöses Leben geführt zu haben – ein ebensolcher Sünder ist wie der schändlichste Sünder unter den Heiden. »Alle haben gesündigt.« Juden und Heiden sind vor Gott gleichermaßen verwerflich.

Das gleiche gilt heute. Wenn wir uns mit dem Sündenbewußtsein beschäftigen wollen, müssen wir als erstes aufhören, an besondere Sünden zu denken. Wie schwer fällt uns dies. Wir haben alle diese Voreingenommenheit. Wir beschränken die Sünde nur auf bestimmte Dinge, und weil wir daran nicht schuldig geworden sind, halten wir uns nicht für Sünder. Aber das ist nicht der Weg, ein Sündenbewußtsein zu erlangen. Es war nicht auf diese Art und Weise, daß John Wesley sich als Sünder zu sehen begann. Erinnern Sie sich, was ihn zum Sündenbewußtsein brachte? Es begann damit, daß er sah, wie sich einige der mährischen Brüder während eines Sturmes mitten auf dem Atlantik verhielten. John Wesley hatte große Angst vor dem Sturm und fürchtete zu sterben; die mährischen Brüder nicht. Sie schienen in dem Hurrikan und mitten im Sturm ebenso glücklich zu sein, als wenn die Sonne schien. John Wesley erkannte, daß er sich vor dem Tod fürchtete. Er schien Gott nicht so zu kennen, wie diese Menschen ihn kannten. Mit anderen Worten: Er begann, seine Not zu spüren, und das ist immer der Anfang eines Sündenbewußtseins.

Gott lieben bringt Freude

Der wesentliche Punkt ist, daß die Art, sich selbst als Sünder zu erkennen, nicht darin besteht, sich mit anderen Menschen zu vergleichen, sondern daß man sich dem Gesetz Gottes schonungslos stellt. Nun, was ist Gottes Gesetz? Du sollst nicht töten, du sollst nicht stehlen? »Ich habe das niemals getan, also bin ich kein Sünder.« Aber, mein Freund, das ist nicht das Gesetz Gottes in seiner Gesamtheit. Möchten Sie wissen, was das Gesetz Gottes ist? Hier ist es: »Du sollst Gott, deinen Herrn, lieben von ganzem Herzen, von ganzer Seele, von ganzem Gemüte und von allen deinen Kräften: Dies ist das erste Gebot. Das andere ist dies: Du sollst deinen Nächsten lieben wie dich selbst« (Mark. 12, 30–31). Vergessen Sie alle Aussagen über Trinker und ähnliche Leute; vergessen Sie all die Menschen, von denen Sie gegenwärtig in der Zeitung lesen. Hier ist der Test für Sie und mich: Lieben Sie Gott mit Ihrem ganzen Sein? Wenn nicht, sind Sie ein Sünder. Das ist der Prüfstein. »Sie sind allzumal Sünder und mangeln der Ehre, die sie bei Gott haben sollten.« Gott hat uns geschaffen, und er hat uns für sich geschaffen. Er schuf den Menschen zu seiner eigenen Ehre, und es war sein Wille, daß der Mensch ausschließlich für ihn lebte. Der Mensch sollte sein Stellvertreter sein und in der Gemeinschaft mit ihm leben. Er sollte der Herr des Universums sein; er sollte Gott verherrlichen. Im Kleinen Katechismus heißt es so: »Die Hauptaufgabe des Menschen besteht darin, Gott zu ehren und ihn ewig zu erfreuen.« Wenn Sie das nicht tun, sind Sie ein Sünder der übelsten Sorte, ob Sie es nun wissen und fühlen oder nicht.

Oder lassen Sie es mich so sagen. Ich glaube, daß dies ein sehr wertvoller Weg ist, sich dem Thema zu nähern. Gott weiß, daß ich Ihnen aus meiner eigenen Erfahrung predige, denn ich wurde selbst religiös erzogen. Ich predige auch aus meiner Erfahrung als einer, der häufig Menschen zu helfen hat, die auf dieselbe Weise erzogen wurden. Der Mensch ist dazu bestimmt, Gott zu kennen. Deshalb lautet die Frage: »Kennen Sie Gott?« Ich frage nicht, ob Sie an Gott glauben oder ob Sie bestimmte Dinge über ihn glauben. Ein Christ zu sein bedeutet, ewiges Leben zu haben, und, wie der Herr in Johannes 17, 3 sagt: »Das ist aber das ewige Leben, daß sie dich, der du allein wahrer Gott bist, und den du gesandt hast, Jesus Christus, erkennen.« Das ist der Maßstab, den wir anlegen müssen. Nicht: »Habe ich dies oder jenes getan?« Mein Maßstab ist ein positiver: »Kenne ich Gott? Ist Jesus Christus für mich eine Realität?«

Ich frage nicht, ob Sie Dinge über ihn wissen, sondern ob Sie Gott kennen. Freuen Sie sich Ihres Gottes, ist Gott das Zentrum Ihres Lebens, das Wesen Ihres Seins, die Quelle Ihrer größten Freude? Er sollte es sein. Er schuf den Menschen auf eine solche Weise, daß dies der Normalzustand sein sollte, daß nämlich der Mensch in der Gemeinschaft mit Gott leben, sich seines Gottes erfreuen und mit Gott gehen sollte. Sie und ich sollen so sein, und wenn wir nicht so sind, ist das Sünde. Das ist das Wesen der Sünde. Wir haben nicht das Recht, anders zu sein. Das ist Sünde der schlimmsten Art. Das Wesen der Sünde besteht mit anderen Worten darin, daß wir nicht ausschließlich zur Ehre Gottes leben. Indem wir bestimmte Sünden begehen, verstärken wir freilich unsere Schuld vor Gott, aber man braucht keine der groben Sünden begangen zu haben und ist dennoch schuldig an jener schrecklichen Sache, daß man zum Beispiel mit seinem Leben zufrieden ist, daß man stolz ist auf seine Leistungen, daß man auf andere herabsieht und sich besser dünkt als andere.

Es gibt nichts Schlimmeres als die Tatsache, daß man sich einbildet, Gott irgendwie näher zu sein als andere, und man es in Wirklichkeit nie gewesen ist. Wenn dies Ihre Haltung ist, sind Sie wie der Pharisäer im Tempel, der Gott dankte, daß er nicht wie jener andere Mann – »jener Zöllner« – war. Der Pharisäer hatte niemals die Notwendigkeit der Vergebung eingesehen, und es gibt keine schrecklichere Sünde als diese. Ich kenne nichts Schlimmeres, als wenn ein Mensch sagt: »Wissen Sie, eigentlich habe ich mich nie wirklich als Sünder gefühlt.« Das ist der Gipfel der Sünde, weil es bedeutet, daß man die Wahrheit über Gott und die Wahrheit über sich selbst niemals erkannt hat. Lesen Sie die Beweisführung des Apostels Paulus, und Sie werden feststellen, daß seine Logik nicht nur unausweichlich, sondern auch unwiderlegbar ist. »Da ist keiner, der Gutes tue, auch nicht einer« (Röm. 3, 12). »Wir wissen aber: Was das Gesetz sagt, das sagt es denen, die unter dem Gesetz sind, auf daß aller Mund gestopft werde und alle Welt vor Gott schuldig sei« (Röm. 3, 19). Wenn Sie niemals Ihre Schuld oder Schuldhaftigkeit vor Gott erkannt haben, werden

Sie auch niemals die Freude in Christus besitzen. Es ist unmöglich. »Jesus ist gekommen, die Sünder zu rufen und nicht die Gerechten« (Matth. 9, 13). »Nicht die Gesunden bedürfen des Arztes, sondern die Kranken« (Matth. 9, 12).

Das ist die erste Sache: Sündenbewußtsein. Wenn Sie kein Sündenbewußtsein haben und wenn Sie nicht erkennen, daß Sie unwürdig sind vor Gott und daß Sie vor Gott äußerst verwerflich und ein totaler Versager sind, sollten Sie nichts anderem Ihre Aufmerksamkeit schenken, bis Sie zu dieser Erkenntnis gekommen sind, denn Sie werden niemals Freude finden, und Sie werden niemals Ihre Depressionen loswerden, wenn Sie hier nicht richtigstehen. Sündenbewußtsein ist eine wesentliche Voraussetzung für die tatsächliche Erfahrung der Errettung.

Leben und Freude aus der Gerechtigkeit Gottes

Das bringt mich zur zweiten Voraussetzung. Das zweite, was der wahre Christ erkennt, ist Gottes Weg der Errettung in Jesus Christus. Das ist die große gute Nachricht. »Darüber predige ich eigentlich«, sagt Paulus zu den Römern, »über diese Gerechtigkeit, die von Gott ist, die in Jesus Christus ist: seine Gerechtigkeit.« Worüber spricht er? Man kann es als Frage formulieren, wenn Sie wollen. Was ist Ihre Sicht von Christus? Warum kam er in die Welt? Was hat Gott in Christus getan? Ist er nur ein Lehrer, ein Beispiel usw.? Ich will Ihre Zeit nicht damit vergeuden, die absolute Sinnlosigkeit von dem allen aufzuzeigen. Nein, es ist etwas Positives, diese Gerechtigkeit Gottes in Jesus Christus. Die Errettung liegt ganz in Christus, und bevor Sie sich nicht mit allem, worin Sie versagt haben, in Christus mit hineingenommen wissen, sind Sie kein Christ, und es überrascht nicht, daß Sie nicht glücklich sind. »Die Gerechtigkeit Gottes in Jesus Christus« bedeutet, daß Gott ihn in die Welt sandte, damit er das Gesetz erfüllte und so den Menschen vergeben würde. Hier ist einer, der Gott völlig gehorsam war. Hier ist einer, Gott im Fleisch, der Menschengestalt annahm und – als Mensch – Gott auf vollkommene Weise ehrte, ihm die Treue hielt und ihm gehorsam war. Er hielt Gottes Gesetz völlig und absolut, ohne zu versagen. Aber nicht nur das. Paulus fügt in seiner klassischen Darlegung der Versöhnungslehre weitere Dinge hinzu: »Den hat Gott für den Glauben hingestellt in seinem Blut als Sühnopfer, damit Gott erweise seine Gerechtigkeit. Denn er hat die Sünden vergangener Zeiten getragen in göttlicher Geduld, um nun zu diesen Zeiten seine Gerechtigkeit zu erweisen, auf daß er allein gerecht sei und gerecht mache den, der da ist des Glaubens an Jesus« (Röm. 3, 25–26).

Das bedeutet folgendes. Bevor der Mensch mit Gott versöhnt werden kann, bevor der Mensch Gott erkennen kann, muß diese seine Sünde entfernt werden. Gott hat gesagt, daß er die Sünde strafen wird und daß die Strafe für die Sünde der Tod und die Verbannung weg von Gottes Angesicht sind. Damit muß man sich beschäftigen. Und was ist geschehen? Nun, sagt Paulus, Gott hat Jesus zum Sühnopfer gesetzt. Das ist der Weg, den Gott erwählt hat. Daß Jesus das Sühnopfer für unsere Sünden ist, bedeutet, daß Gott ihn verantwortlich gemacht hat für unsere Sünden. Sie wurden auf ihn gelegt, und Gott hat sich dort mit ihnen auseinandergesetzt und sie dort bestraft. Weil er unsere Sünden in Christus, in dessen Leib am Kreuz, gestraft hat, darum kann er uns mit Recht vergeben. Sie sehen, dies ist eine bedeutende Lehre.

Es ist gewagt, was der Apostel hier sagt, aber es muß gesagt werden, und ich wiederhole es. Weil Gott gerecht und heilig und ewig ist, kann er die Sünde des Menschen nicht vergeben, ohne sie zu bestrafen. Er sagte, er würde sie strafen, also mußte er sie strafen, und – gelobt sei sein Name – er hat sie gestraft. Er ist daher gerecht und der Rechtfertiger derer, die an Jesus glauben. Die Sünde ist gestraft worden; darum kann Gott, der gerecht und rechtschaffen ist, die Sünde vergeben.

Wie geht das vor sich? Es geht auf folgende Weise: Gott nimmt die Gerechtigkeit Christi an, diese vollkommene Gerechtigkeit gegenüber dem Gesetz, das er in jeder Hinsicht ehrte.

Er hat es gehalten und war ihm gehorsam; er hat die Strafe getragen. Das Gesetz ist vollkommen erfüllt. Das ist, so sagt Paulus, Gottes Weg der Errettung. Er gibt uns die Gerechtigkeit Christi. Wenn wir unseren Mangel gesehen haben, zu Gott gehen und es ihm bekennen, wird Gott uns die Gerechtigkeit seines eigenen Sohnes geben. Er legt Christi Gerechtigkeit auf uns, die wir an ihn glauben, und hält uns für gerecht, das heißt, erklärt und spricht uns in ihm gerecht. Das ist der Weg der Errettung, der christliche Weg der Errettung, der Weg der Errettung durch die

Rechtfertigung durch den Glauben. So kommt es, daß ich sehe, glaube und schaue auf nichts anderes und auf niemand anderen als den Herrn Jesus Christus allein. Mir gefällt, wie Paulus es ausdrückt. Er fragt: »Wo bleibt nun der Ruhm? Er ist ausgeschlossen. Durch welches Gesetz? Durch der Werke Gesetz? Nicht also! Sondern durch des Glaubens Gesetz« (Röm. 3, 27).

Ihr törichten Juden, sagt Paulus, ihr rühmt euch der Tatsache, daß ihr beschnitten seid, daß ihr die Weissagungen Gottes habt und Gottes Volk seid. Ihr müßt damit aufhören; ihr dürft euch nicht auf der Tatsache ausruhen, daß ihr diese Tradition habt und Kinder eurer Vorväter seid. Es gibt keinen Ruhm; ihr müßt einzig und allein auf den Herrn Jesus Christus und auf sein vollkommenes Werk vertrauen. Die Juden stehen in dieser Hinsicht nicht über den Heiden. »Sie sind allzumal Sünder und ermangeln des Ruhmes, den sie bei Gott haben sollten.« Wir schauen auf Christus und auf Christus allein und in keinerlei Hinsicht auf uns selbst.

Aufblicken zu Jesus

Um es ganz praktisch zu machen, möchte ich sagen, daß es einen ganz einfachen Weg gibt, zu prüfen, ob Sie das glauben. Wir verraten uns durch das, was wir sagen. Jesus sagte selber, daß wir durch unsere Worte gerechtfertigt werden – wie wahr ist das. Ich mußte mich in der Sache oft mit Menschen auseinandersetzen. Ich habe den Weg der Rechtfertigung durch den Glauben erklärt und ihnen gesagt, wie alles in Christus vorhanden ist, und daß Gott seine Gerechtigkeit auf uns legt. Ich habe ihnen alles erklärt, und dann habe ich gefragt: »So, freuen Sie sich nun darüber? Glauben Sie das? « Und sie erwidern: »Ja.« Dann sage ich: »So, dann sind Sie jetzt soweit, sagen zu können, daß Sie Christ sind.« Aber sie zögern. Und ich weiß, daß sie es nicht verstanden haben. Dann sage ich: »Was ist los? Warum zögern Sie?« und sie sagen: »Ich glaube nicht, daß ich gut genug bin.« Sofort weiß ich, daß ich in gewissem Sinn meine Zeit vergeudet habe. Sie denken immer noch ichbezogen; sie sind noch immer der Ansicht, daß sie sich selbst gut genug machen müssen, um ein Christ zu sein, gut genug, um von Christus angenommen zu werden. Sie selber müssen es schaffen! »Ich bin nicht gut genug.« Es klingt sehr bescheiden, aber es ist eine Lüge des Teufels, es ist die Ablehnung des Glaubens. Sie glauben, daß sie demütig sind. Aber sie werden niemals gut genug sein; niemand war je gut genug. Das Wesen der christlichen Errettung besteht darin, zu sagen, daß er, der Herr, gut genug ist und daß ich in ihm bin!

Solange Sie fortfahren, an sich selbst zu denken und zu sagen: »O ja, ich würde es gerne, aber ich bin nicht gut genug; ich bin ein Sünder, ein sehr großer Sünder«, so lange leugnen Sie Gott, und Sie werden niemals glücklich sein. Sie werden weiterhin betrübt und niedergeschlagen sein. Sie werden manchmal glauben, besser zu sein, und dann wieder werden Sie meinen, daß Sie nicht so gut sind, wie Sie dachten. Sie lesen über das Leben von Gottesmännern, und Sie erkennen, daß Sie ein glatter Versager sind. So fragen Sie weiter: »Was kann ich tun? Ich habe noch immer das Gefühl, daß ich nicht gut genug bin.« Vergessen Sie sich, vergessen Sie alles über sich. Natürlich sind Sie nicht gut genug; Sie werden niemals gut genug sein. Der christliche Heilsweg sagt Ihnen, daß es nichts zur Sache tut, was Sie gewesen sind; es ist gleichgültig, was Sie getan haben. Wie kann ich das allgemeinverständlich sagen? Ich versuche es jeden Sonntag von der Kanzel zu sagen, weil ich meine, daß gerade dies Problem den meisten Menschen die Freude am Herrn raubt. Es ist unwichtig, ob Sie die Tiefen der Hölle beinahe betreten haben oder ob Sie des Mordes oder jeder anderen schändlichen Sünde schuldig sind. Von dem Standpunkt, vor Gott gerecht zu sein, ist dies vollkommen uninteressant; Sie sind nicht hoffnungsloser dran als die angesehenste selbst-gerechte Person auf der Welt. Glauben Sie das?

Es gibt einen anderen guten Weg, sich selbst zu prüfen. Glauben Sie, daß vom Standpunkt der Errettung und Rechtfertigung vor Gott aus all unsere üblichen Unterscheidungen mit einem Schlag zunichte gemacht sind und daß das, was bestimmt, ob wir Sünder sind oder nicht, nicht ist, was wir getan haben, sondern unsere Beziehung zu Gott? Ich sage daher, daß dies der Prüfstein ist, daß Sie bereitwillig eingestehen und deutlich sagen, daß Sie auf Christus schauen und auf Christus allein und auf nichts und niemand anderes; daß Sie aufhören, auf bestimmte Sünden und auf besondere Leute zu schauen. Sehen Sie auf nichts und niemanden, sondern schauen Sie ausschließlich auf Christus, und sagen Sie:

> »Meine Hoffnung ist gebaut auf nichts anderem als auf Jesu Blut und Gerechtigkeit. Ich wage nicht, meiner lieblichsten Vorstellung zu trauen, sondern stütze mich ganz auf Jesu Namen. Ich stehe auf Christus, dem sicheren Felsen, jeder andere Grund ist sinkender Sand.«

Sie müssen das so glauben, um fähig zu sein, weiterzugehen und mit heiliger Kühnheit zu sagen:

> »Die Schrecken des Gesetzes und Gottes können mir nichts mehr anhaben: Meines Heilands Gehorsam und Blut verhüllen all meine Missetaten.«

Würden Sie gerne von Ihren geistlichen Depressionen frei werden? Dann müssen Sie als erstes Ihrer Vergangenheit ein für allemal Lebewohl sagen. Machen Sie sich bewußt, daß sie in Christus bedeckt und ausgelöscht wurde. Sehen Sie niemals wieder auf Ihre Sünden zurück. Sagen Sie: »Es ist vollbracht; es ist bedeckt durch das Blut Christi.« Das ist der erste Schritt. Tun Sie ihn und schließen Sie ab mit sich selbst und mit allem Gerede über die Tugend. Schauen Sie auf den Herrn Jesus Christus. Nur dann sind wahres Glück und Freude für Sie möglich. Was Sie brauchen, ist nicht der Entschluß, ein besseres Leben zu leben oder mit Fasten, Schwitzen oder Beten anzufangen. Nein! Beginnen Sie einfach zu sagen:

> »Mein Glaube ruht auf ihm allein, der starb zur Sühne meiner Übertretungen.«

Machen Sie den ersten Schritt, und Sie werden feststellen, daß Sie sofort eine Freude und eine Befreiung zu erfahren beginnen, wie Sie sie in Ihrem bisherigen Leben niemals gekannt haben. »So halten wir nun dafür, daß der Mensch gerecht werde ohne des Gesetzes Werke, allein durch den Glauben« (Röm. 3, 28). Gelobt sei der Name unseres Gottes für die Möglichkeit einer solchen wunderbaren Errettung für verzweifelte Sünder!

Menschen, die umhergehen, als wären sie Bäume

Und sie kamen nach Bethsaida. Und sie brachten zu ihm einen Blinden und baten ihn, daß er ihn anrührte. Und er nahm den Blinden bei der Hand und führte ihn aus dem Ort und tat Speichel auf seine Augen und legte seine Hände auf ihn und fragte ihn. Siehst du etwas? Und er sah auf und sprach. Ich sehe die Menschen umhergehen, als sähe ich Bäume. Danach legte er abermals die Hände auf seine Augen und hieß ihn abermals aufblicken. Da ward er wieder zurechtgebracht und konnte alles scharf sehen. Und er schickte ihn heim und sprach. Gehe nicht hinein in den Ort.

Markus 8, 22-26

Ich bitte Sie um Aufmerksamkeit für diesen Vorfall als Teil unserer Betrachtung des Themas, das uns zur Zeit beschäftigt, nämlich das Thema, das ich als »geistliche Depression« umschrieben habe.

Wenn alle Christen einfach begännen, so zu leben, wie es das Neue Testament möchte, dann würde die Kirche keinem Verkündigungsproblem gegenüberstehen. Die Sache würde sich sofort von selbst erledigen. Weil wir als Christen in unserem täglichen Leben, Verhalten und Zeugnis versagen, bedeutet die Kirche so wenig und werden so wenige zum Vater gezogen durch seinen Sohn, unseren Herrn Jesus Christus. Allein aus diesem äußerst dringenden Grund ist es unsere Pflicht, uns mit dieser Frage zu beschäftigen.

Wir haben bereits einen allgemeinen Überblick über das Problem gegeben, und im vorangehenden Kapitel haben wir eine besondere Seite hiervon betrachtet. Wir sahen, daß sich manche Christen in diesem Zustand befinden, weil sie niemals die große zentrale Lehre der Rechtfertigung durch den Glauben wirklich ganz verstanden haben. In der Tat war dies die Ursache der Probleme vor der Reformation.

Die Reformation brachte Frieden, Glück und Freude in das Leben der Kirche auf eine Weise, die diese seit den ersten

Jahrhunderten nicht mehr gekannt hatte, und dies alles geschah, weil die zentrale Lehre der Rechtfertigung durch den Glauben wieder entdeckt wurde. Diese Wiederentdeckung veranlaßte Martin Luther dazu, zu frohlocken und zu singen, und er wiederum war selber das Mittel, andere zur Erkenntnis dieser großen Wahrheit zu führen. Sie erzeugte diese große Freude, und obwohl wir vielleicht zögern zu sagen, daß Menschen, die diesen Punkt nicht ganz verstanden haben, überhaupt keine Christen sind, hören sie in dem Moment, in dem sie ihn verstehen, auf, erbärmliche Chri-sten zu sein, und sie werden statt dessen frohlockende Christen.

Wir gehen jetzt weiter zu einem anderen Punkt und zu einer weiteren Überlegung, und ich will ihn mit Ihnen überdenken im Hinblick auf das außerordentliche Ereignis im Leben und Dienst Jesu, das hier in Markus 8, 22-26 berichtet wird. Sie werden sofort bemerken, daß wir uns mit einem anderen Typ, mit einem anderen Fall beschäftigen; und wir tun dies am besten anhand dieser Geschichte. Es handelt sich bei der dort beschriebenen Begebenheit in vielerlei Hinsicht um eines der bemerkenswertesten aller Wunder, die Jesus jemals tat.

Sehen und doch nicht sehen

Sie erinnern sich an die Einzelheiten dessen, was er an diesem blinden Mann tat. Er nahm ihn bei der Hand und führte ihn hinaus vor das Dorf, und er tat Speichel auf seine Augen und legte seine Hände auf ihn und fragte ihn: »Siehst du etwas?« Und er sah auf und sprach: »Ich sehe die Menschen umhergehen, als sähe ich Bäume.« Danach legte er abermals die Hände auf seine Augen. Da sah er deutlich und ward wieder zurechtgebracht und konnte alles scharf sehen.

Nun ist dies offensichtlich etwas von sehr tiefer Bedeutung. Was in diesem Fall geschah, ist nicht unbeabsichtigt. Wir haben andere Beispiele davon, wie der Herr Blinde heilte, und es ist völlig klar, daß er diesen Mann augenblicklich hätte heilen können, indem er einfach zu ihm sagte: »Werde sehend!« Jesus hatte diese Macht; nichts war ihm unmöglich. Er hatte dies in einem anderen Fall getan, und er hätte es hier tun können.

So tat er das, was er hier tat, offensichtlich mit großer Bedachtsamkeit und aus besonderem Grund. Nichts von dem, was Jesus tat, geschah zufällig oder unbeabsichtigt. All seine Handlungen waren wohlüberlegt, und wenn er seine Methode änderte, hatte er immer einen guten Grund dazu. Es gab nichts besonders Schwieriges an diesem Fall, und die Änderung in der Behandlung war nicht einer solchen Ursache zuzuschreiben. Es war dem vom Herrn selber bestimmten Plan, das Werk in eben dieser gegebenen Weise zu tun, zuzuschreiben, um eine Lehre zu erteilen und eine bestimmte Botschaft weiterzugeben.

Mit anderen Worten: Die Wunder des Herrn sind mehr als lediglich ein Ereignis; in gewissem Sinn sind sie ebenso Gleichnisse. Das bedeutet nicht, daß wir nicht an das tatsächliche Ereignis als an eine historische Tatsache glauben. Ich sage einfach, daß ein Wunder auch ein Gleichnis ist, und wenn dies für alle Wunder gilt, so gilt es besonders für dies eine. Denn Jesus änderte hier offensichtlich die Verfahrensweise, um eine wichtige und grundlegende Lektion zu erteilen.

Ich stimme jenen sehr bereitwillig zu, die darauf hinweisen, daß die Hauptlektion für die Jünger bestimmt war. Als die Jünger das Schiff bestiegen, hatten sie vergessen, den Bedarf an Brot mitzunehmen. Das Ergebnis war, daß alles, was sie auf dem Schiff bei sich hatten, ein Laib Brot war. Sie begannen sich darüber Sorgen zu machen, und waren sehr unglücklich.

Der Herr sprach im Boot zu ihnen und sagte: »Schaut zu und seht euch vor vor dem Sauerteig der Pharisäer und vor dem Sauerteig des Herodes. Und sie bedachten hin und her, daß sie kein Brot hätten« (Mark. 8, 15-16). Weil er das Wort »Sauerteig« erwähnte, dachten sie, daß er vom Brot reden müsse! Sie nahmen alles wörtlich; ihnen mangelte es an geistlichem Verständnis, und so ließ sie das Wort »Sauerteig« nur an Brot und an ihr Versäumnis, einen Vorrat mitzunehmen, denken. Sie waren daher unglücklich und unruhig, und der Herr Jesus stellte ihnen eine Reihe von forschenden Fragen, von denen die letzte war: »Warum begreift ihr nicht?«

»Hier bin ich«, sagt er eigentlich. »Ich habe euch gepredigt und gelehrt, und dennoch scheint ihr nicht zu verstehen. Ihr seid besorgt, weil ihr nur ein Brot habt, und doch wart ihr Zeuge zweier Wunder, die beweisen, daß ich mit nur einigen Broten und Fischen fünftausend oder viertausend Menschen speisen kann. Wie kommt es denn, daß ihr nicht begreift?«

Ich glaube, er befaßte sich in der Weise mit dem blinden Mann, um ihnen ein Bild von sich selbst zu geben. Er wählte in dem vorliegenden Fall dieses Verfahren, um den Jüngern zu ermöglichen, sich so zu sehen, wie sie wirklich waren.

Die Bedeutung der Wunder geht jedoch darüber hinaus: Darin liegt immer eine bleibende Lektion für Gottes Volk. Es handelt sich hier um eine schreckliche Botschaft. Ich möchte die Aufmerksamkeit gerne darauf richten, weil es viele Menschen wie diesen Mann gibt; es gibt viele Menschen, die sich im ersten Stadium des Heilungsprozesses dieses Mannes zu befinden scheinen. Jesus tat – Sie erinnern sich – Speichel auf seine Augen und fragte: »Siehst du etwas?« Und er sagte: »Ja, ich sehe etwas, aber ich sehe die Menschen umhergehen, als sähe ich Bäume.«

Verstehen Sie die Lage? Es ist schwer, diesen Mann zu beschreiben. Sie können nicht sagen, daß er immer noch blind ist, weil er sieht; und dennoch zögern Sie zu sagen, daß er sehen kann, denn er sieht die Menschen umhergehen, als wären sie Bäume. Was ist denn nun – ist er nun blind oder nicht? Sie spüren, daß Sie gleichzeitig sagen müssen, daß er sowohl blind als auch nicht blind ist. Er ist weder das eine noch das andere.

Das ist nun genau der Zustand, mit dem ich mich im Augenblick beschäftigen will. Ich bin besorgt um die Christen, die unruhig und unglücklich und elend sind aufgrund dieses Mangels an Klarheit. Es ist fast unmöglich, sie zu beschreiben.

Sie sprechen manchmal mit dieser Art Menschen, und Sie denken: »Dieser Mann ist ein Christ.« Und dann treffen Sie ihn wieder, und Sie bekommen plötzlich Zweifel, und Sie sagen: »Sicher kann er kein Christ sein, wenn er so etwas sagen oder tun kann.« Wann immer Sie diesen Mann treffen, bekommen Sie einen anderen Eindruck; und Sie wissen niemals genau, ob er nun ein Christ ist oder nicht. Sie können weder von Herzen sagen, daß er sieht, noch daß er nicht sieht.

Darüber hinaus ist es das Problem, daß nicht nur andere denselben Eindruck von diesen Menschen haben; sie spüren es auch selber. Das muß ich ihnen lassen – sie sind unglücklich, weil sie sich über sich selber nicht im klaren sind. Manchmal, wenn sie im

Gottesdienst waren, werden sie sagen: »Ja, ich bin Christ, ich glaube das.«

Dann geschieht etwas, und sie sagen: »Ich kann kein Christ sein. Wäre ich ein Christ, könnte ich solche Gedanken nicht haben. Ich würde nicht jene Dinge tun mögen, die ich tue.« So sind sie ebenso beunruhigt über sich selbst, wie es andere Christen über sie sind; sie haben das Gefühl, daß sie Christen sind, und sie haben das Gefühl, daß sie keine Christen sind. Sie scheinen genug über das Christentum zu wissen, daß es ihre Freude an der Welt verdirbt, und dennoch wissen sie nicht genug, um glücklich über sich selbst zu sein. Sie sind »weder heiß noch kalt«. Sie sehen, und dennoch sehen sie nicht.

Ich denke, Sie werden zustimmen, daß ich hier – leider – den Zustand einer großen Anzahl Menschen beschreibe. Es ist ein quälender Zustand, und meine ganze Botschaft – wie Sie vielleicht voraussehen – besteht darin zu sagen, daß sich niemand darin befinden muß. Ich gehe noch weiter: Niemand muß in dem Zustand bleiben.

Wir wollen uns nun der Reihe nach mit dem befassen, was Jesus in dem Ereignis von Markus 8, 22-26 lehrt. Die beste Art, dies zu tun, ist, den Fall dieser Menschen in einer anderen Art zu zeigen. Ich habe es allgemein gesagt. Nun möchte ich einige Besonderheiten aufzeigen, um solchen Menschen zu helfen, sich selbst zu erkennen, und auch, um uns allen zu helfen, diesen Zustand zu erkennen.

Was ist das, was diese Leute sehen können? Sie sehen etwas. Der Blinde sagt: »Ja, ich sehe, ich sehe Menschen. Aber es stimmt dabei etwas nicht; denn ich sehe sie umhergehen, als wären sie Bäume.«

Was sehen diese Menschen? Sehr oft sind sie sich dessen bewußt, daß mit ihnen so, wie sie sind, etwas nicht stimmt. Sie sind unglücklich über sich selbst. Etwas ist mit ihnen geschehen, das ihnen ein Gefühl von Unzufriedenheit über ihren derzeitigen Zustand gegeben hat. Es gab eine Zeit, in der sie völlig mit sich zufrieden gewesen waren. Sie setzten ihren bisherigen Lebensstil fort und waren der Meinung, daß dabei nichts falsch sei. Aber sie sind nicht mehr wie zuvor. Etwas ist mit ihnen geschehen, was ihnen eine gänzlich neue Sicht von ihrer bisherigen Lebensart gab.

Ich brauche dies nicht auszuführen; Sie brauchen nur an Menschen zu denken, die im Augenblick ein solches Leben führen: Menschen, die Zeitungsklatsch verschlingen; die das Leben der oberen Zehntausend und das Theaterleben für wunderbar und beneidenswert halten und meinen, das sei das »wahre Leben«. Aber diese Menschen sind jetzt anders. Sie haben begonnen, die Leere, die Nichtigkeit, die völlige Falschheit von dem allen zu sehen, und sind sehr unbefriedigt durch jene Art Leben. Sie sehen, daß es – abgesehen von allem anderen – nicht vernünftig ist, solch ein leeres Leben zu führen. Sie werden unglücklich über sich selbst und erklären, daß es so nicht weitergehen kann.

Nun befinden sich viele Menschen in diesem Zustand. Es ist ein Stadium, in dem ein Mensch auf jeden Fall sieht, daß alles andere falsch ist, wenngleich er noch nicht erkannt hat, daß das Christentum richtig ist. Gerade das treibt ihn oft zum Zynismus und zur Verzweiflung.

Christus – unsere alleinige Hoffnung

Es hat schon einige sehr aufregende Beispiele dafür gegeben. Ich erinnere mich gut an einen Mann, der ein hervorragender und berühmter Chirurg in London war. Zur Überraschung und zum Erstaunen aller, die ihn kannten, wurde plötzlich bekannt, daß er alles aufgegeben hatte und Schiffsarzt geworden war.

Folgendes war mit dem Mann geschehen. Er war ein Könner in seinem Beruf, und er hatte berechtigte Ansprüche auf bestimmte Auszeichnungen. Aber eine Enttäuschung öffnete ihm plötzlich die Augen für die gesamte Situation. Er kam zu dem Schluß, daß in dem Leben, das er lebte, keine bleibende Befriedigung lag. Das durchschaute er zwar, aber er wurde kein Christ. Er wurde einfach zynisch und ließ alles im Stich.

Es gibt viele andere bemerkenswerte Beispiele von Menschen, die alles aufgaben und auf einen einsamen Posten gingen, wo sie ein gewisses Maß an Frieden und Glück fanden, ohne Christ zu werden. Das ist auch eine Möglichkeit.

Aber diese Menschen können noch weitergehen. Sie können die Vorzüge des Christentums, wie sie in der Bergpredigt aufgezeigt werden, entdecken und sagen: »Es steht außer Frage: Das christliche Leben ist das wahre Leben – wenn nur jeder so lebte!« Sie haben vielleicht auch über das Leben einiger Gottesmänner gelesen und erkannt, daß diese Menschen etwas Wunderbares besaßen. Es gab eine Zeit, in der sie nicht daran interessiert waren, aber nun entdecken sie, daß das Leben, das in der Bergpredigt geschildert wird, wirkliches Leben ist. Und wenn sie das Leben, wie es in 1. Korinther 13 dargestellt wird, sehen, sagen sie wieder: »Wenn wir nur alle so leben würden, wäre die Welt ein Paradies!« Sie haben das soweit sehr deutlich erkannt.

Sie sind vielleicht noch weiter gekommen; möglicherweise haben sie erkannt, daß Jesus Christus die einzige Hoffnung ist, daß er irgendwie der Erlöser ist. Beachten Sie meine Formulierung – daß Jesus Christus »irgendwie der Erlöser ist«. Sie haben gespürt, daß er ihnen helfen könnte, sie haben erkannt, daß das Christentum die einzige Hoffnung für die Welt ist, und in gewisser Weise sehen und wissen sie, daß Jesus allein ihnen helfen kann.

Es gab eine Zeit, in der sie nicht daran interessiert waren, ja daß sie ihn, ohne ernsthaft darüber nachzudenken, abtaten. Aber das ist nicht mehr so. Nachdem sie die Leere der Welt erkannt haben, nachdem sie etwas von dem Leben, das von bestimmten Christen gelebt wird, gesehen und erkannt haben, daß Jesus Christus derjenige ist, der diesen Unterschied bewirkt hat, sehen sie irgendwie ein, daß er ein Erlöser ist. Aus diesem Grunde interessieren sie sich für ihn und beschäftigen sich mit ihm. Soweit sehen sie das ganz klar.

Wir können sogar noch weitergehen und von ihnen sagen, daß sie, anders als jene Menschen, mit denen wir uns im vorigen Kapitel beschäftigten, erkannt haben, daß sie sich nicht selbst retten können. Die Schwierigkeit bei dem Menschen, dem ein klares Verständnis der Rechtfertigung durch den Glauben fehlt, liegt darin, daß er noch immer versucht, sich selbst »gerecht«, das heißt »gut« zu machen. Die Menschen, von denen wir sprechen, sehen ein, daß sie das nicht können. Sie haben es oft versucht und sind unzufrieden geblieben. Bei der Betrachtung des wahren Wesens des christlichen Lebens erkennen sie, daß der Mensch sich nicht aus eigener Kraft dazu emporschwingen kann. Sie sehen ein, daß sie sich selbst nicht retten können.

»Sicherlich«, wird jemand sagen, »sind Sie zu weit gegangen; Sie gestehen ihnen zuviel zu!« Nein! Ich beschreibe einfach, was diese Menschen erkennen können, genau wie der Mann auf Jesu Frage: »Kannst du sehen?« mit »Ja« antwortete. Er konnte zweifellos sehen; er konnte Menschen sehen. Auch diese Menschen, über die wir vorher sprachen, haben etwas gesehen. Tatsächlich können sie alle die Dinge sehen, die ich Ihnen beschrieben habe.

Dennoch muß ich leider zweitens sagen, daß sie noch immer verwirrt sind, daß sie noch immer nicht klar erkennen können. Sie haben einfach »Menschen gesehen, die umhergehen, als wären sie Bäume«. In welcher Hinsicht trifft das zu? Die Schwierigkeit hier ist zu wissen, was auszulassen ist. Aber ich will versuchen, das auszuwählen, was ich für die drei bedeutsamsten und wichtigsten Dinge halte.

1. Klarheit schaffen!

Zuallererst besitzen sie kein klares Verständnis bestimmter Grundsätze. Aus diesem Grund habe ich mich vorsichtig ausgedrückt, als ich sagte, daß sie gesehen haben, daß Christus »irgendwie« der Erlöser ist. Aber sie erkennen nicht, *wie* er der Erlöser ist. Sie sind sich zum Beispiel nicht im klaren über Christi Tod und dessen absolute Notwendigkeit. Auch sind sie sich nicht im klaren über die Lehre der Wiedergeburt. Wenn man mit ihnen über diese Dinge spricht, stellt man fest, daß sie voller Verwirrung sind. Sie sagen, daß sie das nicht so sehen, und sie haben völlig recht!

Sie sehen nicht. Sie verstehen nicht, warum Christus sterben mußte. Sie erkennen nicht die Notwendigkeit der Wiedergeburt.

Diese Menschen sind unzufrieden mit dem eigenen Leben und rühmen das christliche Leben. Sie sind bereit, über Christus als den Erlöser zu sprechen, aber dennoch können sie bestimmte Wahrheiten nicht sehen. Das Ergebnis ist, daß sie betrübt, unglücklich und traurig sind.

2. Gehorsam bringt Lebensqualität

Das zweite, was sie nicht erkennen, ist, daß ihr Herz nicht ganz beteiligt ist. Obwohl sie in der Lage sind, viele Dinge zu sehen, finden sie ihr Glück nicht wirklich im Christentum und in einer christlichen Lebenshaltung. Auf irgendeine Weise werden sie dadurch nicht bewegt, finden sie darin keine wahre Freude. Sie müssen sich immer daran erinnern und versuchen, sich »einen Ruck zu geben«. Sie sind nicht unglücklich und scheinen ihre Freude – soweit sie eine haben – noch immer irgendwo anders zu finden. Ihr Herz ist nicht völlig beteiligt. Ich erwähne diese Dinge hier nur, weil ich mich – so Gott will – später in größerer Ausführlichkeit damit beschäftigen möchte. Ich gebe jetzt einen zusammenfassenden Überblick über den Zustand solcher Menschen im allgemeinen.

3. Das Herz sprechen lassen

Das dritte, das für die Menschen, über die wir sprechen, gilt, ist, daß ihr Wille geteilt ist. Sie sind rebellisch, sie sehen nicht ein, warum ein Mensch, weil er sich Christ nennt, bestimmte Dinge tun und andere Dinge lassen muß. Sie halten das für engstirnig. Dennoch verurteilen sie das alte Leben und begrüßen das christliche Leben im allgemeinen. Sie anerkennen Christus als Erlöser; aber wenn es zu der Frage der Anwendung seiner Lehre durch den Willen kommt, herrscht Verwirrung, und sie kommen damit nicht klar. Sie haben dauernd Einwände dagegen und fragen, ob es richtig ist, wenn sie dieses und jenes tun. Es besteht im Bereich des Willens ein Mangel an innerer Ruhe.

Ich mache diese Menschen nicht lächerlich. Ich gebe nur eine sehr ungeschminkte, genaue und detaillierte Beschreibung von ihnen. Es gibt viele unter uns, die durch dieses Stadium gegangen sind und es aus eigener Erfahrung kennen. Wie der Herr Jesus dieses besondere Verfahren in dem Fall des blinden Mannes physisch anwandte, scheint er manchmal auch Ähnliches bei der Bekehrung zu tun. Es gibt Menschen, die die Dinge auf einmal deutlich erkennen, und es gibt andere, die verschiedene Stadien durchlaufen. Wir beschäftigen uns jetzt mit denjenigen, die durch diese besondere Phase gehen und deren Zustand ich wie oben beschreiben würde.

Korrektur ist nötig

Nun wollen wir zum nächsten Punkt kommen. Warum richtete Jesus bei seinen Wanderpredigten die Fragen an seine Jünger und stellte sie dann in einer so spannenden Form dar, wie das beim Heilungswunder des Blinden der Fall ist? Oder, anders gesagt, was sind die Ursachen für diesen Umstand? Warum sollten sich Menschen – Christen und Nichtchristen – in dieser schwer zu beschreibenden Lage befinden?

Es besteht kein Zweifel darüber, daß die Verantwortung manchmal allein den Evangelisten betrifft, bei dem sie zum erstenmal etwas mehr über den Glauben erfuhren. Evangelisten sind oft die Ursache des Problems. In ihrem Eifer, Erfolge verbuchen zu können, verursachen sie oft gerade diesen Zustand.

Aber es ist nicht immer die Schuld des Evangelisten, sondern sehr häufig – vielleicht ebenso häufig – die Schuld der Menschen selber. Hier folgen einige der Hauptgründe, warum sie sich in dieser Verfassung befinden. Erstens lehnen diese Menschen gewöhnlich scharf umrissene Erklärungen ab. Sie finden an Klarheit und Gewißheit keinen Gefallen.

Wir brauchen an dieser Stelle nicht auf den speziellen Grund hierfür einzugehen. Ich glaube, daß sie sich wegen der Konsequenzen, die das mit sich bringt, gegen ein klares Denken und gegen eine klare Definition auflehnen.

Die beruhigendste Religion ist immer eine unklare Religion, verhüllt und unbestimmt, überhäuft mit Formen und Ritualen. Es überrascht mich nicht, daß der römische Katholizismus viele Menschen anzieht. Je allgemeiner und unbestimmter die Religion ist, desto bequemer ist sie.

Es gibt nichts Unbequemeres als scharf umrissene biblische Wahrheiten, die Entscheidungen verlangen.

Diese Menschen sagen daher: »Sie sind zu genau. Sie sind zu gesetzlich. Nein, nein, das tue ich nicht. Ich glaube an das Christentum, aber Sie sind zu starr und engstirnig in Ihren Vorstellungen.«

Wenn Sie mit der Theorie beginnen, daß das Christentum nicht klar umrissen ist, dürfen Sie nicht überrascht sein, wenn Sie feststellen, daß Sie wie der Blinde aus Markus 8 »Menschen sehen, die umhergehen, als wären sie Bäume«. Wenn Sie Ihr Christenleben und Ihre Glaubenserfahrung mit der Aussage beginnen, daß Sie keinen genauen Schwerpunkt oder keine genaue Beschreibung haben wollen, werden Sie diese wahrscheinlich auch nicht haben.

Die zweite Ursache und sehr oft die wirkliche Schwierigkeit bei diesen Menschen ist, daß sie die Lehre und die Autorität der Bibel niemals ganz anerkennen. Ich vermute, daß das letztendlich die ganze Ursache des Problems ist. Sie gehen nicht an die Bibel heran, indem sie sich ihr voll und ganz unterwerfen.

Wenn wir nur wie Kinder die Bibel lesen und alles so, wie es dasteht, nehmen würden und sie zu uns reden ließen, würde diese Schwierigkeit niemals auftreten. Jene Menschen wollen das aber nicht. Sie tun Folgendes: Sie vermischen ihre eigenen Ideen mit der geistlichen Wahrheit. Natürlich behaupten sie, daß sie diese Ideen grundsätzlich der Bibel entnehmen, aber – und das ist das Fatale – sie schicken sich sofort an, sie abzuändern. Sie akzeptieren bestimmte biblische Gedanken, aber es gibt andere Ideen und Philosophien, die sie aus ihrem alten Leben mitbringen wollen. Sie vermischen natürliche Vorstellungen mit geistlichen Vorstellungen.

Sie sagen, daß sie die Bergpredigt und 1. Korinther 13 lieben. Sie behaupten, daß sie an Christus als Erlöser glauben, aber dennoch argumentieren sie, daß wir in diesen Dingen nicht zu weit gehen dürften. Sie glauben mit Maß.

Dann beginnen sie damit, die Bibel zu verändern. Sie lehnen es ab, sie in jeder Hinsicht als maßgebend anzuerkennen: in der Predigt und im Leben, in der Lehre und in der Weltanschauung. »Die Umstände haben sich geändert«, sagen sie, »und das Leben ist nicht mehr so wie früher. Jetzt leben wir im zwanzigsten Jahrhundert.«

So verändern sie sie hier und da, um sie ihren eigenen Ideen anzupassen, anstatt die biblische Lehre von Anfang bis Ende anzunehmen und die Belanglosigkeit des Geredes über das zwanzigste Jahrhundert einzugestehen.

Die Bibel ist Gottes Wort für alle Zeiten, und weil sie Gottes Wort ist, müssen wir ihr gehorchen und Gott zugestehen, daß er seine eigenen Methoden auf seine eigene Weise anwendet.

Eine dritte Ursache dieses Zustandes ist, daß die Betreffenden nahezu ausnahmslos nicht an der Lehre interessiert sind. Sind Sie an der Lehre interessiert? Manchmal sind diese Menschen töricht genug, das, was sie für geistliches Bibellesen halten, der Lehre gegenüberzustellen. Sie sagen, daß sie nicht an der Lehre interessiert sind, daß sie wohl biblische Auslegungen, aber nicht die

Lehre mögen. Sie behaupten, daß sie an die Lehren glauben, die in der Bibel enthalten sind und die sich aus der Bibel ergeben, aber (es ist fast unglaublich, aber wahr) sie setzen diesen falschen Gegensatz zwischen biblische Auslegung und Lehre.

Aber welchen anderen Zweck hat die Bibel, als die Lehre darzustellen? Was ist der Wert der Auslegung, wenn nicht der, daß sie zur Wahrheit führt?

Es ist freilich nicht schwierig, ihre Haltung zu verstehen. Es ist die Lehre, die verletzt. Es ist die Lehre, die Dinge klar herausstellt. Es ist eine andere Sache, sich Bilder anzusehen, als an Worten und ihrer Bedeutung interessiert zu sein. Letzteres berührt den Menschen nicht. Es richtet die Aufmerksamkeit weder auf die Sünde, noch ruft es zu einer Entscheidung auf. Wir können uns zurücklehnen und uns an den Bildern erfreuen. Aber die Lehre spricht zu uns und verlangt eine Entscheidung. Sie ist Wahrheit, prüft, versucht und zwingt uns, uns selbst zu prüfen.

Wenn wir also beginnen, gegen die Lehre als solche zu protestieren, ist es nicht erstaunlich, daß wir sie nicht erfassen. Der Zweck aller Glaubensbekenntnisse und Dogmen, die die christliche Kirche formuliert hat, bestand darin, die Menschen zu befähigen, klarzusehen und klar zu denken. Aus diesem Grunde kamen sie zustande.

In den ersten Jahrhunderten der Gemeinde Jesu wurde das Evangelium von Generation zu Generation gepredigt. Aber manche Menschen begannen Dinge zu sagen, die falsch waren. Einige zum Beispiel sagten, daß Jesus nicht wirklich Mensch wurde, sondern daß er nur einen Scheinleib hatte. Alle möglichen Dinge wurden gesagt, und viele Menschen wurden unglücklich und irregeführt. So begann die Kirche, ihre Lehren zum Beispiel in der Form des apostolischen Glaubensbekenntnisses zu formulieren. Glauben Sie, daß die Kirchenväter das nur aus Spaß taten? Ganz und gar nicht. Es geschah aus einem äußerst praktischen Grund. Die Wahrheit mußte herausgestellt und geschützt werden, andernfalls würden die Menschen weiter im Irrtum leben.

Wenn wir uns also gegen die Lehre auflehnen, ist es nicht erstaunlich, wenn wir die Dinge nicht klar erkennen, unglücklich und traurig sind. Es gibt nichts, was die geistliche Sicht eines Menschen so erhellt wie das Erfassen und Verstehen biblischer Lehren.

1. Schritt: Geistliche Überheblichkeit ablegen

Die letzte Erklärung für diesen Zustand ist – so würde ich sagen –, daß viele Menschen die Lehren der Bibel nicht in der richtigen Reihenfolge nehmen. Das ist ein höchst wichtiger Punkt, und ich hoffe, ein anderes Mal darauf zurückkommen zu können. Denn ich kenne das aus persönlicher Erfahrung. Es ist wichtig, daß wir die Lehren der Bibel in der richtigen Reihenfolge nehmen. Wenn Sie die Lehre der Wiedergeburt vor die Lehre der Versöhnung stellen, werden Sie in Schwierigkeiten kommen. Wenn Sie sich für die Wiedergeburt und das Erlangen des neuen Lebens interessieren, bevor Sie sich über Ihre Stellung vor Gott klar sind, gehen Sie auf einem falschen Weg, und möglicherweise werden Sie traurig sein. Dasselbe trifft zu, wenn man die Heiligung vor die Rechtfertigung stellt. Die Lehren müssen in ihrer richtigen Reihenfolge gesehen werden.

Mit anderen Worten: Wir können das alles zusammenfassen und sagen, daß die Hauptursache des Zustandes, den wir betrachten, eine Verweigerung ist, die Dinge richtig zu durchdenken. Es besteht die fatale Gefahr, sich an etwas erfreuen zu wollen, bevor man es richtig erfaßt und sich angeeignet hat. Es geht um Männer und Frauen, die sich weigern, die Dinge richtig zu durchdenken, die nicht lernen wollen und die aus bestimmten Gründen – oft aus Selbstschutz – unbelehrbar werden. Das sind die Menschen, die gewöhnlich Opfer dieser geistlichen Verwirrung, dieses Mangels an Klarheit, dieses Sehens und gleichzeitig Nichtsehens werden.

Das bringt uns zur letzten Frage. Was kann man gegen diesen Zustand tun? Ich werde zunächst nur die Grundregeln nennen. Das erste Prinzip: Vermeiden Sie vor allen Dingen die verfrühte Behauptung, daß Ihre Blindheit geheilt sei.

Es muß für den Mann aus Markus 8 eine große Versuchung gewesen sein, das zu tun. Wir haben hier einen Mann, der blind war. Der Herr tut Speichel auf seine Augen und fragt ihn: »Siehst du etwas?« Der Mann sagt: »Ich sehe.« Welch eine Versuchung muß es für ihn gewesen sein, loszurennen und der ganzen Welt zu verkünden: »Ich kann sehen!«

Der Mann konnte in gewisser Weise sehen, aber seine Sehfähigkeit war noch unvollkommen, war noch nicht völlig hergestellt, und es war lebenswichtig, daß er seine Heilung nicht bezeugte, bevor er deutlich sah.

Es ist eine große Versuchung, und ich kann es gut verstehen, aber es ist fatal, so etwas zu tun. Wie viele Leute tun das gegenwärtig (und werden dazu gedrängt und gezwungen), indem sie verkünden, daß sie sehen, obwohl es andern um sie herum ganz klar ist, daß sie nicht sehr deutlich sehen und sich in Wirklichkeit noch immer in einem Zustand der Verwirrung befinden. Wieviel Unheil verursachen solche Leute! Sie beschreiben andern die Menschen, als wären sie umhergehende Bäume. Wie irreführend ist das!

2. Schritt: Ehrlichkeit ist gefragt

Das zweite ist das genaue Gegenteil des ersten. Die Versuchung für die soeben Beschriebenen besteht darin, wegzulaufen und zu verkünden, daß sie sehen können, bevor sie deutlich sehen. Aber die Versuchung für andere wiederum besteht darin, sich völlig hoffnungslos zu fühlen und zu sagen: »Es hat keinen Zweck, weiterzumachen. Du hast Speichel auf meine Augen getan und hast mich berührt. In gewissem Sinne sehe ich, aber ich sehe die Menschen einfach umhergehen, als wären sie Bäume.«

Solche Menschen kommen oft zu mir und sagen, daß sie die Wahrheit nicht klar erkennen können. In ihrer Verwirrung werden sie verzweifelt und fragen: »Warum kann ich nicht sehen? Die ganze Sache ist hoffnungslos.« Sie hören auf, die Bibel zu lesen. Sie hören auf zu beten. Der Teufel hat bereits viele Menschen mit Lügen entmutigt. Hören Sie nicht auf ihn!

Was ist dann die Heilmethode? Was ist der richtige Weg? Es gilt, ehrlich zu sein und die Frage des Herrn wahrheitsgemäß und aufrichtig zu beantworten. Das ist das ganze Geheimnis in dieser Angelegenheit. Jesus wandte sich zu dem Mann und fragte: »Siehst du etwas?« Und der Mann sagte völlig ehrlich: »Ja, ich sehe, aber ich sehe die Menschen umhergehen, als wären sie Bäume.« Was diesen Mann rettete, war seine absolute Ehrlichkeit.

Nun fragt es sich, wo wir stehen. Der ganze Zweck dieser Predigt ist es, genau diese Frage zu stellen: Wo stehen wir? Was genau sehen wir? Haben wir die Dinge klar erkannt? Sind wir glücklich? Sehen wir wirklich?

Entweder wir sehen, oder wir sehen nicht. Wir müssen genau wissen, was los ist. Kennen wir Gott? Kennen wir Jesus Christus? Nicht nur als unseren Erlöser, sondern kennen wir ihn als Herrn? Freuen wir uns mit unaussprechlicher Freude und voller Dank? So tut es der Christ des Neuen Testaments. Sehen wir? Lassen Sie uns ehrlich sein und den Fragen nicht ausweichen. Lassen Sie uns ihnen mit absoluter Ehrlichkeit gegenübertreten.

3. Schritt: Jesus ganz vertrauen

Was dann? Nun, der letzte Schritt ist, sich Gott zu unterwerfen, sich ihm so vollständig zu unterwerfen, wie dieser Mann es tat. Er protestierte nicht gegen eine weitere Behandlung, sondern erfreute sich ihrer. Ich glaube, daß, wenn unser Herr nicht den nächsten Schritt getan hätte, er ihn darum gebeten hätte.

Sie können dasselbe tun. Kommen Sie zum Wort Gottes. Hören Sie auf, Fragen zu stellen. Beginnen Sie mit den Verheißungen in ihrer richtigen Reihenfolge. Sagen Sie: »Ich will die Wahrheit um jeden Preis.« Binden Sie sich selbst an sie, unterwerfen Sie sich ihr, werden Sie völlig gehorsam wie ein kleines Kind, und bitten Sie ihn, Ihnen einen klaren Blick, ein vollkommenes Sehvermögen zu geben und Sie zu heilen.

Und wenn Sie das tun, dann ist es mir ein Vorrecht, Sie daran erinnern zu dürfen, daß er es tun kann. Ja, noch mehr, ich verspreche Ihnen in seinem hochgelobten Namen, daß er es tun wird. Er läßt niemals etwas unvollendet. Das ist die Lehre. Hören Sie darauf. Jener Blinde wurde geheilt und wiederhergestellt und »konnte alles scharf sehen«.

Der Christenstand ist ein klarer Stand. Wir sollen nicht in einem Zustand des Zweifels und der Befürchtung, der Unsicherheit und Unzufriedenheit gelassen werden. Glauben Sie, daß der Sohn Gottes vom Himmel kam und auf Erden lebte und wirkte, daß er am Kreuz starb, begraben wurde und auferstand, daß er aufstieg zum Himmel und den Heiligen Geist sandte, um uns in einem Zustand der Verwirrung zu lassen? Das ist unmöglich. Er kam, damit wir scharf sehen, damit wir Gott kennenlernen. Er kam, um ewiges Leben zu geben: »Das ist aber das ewige Leben, daß sie dich, der du allein wahrer Gott bist, und den du gesandt hast, Jesus Christus, erkennen« (Joh. 17, 3).

Wenn Sie als Ergebnis dieser Betrachtung unglücklich über sich selbst sind, dann kommen Sie zu ihm, kommen Sie zu seinem Wort. Warten Sie auf ihn, bitten Sie ihn, halten Sie ihn fest. Bitten Sie ihn mit den Worten des Liedes:

Heiliger Geist, wahrer Gott,
werde meiner Seele bewußt!
Wort Gottes und inneres Licht,
wecke meinen Geist, schärf meine Sicht!

Er hat versprochen, das zu tun, und er wird es tun. Dann werden Sie nicht länger ein unsicherer Christ sein, der sieht und doch nicht sieht. Sie werden in der Lage sein zu sagen: »Ich sehe. Ich sehe in ihm alles, was ich brauche, sogar noch mehr als das, und ich weiß, daß ich ihm gehöre.«

Verstand, Herz und Wille

Gott sei aber gedankt, daß ihr Knechte der Sünde gewesen seid, aber nun gehorsam geworden von Herzen dem Bilde der Lehre, welchem ihr ergeben seid. Römer 6, 17

Bei der Betrachtung von Ursache und Heilung geistlicher Depressionen beeindruckt uns zwangsläufig die Tatsache, daß die Formen, die dieser besondere Zustand annehmen kann, fast zahllos zu sein scheinen. Er tritt in so unterschiedlicher Gestalt auf, daß gerade das vielen Menschen Schwierigkeiten bereitet. Sie sind erstaunt, daß es so viele Symptome und Äußerungsmöglichkeiten dieser einen Krankheit, dieser geistlichen Verfassung geben kann. Ihre Unwissenheit über das Problem an und für sich kann natürlich gerade zu dem Zustand führen, den wir betrachten. Die Menschen, die der Ansicht sind, daß, wenn man einmal an den Herrn Jesus Christus glaubt, alle Probleme hinter uns liegen und der Schluß der Lebensgeschichte »und sie lebten alle glücklich und zufrieden« lauten wird, werden früher oder später unter geistlichen Depressionen zu leiden haben.

Lassen wir uns nicht täuschen

Wir erhalten das neue Leben durch die Gnade Gottes. Aber wir dürfen niemals vergessen, daß eine andere Macht sich uns entgegenstellt. Wir sind Bürger des Reiches Gottes, aber die Bibel sagt uns, daß wir von einem anderen Reich, das ebenfalls ein geistiges Reich ist, bekämpft und ohne Unterlaß angegriffen und bedrängt werden. Wir befinden uns in einem »Glaubenskampf« und haben »nicht mit Fleisch und Blut zu kämpfen, sondern mit Mächtigen und Gewaltigen, nämlich mit den Herren der Welt, die in dieser Finsternis herrschen, mit den bösen Geistern unter dem Himmel« (Eph. 6, 12). Weil das so ist, müssen wir auf den Zustand vorbereitet sein, den wir besprechen, sowie auf seine Symptome bei allen Arten von Menschen und in allen möglichen Formen.

Es gibt nichts, was das Handeln Satans so charakterisiert wie seine Gerissenheit. Er ist nicht nur geschickt und mächtig, er ist spitzfindig. Der Apostel Paulus sagt uns sogar, daß er selbst die Gestalt eines Engels des Lichts annimmt (2 . Kor. 11, 14). Sein einziger Wunsch besteht darin, das Werk Gottes zu zerstören und zu vernichten; und es gibt kein Werk Gottes, das er sehnlicher zu vernichten sucht als das Werk der Gnade in und durch unseren Herrn und Erlöser Jesus Christus.

Von dem Augenblick an, in dem wir Christ werden, werden wir daher der besondere Gegenstand der Aufmerksamkeit Satans. Darum sagt Jakobus: »Meine Brüder, achtet es für lauter Freude, wenn ihr in mancherlei Anfechtungen fallet« (Jak. 1, 2). Wir sollen uns freuen, weil es eine Erprobung unseres Glaubens ist. Von dem Zeitpunkt an, an dem wir Christ werden, ist Satan besonders daran interessiert, uns »fertigzumachen«, und er hat dafür keine erfolgreichere Methode, als uns unglücklich zu machen oder uns unter dem leiden zu lassen, was Charles Lamb als die »Mumps und Masern der Seele« bezeichnete. Solche Christen sind wie schwächliche Kinder, die nicht wachsen und keine Gesundheit und Kraft aufweisen.

Jeder Christ, der sich in diesem Zustand befindet, ist mehr oder weniger eine Verneinung seines eigenen Glaubens, und Satan ist zufrieden. Aus diesem Grund ist er besonders daran interessiert, uns depressiv zu machen. Das tut er auf zahllose Art und Weise.

Ich bitte jetzt um Ihre Aufmerksamkeit für eine weitere allgemeine Ursache geistlicher Depressionen. Sie wird in dem Vers beschrieben, den wir heute betrachten. Nun ist dieser Vers eine positive Bezeichnung für den Christen, aber wir können sie auf negative Weise anwenden. Die fehlende Übereinstimmung mit der Beschreibung, die wir hier in Römer 6, 17 vorfinden, ist eine der häufigsten Ursachen aller geistlichen Depressionen.

Wir haben hier eine vollständige Darstellung des Christen. Paulus sagt: »Ihr wart Diener Satans; ihr wart unter der Herrschaft Satans. So stand es mit dir, aber das ist nun vorbei.« Er dankt Gott, daß sie sich einmal in jener Lage befanden, er jetzt jedoch sagen kann, daß sie es nicht mehr sind. Warum nicht? Aus folgendem Grund: »Ihr seid aber nun gehorsam geworden von Herzen dem Bild der Lehre, welchem ihr ergeben seid.« So beschreibt der Apostel einen Christen.

Sie sehen, daß er vor allen Dingen die Ganzheit, das Gleichgewicht des christlichen Lebens betonen möchte. Es ist ein Leben, in dem man »gehorsam geworden ist« – das ist der Wille –, »von Herzen« – das ist das Gefühl, das Empfindungsvermögen –, »dem Bild der Lehre« – das richtet sich an den Geist und den Verstand.

Wenn Paulus den Christen beschreibt, betont er also, daß dessen Leben eine Ganzheit bildet. Der ganze Mensch ist beteiligt – der Verstand, das Herz und der Wille –, und eine allgemeine Ursache von geistlicher Depression ist das fehlende Bewußtsein, daß das christliche Leben ein alles umfassendes Leben, ein ausgewogenes Leben ist. Der Mangel an Ausgewogenheit ist eine der folgenschwersten Ursachen für Not, Uneinigkeit und Unruhe im Leben des Christen.

Ich muß noch einmal darauf hinweisen, daß die Ursache für den Mangel an Ausgewogenheit – ich fürchte: zu oft – zu Lasten des Predigers oder des Evangelisten gehen kann. Einseitige Christen werden gewöhnlich von Predigern oder Evangelisten hervorgebracht, deren Lehre die Ausgeglichenheit oder Ausgewogenheit fehlt. Je weiter wir mit unseren Studien kommen, desto mehr werden wir erkennen, wie außerordentlich wichtig die Umstände der Wiedergeburt sind.

Ich denke manchmal, daß jemand das als Forschungsgegenstand aufgreifen und die Beziehung zwischen der späteren Entwicklung eines Christen und den besonderen Mitteln oder Methoden, die bei dessen Bekehrung verwendet wurden, ermitteln sollte. Ich bin überzeugt, es wäre sowohl bedeutungsvoll als auch interessant.

Kinder haben für gewöhnlich an den Charaktereigenschaften ihrer Eltern teil, und Bekehrte neigen dazu, bestimmte Charaktereigenschaften von denen, die von Gott zu ihrer Bekehrung gebraucht wurden, zu übernehmen.

Aber nicht nur das. Die Art der Versammlung, in der Menschen in das Licht Christi kommen, ja alle Umstände der Wiedergeburt haben wahrscheinlich einen größeren Einfluß auf die spätere Entwicklung der Bekehrten, als wir uns oft bewußt sind. Wir stellten das in einem vorausgehenden Kapitel fest, und es ist zweifellos wichtig im Hinblick auf das, was wir jetzt besprechen wollen.

Gerade das oben Erwähnte erklärt unterschiedliche Arten von Christen, die alle ganz besondere Merkmale aufweisen. Alle Mitglieder einer beliebigen Gruppe sind sich sehr ähnlich und haben einen bestimmten Stempel, während andere sich von ihnen unterscheiden.

In dem Maße nun, in dem das stimmt und in dem wir bestimmte Charaktereigenschaften mit einer bestimmten Art der Verkündigung verbunden haben, sind wir wahrscheinlich Opfer des Mangels an Ausgewogenheit, was sich letztendlich in Traurigkeit und Niedergeschlagenheit ausdrückt.

Der Apostel Paulus greift das auf, weil es immer ein praktisches Problem aufwirft. Er schrieb an die Christen in Rom. Wir können nicht sicher sein, ob er den Sachverhalt erfand, um ihn zu widerlegen, oder ob er tatsächlich in Rom so vorhanden war. Es kann sein, daß es Menschen gab, die tatsächlich sagten: »Sollen wir denn in der Sünde beharren, auf daß die Gnade desto mächtiger werde?« (Röm. 6, 1).

Vielleicht war es aber auch der Fall, daß der Apostel, nachdem er seine Lehre von der Rechtfertigung allein durch den Glauben dargelegt hat, plötzlich zu sich sagt: »Nun besteht aber die Gefahr, die Sache folgendermaßen auf sich beruhen zu lassen: Manche Menschen mögen sagen: Also, sollen wir denn in der Sünde beharren, auf daß die Gnade desto mächtiger werde?«

Denn er, Paulus, hatte gesagt, daß, »wo die Sünde mächtig geworden ist, die Gnade noch viel mächtiger geworden ist« (Röm. 5, 20).

Es gab Menschen in der Urgemeinde, die so argumentierten, und es gibt auch heute noch viele, die ebenfalls zu einer solchen Denkweise neigen. Ihr Standpunkt ist: »Also, im Licht dieser Lehre kommt es nicht darauf an, was ein Mensch tut. Je mehr er sündigt, desto mehr wird Gott dadurch geehrt, daß er ihm vergibt. Wenn ich Christ bin, spielt es keine Rolle, was ich tue; ich stehe unter dem Schutz der Gnade Gottes. « Was sagt der Apostel dazu? Seine Antwort ist, daß sie so etwas nur sagen können, wenn sie die Lehre nicht verstanden haben. Hätten sie die Lehre verstanden, würden sie niemals solche Schlußfolgerungen ziehen; das wäre unmöglich. Er antwortet sofort: »Das sei ferne! Ihr, die ihr der Sünde gestorben seid (das ist, was ich gepredigt habe), könnt nicht länger darin leben.« Der Christ ist jetzt »in Christus«, weil er nicht nur mit ihm gestorben, sondern auch mit ihm auferstanden ist.

Nur ein Mensch, der die Lehre niemals wirklich erfaßt hat, kann solche schrecklichen Fragen wie »Sollen wir denn in der Sünde beharren, auf daß die Gnade desto mächtiger werde?« (Röm. 6, 1) stellen. Das ganze Ziel des Apostels in diesem Kapitel besteht darin, das außerordentlich wichtige Verständnis von der Ausgewogenheit der Wahrheit und des ganzen Evangeliums aufzuzeigen, sowie zu sehen, daß, wenn man es wirklich erfaßt, es zwangsläufig bestimmte Folgen nach sich zieht.

Der Maßstab der Lehre

Ich möchte nun versuchen, das Thema kurz aufzuteilen. Es werden hier bestimmte Grundsätze aufgestellt. Der erste ist, daß geistliche Depression oder Traurigkeit im christlichen Leben sehr oft auf unser Versagen zurückzuführen ist, die Größe des Evangeliums zu erkennen. Der Apostel spricht über »das Bild der Lehre, welchem ihr ergeben seid«. Er bezieht sich auf den »Maßstab der Lehre«.

Christ sein ist mehr als Sündenvergebung

Nun sind Menschen in ihrem christlichen Leben oft unglücklich, weil sie über das Christentum und die gesamte Botschaft des Evangeliums in ungenügender Form nachgedacht haben. Manche halten es nur für eine Botschaft der Vergebung und sagen, wenn man sie fragt, was Christentum sei: »Wenn du an den Herrn Jesus Christus glaubst, sind alle deine Sünden vergeben.« Damit hören sie auf. Das ist alles. Sie sind unglücklich über bestimmte Dinge in ihrer Vergangenheit, und wenn sie dann hören, daß Gott ihnen in Christus vergeben will, nehmen sie die Vergebung an und bleiben dabei stehen – das ist ihr ganzes Christentum.

Christ sein ist mehr als Moral

Es gibt andere Menschen, die das Christentum nur für Moral halten. Sie sind der Ansicht, daß sie selber keine Vergebung brauchen, aber sie wollen einen erhobenen Lebensstil. Sie wollen Gutes in dieser Welt tun, und so ist für sie das Christentum ein ethisches, moralisches Programm.

Solche Menschen sind zwangsläufig unglücklich. Es werden in ihrem Leben gewisse Probleme entstehen, die, strenggenommen, außerhalb des moralischen Bereiches liegen – der Tod eines Menschen oder persönliche Beziehungen. An diesem Punkt helfen Moral und Ethik nicht, und was sie für Evangelium halten, ist ihnen in dieser Situation nutzlos. Sie sind unglücklich, wenn der Schicksalsschlag kommt, weil sie niemals eine ausreichende Sicht des Evangeliums besessen haben. Es war nur eine einseitige Sicht; sie haben einfach nur einen Aspekt gesehen.

Christ sein ist mehr als Ästhetik

Dann gibt es wieder andere Menschen, die sich für das Christentum lediglich wie für etwas Gutes und Schönes interessieren. Der christliche Glaube übt auf sie eine ungeheure ästhetische Anziehungskraft aus. Das ist ihre Art und Weise, das Evangelium zu beschreiben, und die ganze Botschaft ist für sie nur etwas sehr Schönes und Wunderbares, das ihnen ein angenehmes Gefühl gibt, wenn sie es hören.

Christus ist allumfassend und unermeßlich

Ich stelle all diese unvollständigen und einseitigen Ansichten dem »Bild der Lehre« gegenüber, auf das der Apostel hier als dem »Maßstab der Lehre« Bezug nimmt, nämlich auf die große Wahrheit, die er in seinem Brief an die Römer mit seinen mächtigen Argumenten und Lehrsätzen und mit seinem Höhenflug geistlicher Vorstellungen ausarbeitet. Das ist das Evangelium.

All die – wenn ich einen Ausdruck von Thomas Carlyle ausleihen darf – »Unendlichkeiten und Unermeßlichkeiten« dieses

Briefes sowie des Epheser- und Kolosserbriefes, das ist das Evangelium.

Wir müssen eine genaue Sicht dieser Dinge haben. Aber jemand sagt vielleicht: »Wenn Sie über den Epheser- oder Kolosserbrief sprechen, reden Sie sicherlich nicht über die ›Botschaft des Evangeliums‹. In der Botschaft des Evangeliums erzählt man den Menschen nur von der Vergebung der Sünden!« In gewisser Hinsicht ist das richtig, aber in anderer Hinsicht ist das falsch.

Ich bekam einen Brief von einem Mann, der an einem Sonntag hier gewesen war, und er schrieb, er habe eine Entdeckung gemacht. Die Entdeckung, die er gemacht hatte, war die, daß es in einem Gottesdienst, der offensichtlich evangelistisch ausgerichtet war, auch etwas für Gläubige gab. Er schrieb: »Ich hätte niemals gedacht, daß es möglich wäre, daß in ein und demselben Gottesdienst eine evangelistische Botschaft für Ungläubige gepredigt wird und daß es zugleich auch eine Botschaft für Gläubige gibt, die sie beunruhigt.«

Dieser Mann legte ein großes Bekenntnis ab. Er teilte mir mit, welche Meinung er bisher vom Evangelium gehabt hatte. Es gab diese einseitige, unvollständige Sicht, die nur ein oder zwei Dinge herausnimmt. Nein, zu evangelisieren heißt, »den ganzen Plan Gottes« weiterzugeben.

Aber die Menschen sagen, daß sie zu beschäftigt sind oder daß sie überhaupt nicht folgen können. Ich erinnere Sie daran, daß der Apostel Paulus derartigen Sklaven predigte: »Nicht viele Gewaltige, nicht viele Edle sind berufen« (1. Kor. 1, 26). Das ist es, was er ihnen darlegte – diese ungeheure Darstellung der Wahrheit.

Das Evangelium ist nicht etwas Einseitiges oder Bruchstückhaftes: Es umfaßt das gesamte Leben, die gesamte Geschichte, die ganze Welt. Es berichtet uns über die Schöpfung und das Jüngste Gericht sowie über alles, was dazwischenliegt. Es ist eine vollständige, umfassende Sicht des Lebens.

Das Wort Gottes – Maßstab fürs Leben

Viele sind nur deshalb unglücklich im christlichen Leben, weil sie niemals erkannt haben, daß diese Art zu leben für das ganze Leben des Menschen sorgt und jede mögliche Erfahrung abdeckt. Es gibt keinen Bereich im Leben, über den die Bibel nicht etwas zu sagen hat. Das gesamte Leben muß unter ihren Einfluß kommen, weil sie allumfassend ist. Das Evangelium soll alles in unserem Leben beherrschen und regieren.

Wenn wir das nicht erkennen, werden wir mit Sicherheit früher oder später in einen depressiven Zustand geraten. So viele sind zwangsläufig in Schwierigkeiten, weil sie sich diesem schädlichen und unbiblischen Zwiespalt hingeben und ihr Christentum nur auf bestimmte Aspekte ihres Lebens anwenden. Das ist gar nicht zu vermeiden. Das ist das erste, das wir hier sehen.

Wir müssen die Größe des Evangeliums, seinen ungeheuren ewigen Umfang erkennen. Wir müssen mehr über den Reichtum der Schrift nachdenken, und wir müssen die großen lehrmäßigen Tatsachen besser im Gedächtnis behalten. Wir dürfen nicht allein die Evangelien lesen – wenn wir auch dort beginnen –, wir müssen weitergehen. Und dann, wenn wir den ganzen Plan ausgebreitet und in seinen großen Zusammenhang gestellt sehen, werden wir erkennen, welche wunderbare Sache das Evangelium ist und wie unser ganzes Leben von eben diesem Evangelium regiert werden soll.

Das bringt uns zum zweiten Punkt: Ebenso, wie wir oft unfähig sind, die Größe und Gesamtheit der frohen Botschaft zu erkennen, sind wir unfähig zu erkennen, daß die Botschaft den ganzen Menschen betrifft und sie sich gleichermaßen an den ganzen Menschen wendet: »Ihr seid gehorsam geworden von Herzen dem Bild der Lehre, welchem ihr ergeben seid.« Der Mensch ist ein wunderbares Geschöpf; er ist Verstand, er ist Herz, und er ist Wille. Das sind die drei Hauptbestandteile des Menschen.

Gott hat ihm einen Verstand gegeben, er hat ihm ein Herz gegeben, er hat ihm einen Willen gegeben, durch den er handeln kann. Nun ist eines vom Schönsten am Evangelium, daß es sich des ganzen Menschen annimmt. Ich gehe sogar soweit zu behaupten, daß es außer dem Evangelium nichts gibt, das dies tut.

Es ist nur dieses vollständige Evangelium, diese vollständige Sicht von Leben, Tod und Ewigkeit, die weit genug ist, den ganzen Menschen einzuschließen. Weil wir darin versagen, das zu erkennen, entstehen viele unserer Schwierigkeiten. Wir sind einseitig in unserer Reaktion auf dieses großartige Evangelium.

Gott will den ganzen Menschen

Ich möchte nun auf einige Einzelheiten hinweisen, um meinen Standpunkt zu begründen. Es gibt Menschen, bei denen nur der Kopf – der Intellekt, der Verstand – in Gebrauch zu sein scheint. Sie sagen uns, daß das Evangelium als Lebensanschauung oder christliche Philosophie sie ungeheuer interessiert. Das sind die Menschen, die immer vom christlichen Standpunkt oder, um im heutigen Sprachgebrauch zu bleiben, vom christlichen Verständnis sprechen. Das ist etwas rein Philosophisches, etwas völlig Verstandesmäßiges.

Ich glaube, Sie werden mir zustimmen, daß gegenwärtig eine große Anzahl Menschen diese Auffassung vertritt. Das Christentum ist für sie eine Sache von ungeheurem Interesse, und sie glauben und behaupten, daß all unsere Probleme gelöst wären, würde nur die christliche Lebensanschauung in Politik, Wirtschaft und auf jedem anderen Gebiet angewandt werden. Diese Einstellung und Lebensanschauung ist rein intellektuell.

Es gibt andere Menschen – heute vielleicht nicht mehr so viele wie früher –, deren einziges Interesse am Evangelium im Interesse an der Theologie, der Dogmatik und der Metaphysik und an großen Problemen, Argumenten und Diskussionen besteht. Ich spreche von der Vergangenheit, von Zeiten, die vorbei sind. Ich will sie nicht verteidigen, aber sie waren der gegenwärtigen Einstellung unendlich vorzuziehen.

Es gab da Menschen, deren einziges Interesse am Evangelium ihr Interesse an theologischen Problemen war; diese erörterten und diskutierten sie. Ihr Verstand war sehr stark engagiert; es war ihr intellektuelles Hobby und Interesse. Aber das Tragische war, daß es bei diesem Interesse aufhörte und daß ihre Herzen niemals berührt wurden. In ihrem Leben fehlte nicht nur die Gnade des Herrn Jesus Christus, sondern es fehlte auch oft die übliche Milde menschlicher Freundlichkeit.

Jene Menschen pflegten bestimmte Lehren zu erörtern, ja beinahe dafür zu kämpfen, aber sie waren oft unnahbare, harte Menschen. Man würde niemals zu ihnen gehen, wenn man in Schwierigkeiten wäre, da man fühlte, daß sie weder Verständnis noch Sympathie zeigen würden. Noch schlimmer: Die Wahrheit, an der sie so interessiert waren, wurde in ihrem Leben überhaupt nicht in die Tat umgesetzt, sondern blieb lediglich ein Studienobjekt. Sie berührte ihr Betragen oder ihr Verhalten überhaupt nicht, sondern war ausschließlich auf den Verstand beschränkt. Offensichtlich gerieten sie früher oder später zwangsläufig in Schwierigkeiten und wurden unglücklich.

Haben Sie jemals einen solchen Menschen erlebt, der dem Ende seines Lebens entgegenblickte? Haben Sie ihn erlebt, wenn er nicht mehr lesen konnte oder wenn er auf dem Sterbebett lag? Ich habe einen oder zwei gesehen, und ich möchte nicht noch einmal solch einen Menschen erleben.

Es ist etwas Schreckliches, wenn ein Mensch den Punkt erreicht, daß er erkennt, daß er sterben muß, und das Evangelium, über das er argumentiert und nachgedacht und das er sogar »verteidigt« hat, ihm nicht zu helfen scheint, weil es ihn niemals wirklich ergriffen hat. Es war nur ein intellektuelles Hobby.

Aber da gibt es andere, bei denen das Evangelium nur das Herz zu berühren scheint. Das ist heute mehr der Fall. Das sind die Menschen, die merken, daß sie eine gefühlvolle Befreiung erfahren haben. Sie sind durch eine gefühlsbetonte Entscheidung hindurchgegangen. Ich will das nicht abwerten, aber es ist eine wirkliche Gefahr, nur eine gefühlsbetonte Erfahrung zu haben.

Das sind Menschen, die ein gewisses Problem in ihrem Leben haben können. Sie mögen eine gewisse Sünde begangen und dann versucht haben, sie zu vergessen. Aber sie können nicht davon loskommen. Zuletzt hören sie eine Botschaft, die ihnen Befreiung von dieser Sache zu geben scheint, und sie nehmen sie an. Das ist gut. Aber sie bleiben dabei stehen.

Sie wollten diese besondere Befreiung, und sie haben sie gehabt. Das kann aufgrund einer unvollständigen Darbietung des Evangeliums geschehen, und das führt zu einer einseitigen und unvollständigen Erfahrung. Solche Menschen haben, weil sie hauptsächlich eine Befreiung gewünscht haben, eine gefühlsbetonte Erfahrung gemacht und nichts anderes.

Oder es kann sein, daß sie von Natur aus am Mystizismus und an mystischen Erscheinungen interessiert waren. Solche Menschen sind von Natur aus mystisch veranlagt; es umgibt sie etwas Jenseitiges, Geheimnisvolles. Es besteht in der heutigen Zeit ein großes Interesse an psychischen Phänomenen und übersinnlichen Erfahrungen.

Es hat immer Menschen gegeben, die sich für diese Art Dinge interessiert haben. Sie sind von Natur aus mystisch, und sie fühlen sich von Dingen angezogen, die eine geheimnisvolle Erfahrung anzubieten scheinen. Sie gelangen zur Heiligen Schrift, weil sie das Gefühl haben, daß sie in ihr die Befriedigung dieses Verlangens und dieser Sehnsucht nach mystischer Erfahrung finden können. Da sie danach suchen, bekommen sie diese auch. Aber sie bekommen nichts anderes.

Oder es kann sein, daß sich bestimmte Menschen einfach deshalb in dieser Lage befinden, weil sie durch die Darbietung des Evangeliums, durch die Atmosphäre der Kirche, der bemalten Fenster, der Standbilder, der Liturgie, der gesungenen Lieder, der Musik, der Predigt – eines oder all diese Dinge – ästhetisch bewegt werden. Das Leben war hart und grausam zu ihnen, und sie sind durch die Umstände verbittert. Aber sie gehen zu einem bestimmten Gottesdienst, und irgendwie werden sie getröstet und beruhigt und fühlen sich glücklich und zufrieden.

Das ist alles, was sie wollten. Haben sie es, wollen sie nichts weiter. Sie fühlen sich glücklich und gehen so weg. Aber so gewiß sie das tun, so sicher werden sie sich eines Tages in einer Lage und in einer Stellung befinden, in der ihnen das nicht hilft. Eines Tages stehen sie einer Entscheidung gegenüber und müssen da hindurch. Aber sie haben niemals gelernt, die Dinge zu durchdenken. Sie waren damit zufrieden, von ihren Gefühlen zu leben.

Andere wieder befinden sich in dieser einseitigen Sachlage, weil sie auf einen Aufruf in einer Versammlung geantwortet haben. Ich erinnere mich einer Anzahl Pfarrer, die mir erzählten, wie sie einmal im Seelsorgeraum eines bekannten Evangelisten arbeiteten, der einst unser Land besuchte (und jetzt ein alter Mann ist und sich aus dem Dienst zurückgezogen hat).

Sie fragten die Leute, die in den Seelsorgeraum kamen, warum sie gekommen wären. Sehr oft erhielten sie die Antwort, daß sie es nicht wüßten. »Aber«, sagten sie, »Sie sind doch in den Seelsorgeraum gekommen und müssen auch wissen, warum Sie das getan haben.« Und die Antwort war: »Ich bin gekommen, weil der Prediger uns aufgefordert hat zu kommen.«

Jener Prediger hatte eine großartige und außergewöhnliche Gabe, Geschichten zu erzählen. Er konnte alles aufregend darstellen und beendete seine Ansprache oft mit einer ergreifenden Geschichte.

Dann forderte er die Leute auf, nach vorne zu kommen. Und fast wie in Trance gingen sie den Mittelgang hinab und in den Seelsorgeraum; sie wußten nicht, warum. Sie waren bewegt, sie waren fasziniert, aber es schien keine Ahnung von der Wahrheit vorhanden zu sein; es gab überhaupt keine Beziehung zu dem »Bild der Lehre, dem sie sich ergaben«. Gefühlsmäßig bewegt, aber durch nichts anderes, waren sie in den Seelsorgeraum gekommen.

Nun ist es ganz unumgänglich, daß solche Leute sich zu irgendeiner Zeit in Schwierigkeiten befinden. Sie werden unglücklich und traurig und depressiv werden. Es sind Menschen, die etwas in ihrem Herzen spüren, aber ihr Kopf ist überhaupt nicht beteiligt, und oftmals ist es leider auch ihr Wille nicht. Es reicht ihnen, auf ihrem Gefühl einherzuschweben und Gefühlserfahrungen zu machen, aber die Anwendung der Wahrheit auf den Verstand und den Willen interessiert sie überhaupt nicht.

Dann findet man schließlich dasselbe bei Menschen, bei denen allein der Wille beteiligt ist. Es ist möglich, und es ist leider vorgekommen, daß Menschen dazu überredet wurden, den christlichen Glauben anzunehmen. Sie sagen, daß sie glauben, daß es ein gutes Leben ist, und sie beschließen ernsthaft, den Glauben anzunehmen.

Ich denke, wir sollten das Wort »Entscheidung« abschaffen. Ich mag es nicht. Von einer Entscheidung für Christus zu sprechen, scheint mir eine Verneinung des Textes zu sein, über den wir sprechen, wie ich Ihnen zeigen will. Die getroffene Entscheidung war oft das Ergebnis eines Aufrufes. Wenn der Wille eines bestimmten Menschentyps sehr stark »bearbeitet« wird, gibt es solche, die mit Sicherheit reagieren.

Sie treffen eine Entscheidung, weil sie dazu aufgerufen worden sind, weil sie zu einer Entscheidung genötigt worden sind. Auf ihren Willen wurde Druck ausgeübt. Ihnen wurde gesagt, daß sie sich entscheiden müßten; also entschieden sie sich. Aber sie wissen nicht immer, warum sie das tun. Und später kommen sie ins Fragen. Der Teufel wird zusehen, daß Fragen in ihrem Verstand aufkommen. Dann werden sie feststellen, daß sie keine Antwort haben.

Ich möchte diesen Punkt folgendermaßen zusammenfassen. Es handelt sich hier um Menschen, die sich dazu entscheiden, den christlichen Glauben zu ergreifen, anstatt sich vom christlichen Glauben ergreifen zu lassen. Sie haben dieses drängende Gefühl niemals gekannt, dieses Gefühl: »Ich kann nicht anders, Gott helfe mir!«, so daß ihnen alles andere nebensächlich wird und die Wahrheit so zu ihnen kommt, daß sie sie annehmen müssen.

Das ist es, was Paulus in diesem Kapitel sagt. »Das sei ferne«, so sagt er. »Was sollen wir hierzu sagen? Erkennt ihr nicht, was die Wahrheit ist? Wie könnt ihr sagen: ›Sollen wir denn in der Sünde beharren, auf daß die Gnade desto mächtiger werde?‹ Es bedeutet, daß ihr nicht wißt, was Gnade ist.« Nur die Menschen haben die Wahrheit verstanden, die sie tun wollen. Die Tragik der anderen ist, daß sie die Wahrheit niemals erkannt haben.

Das also ist die Ursache des Zustandes. Aber lassen Sie mich Folgendes betonen. Wie ich gezeigt habe, finden Sie manchmal Menschen, die nur mit einem Teil ihrer Persönlichkeit beteiligt sind – nur mit dem Kopf, nur mit dem Herzen nur mit dem Willen. Wir sind uns gewiß darüber einig, daß sie falsch stehen müssen. Ja, aber wir wollen uns auch darüber im klaren sein, daß es gleichermaßen falsch ist, wenn nur zwei Teile der Persönlichkeit beteiligt sind.

Es ist gleichermaßen falsch, nur mit dem Kopf und mit dem Herzen dabei zu sein ohne den Willen, oder mit dem Kopf und dem Willen ohne das Herz, oder mit dem Herzen und dem Willen ohne den Kopf. Das ist es, wie ich glaube, was der Apostel uns einprägen will. Die christliche Situation ist eine dreifache; es sind die drei zusammen und die drei zur gleichen Zeit und immer die drei.

Ein so wunderbares Evangelium wie das der Bibel spricht den ganzen Menschen an, und wenn der ganze Mensch nicht angesprochen wird, denken Sie darüber nach, wo Sie stehen. »Ihr seid aber nun gehorsam geworden von Herzen dem Bild der Lehre, welchem ihr ergeben seid.«

Welch ein Evangelium! Welch eine wunderbare Botschaft! Sie kann den Verstand des Menschen vollständig befriedigen und sein Herz bewegen, so daß sein Wille zu völligem Gehorsam bereit wird. Das ist das Evangelium. Christus ist gestorben, damit wir vollkommene Menschen sein können, nicht nur, damit Teile von uns gerettet werden; nicht, damit wir einseitige Christen sein sollten, sondern uns im Gleichgewicht halten können.

Aber nicht nur das. Wenn uns diese Ausgewogenheit fehlt, werden wir später Schwierigkeiten haben, weil der Mensch in dieser ausgeglichenen Weise von Gott geschaffen wurde. Haben Sie das jemals bedacht? Es ist eine interessante psychologische Angelegenheit, festzustellen, wie Gott diese drei Machtfaktoren – den Verstand, das Herz und den Willen – in uns gelegt hat. Und was für ungeheure Machtfaktoren sind sie! Man würde nie denken, daß diese drei gleichzeitig in einer Person existieren könnten; aber Gott hat den Menschen vollkommen gemacht. Sie sehen alles auf vollkommene Weise in dem Herrn Jesus Christus; und das Ziel der Erlösung besteht darin, uns zu jener Vollkommenheit zu bringen, uns seinem Bild so gleichzugestalten, daß die Wirkungen und Spuren der Sünde entfernt und vernichtet werden.

Ich möchte noch ein abschließendes Wort über diese Ausgewogenheit sagen. Die Dinge müssen immer in der richtigen Reihenfolge kommen. Es gibt eine eindeutige Ordnung in Römer 6, 17. Jene Menschen waren Knechte der Sünde, aber nun sind sie es nicht mehr. Warum nicht? Der Apostel sagt, daß das Bild der Lehre zu ihnen kam: »Nun aber seid ihr gehorsam geworden von Herzen dem Bild der Lehre, welchem ihr ergeben seid.«

Die Wahrheit macht frei

Sie befanden sich in Sklaverei. Was hat sie herausgebracht? Die Wahrheit ist ihnen gezeigt worden! Sie waren nicht einfach emotional bewegt worden im Bereich des Herzens; es war nicht nur ein Appell an den Willen. Nein, die Wahrheit wurde ihnen gezeigt.

Wir müssen diese Dinge immer in die richtige Reihenfolge stellen, und die Wahrheit steht an erster Stelle. Zuerst kommt die Lehre, das Bild der Lehre, die Botschaft des Evangeliums. Wir sind nicht einfach daran interessiert, die Menschen auf gefühlsmäßiger oder willensmäßiger Ebene anzusprechen, sondern »das Wort zu predigen«. Die Apostel wurden nicht deshalb ausgesandt, um Ergebnisse zu erzielen und Menschen zu ändern, sondern »das

Evangelium zu predigen«, »die Wahrheit zu predigen«, zu predigen und zu verkünden, daß »Jesus auferstanden ist«.

Es war diese Botschaft, dieses Bild der Lehre, dieser Schatz! Das sind die Begriffe, die im Neuen Testament verwendet werden; und die Kirche erzeugt mit Sicherheit geistliche Mißgestalten, wenn sie darin versagt, die Lehre an die erste Stelle zu setzen.

Der Christ sollte wissen, warum er Christ ist. Der Christ ist nicht ein Mensch, der einfach sagt, daß etwas Wunderbares mit ihm geschehen ist, absolut nicht. Er ist fähig und bereit, »den Grund der Hoffnung anzugeben, die in ihm ist« (1. Petr. 3, 15). Wenn er es nicht kann, sollte er besser seinen Standpunkt klären.

Der Christ weiß, warum er ist, was er ist, und wo er steht. Ihm wurde die Lehre gezeigt. Er hat die Wahrheit erhalten. Dieses »Bild der reinen Lehre« ist zu ihm gekommen, in seinen Verstand, und es muß immer mit seinem Verstand beginnen. Die Wahrheit wendet sich an den Verstand und an das Erfassungsvermögen, das vom Heiligen Geist erleuchtet wird. Nachdem der Christ die Wahrheit gesehen hat, liebt er sie. Sie bewegt sein Herz. Er sieht, was er war. Er sieht das Leben, das er geführt hat, und er haßt es.

Wenn Sie die Wahrheit über sich selbst als Sklave der Sünde sehen, werden Sie sich selbst hassen. Wenn Sie dann die wunderbare Wahrheit über die Liebe Christi erkennen, werden Sie sie wollen, werden Sie danach verlangen. So ist das Herz beteiligt.

Die Wahrheit wirklich erkennen heißt, daß Sie durch sie bewegt werden und sie lieben. Sie können nichts dazu tun. Wenn Sie die Wahrheit klar erkennen, müssen Sie es fühlen. Das wiederum führt dazu, daß es Ihr größtes Verlangen sein wird, die Wahrheit zu tun und auszuleben.

Das ist des Paulus ganze Begründung. Er sagt: Euer Reden über das Bleiben in der Sünde ist undenkbar. Wenn ihr euch eurer Einheit mit Christus bewußt seid, daß ihr samt ihm gepflanzt worden seid in die Gleichheit seines Todes und daher mit ihm auferstanden seid, könnt ihr niemals so reden. Ihr könnt nicht verbunden sein mit Christus und eins mit ihm und gleichzeitig fragen: »Sollen wir denn in der Sünde beharren?« Gibt diese herrliche Wahrheit mir die Erlaubnis, weiterhin jene Dinge zu tun, die mir früher gefielen? Natürlich nicht. Es ist undenkbar. Ein Mensch, der weiß und glaubt, daß er »mit Christus auferstanden ist«, wird selbstredend wünschen, das neue Leben mit Jesus zu leben.

So formuliert Paulus seine mächtigste Begründung und seine Beweisführung. Daraus ziehe ich meine letzte Schlußfolgerung. In diesem Bereich müssen wir immer erkennen, wenn wir zu anderen sprechen, daß das Herz niemals direkt angesprochen werden kann. Ich gehe noch weiter: Auch der Wille soll niemals direkt angesprochen werden.

Das ist ein äußerst wichtiger Grundsatz, dessen man sich sowohl in der persönlichen Seelsorge wie in der Predigt bewußt sein muß. Das Herz muß immer durch den Verstand beeinflußt werden – zuerst der Verstand, dann das Herz, dann der Wille. Wir haben kein Recht, einen direkten Angriff sowohl auf unser Herz als auf das eines anderen vorzunehmen.

Ich habe Menschen mit einer sündigen Lebensweise gekannt, die zu ihrem eigenen Untergang einen falschen Trost fanden in der Tatsache, daß sie immer noch fähig waren zu weinen und in einer religiösen Versammlung gefühlsmäßig bewegt wurden. »Ich kann nicht ganz so schlecht sein, sonst würde ich nicht so reagieren«, haben sie daraus geschlossen.

Aber das ist eine falsche Schlußfolgerung. Ihre gefühlsmäßige Reaktion wurde von ihnen selbst erzeugt. Wäre es eine Reaktion auf die Wahrheit gewesen, hätte sich ihr Leben geändert. Wir dürfen niemals das Herz oder den Willen direkt ansprechen.

Die Wahrheit wird empfangen durch Gottes größte Gabe an den Menschen: durch den Verstand, das Erfassen. Gott schuf den Menschen nach seinem Bild, und es ist keine Frage, daß der größte Teil dieses Bildes der Verstand ist mit seiner Fähigkeit, die Wahrheit zu erfassen. Gott hat uns damit begabt und sendet uns die Wahrheit auf diese Weise.

Aber Gott verhüte es, daß jemand annehmen könnte, es höre mit dem Intellekt auf. Es beginnt hier, aber es geht weiter. Es bewegt dann das Herz, und schließlich liefert der Mensch seinen Willen aus. Er gehorcht – nicht widerwillig oder unfreiwillig, sondern von ganzem Herzen.

Das christliche Leben ist ein wunderbar vollkommenes Leben, das die ganze Persönlichkeit eines Menschen anspricht und gefangennimmt. Möge Gott uns zu ausgeglichenen Christen machen, zu Männern und Frauen, von denen gesagt werden kann, daß sie offensichtlich und eindeutig gehorsam geworden sind dem Bild der Lehre, dem sie ergeben sind.

Eine bestimmte Sünde

Aber darum ist mir Barmherzigkeit widerfahren, auf daß an mir vornehmlich Jesus Christus erzeigte alle Geduld, zum Vorbild denen, die an ihn glauben sollten zum ewigen Leben.

1. Timotheus 1, 16

Im letzten Kapitel haben wir über die Menschen nachgedacht, die unglücklich sind und sich ihres Christenlebens niemals richtig freuen, weil es ihnen nicht gelingt, zwischen Verstand, Herz und Willen das Gleichgewicht zu wahren. Im ersten Brief an Timotheus spricht Paulus darüber, indem er sagt, daß wir »haben den Glauben und gutes Gewissen, welches etliche von sich gestoßen und am Glauben Schiffbruch erlitten haben, unter welchen ist Hymenäus und Alexander, welche ich habe dem Satan übergeben, daß sie lernen, nicht mehr zu lästern« (1. Tim. 1, 19-20). Der Mangel an Ausgewogenheit ist eine der großen Ursachen nicht nur für das Unglücklichsein, sondern auch für das Versagen und Stolpern im christlichen Leben.

Nun gibt es einige, die über all das erstaunt sind. Sie haben eine oberflächliche, flüchtige Sicht vom Christentum, die besagt, daß jemand, sobald er eine Entscheidung für Christus getroffen hat, ein Christ ist und daher vollkommen glücklich sein muß. Aber wie Erfahrung und Kirchengeschichte sehr deutlich zeigen, ist das weit von der Wahrheit entfernt.

Wenn wir diese oberflächliche Ansicht vertreten, werden wir bald in irgendwelche Probleme verwickelt werden. Tatsache ist, daß es immer Christen gibt, die sich aus verschiedenen Gründen in Schwierigkeiten befinden. Sie können die neutestamentlichen Briefe nicht lesen, ohne die Wahrheit meiner Worte zu erkennen.

Wenn der Glaube und die Annahme der Erlösung alles wäre, wären die neutestamentlichen Briefe nicht notwendig gewesen; ja, man würde in gewissem Sinne nicht einmal die Kirche brauchen. Die Menschen würden einfach gerettet und für den Rest ihres Lebens glücklich als Christen weiterleben. Aber es gibt mehr als genug Beweise dafür, daß das nicht der Fall ist.

Jene Leute aus dem Neuen Testament hatten geglaubt und

waren Christen geworden, und dennoch mußten die Apostel Petrus, Paulus, Johannes und andere ihnen Briefe schreiben, weil sie auf die eine oder andere Weise in Schwierigkeiten waren. Sie waren aus verschiedenen Gründen unglücklich und freuten sich ihres Christenlebens nicht. Einige waren geneigt, auf das Leben zurückzublicken, aus dem sie gerettet worden waren; manche wurden ernstlich versucht, andere grausam verfolgt.

Christen stehen mitten im Kampf

Gerade die Existenz der neutestamentlichen Briefe zeigt uns, daß Traurigkeit ein Zustand ist, der auch Christen quält. Daraus ergibt sich daher eine seltsame Art Trost, die nichtsdestoweniger realistisch ist. Wenn jemand, der meine Worte liest, in Schwierigkeiten ist, lassen Sie mich Folgendes sagen: Die Tatsache, daß Sie unglücklich oder beunruhigt sind, ist kein Anhaltspunkt dafür, daß Sie kein Christ sind. Ja, ich möchte gar noch weitergehen und behaupten, daß ich sehr große Zweifel daran habe, ob Sie überhaupt ein Christ sind, wenn Sie niemals Schwierigkeiten in Ihrem Christenleben hatten.

Es gibt so etwas wie falschen Frieden, es gibt so etwas wie eine Glaubenstäuschung. Das gesamte Neue Testament und die ganze Kirchengeschichte der Jahrhunderte stellen ein beredtes Zeugnis dar für die Tatsache, daß das Christenleben ein »Glaubenskampf« ist. Keinen Kummer im Herzen zu haben, ist daher noch gar kein gutes Zeichen. Ja, es ist vielmehr ein ernsthaftes Zeichen, daß etwas völlig falsch ist.

Für diese Behauptung gibt es einen sehr guten Grund. Von dem Augenblick an, da wir Christ geworden sind, werden wir der besondere Gegenstand der Aufmerksamkeit Satans. Wie er den Herrn Jesus bedrängt und angegriffen hat, so bedrängt und greift er alle Menschen an, die dem Herrn gehören. »Achtet es für lauter Freude«, sagt Jakobus, »wenn ihr in mancherlei Anfechtung fallet« (Jak. 1, 2).

Das ist die Art und Weise, wie der Glaube geprüft wird, denn es ist nicht nur eine Prüfung des Glaubens, sondern in gewissem Sinn auch eine Prüfung, ob man Glauben hat. Weil wir zu Jesus gehören, wird der Teufel das Äußerste versuchen, uns zu verwirren und zu Fall zu bringen. Gott sei Dank, er kann uns unsere Erlösung nicht rauben!

Aber obwohl er uns unsere Erlösung nicht rauben kann, kann er uns unglücklich machen. Er kann, wenn wir töricht genug sind, auf ihn zu hören, unsere Freude an der Errettung ernsthaft einschränken. Das ist genau das, was er fortwährend zu tun versucht, und das wiederum ist der Grund dafür, daß die neutestamentlichen Briefe uns diesbezüglich belehren und unterweisen.

Vergebung erfahren und Vergangenheit loslassen

In diesem Kapitel wollen wir über eine sehr gängige Methode nachdenken, mit der der Teufel angreift. Es ist die Methode, die uns nicht nur in dem uns vorliegenden Vers nahegelegt wird, sondern auch im ganzen Kapitel dieses biographischen Teiles – des Teiles, in dem der Apostel auf sich verweist als auf einen Diener des Evangeliums von unserem Herrn Jesus Christus.

Es handelt sich hier um jene Männer, die aufgrund ihrer Vergangenheit armselige Christen sind oder die an Depressionen leiden – entweder durch eine besondere Sünde in der Vergangenheit oder durch die besondere Form, in der sie die Sünde begingen. Ich würde sagen, daß es nach meiner Erfahrung in der Seelsorge, die sich nun über viele Jahre erstreckt, kein häufigeres Problem gibt. Es tritt immer wieder auf, und ich glaube, daß ich mich mit mehr Menschen darüber auseinandersetzen mußte als über irgendeine andere Frage.

So auf den ersten Blick mag sich mancher von Ihnen wundern und fragen, ob solche Menschen überhaupt Christen sind. Aber Sie sehen das völlig falsch. Es sind Christen. Bitten Sie sie, den christlichen Glauben zu erklären, so tun sie das ausgezeichnet. Sie scheinen die Lehre von der Rechtfertigung durch den Glauben völlig verstanden zu haben. Das heißt, sie sehen ganz klar, daß sie sich niemals selber gerecht machen können.

Sie verlassen sich nicht auf ihr eigenes Leben, ihr eigenes Handeln oder irgend etwas, das sie tun können. Sie sind sich ihrer völligen Hilflosigkeit und ihrer totalen Abhängigkeit von der Gnade Gottes in unserem Herrn und Erlöser Jesus Christus absolut bewußt. Sie sind sich darüber völlig im klaren und können es bezeugen. Auch haben sie ihr Vertrauen auf den Herrn Jesus Christus gestellt. »Nun«, fragen Sie, »was ist dann mit ihnen los?«

Obwohl sie sich über diese zentrale Lehre völlig im klaren zu sein scheinen und als Christen sprechen, ist es doch so, daß sie dennoch unglücklich sind. Und zwar sind sie unglücklich aufgrund irgendeiner Sache in ihrer Vergangenheit.

Sie kommen mit einem unglücklichen, ja, kläglichen Gesicht zu Ihnen und sprechen immer über eine ganz bestimmte Sache. In der Regel betrifft es eine Handlung, eine Tat, die nicht unbedingt einen anderen Menschen betreffen muß, die sie aber selber begangen haben.

Gewöhnlich geht es um eine bestimmte Sache, eine große Sache, und auf diese kommen sie immer wieder zurück. Sie reiten darauf herum und können sie nicht loslassen. Ständig zergliedern und prüfen sie die Angelegenheit und verdammen sich damit selber. Als Folge davon sind sie unglücklich. Manchmal ist es etwas, das sie gesagt haben, irgendein Wort, das sie einmal gesprochen haben.

Ich möchte Ihnen hier das anschaulichste Beispiel weitergeben, das mir jemals in meiner Praxis begegnet ist. Ich erwähne es einfach, um das Thema, über das ich sprechen möchte, deutlich zu machen. Ich erinnere mich an einen alten Mann, der sich im Alter von 77 Jahren bekehrte und Christ wurde. Es war eine der bemerkenswertesten Bekehrungen, die ich jemals erlebt habe.

Der Mann hatte ein sehr übles Leben gelebt; es gab kaum etwas, das er nicht irgendwann getan hatte. Aber er kam unter die Verkündigung des Evangeliums und bekehrte sich in seinem hohen Alter. Der große Tag kam, an dem er als Mitglied der Kirche aufgenommen wurde, und als er am Sonntagabend zu seiner ersten Abendmahlsfeier kam, war es für ihn das Gewaltigste, das er jemals erlebt hatte. Seine Freude war unbeschreiblich, und wir alle haben uns sehr über ihn gefreut.

Aber da gab es ein Nachspiel, und zwar folgendes. Am nächsten Morgen, noch bevor ich aufgestanden war, ist dieser arme, alte Mann zu meinem Haus gekommen. Er machte einen jämmerlichen Eindruck und weinte unbeherrscht. Ich war erstaunt und verblüfft, besonders im Hinblick auf das, was am vergangenen Abend geschehen war, dem größten Abend seines Lebens, dem Höhepunkt von allem, was ihm je begegnet war. Es gelang mir schließlich, ihn so weit zu beruhigen, daß ich ihn fragen konnte, was los sei. Sein Problem war folgendes.

Nachdem er von der Abendmahlsfeier nach Hause gegangen war, erinnerte er sich plötzlich an etwas, das dreißig Jahre zuvor geschehen war. Er hatte sich mit einer Gruppe im Wirtshaus befunden. Sie tranken und sprachen über Religion. Bei dieser Gelegenheit hatte er verächtlich und höhnisch gesagt, daß Jesus Christus ein Bastard sei. Das war ihm plötzlich alles wieder eingefallen, und er war sich sicher, daß es dafür keine Vergebung gab.

Es war nur diese eine Sache! O ja, er war sehr froh, Trinken, Spielen und die Unsittlichkeit zu vergessen! Das war in Ordnung, das war vergeben. Das wußte er ganz klar. Aber das eine, das er über den Sohn Gottes, den Erlöser der Welt, gesagt hatte! Er ließ sich nicht trösten, er ließ sich nicht beruhigen. Die eine Sache hatte ihn in die größte Verzweiflung gestürzt. (Ich danke Gott, daß ich unter Anwendung der Heiligen Schrift in der Lage war, ihm die Freude wiederzugeben.)

Gerade auf solche Dinge beziehe ich mich: auf etwas, das ein Mensch irgendwann gesagt oder getan hat, das ihn verfolgt und heimsucht und ihn elend und unglücklich macht, obwohl er sich noch immer zum vollen christlichen Glauben bekennt.

Dieser Zustand, der so widersprüchlich zu sein scheint, ist Wirklichkeit, und wir müssen ihn als solchen anerkennen. In anderen Fällen mag die Bindung an ein Versprechen oder Gelübde, das zwar gegeben, aber niemals gehalten wurde, die Ursache des Problems sein.

Ich habe viele Fälle dieser Art gehabt, wo Menschen während einer Krankheit Gott ein bestimmtes Gelübde oder Versprechen gegeben haben, daß, wenn sie nur wieder gesund würden, sie dies oder das täten. Aber sie haben ihr Versprechen nicht gehalten; ja, sie hatten mittlerweile sogar etwas getan, das ihnen das, was sie zu tun versprochen hatten, unmöglich machte. Und da stehen sie nun: unglücklich und völlig im Bann dieser einen Sache.

Gerade das ist nun der Sachverhalt, auf den ich jetzt Ihre Aufmerksamkeit richten möchte. Diese Menschen scheinen sich über die Heilslehre völlig im klaren zu sein. Sie haben jedoch das Gefühl, daß in ihrem Fall etwas da ist – ihre Sünde, diese besondere Sünde oder die Form, die die Sünde in ihrem Fall angenommen hat –, das sie irgendwie in eine schwer zu behandelnde Kategorie stellt. Sie sagen: »Ja, ich weiß, aber . . .« Sie sind niedergeschlagen, sie sind erbärmliche Christen, sie leiden unter einem Zustand geistlicher Depression.

Was ist hier das wirkliche Problem? Nun, es gibt zwei Haupterklärungen für diesen Zustand. Zuallererst ist es natürlich das Werk Satans. Es ist gerade der Satan, der, obwohl er uns unsere Erlösung nicht rauben kann, uns zweifellos unsere Freude zu nehmen vermag.

Der Satan ist am Werk

Sein großes Interesse gilt der Verhinderung, daß ein Mensch sich bekehrt, wenn das aber mißlingt, besteht sein einziges Ziel darin, die Menschen zu unglücklichen Christen zu machen, so daß er andere Menschen, die eine gewisse Sündenerkenntnis haben, auf sie hinweisen und sagen kann: »Das ist nun das Christentum. Schau dir ihn oder sie an. Das ist ein schönes Bild des Christentums! Sieh dir diese erbärmliche Person an! Willst du auch so werden?« Ohne Zweifel ist die wesentliche Ursache meistenfalls der Teufel selber.

Es gibt aber auch eine untergeordnete Ursache, und gerade diese möchte ich hier hervorheben. Ich sage nochmals, daß der oben beschriebene Zustand fast gänzlich einer Unkenntnis der Lehre zuzuschreiben ist – einem Versagen, die neutestamentliche Heilslehre ganz zu verstehen. Das ist für die Behandlung dieses Zustandes von entscheidender Bedeutung. Ich will das klar und deutlich sagen, selbst auf die Gefahr hin, mißverstanden zu werden.

Es gibt Fälle, in denen diejenigen, die sich in einem solchen Zustand befinden, eines ganz bestimmt nicht tun sollten, nämlich um Befreiung aus diesem Zustand zu beten! Gerade das tun sie ja immer, und sie haben es fortwährend getan, wenn sie nach Hilfe suchten – ja, es ist sogar das, wozu man im allgemeinen rät.

Nun stimmt es freilich, daß der Christ immer beten soll – der Christ soll »beten ohne Unterlaß« –, aber hier handelt es sich um einen jener Punkte, wo der Christ einen Augenblick aufhören soll zu beten und anfangen soll zu denken! Denn es gibt gewisse

Schwierigkeiten im christlichen Leben, von denen ich sage, daß, wenn Sie nichts anderes tun, als darüber zu beten, Sie sie niemals lösen werden. Sie müssen manchmal mit dem Beten aufhören, weil Ihr Gebet Sie gerade an das Problem erinnern und darauf festlegen kann. Sie müssen also aufhören zu beten und statt dessen nachdenken und die Lehre der Schrift anwenden.

Worüber sollen Sie nachdenken? Das erste, was ich vorschlage, ist, daß Sie über den Fall des Apostels Paulus und über das nachdenken, was er hier sagt: »Ich danke unserem Herrn Jesus Christus, der mich stark gemacht und treu geachtet hat und gesetzt in das Amt, der ich zuvor war ein Lästerer und ein Verfolger und ein Frevler; aber mir ist Barmherzigkeit widerfahren, denn ich habe es unwissend getan im Unglauben. Es ist aber desto reicher geworden die Gnade unseres Herrn samt dem Glauben und der Liebe, die in Christus Jesus ist. Das ist gewißlich wahr und ein teuer wertes Wort, daß Christus Jesus gekommen ist in die Welt, die Sünder selig zu machen, unter welchen ich der vornehmste bin. Aber darum ist mir Barmherzigkeit widerfahren, auf daß an mir vornehmlich Jesus Christus erzeigte alle Geduld, zum Vorbild denen, die an ihn glauben sollten zum ewigen Leben« (siehe 1. Tim. 1, 12-16).

Nun, das ist wunderbar. Sie hören, was der Apostel sagt. Was er hier behauptet, ist dies, daß in gewissem Sinn der Herr Jesus Christus ihn rettete, um ihn zu einem Vorbild zu machen. In welcher Hinsicht? Zu einem Vorbild für jene Menschen, die das Gefühl haben, daß ihre besondere Sünde irgendwie die Grenze der Gnade und Barmherzigkeit übersteigt.

Die Begründung des Apostels ist, daß allein sein Fall bereits ein für allemal ein hinreichender Beweis dafür ist, daß wir niemals so denken sollten. Mit anderen Worten: Es gibt Menschen, die glauben, daß Sünden nach ihrer Schwere eingeteilt werden können, und sie machen Unterschiede zwischen einzelnen Sünden. Sie stufen sie ein, indem sie sagen, daß manche vergeben werden und andere anscheinend nicht.

Diesen Menschen sagt der Apostel, daß sein eigener Fall mehr als ausreicht, um dieses Argument zu entkräften. »Was immer du denken magst«, sagt er, »was immer du getan haben magst, denke an mich. Denke an das, was ich war: ein Lästerer und ein Verfolger und ein Frevler.« Könnte irgend etwas schlimmer sein? Er haßte den Namen Jesus Christus von Nazareth und tat sein Äußerstes, um die Jünger Jesu auszurotten. Er ging nach Damaskus, »schnaubend mit Drohen und Morden« (Apg. 9, 1) gegen sie. Er war tatsächlich sehr schlimm: ein Lästerer, ein Verfolger.

»Nun«, so sagt der Apostel, »ich bin ein Testfall, und was du auch von dir denken magst, wiege es gegen meinen Fall auf und sieh, wo du stehst.« Das ist die erste Begründung.

Denken Sie an seinen Fall und sagen Sie sich: »Wenn ihm Gnade gewährt wurde, wenn ihm vergeben werden konnte, muß ich diese Sünde in meinem Leben neu überdenken.« Das ist der Punkt, an dem Sie beginnen müssen.

Aber der Apostel hört hier nicht auf, weil wir gewissermaßen nicht zwischen Sünde und Sünde unterscheiden dürfen. Oberflächlich gesehen, scheint der Apostel das zu tun. Er sagt: »Jesus Christus ist in die Welt gekommen, die Sünder selig zu machen, unter welchen ich der vornehmste bin« (1. Tim. 1, 15), als wenn er sagen wollte, daß es große Sünder und weniger große Sünder und kleine Sünder gibt.

Dies meinte er jedoch nicht, denn das würde im Gegensatz stehen zu seiner grundsätzlichen Lehre. Was er meint, ist Folgendes: Je näher ein Mensch Gott kommt, desto größer sieht er seine Sünde. Wenn ein Mensch die Schwärze seiner eigenen Seele sieht, dann sagt er: »Ich bin der vornehmste der Sünder.«

Nur ein Christ kann das sagen. Der Weltmensch wird niemals eine solche Aussage machen. Er wird immer beweisen wollen, was für ein guter Mensch er ist. Aber Paulus scheint noch mehr zu sagen. In gewissem Sinn scheint er nahelegen zu wollen, daß die Sünden gegen die Person Christi die größten aller Sünden sind. Er macht seine Absicht jedoch deutlich, wenn er es mit anderen Worten so formuliert: »Ich habe es unwissend getan im Unglauben« (1. Tim. 1, 13).

Durch diese Formulierung stößt er die Abstufungen der Sünde um. Betrachtet man das nur aus einem Winkel, so ist des Paulus Sünde die schlimmste, die man begehen kann; aber betrachtet man das noch aus einem anderen Winkel, so ist es die Summe aller Sünden, weil es letztendlich nur eine Sünde gibt, und das ist die Sünde des Unglaubens.

Das ist die große Lehre des Neuen Testamentes über diese Sache; es ist das, was die Menschen vor allem anderen verstehen müssen, nämlich, daß wir nicht im Blick auf einzelne Sünden denken dürfen, sondern immer im Hinblick auf unsere Beziehung zu Gott. Wir neigen alle dazu, an dieser Stelle in die Irre zu gehen. Deswegen halten wir manche Bekehrungen für bemerkenswerter als andere. Aber sie sind es nicht.

Es braucht dieselbe Gnade Gottes, die ehrbarste Person der Welt zu retten wie den gesetzlosesten Menschen der Welt. Nichts außer der Gnade Gottes kann jemanden retten, und es braucht dieselbe Gnade, um alle zu retten. Aber weil wir eine falsche Lehre haben, unterscheiden wir zwischen Sünde und Sünde und halten manche Sünden für schlimmer als andere. Alles entspringt letztlich unserer Beziehung zu Gott. Es ist alles eine Frage von Glauben oder Unglauben.

Es gibt diesbezüglich viele eindrucksvolle Beispiele in der Bibel. Der Punkt, an dem ein Mann wie Josef seine geistliche Einsicht und sein Verständnis zeigte, war vornehmlich dieser: Als er von der Frau Potiphars versucht wurde, sagte er: »Wie sollte ich denn nun ein solch großes Übel tun und gegen Gott sündigen?« (1. Mose 39, 9).

Was Josef beunruhigte, war nicht die Möglichkeit, gegen die Frau zu sündigen, sondern gegen Gott selber. Das nun ist wahrhaft geistliches Denken. Wir müssen nicht soviel an die Sünde selber denken, wozu wir neigen. Was die Sünde für Josef ausmachte, war die Tatsache, daß es seine Beziehung zu Gott berührte: »Wenn ich das tue, sündige ich gegen Gott.« David sah dasselbe. Er war ein Mörder und ein Ehebrecher. Das war es, was ihn quälte: »An dir allein habe ich gesündigt und übel vor dir getan« (Ps. 51, 6).

Er bagatellisierte nicht das Falsche, das er andern angetan hatte. Er hatte nichts davon vergessen. Aber das war nicht das Schlimmste. Es handelte sich um Gott – seine Beziehung zu Gott.

In dem Augenblick, in dem Sie so denken, vergessen Sie einzelne Sünden und daß eine schlimmer ist als die andere. »Mein Unglaube«, sagt Paulus, »war das Problem« – nicht einzelne Handlungen. Es ist in der Tat unsere Beziehung zu Gott und zu seinem Gesetz, die von Bedeutung ist.

Das Neue Testament macht diesbezüglich einige sehr bemerkenswerte Aussagen. Ich frage mich, ob Sie die Aufzählung der Werke des Fleisches, die Paulus im fünften Kapitel des Galaterbriefes gibt, schon einmal betrachtet haben. »Offenbar aber sind die Werke des Fleisches, als da sind: Ehebruch, Hurerei, Unreinigkeit, Unzucht« – wir sind uns darüber im klaren: schrecklich! –, »Götzendienst« – selbstverständlich –, »Zauberei« – das ist doch klar. Oh, aber dann folgt plötzlich »Feindschaft«. Feindschaft? Aber ich habe bei Sünde immer nur an bestimmte Menschen gedacht, die Ehebrecher und unrein waren.

Völlig falsch – »Feindschaft, Hader, Eifersucht, Zorn, Zank, Zwietracht, Spaltungen«. Sie merken, wie er alles durcheinander aufzählt – »Haß, Mord«. Nicht nur die tatsächlich begangenen Sünden, sondern auch die im Herzen. Saufen, Fressen und dergleichen! Was für eine Aufzählung! Und Jesus sagte dasselbe, als er uns daran erinnerte: »Aus dem Herzen kommen arge Gedanken: Mord ... « (Matth. 15, 19). Er zählt sie zusammen auf –, nicht nur bestimmte große Sünden, sondern jede Sünde.

Alles, was eine falsche Beziehung zu Gott nahelegt, ist Gesetz1osigkeit, das Brechen des Gesetzes. Jakobus hat diesen Punkt ein für allemal in seinem Brief im zweiten Kapitel im zehnten Vers behandelt: »Denn so jemand das ganze Gesetz hält und sündigt in einem, der ist's ganz schuldig.« Sie sehen also, daß wir uns alle auf derselben Ebene befinden.

Wenn der Teufel Sie denken lassen will, daß Ihre Sünden anders sind, dann antworten Sie ihm, daß es keine Rolle spielt, welchen einzelnen Punkt der Mensch im Hinblick auf das Gesetz bricht, sondern daß er, wenn er das Gesetz nur in einem Punkt bricht, in allem schuldig ist.

Es ist nicht der eine Punkt im besonderen, der von wirklicher Bedeutung ist, sondern es ist das Gesetz, das eine Rolle spielt. Das ist Gottes Art und Weise, die Sünde zu sehen. Lassen Sie sich daher nicht vom Satan in die Irre führen. Es ist nicht eine besondere Sünde, sondern unsere Beziehung zum Gesetz Gottes, unsere Beziehung zu der Person Gottes selber, die Bedeutung hat.

Das bringt uns zum dritten Punkt. Die Schwierigkeit bei dieser Art eines unglücklichen Christen ist, daß er der Bibel nicht wirklich glaubt. Haben Sie jemals darüber nachgedacht? Sie sagen: »Meine Not ist jene schreckliche Sünde, die ich begangen habe.« Lassen Sie mich Ihnen im Namen Gottes sagen, daß das nicht Ihre Not ist. Ihre Not ist der Unglaube. Sie glauben dem Wort Gottes nicht.

Ich verweise auf 1. Johannes 1, 9, wo wir lesen: »Wenn wir aber unsere Sünden bekennen, so ist er treu und gerecht, daß er uns die Sünden vergibt und reinigt uns von aller Ungerechtigkeit.« Das ist eine unbedingt gültige Aussage von Gott dem Heiligen Geist durch seinen Diener.

Diese Aussage wird nicht eingeschränkt. Es wird nicht zwischen Sünde und Sünde unterschieden. Ich kann darin überhaupt keine Einschränkung sehen. Was immer Ihre Sünde ist – und wäre sie noch so groß –, es spielt keine Rolle, was es ist, was es war: »Wenn wir aber unsere Sünden bekennen, so ist er treu und gerecht, daß er uns die Sünden vergibt und reinigt uns von aller Ungerechtigkeit.«

Wenn Sie also dieses Wort nicht glauben und weiterhin über Ihre Sünde nachgrübeln, dann sage ich Ihnen, daß Sie das Wort Gottes nicht anerkennen, daß Sie Gott nicht bei seinem Wort nehmen, daß Sie nicht glauben, was er Ihnen sagt, und das ist Ihre tatsächliche Sünde.

Sie erinnern sich, was dem Petrus einmal geschah. Er war aufs Dach gestiegen, um sich auszuruhen, sah plötzlich in einem Gesicht ein großes Tuch vom Himmel herniederfahren mit allen Arten vierfüßiger Tiere darin, und er hörte eine Stimme, die zu ihm sagte: »Stehe auf, Petrus, schlachte und iß!« Petrus sagte immer wieder: »O nein, Herr, denn ich habe noch nie etwas Gemeines und Unreines gegessen.«

Erinnern Sie sich, was geschah? Die Stimme Gottes sprach vom Himmel zu ihm: »Was Gott gereinigt hat, das heiße du nicht gemein (oder unrein).« – »Erkennst du, was du tust?« fragt Gott im Grunde. »Du beharrst darauf, das gemein und unrein zu nennen, was ich dir befohlen habe zu schlachten und zu essen –, was Gott gereinigt hat, das heiße du nicht gemein!«

Das ist genau das, was ich heute zu jemandem sagen würde, der vom Teufel jahrelang wegen einer einzelnen Sünde, wegen eines unglücklichen Ereignisses in seinem früheren Leben, in Depressionen gefangengehalten wird. Es interessiert mich nicht, was es ist. Ich sage zu Ihnen im Namen Gottes: »Was Gott gereinigt hat – durch das Blut seines eingeborenen Sohnes –, das heiße du nicht gemein oder unrein.« – »Das Blut Jesu Christi, seines Sohnes, macht uns rein von aller Sünde« (1. Joh. 1, 7) und aller Ungerechtigkeit.

Glauben Sie dem Wort Gottes, mein Freund! Beten Sie nicht inbrünstig weiter, daß Ihnen jene Sünde vergeben werden möge. Glauben Sie Gottes Wort. Bitten Sie ihn nicht um ein Zeichen der Vergebung. Er hat es Ihnen gegeben. Ihr Gebet kann in dieser Sache sehr wohl ein Ausdruck des Unglaubens sein. Glauben Sie Gott und seinem Wort!

Erkennen, was Jesus am Kreuz tat

Eine andere Schwierigkeit bei diesen Menschen ist, daß sie nicht ganz klar zu erkennen scheinen, was Jesus am Kreuz auf Golgatha tat. Sie glauben an seinen sühnenden Opfertod, aber sie machen sich nicht klar, welche Folgen damit verbunden sind. Sie haben die Lehre nicht ganz verstanden. Sie wissen genug, um gerettet zu sein – ich spreche von Christen –, aber sie befinden sich immer in einem depressiven Zustand, weil sie nicht richtig erkennen, was das bedeutet.

Sie vergessen, daß der Engel Josef ganz zu Anfang verkündete, daß Jesus »sein Volk retten will von ihren Sünden« (Matth. 1, 21). Der Engel sagte nicht, daß er von allen Sünden erretten wird mit Ausnahme der einen Sünde, die Sie begangen haben. Nein! »Er will sein Volk retten von ihren Sünden.« Und hören Sie, wie Petrus dasselbe sagt: »Welcher unsre Sünden selbst hinaufgetragen hat an seinem Leibe auf das Holz, auf daß wir, der Sünde abgestorben, der Gerechtigkeit leben; durch welches Wunden ihr seid heil geworden« (1. Petr. 2, 24). Es gibt hier keine Einschränkung, keine Begrenzung.

Oder hören Sie die Worte des Apostels Paulus, wenn er sagt: »Denn er hat den, der von keiner Sünde wußte, für uns zur Sünde gemacht« (2 . Kor. 5, 21). Alle Sünden wurden auf Jesus gelegt, jede einzelne; da gibt es keine Begrenzung, da ist nichts ausgenommen.

In der Tat sagte Jesus es selber am Kreuz, oder etwa nicht? Er sagte: »Es ist vollbracht!« – ganz vollbracht. In welchem Sinn? Es ist vollbracht in dem Sinn, daß dort nicht allein mit all den Sünden, die in der Vergangenheit begangen wurden, abgerechnet wurde, sondern auch mit allen Sünden, die jemals begangen werden könnten. Es ist ein Opfer nötig gewesen, ein für allemal.

Jesus geht niemals wieder ans Kreuz. Mit allen Sünden wurde da endgültig und vollständig abgerechnet, mit allen. Nichts blieb ungesühnt – »es ist vollbracht«. Woran wir einander erinnern, wenn wir Brot und Wein nehmen, und was wir verkündigen, ist jenes vollständig vollbrachte Werk. Da ist nichts ungetan geblieben, da gibt es keine Einschränkung betreffend bestimmter Sünden.

Mit all den Sünden derjenigen, die an ihn glauben, mit jeder einzelnen, wurde abgerechnet, Gott hat sie weggefegt wie eine dicke Wolke. Mit allen Sünden, die Sie jemals begehen mögen, ist hier abgerechnet worden. Wenn Sie also zu ihm gehen, ist es »das Blut Jesu Christi, seines Sohnes«, das Sie reinigt.

Der nächste Schritt ist daher, daß wir uns über die Rechtfertigung im klaren sein müssen. Ich habe mich in einem vorangehenden Kapitel damit beschäftigt, aber ich möchte Sie nochmals daran erinnern. Wir wollen nicht vergessen, daß unsere Rechtfertigung nicht nur bedeutet, daß unsere Sünden vergeben sind und daß wir von Gott selber für gerecht erklärt worden sind, nicht nur, daß wir gerecht sind in dem Augenblick, als wir glaubten, sondern daß wir für immer gerecht sind. Denn die Rechtfertigung meint auch das, daß uns von Gott die völlige Gerechtigkeit seines eigenen Sohnes, des Herrn Jesus Christus, gegeben wird. Das bedeutet Rechtfertigung.

Es bedeutet nicht nur, daß unsere Sünden vergeben sind, sondern viel mehr. Es bedeutet, daß er uns auch mit der Gerechtigkeit Jesu Christi bekleidet. Er sagt eigentlich: »Du bist gerecht. Ich sehe nicht einen Sünder, sondern eines meiner gerechten Kinder. Ich sehe dich in Christus, bedeckt mit seiner Heiligkeit und Gerechtigkeit.« Und wenn Gott das für uns tut, dann tut er es ein für allemal.

Sie sind verborgen. Sie selber, Ihre ganze Persönlichkeit und Ihr Leben, stehen in der Gerechtigkeit Christi vor Gott. Ich sage daher mit Ehrfurcht und in der Autorität des Wortes Gottes, daß Gott Ihre Sünden nicht mehr sieht. Er sieht die Gerechtigkeit Christi, die Sie bedeckt. Nehmen Sie diese Wahrheit für sich in Anspruch.

Einssein mit Christus

Letztendlich kommt es darauf hinaus, daß die wahre Ursache für diese Schwierigkeit in der Unfähigkeit besteht, unsere Einheit mit Christus zu erkennen. Viele scheinen zu denken, daß das Christentum nur bedeutet, daß wir errettet sind in dem Sinne, daß unsere Sünden vergeben sind. Aber das ist nur der Anfang, nur eine Seite davon.

Im wesentlichen bedeutet die Errettung die Einheit mit Christus, das Einssein mit ihm. Wie wir eins waren mit Adam, sind wir jetzt eins mit Christus. Wir sind mit Christus gekreuzigt – »ich bin mit Christus gekreuzigt« (Gal. 2, 19), sagt Paulus. »Alles, was mit ihm geschehen ist, ist mit mir geschehen. Ich bin eins mit ihm.«

Lesen Sie das fünfte und sechste Kapitel des Paulusbriefes an die Römer. Die Lehre ist, daß wir mit Christus gestorben, begraben und auferstanden sind und daß wir im Himmel in und mit Christus auf einem Thron sitzen. Das ist die Lehre der Bibel. »Denn ihr seid gestorben, und euer Leben ist verborgen mit Christus in Gott« (Kol. 3, 3).

Der alte Mensch ist gekreuzigt worden – mit allem, was zu ihm gehört. Mit allen seinen Sünden wurde abgerechnet. Sie sind begraben mit Christus, Sie sind auferstanden mit Christus. »Also auch ihr, haltet euch dafür, daß ihr der Sünde gestorben seid, und lebet Gott in Christus Jesus, unserm Herrn« (Röm. 6, 11).

Lassen Sie es mich daher folgendermaßen zusammenfassen: Sie und ich – und für mich ist es eine der größten Entdeckungen im christlichen Leben; ich werde niemals das Gefühl der Befreiung vergessen, als ich das zum erstenmal erkannte –, Sie und ich müssen niemals zurückschauen auf unsere Vergangenheit, auf irgendeine Sünde in unserer Vergangenheit – es sei denn, daß es uns zum Lob Gottes und zur Anbetung seiner Gnade in Christus Jesus führt.

Wenn Sie auf Ihre Vergangenheit zurückschauen und dadurch niedergedrückt werden, wenn Sie sich als Folge davon als Christ elend fühlen, müssen Sie tun, was Paulus tat. »Ich war ein Lästerer«, sagte er, aber er blieb nicht dabei stehen. Sagt er dann: »Ich bin unwürdig, ein Prediger des Evangeliums zu sein«? Tatsächlich sagt er genau das Gegenteil: »Ich danke unserem Herrn Jesus

Christus, der mich stark gemacht und treu geachtet hat und gesetzt in das Amt . . .«

Wenn Paulus zurückschaut auf die Vergangenheit und seine Sünden sieht, sagt er nicht: »Ich bin nicht fähig, ein Christ zu sein; ich habe so schreckliche Dinge getan.« Ganz und gar nicht. Die Folge ist, daß es ihn zum Lob Gottes führt. Er rühmt die Gnade und sagt: »Es ist aber desto reicher geworden die Gnade unsers Herrn samt dem Glauben und der Liebe, die in Christus Jesus ist« (1. Tim. 1, 14).

Nur so darf auf die Vergangenheit zurückgeschaut werden. Wenn Sie also auf Ihre Vergangenheit zurückschauen und dadurch niedergeschlagen werden, bedeutet das, daß Sie auf den Teufel hören. Aber wenn Sie auf die Vergangenheit zurückschauen und sagen: »Es ist leider wahr, daß ich durch den Gott dieser Welt geblendet war, aber Gott sei Dank, seine Gnade war desto reicher, es war mehr als genug, und seine Liebe und Gnade kamen in einer solchen Weise auf mich, daß alles vergeben ist; ich bin ein neuer Mensch«, dann ist alles in Ordnung.

Das ist die Art und Weise, auf die Vergangenheit zurückzuschauen, und wenn wir das nicht tun, bin ich fast versucht, zu sagen, daß wir es in dem Fall verdienen, unglücklich zu sein. Warum dem Teufel glauben statt Gott? Wachen Sie auf und erkennen Sie die Wahrheit über sich, daß nämlich alles Vergangene vorbei ist und daß Sie eins sind mit Christus, der all Ihre Sünden ein für allemal ausgelöscht hat.

O laßt uns doch nicht vergessen, daß es Sünde ist, an Gottes Wort zu zweifeln! Es ist Sünde, der Vergangenheit, die Gott erledigt hat, zu erlauben, uns unsere Freude und Nützlichkeit in der Gegenwart und in der Zukunft zu rauben.

Hören Sie noch einmal jene Worte, die dem zweifelnden, zögernden Apostel Petrus vom Himmel gesagt wurden: »Was Gott gereinigt hat, das heiße du nicht gemein.« Erfreuen Sie sich dieser wunderbaren Gnade und Barmherzigkeit, die all Ihre Sünden ausgelöscht und Sie zu einem Kind Gottes gemacht hat. »Freuet euch in dem Herrn allewege, und abermals sage ich, freuet euch!« (Phil. 4, 4).

Vergebliche Reue

Am letzten nach allen ist er auch von mir, als einer unzeitigen Geburt, gesehen worden. Denn ich bin der geringste unter den Aposteln, der ich nicht wert bin, daß ich ein Apostel heiße, darum daß ich die Gemeinde Gottes verfolgt habe. Aber durch Gottes Gnade bin ich, was ich bin, und seine Gnade an mir ist nicht vergeblich gewesen, sondern ich habe viel mehr gearbeitet als sie alle, nicht aber ich, sondern Gottes Gnade, die mit mir ist.

1. Korinther 15, 8-10

In der heutigen Zeit sind Männer und Frauen bereit, sich für alles zu interessieren, was anziehend ist. Wir leben im Zeitalter der Werbung, und die Menschen sind bereit, alles zu glauben, was ihnen gesagt wird. Sie glauben der Reklame, sie glauben, was ihnen gesagt wird, und daraus folgt, daß sie, wenn sie etwas in den Christen sehen würden, was den Eindruck erwecken würde, daß solche Leute ein Leben der Freude, des Glücks und des Sieges lebten, in großer Zahl herbeiströmen würden, um begierig das Geheimnis eines so erfolgreichen Lebens zu entdecken.

Es ist daher keine unzulässige Schlußfolgerung, zu behaupten, daß der Zustand derer, die zur christlichen Gemeinde gehören, das ist, was für die Menge derjenigen, die nicht dazugehören, zählt.

Wir erwecken so oft den Eindruck, daß wir niedergeschlagen und bedrückt sind. In der Tat erwecken manche den Eindruck, daß Christ-Werden bedeutet, vielen Schwierigkeiten gegenüberzustehen, über die man nie zuvor nachgedacht hat. Der Weltmensch kommt daher mit einem schnellen Blick zu der Schlußfolgerung, daß man außerhalb der Kirche glücklichere Menschen findet als innerhalb.

Er hat natürlich völlig unrecht, aber wir müssen erkennen, daß manche von uns sich auf jeden Fall bei dem Vorwurf schuldig bekennen müssen, daß wir viel zu oft unter geistlicher Depression leiden und mehr oder weniger traurige Christen sind und so das Evangelium der erlösenden Gnade in erheblichem Maße falsch darstellen.

Nun ist all das natürlich auf die Tatsache zurückzuführen, daß wir es mit einem sehr mächtigen Widersacher zu tun haben. Es stimmt, daß wir in dem Augenblick, in dem wir Christ werden, den raffiniertesten und mächtigsten Angriffen desjenigen ausgesetzt werden, der in der Bibel beschrieben wird als »der Mächtige, der die Luft beherrscht«, »der Geist, der zu dieser Zeit sein Werk hat in den Kindern des Unglaubens« (Eph. 2, 2), »der Fürst dieser Welt« (Joh. 12, 31), »der Satan« (Offb. 2, 13), »der Teufel« (Eph. 6, 11).

Wenn wir mit unserer Studie fortfahren und den Weg betrachten, auf dem der Teufel in der Lage ist, uns auf die raffinierteste Art und Weise anzugreifen, indem er uns täuscht und in die Irre führt, ohne daß wir es überhaupt bemerken, beginnen wir zu verstehen, warum so viele versagen. Und natürlich ist er am raffiniertesten und gefährlichsten, wenn er als »Engel des Lichtes« (2. Kor.11,14) kommt, als angeblicher Freund der Kirche und als einer, der am Evangelium und an seiner Verkündigung interessiert ist.

Gemäß der Schrift tut er das (vgl. 2. Kor. 11), und an diesem Punkt ist er überhaupt am gefährlichsten. Er ist nicht nur mächtig, er ist spitzfindig, und wenn wir fortfahren, die verschiedenen Formen und Symptome der Depression zu betrachten, wird das immer deutlicher.

Im Hinblick darauf müssen wir uns auf ihn und auf solche Angriffe vorbereiten. Das geschieht am besten, indem wir die Bibel studieren. Allein dort wird uns Einblick in seine Methoden gegeben. »Denn uns ist nicht unbewußt, was er im Sinn hat«, sagt der Apostel Paulus den Korinthern (2. Kor. 2, 11). Aber das Tragische ist, daß so vielen unbewußt ist, was er im Sinn hat, da sie nicht an seine Existenz glauben. Selbst die, die es tun, versäumen, daran zu denken, daß er immer da ist und in vielen raffinierten Formen auftreten kann. Wenn wir objektiv betrachten, was er uns antut, können wir nicht anders, als über unsere unglaubliche Torheit erstaunt zu sein.

Wenn man manche Fälle von geistlicher Depression betrachtet, fragt man sich: Wie kann ein Mensch da hineingeraten sein? Es erscheint alles so vollkommen klar und deutlich, und dennoch gehen wir immer wieder in dieselbe Falle. Das ist den heimtückischen Methoden Satans zuzuschreiben. Er stellt uns die Dinge auf so anziehende Weise dar, daß wir bereits gefallen sind, noch bevor wir erkannt haben, daß überhaupt etwas geschehen ist.

Es gibt nur eine Art und Weise, damit fertigzuwerden, und das ist, seine Methoden und die verschiedenen Lehren der Bibel im Hinblick auf den Zustand geistlicher Depression zu studieren. Das ist es, was wir gegenwärtig zu tun versuchen.

Nach vorne blicken

Wir müssen jetzt den Fall solcher Menschen betrachten, die in der Gegenwart lahmgelegt sind, weil sie auf die Vergangenheit zurückblicken, und zwar diesmal nicht auf eine einzelne Sünde, sondern auf die Tatsache, daß sie soviel Zeit außerhalb des Reiches Gottes verbrachten und so spät gläubig geworden sind. Das wiederum ist häufig die allgemeine Ursache geistlicher Depression.

Jene Menschen werden bedrückt durch die Tatsache, daß sie soviel Zeit vergeudet und so viele Jahre verschwendet haben, ja daß sie so lange gebraucht haben, überhaupt Christ zu werden. Sie beklagen stets die Tatsache, daß sie so viele Gelegenheiten verpaßt haben – Gelegenheiten, Gutes zu tun, anderen zu helfen, Gelegenheiten zum Dienst. Sie sagen: »Wenn ich das alles nur gesehen hätte, als ich jung war, hätte ich mich freiwillig zum Dienst gemeldet, aber ich habe es erst jetzt gesehen, wo es zu spät ist.«

Verpaßte Gelegenheiten! Oder sie denken an das, was sie heute alles erreicht haben könnten, wenn nur. . . »Wenn nur« – das ist ihre Klage. Aber sie glaubten nicht. Und beim Rückblick auf die Jahre, die sie in Unkenntnis dieser Dinge in der Welt zugebracht haben, sind sie erfüllt mit vergeblicher Reue über das, was sie hätten sein können, wie sie in der Gnade hätten wachsen können.

Auf diese Weise schauen sie in die Vergangenheit zurück und bedauern und beklagen sich: Sie schauen zurück auf die Freuden, die sie hätten haben können, auf die Jahre glücklicher und froher Erfahrung, die sie hätten erleben können. Aber es ist zu spät; die Gelegenheiten sind vorbei.

Warum waren sie so töricht? Wie konnten sie so blind sein? Warum waren sie so schwerfällig? Sie hörten das Evangelium, lasen gute Bücher; an einem gewissen Punkt fühlten sie sogar etwas. Aber das hatte keine Folgen, und sie ließen die Gelegenheit vorbeigehen. Jetzt haben sie es endlich verstanden, und nun quälen sie sich mit dem Gedanken »wenn nur«.

Nun ist dies ein allgemeiner Umstand, und er erklärt bei sehr vielen Menschen den Zustand geistlicher Depression. Wie behandeln wir diese Ursache? Was haben wir darüber zu sagen? Ich möchte damit beginnen, daß, obwohl es völlig richtig ist, daß solche Leute die Tatsache bedauern, daß sie so spät zum Glauben kamen, es dennoch ganz falsch ist, darüber unglücklich zu sein.

Man kann nicht auf das frühere Leben zurückschauen, ohne Dinge zu sehen, die zu bedauern sind. Das ist normal. Aber genau an diesem Punkt tritt das Scharfsinnige der Depression ein, und wir überqueren jene feine Unterscheidungslinie, die zwischen einem berechtigten Bedauern und einem falschen Zustand von Trübsal und Niedergeschlagenheit liegt.

Das christliche Leben ist ein sehr gut ausgewogenes Leben. Das ist eines seiner bemerkenswertesten Kennzeichen. Es wurde einmal mit einem Mann verglichen, der auf Messers Schneide balanciert, wobei die Möglichkeit besteht, daß er leicht nach beiden Seiten hinunterfällt. Die ganze Zeit müssen wir feine Unterscheidungen treffen, und hier ist eine davon: die Unterscheidung zwischen einem legitimen Bedauern und einem falschen Zustand von Trübsal und Niedergeschlagenheit.

Wie vermeiden wir es dann, uns in dieser Hinsicht niedergeschlagen zu fühlen? Wir wollen es im Hinblick auf das, was der Apostel Paulus hier über sich selbst sagt, anschauen. Die Worte aus dem 1. Korintherbrief scheinen mir immer ein vollkommenes Beispiel dafür zu sein, was Jesus im Gleichnis über die Arbeiter im Weinberg lehrt, die zu verschiedenen Stunden des Tages angestellt wurden, manche nicht vor der elften Stunde (Matth. 20, 1-16). Wir werden es vom Standpunkt derjenigen Leute aus betrachten, die zur elften Stunde eingestellt wurden, die also die letzten waren, die in das Himmelreich eingingen.

Der gesunde Menschenverstand

Aber bevor wir zu der besonderen Behandlung des Themas im Hinblick auf die Bibel kommen, wollen wir es auf eine mehr allgemeine Weise betrachten. Da gibt es bestimmte Grundsätze des gesunden Menschenverstandes und der menschlichen Vernunft, die auf diesen Zustand angewandt werden müssen.

Es gibt einige Leute, die zu denken scheinen, daß es falsch für einen Christen sei, jemals den gesunden Menschenverstand zu gebrauchen. Sie scheinen anzunehmen, daß sie immer alles auf eine besonders geistliche Weise tun müssen. Das scheint mir aber sehr unbiblisch zu sein.

Der Christ ist dem Ungläubigen in keiner Weise unterlegen; er ist immer überlegen. Der Christ kann nicht nur all das tun, was der Ungläubige tut, er kann sogar mehr. Auf diese Weise sollte man den Christen sehen. Er ist ein Mensch, der den Verstand in den verschiedenen Situationen anwenden kann, und es ist richtig und zulässig, daß er das tut.

Wenn Sie den Teufel auf dieser Ebene besiegen können, sollten Sie das auch tun. Es spielt keine Rolle, auf welcher Ebene Sie den Teufel besiegen, solange Sie ihn nur besiegen. Wenn Sie ihn zurückschlagen und loswerden können, indem Sie den Verstand und die Vernunft anwenden, dann tun Sie es.

Es ist völlig richtig und zulässig für den Christen, so zu handeln. Ich sage das alles, weil ich oft feststelle, daß sich Menschen in diesem Punkt in Schwierigkeiten befinden und ihre Zeit damit verbringen, über eine Sache zu beten, anstatt etwas zu tun, was vom Standpunkt des gesunden Menschenverstandes aus völlig klar ist.

Lassen Sie mich erklären, was ich meine. Meines Erachtens ist es für jeden, der sich in diesem Zustand befindet (und dasselbe gilt für den, der jemandem in diesem Zustand helfen soll), das erste, sich zu sagen, daß es reine Verschwendung von Zeit und Energie ist, sich in der Gegenwart aufgrund eines Versagens in der Vergangenheit elend zu fühlen. Das ist gesunder Menschenverstand.

Die Vergangenheit kann man nicht zurückholen, und man kann sie nicht ungeschehen machen. Man kann sich hinsetzen und niedergeschlagen sein und sich für den Rest seines Lebens im Kreis drehen vor Bedauern, aber es wird sich an dem, was man früher einmal getan hat, nichts ändern. Das nun ist gesunder Menschenverstand, und man braucht keine besondere Offenbarung, um das zu erkennen.

Die Welt in ihrer Weisheit sagt uns: »Vorbei ist vorbei.« Nun, sagen Sie das dem Teufel! Warum sollte ein Christ törichter sein als jemand anders? Warum sollten Sie nicht den gesunden Menschenverstand und die menschliche Vernunft in einer gegebenen Situation gebrauchen? Aber das ist es, was viele Menschen versäumen.

Die Folge ist, daß sie ihre Zeit und Energie mit vergeblicher Reue über Dinge vergeuden, die sie nicht ändern oder ungeschehen machen können – ein völlig törichtes und unvernünftiges Unternehmen, selbst vom weltlichen Standpunkt des gesunden Menschenverstandes aus gesehen. Wir wollen das als Grundsatz festhalten. Wir dürfen uns niemals eine Sekunde lang über etwas sorgen, das von uns nicht beeinflußt oder geändert werden kann. Es ist Energieverschwendung.

Wenn Sie an einer Situation nichts ändern können, hören Sie auf, darüber nachzudenken. Blicken Sie nie wieder darauf zurück, denken Sie nie wieder daran, denn wenn Sie es tun, bringt der Teufel Sie zu Fall. Unklare, nutzlose Reue muß als unvernünftig abgelehnt werden. Mein Freund, hören Sie auf, dabei zu verweilen! Ganz abgesehen vom christlichen Standpunkt, ist es etwas Törichtes, ist es reine Energie- und Zeitverschwendung.

Aber wir wollen nun weitergehen und uns die Tatsache bewußtmachen, daß das Verweilen bei der Vergangenheit nur Versagen in der Gegenwart verursacht. Während Sie sich hinsetzen und die Vergangenheit beklagen, all die Dinge bedauern, die Sie nicht getan haben, lähmen Sie sich selbst und halten sich davon ab, in der Gegenwart zu wirken.

Ist das Christentum? Natürlich nicht. Christentum ist gesunder Menschenverstand und viel mehr – aber es schließt den gesunden Menschenverstand mit ein. »Aber«, sagen Sie, »das kann ich doch auch von Weltmenschen hören!« Nun, wenn Sie das können, dann hören Sie es und handeln Sie danach!

Der Herr Jesus hat selber gesagt, daß die Kinder dieser Welt untereinander klüger sind als die Kinder des Lichtes (Luk. 16, 8). Er lobte den ungetreuen Haushalter, und ich tue einfach dasselbe.

Die Welt hat vom Standpunkt des gesunden Menschenverstandes aus in dieser Sache völlig recht.

Es ist immer falsch, die Gegenwart durch die Vergangenheit zu belasten und die Vergangenheit wie einen Hemmschuh auf die Gegenwart wirken zu lassen. Lassen Sie die tote Vergangenheit ihre Toten begraben! Es gibt nichts, das tadelnswerter ist – vom Standpunkt des normalen Menschenverstandes aus –, als sich von irgend etwas aus der Vergangenheit zu einem Versager in der Gegenwart machen zu lassen. Das tut jedoch das krankhafte Interesse an der Vergangenheit.

Die Menschen, die ich beschreibe, versagen in der Gegenwart. Anstatt in der Gegenwart zu leben und im christlichen Leben weiterzukommen, setzen sie sich hin und beklagen die Vergangenheit. Sie sind so betrübt über die Vergangenheit, daß sie in der Gegenwart nichts tun. Das ist aber falsch.

Mein drittes Argument vom Standpunkt des gesunden Menschenverstandes und der Vernunft aus ist dieses: Wenn Sie wirklich glauben, was Sie über die Vergangenheit sagen, wenn Sie wirklich die Tatsache beklagen, daß Sie in der Vergangenheit so viel Zeit vergeudet haben, besteht Ihre Aufgabe jetzt darin, zu versuchen, die verlorene Zeit wieder aufzuholen. Ist das nicht gesunder Menschenverstand?

Da gibt es einen Mann, der äußerst niedergeschlagen zu mir kommt und sagt: »Die Zeit, die ich vergeudet habe – wenn ich es nur anders gemacht hätte!« Was ich zu ihm sage, ist Folgendes: »Versuchen Sie, jene verlorene Zeit wieder aufzuholen! Warum verschwenden Sie die Kraft, mir über die Vergangenheit, die Sie nicht ungeschehen machen können, zu erzählen? Warum setzen Sie Ihre Energie nicht in der Gegenwart ein?«

Ich spreche mit Leidenschaft, weil mit diesem Zustand streng umgegangen werden muß, und das letzte, was man mit solchen Menschen haben darf, ist Mitleid.

Wenn Sie unter diesem Zustand leiden, prüfen Sie sich vom Standpunkt des gesunden Menschenverstandes aus. Sie benehmen sich wie ein Narr, Sie sind unvernünftig und vergeuden Ihre Zeit und Ihre Energie. Sie glauben nicht wirklich, was Sie sagen.

Wenn Sie eine vergeudete Vergangenheit beklagen, versuchen Sie, sie in der Gegenwart aufzuholen. Setzen Sie sich voll ein, um in der Gegenwart zu leben. Das ist es, was Paulus tat. Er sagt: »Am letzten nach allen ist er auch von mir, als einer unzeitigen Geburt, gesehen worden« (1. Kor. 15, 8).

»Ich habe eine Menge Zeit vergeudet; andere sind mir vorausgewesen.« Aber er ist auch in der Lage, weiterzugehen und hinzuzufügen: »Ich habe viel mehr gearbeitet als sie alle; nicht aber ich, sondern Gottes Gnade, die mit mir ist.«

Also das ist die Beweisführung, das ist die Art und Weise, mit dieser Sache vom Standpunkt des gesunden Menschenverstandes und der normalen, allgemeinen menschlichen Vernunft aus fertig zu werden. Das ist genug, das sollte ausreichend sein. Aber nichtsdestoweniger wollen wir darüber hinausgehen.

Der Christ, so sage ich, ist niemals weniger als der Ungläubige; er ist immer mehr. Er sollte all den gesunden Menschenverstand und die Klugheit des Ungläubigen haben, aber er hat außerdem noch etwas anderes. Und hier kommen wir zu der Aussage des großen Apostels und zu der Lehre Jesu in dem Gleichnis vom Weinberg in Matthäus 20.

Was hat der Apostel uns zu sagen? Wir haben gehört, was er über die große Sünde in seinem Leben gesagt hat. Der Apostel hat einen Bericht über die Erscheinungen Jesu nach seiner Auferstehung gegeben. Dem gilt sein unmittelbares Interesse. »Am letzten nach allem wurde er auch von mir gesehen.« Nun bedauerte der Apostel zweifellos die Tatsache, daß er so spät Christ geworden war.

Wir müssen uns darüber im klaren sein, was er meint, wenn er sagt »am letzten«. Er meint, daß er der letzte der Apostel war, der den auferstandenen Herrn sah. Alle hatten sie ihn auf verschiedene Weisen miteinander gesehen.

Zu der Zeit gehörte Paulus noch nicht zu ihnen; er war damals ein Lästerer und Verfolger. So bedeutet »am letzten« den letzten der Apostel. Aber er war nicht nur der letzte der Apostel, sondern er war eigentlich der letzte aller Menschen, die den auferstandenen Herrn sahen.

Niemand hat mehr den auferstandenen Herrn mit seinen bloßen Augen gesehen, seit der Apostel Paulus ihn auf der Straße nach Damaskus sah. Jesus zeigte sich mehr als fünfhundert Brüdern auf einmal. Wir kennen nicht einmal ihre Namen, aber er zeigte sich ihnen und den einzelnen Zeugen, die hier aufgezählt werden.

Doch der letzte Mensch, der den Herrn Jesus sah, war Saulus von Tarsus.

Was auf der Straße nach Damaskus geschah, war keine Vision – viele haben seither Visionen gehabt –, sondern Saulus sah den Herrn der Herrlichkeit im wahrsten Sinne des Wortes. Und das ist es, was er hier sagt: »Am letzten von allen ist er auch von mir gesehen worden.« Das ist es, was ihn zu einem Apostel machte, so daß er ein Zeuge der Auferstehung war. Aber was er betont, ist, daß er der allerletzte war. Und damit nicht zufrieden, sagt er: »Am letzten nach allen ist er auch von mir, als einer unzeitigen Geburt, gesehen worden.«

Es war etwas Unnatürliches, Unzeitiges um seine geistliche Geburt. Er war nicht wie die anderen. Die anderen hatten dem Lehren Jesu zugehört, sie waren die ganze Zeit bei ihm gewesen. Sie waren bei der Kreuzigung gewesen, sie hatten seine Beerdigung gesehen, sie waren nach der Auferstehung vierzig Tage lang mit ihm zusammen, sie waren bei Jesus gewesen, als er gen Himmel fuhr. Sie waren von Anfang an bis zuletzt bei ihm gewesen. Aber Paulus hatte im Gegensatz dazu eine Art unnatürliche, unzeitige geistliche Geburt. Er kam auf eine eigenartige, ungewöhnliche Weise und – als letzter.

Das ist es, was er über sich selbst sagt. Und natürlich konnte er daran nur mit Bedauern denken. Er hätte von Anfang an dabeisein können, er hatte die Möglichkeit dazu gehabt; aber er hatte das Evangelium gehaßt. Er »suchte dem Namen Jesu auf vielerlei Weise zu schaden«.

Er hielt Jesus für einen Lästerer und versuchte, seine Jünger und die Kirche zu vertilgen. Er gehörte damals nicht zur christlichen Gemeinde – im Gegensatz zu den anderen Aposteln. Aber »am letzten« und auf diese merkwürdige Weise kam er hinein.

Wie leicht wäre es für ihn gewesen, den Rest seines Lebens in vergeblicher Reue über die Vergangenheit zu verbringen! Er sagt hier: »Am letzten von allen wurde er von mir gesehen, obwohl ich der geringste der Apostel bin, weil ich die Gemeinde Gottes verfolgt habe.« Es war alles vollkommen wahr, und er bereute es bitterlich; aber das lähmte Paulus nicht.

Er verbrachte den Rest seines Lebens nicht mit Klagen in irgendeiner Ecke: »Ich bin der letzte, der zu Jesus fand. Warum nur? Wie konnte ich ihn zurückweisen?« Dieses Klagen ist es, was die Menschen, die unter geistlicher Depression leiden, tun.

Aber Paulus tat es nicht. Er wurde getroffen von der erstaunlichen Gnade, die ihn überhaupt in die Gemeinde Christi hineinbrachte. Und so begann er sein neues Leben mit gewaltigem Eifer, und obwohl er »der letzte« war, wurde er doch in gewissem Sinne der erste.

Welche Lehre können wir nun daraus ziehen? Wir wollen nun die Aussage des Apostels nehmen und sie im Licht des bereits erwähnten Gleichnisses aus Matthäus 20 betrachten, weil beide dasselbe besagen. Wenn Sie Christ sind, ist nicht das, was Sie einmal waren, das Allerwichtigste, sondern das, was Sie jetzt sind. Klingt das lächerlich? Es ist doch so vollkommen deutlich, daß es keine Rolle spielt, was Sie waren, sondern was Sie sind.

Ja, wie deutlich ist es, wenn ich es so sage; aber wie schwierig ist es manchmal, sich das vor Augen zu halten, wenn der Teufel uns angreift. Der Apostel sagte, daß er nicht wert ist, ein Apostel zu sein, weil er die Gemeinde Gottes verfolgt hat, aber er fügt hinzu: »Aber durch Gottes Gnade bin ich, was ich bin.« Was spielt es für eine Rolle, was ich war? »Ich bin, was ich bin.« Legen Sie das Schwergewicht darauf.

Das Jetzt ist entscheidend

Denken Sie nicht immer an das, was Sie waren. Das Wesen der christlichen Haltung ist, daß man sich daran erinnert, was man ist. Natürlich ist das die Vergangenheit mit all ihren Sünden. Aber sagen Sie sich Folgendes: »Wer erlöst, geheilt und neugemacht und wem vergeben wurde, der sollte wie ich sein Lob singen.«

»Ich bin, was ich bin« – wie immer die Vergangenheit gewesen sein mag. Das, was ich bin, ist von Bedeutung. Was bin ich? Mir ist vergeben, ich bin versöhnt mit Gott durch das Blut seines Sohnes am Kreuz. Ich bin ein Kind Gottes. Ich bin in Gottes Familie aufgenommen, und ich bin ein Miterbe Christi. Ich gehe in die Herrlichkeit.

Das ist es, was zählt, nicht, was ich war, nicht, was ich gewesen bin. Tun Sie daher, was der Apostel tat, wenn der Feind Sie auf diese Weise angreift. Sagen Sie zu ihm: »Was du sagst, ist völlig richtig. Ich war all das, was du sagst. Aber ich interessiere mich nicht für das, was ich war, sondern für das, was ich bin, und ich bin, was ich bin, durch die Gnade Gottes.«

Die zweite Schlußfolgerung ist diese – und sie ist ganz einfach und offensichtlich –: Es ist nicht der Zeitpunkt Ihres Eintritts in das Reich Gottes, der von Bedeutung ist, sondern die Tatsache, daß Sie Gottes Kind sind. Das ist es, was zählt. Wie töricht ist es, die Tatsache zu beklagen, daß wir nicht früher gläubig wurden, und uns dadurch aller Dinge berauben zu lassen, derer wir uns jetzt erfreuen sollten.

Dann gleichen wir einem Mann, der eine große Ausstellung besucht und entdeckt, daß dort eine lange Menschenschlange steht, da er ziemlich spät gekommen ist. Er kommt zwar zur Ausstellung, aber er muß lange Zeit warten und ist fast der letzte, der hereinkommt. Was würden Sie von einem solchen Mann denken, wenn er, nachdem er durch die Tür gekommen ist, dort stehenbliebe und sagte: »Welch ein Jammer, daß ich nicht der erste war, der hereinkam! Wie schade, daß ich nicht früher hier war!«?

Sie lachen darüber, und das ist richtig so, aber ich möchte darauf hinweisen, daß Sie wahrscheinlich über sich selbst lachen, denn das ist genau das, was Sie im Geistlichen tun. »O daß ich es so spät habe werden lassen!«

Mein Freund, beginnen Sie, sich der Bilder zu freuen. Betrachten Sie die Plastiken, erfreuen Sie sich der Schätze. Was kümmert Sie der Zeitpunkt Ihres Eintrittes? Tatsache ist, daß Sie hereingekommen sind und die Ausstellung Ihnen offensteht. Es ist nicht der Zeitpunkt Ihres Eintritts, der von Bedeutung ist.

Gehen wir wieder zum 20. Kapitel des Matthäusevangeliums zurück, zu jenen Männern, die die letzten waren, die den Weinberg betraten. Es war die elfte Stunde, aber sie waren drinnen. Das war es, was zählte. Sie wurden angeheuert, angestellt und in den Weinberg gebracht. Es ist das Drinnensein, das eine Rolle spielt, nicht der Zeitpunkt, wann Sie hereinkommen. Ich betone das mit großem Nachdruck.

Man muß es immer wieder sagen. Es ist nicht die Art oder Weise der Bekehrung, die eine Rolle spielt. Was von Bedeutung ist, ist die Tatsache, daß Sie gerettet sind. Aber die Menschen haben die Gewohnheit, darüber nachzugrübeln, wie sie kamen, oder über den Zeitpunkt, die Art und die Weise, die Methode. Das spielt überhaupt keine Rolle. Was zählt, ist die Tatsache, daß Sie drinnen sind. Und wenn Sie drinnen sind, freuen Sie sich daran, und vergessen Sie, daß Sie jemals draußen waren!

Aber wir müssen noch weitergehen. Ich behaupte, daß diese besondere Äußerung von geistlicher Depression der Tatsache zuzuschreiben ist, daß die betreffende Person noch immer auf eine krankhafte und sündhafte Weise mit sich selbst beschäftigt ist. Ich sagte gerade, daß wir mit diesem Umstand sehr hart umgehen müssen. Es muß gesagt werden, daß das wirkliche Problem bei diesen Menschen noch immer das Ich ist. Was tun sie? Sie richten sich noch immer selber, anstatt das Gericht Gott zu überlassen. Sie tadeln und quälen sich selbst, weil sie so spät dran waren und so lange gewartet haben. Sie hören einfach nicht auf, sich selbst zu verurteilen. Sie scheinen sehr demütig und voller Reue zu sein, aber es ist eine Scheinbescheidenheit, es ist Selbstmitleid.

Selbstmitleid ist Sünde

Hören Sie, was Paulus darüber sagt: »Dafür halte uns jedermann: für Christi Diener und Haushalter über Gottes Geheimnisse. Nun sucht man nicht mehr an den Haushaltern, denn daß sie treu erfunden werden. Mir aber ist's ein Geringes, daß ich von euch gerichtet werde oder von einem menschlichen Tage; auch« (und das ist eines der größten Dinge, die Paulus jemals sagte) »richte ich mich selbst nicht. Denn ich bin mir nichts bewußt; aber darin bin ich nicht gerechtfertigt; der Herr ist's aber, der mich richtet« (1. Kor. 4, 1-4).

Als Christen müssen wir unsere Beurteilung Gott überlassen. Er ist der Richter, und Sie haben kein Recht dazu, seine Zeit oder Ihre eigene Zeit und Kraft damit zu vergeuden, sich selbst zu richten. Vergessen Sie sich selbst, überlassen Sie das Gericht Gott! Fahren Sie fort mit der Arbeit.

Die ganze Not ist der krankhaften Beschäftigung mit sich selbst in der Frage der Beurteilung zuzuschreiben. Nicht nur das; es deutet auf eine Neigung hin, noch immer an das zu denken, was wir selber tun können. Dieser so geartete Mensch kommt zu uns in scheinbarer Demut und sagt: »Wenn ich nur etwas früher gekommen wäre, wie viel Arbeit hätte ich tun können!«

In gewissem Sinne ist das völlig richtig, aber andererseits ist es völlig falsch. Das Gleichnis Jesu über die Arbeiter im Weinberg war dazu gedacht, dieses Argument zu zerstören.

Ich möchte es abschließend positiv ausdrücken. Ich habe gesagt, daß ein Teil des Problems bei diesen Menschen darin besteht, daß sie noch immer krankhaft mit sich selbst beschäftigt sind, daß sie als Christen nicht gelernt haben, sich selbst zu verleugnen, das Kreuz aufzunehmen, Jesus nachzufolgen und sich selbst, die Vergangenheit, Gegenwart und Zukunft, seinen Händen zu überlassen.

Christus unsere Mitte – aufblicken zu Jesus

Ja, aber warum sind die Menschen so krankhaft mit sich selbst beschäftigt? Die Antwort ist, daß sie sich nicht ausreichend mit Jesus befassen. Es ist unser Versagen, wenn wir ihn und seine Wege nicht so kennen, wie wir sie kennen sollten – darin liegt das wirkliche Problem.

Wenn wir nur mehr Zeit damit verbringen würden, auf ihn zu schauen, würden wir uns selber bald vergessen. Ich sagte eben, daß, wenn Sie einmal in der Ausstellung sind, Sie nicht an der Tür stehenbleiben und die Tatsache Ihres späten Eintrittes beklagen dürfen, sondern daß Sie statt dessen die Schätze betrachten sollen. Lassen Sie mich das auf den geistlichen Bereich übertragen.

Sie sind in das geistliche Leben hineingekommen. Nun hören Sie auf, sich selbst zu betrachten, und fangen Sie an, sich an Jesus zu freuen! Was ist der Unterschied zwischen einem Christen und einem Nichtchristen? Paulus sagt im zweiten Brief an die Korinther, Kapitel drei, daß der Nichtchrist ein Mensch ist, der Christus und Gott mit einer Decke über den Augen betrachtet und ihn daher nicht sehen kann. Was ist der Christ? Paulus beschreibt ihn in Vers 18 folgendermaßen: »Nun aber spiegelt sich bei uns allen – bei jedem von uns als Christ – die Herrlichkeit des Herrn in unserm aufgedeckten Angesicht – die Decke ist fort –, und wir werden verklärt in sein Bild von einer Herrlichkeit zur andern von dem Herrn.« Das ist der Christ. Er verbringt seine Zeit damit, auf

Christus zu schauen, ihn zu betrachten. Er ist so hingerissen von seinen Anblick, daß er sich selbst vergessen hat.

Wenn Sie mehr an Christus interessiert wären, wären Sie es weniger an sich selber. Fangen Sie damit an, auf ihn zu schauen! Betrachten Sie ihn mit diesem offenen, unbedeckten Angesicht. Und dann sollten Sie lernen, daß das, was in seinem Königreich zählt, nicht die Länge des Dienstes, sondern Ihre Haltung ihm gegenüber ist, Ihr Wunsch, ihm zu gefallen.

Betrachten Sie erneut das Gleichnis. Der Herr beurteilt den Dienst nicht wie andere. Er interessiert sich für das Herz, wir interessieren uns für die Zeit. Wir alle achten auf die Zeit und zählen die Stunden, die wir investiert haben, die Arbeit, die wir getan haben, und prahlen mit der Zeit, die wir in der Arbeit verbracht haben.

Wenn wir nicht zu denen gehören, die am Anfang hineingingen, sind wir betrübt, weil wir dies und jenes nicht getan und all diese Zeit verloren haben. Der Herr Jesus ist nicht auf diese Weise an unserer Arbeit interessiert. Es ist das »Scherflein der Witwe«, an dem er interessiert ist. Es ist nicht die Geldsumme, es ist das Herz der Frau. Und in jenem Gleichnis im 20. Kapitel des Matthäusevangeliums ist es ebenso.

Aus demselben Grund gab der Herr den Leuten, die nur eine Stunde im Weinberg gewesen waren, dasselbe wie denen, die den ganzen Tag dort gewesen waren. So ist es auch bei dem Fall, den Paulus hier beschreibt. »Am letzten nach allen offenbarte er sich auch mir.« Aber Gott sei Dank, das macht keinen Unterschied. Seine Gnade geht voran: »Durch Gottes Gnade bin ich, was ich bin.« Er ist nicht interessiert an der Zeit, er ist interessiert an unserer Beziehung zu ihm.

Das bringt mich zum letzten Grundsatz. Im Himmelreich zählt nichts anderes als die Gnade Gottes. Das ist der Kernpunkt des Gleichnisses. Gott hat eine andere Art, die Dinge zu betrachten. Er sieht sie nicht wie die Menschen. Er berechnet nicht wie sie. Es ist alles Gnade, von Anfang bis Ende. Die letzten Arbeiter erhielten ebenso einen Groschen wie die ersten, also den gleichen Lohn. In der Tat prägt er uns die Wahrheit ein, indem er sagt: »So werden die Letzten die Ersten und die Ersten die Letzten sein.«

Wir müssen aufhören, auf diese fleischliche, menschliche Weise zu denken. Im Reich Gottes und Christi gilt der Standpunkt der

Gnade – der Gnade allein. Sie bestimmt auch alle anderen Regelungen. Es ist Gottes Gnade, die zählt – »durch die Gnade Gottes bin ich, was ich bin«. So hören Sie also auf, nach dem zu schauen, was Sie nicht haben, und auf die Jahre, die Sie versäumt haben, und machen Sie sich klar, daß es in seinem Reich ausschließlich seine Gnade ist, die zählt.

Sie, die Sie zuletzt gekommen sind, können sich eines Tages zu Ihrem eigenen Erstaunen auf dem ersten Platz finden. Dann werden Sie wie die Leute in dem Gleichnis am Ende von Matthäus 25 fragen: »Wann habe ich dies getan? Wann habe ich jenes getan?« Er weiß es, er sieht es. Seine Gnade ist genug.

Ich schließe nun mit einer Ermahnung aus dem Alten Testament. »Am Morgen säe deinen Samen, und laß deine Hand am Abend nicht ruhen, denn du weißt nicht, was geraten wird, ob dies oder das, oder ob beides miteinander gut gerät« (Pred. 11, 6). Ich frage mich, ob ich hier jemanden anspreche, der sein Leben ohne Christus verbracht hat in der Sünde und der Welt, jemanden, der in vorgerücktem Alter in das Reich Gottes hineingegangen ist und auf die vorhin beschriebene Weise versucht wurde.

Wenn das der Fall ist, dann ist mein Wort an Sie: Lassen Sie am Abend, am Abend Ihres Lebens, Ihre Hand in dem wunderbaren Königreich der Gnade nicht ruhen. Sie mögen am Tag des Gerichts feststellen, daß Sie eine größere Belohnung erhalten als diejenigen, die in ihrer Jugend gerettet wurden.

Welch wunderbares Evangelium! Die Jugend ist heute das große Schlagwort, die Jugend. Die Frage des Alters ist unwesentlich im Reich Gottes, und es ist unbiblisch, diese Frage so zu betonen, wie wir das tun. »Am Morgen säe deinen Samen« – ja, aber mit gleicher Kraft sage ich: »Laß am Abend deine Hand nicht ruhen.«

Erinnern Sie sich auch an das, was vielleicht eines der tröstlichsten und wunderbarsten Dinge ist, die man in der Bibel finden kann? Es wurde zu dem Propheten Joel gesagt, als ihm jene große Sicht des Kommens Christi, des Christus, der kommen sollte, gegeben wurde. Das Wort, das ihm zur Verkündigung gegeben wurde, war dieses: »Ich will euch die Jahre erstatten, deren Ertrag die Heuschrecken gefressen haben« (Joel 2, 25). Gott hat versprochen, es zu tun. Er kann es tun.

Die vergeudeten Jahre, die unfruchtbaren Jahre, die Jahre, die

die Heuschrecken, Käfer und Raupen und all die anderen Tiere gefressen haben, bis anscheinend nichts übrig war, von denen sagt der Herr: »Ich will dir die Jahre erstatten, deren Ertrag die Heuschrecken gefressen haben.«

Wenn Sie daran denken, was Sie mit Ihrer eigenen Kraft und Macht tun können, dann ist beim Arbeitsvertrag die Zeit das Wesentlichste. Aber wir befinden uns in einem Bereich, in dem das keine Rolle spielt. Gott tritt auf den Plan, und er kann uns in einem Jahr die Ernte von zehn Jahren geben. »Ich will dir die Jahre erstatten, deren Ertrag die Heuschrecken gefressen haben.«

So ist das Wesen unseres Herrn Jesus Christus, so ist unser Erlöser, so ist unser Gott. Ich sage daher im Licht dieser Worte: Schauen Sie niemals wieder zurück! Vergeuden Sie niemals Ihre Zeit und Kraft in der Gegenwart! Vergessen Sie die Vergangenheit, und freuen Sie sich an der Tatsache, daß Sie durch die Gnade Gottes sind, was Sie sind, und daß Sie in der göttlichen Alchimie seiner wunderbaren Gnade möglicherweise die größte Überraschung Ihres Lebens und Ihrer Existenz erleben und entdecken können, daß es sogar in Ihrem Fall geschehen kann, daß die Ersten die Letzten sind. Loben Sie Gott für die Tatsache, daß Sie sind, was Sie sind, und für die Tatsache daß Sie in seinem Reich sind!

Angst vor der Zukunft

Denn Gott hat uns nicht gegeben den Geist der Furcht, sondern der Kraft und der Liebe und der Zucht. 2. Timotheus 1, 7

Durch diese Worte wird unsere Aufmerksamkeit auf noch eine andere Ursache des Zustandes, den wir allgemein »geistliche Depression« genannt haben, gelenkt. Wir haben gezeigt, wie spitzfindig unser Gegenspieler, der Teufel, ist, und wie er sich sogar in einen Engel des Lichtes verwandeln kann. Aber man kann von ihm auch sagen, daß er unbarmherzig ist. Ich meine damit, daß er nicht aufgibt. Es ist ihm gleichgültig, welche Methoden er verwendet, solange er uns nur schwächen und das Werk Gottes in Verruf bringen kann.

Auch kümmert er sich nicht um die Folgen. Er zögert nicht, das Gegenteil von dem zu behaupten, was er uns einige Zeit zuvor gesagt hatte. Er hat nur ein Ziel und ein Interesse, und das ist, den Namen und das Werk Gottes in Verruf zu bringen, besonders natürlich das große Werk Gottes in unserer Erlösung durch den Herrn und Heiland Jesus Christus.

Als Gott am Anfang diese Welt schuf, so wird uns berichtet, »sah Gott alles an, was er gemacht hatte, und siehe, es war sehr gut« (1. Mose 1, 31). Er war sehr zufrieden damit; es war vollkommen. Und gerade aus diesem Grunde entschloß sich der Teufel in seiner Eifersucht und Bosheit, jenes Werk zu verderben und zu zerstören und seine Bemühungen besonders auf das höchste Werk Gottes, den Menschen, zu konzentrieren.

Wenn er nur den Menschen zu Fall bringen könnte, dann wäre gerade die Krone der Schöpfung zerstört. Also konzentrierte er sich, wie wir uns erinnern, auf die Frau und täuschte sie. Sie wiederum verführte ihren Mann; und so fiel der Mensch.

Aber die Geschichte der Menschheit hört an dieser Stelle nicht auf. Gott beabsichtigte und plante ein großes Erlösungswerk. Darin besteht ohne jede Frage der überaus große Ruhm Gottes. Die Erlösung ist ein größeres Werk als sogar die Schöpfung, besonders die Art und Weise, wie Gott sie zustande brachte, nämlich durch die Sendung seines eingeborenen Sohnes in diese Welt, in dem ganzen Wunder und Geheimnis der Fleischwerdung, vor allem aber im Tod am Kreuz.

Das ist das Höchste, daß der in Sünde gefallene Mensch und letztendlich auch die ganze Schöpfung erlöst und errettet werden kann. Daher ist es offensichtlich das höchste Interesse des Widersachers, des Teufels, des Gegenspielers, auf irgendeine Weise zu versuchen, dieses Werk Gottes in Verruf zu bringen und zu verunehren. Zu diesem Zweck macht er die Erben der Erlösung, die Christen, zum besonderen Ziel seiner Angriffe, und es gibt nichts, was so sehr in seine Pläne paßt, als uns traurig zu stimmen und zu schwächen oder den Eindruck zu erwecken, daß diese hochgerühmte Erlösung lediglich eine Erfindung der Phantasie sei und daß wir, die daran glauben, »schlau erdachten Fabeln« Glauben schenken.

Und was gibt es für einen besseren Weg, das zu tun, als uns in einen solchen Zustand zu bringen, daß wir den Eindruck erwecken, niedergeschlagen, bedrückt und traurig zu sein?

Die Zukunft – in der Hand Gottes

Wir haben gesehen, wie der Teufel uns zu entmutigen sucht, indem er uns dazu bringt, den Blick ganz auf die Vergangenheit zu richten, so daß wir durch das Nachdenken über die Vergangenheit niedergeschlagen sind. Aber wenn ihm das nicht gelingt, können wir erwarten, daß er seine Arbeitsmethode völlig ändert und damit beginnt, unseren Blick auf die Zukunft zu richten. Gerade darüber spricht der vorliegende Bibelvers. Wir wollen jetzt den Fall derjenigen betrachten, die unter geistlichen Depressionen leiden, weil sie die Zukunft fürchten.

Nun ist dies wiederum ein sehr allgemeiner Zustand, und es ist wirklich höchst seltsam zu sehen, wie der Feind durch scheinbar gegensätzliche Methoden bei denselben Leuten dieselben grundsätzlichen Umstände erzeugt. Wenn man ihnen den richtigen Blick für die Vergangenheit gegeben hat, beginnen sie gleich darauf, über die Zukunft zu sprechen – mit dem Ergebnis, daß sie in der Gegenwart immer deprimiert sind.

Man hat sie von der Vergebung der Sünden überzeugt, selbst

von jener einzelnen Sünde, die so außergewöhnlich war. Man hat ihnen gezeigt, daß Gott, obwohl sie Jahre vergeudet haben, ihnen »die Jahre erstatten will, deren Ertrag die Heuschrecken gefressen haben«. Und dann sagen sie: »O ja, aber . . .«, und sie beginnen, über die Angst vor der Zukunft und vor dem, was uns noch alles bevorsteht, zu sprechen.

Die Bibel sagt uns einiges über dieses Thema, aber ich bin sicher, daß ich recht habe, wenn ich sage, daß das beste Beispiel für diesen besonderen Zustand zweifellos Timotheus ist, an den der Apostel Paulus zwei Briefe schrieb. Zweifelsohne bestand das besondere Problem des Timotheus in seiner Angst vor der Zukunft.

Es ist sicher, daß ihm der Apostel deshalb die beiden Briefe schrieb. Er war aufgrund seiner Angst vor kommenden Schwierigkeiten und Gefahren sehr von Paulus abhängig, und das alleinige Ziel der beiden Briefe besteht darin, Timotheus im Hinblick auf sein Problem bezüglich der Zukunft die richtige Sicht zu geben. Nun müssen wir unsere Zeit nicht mit Timotheus als solchem verbringen; ich zitiere ihn nur als Beispiel für einen Menschen, der aufgrund seiner Angst vor der Zukunft geistlich niedergeschlagen war.

Was sind die Ursachen jenes Umstandes? Warum leiden Menschen unter der Furcht vor der Zukunft? Was sind die Gründe, die sie dafür angeben? Es kann kein Zweifel darüber bestehen, daß wir unter den Ursachen zuallererst das Temperament – die individuelle Veranlagung – nennen müssen. Wir kommen alle verschieden auf die Welt.

Es gibt keine zwei Menschen, die sich völlig gleichen. Wir haben unsere eigenen, besonderen Eigenschaften, Tugenden, Fehler, Schwachheiten und Makel. Der Mensch ist sehr fein gestaltet. Im Grunde haben wir alle dieselben allgemeinen Eigenschaften, aber das jeweilige Maß unterscheidet sich erheblich von Mensch zu Mensch, und so unterscheidet sich auch unser Temperament.

Es ist sehr wichtig, daß wir das im Auge behalten. »Aber«, sagt jemand, »wir sind jetzt Christen, und wenn jemand Christ wird, werden all diese Unterschiede zunichte gemacht.« Das ist jedoch *der* wesentliche Trugschluß bei dieser ganzen Angelegenheit. Es gibt keine größere Umwandlung im Universum als die Umwandlung, die als Wiedergeburt bezeichnet wird. Aber die Wiedergeburt – das Werk Gottes in der Seele, durch das er ein Prinzip göttlichen und geistlichen Lebens in uns einpflanzt – ändert nicht das Temperament eines Menschen. Sein Temperament bleibt noch dasselbe.

Die Tatsache, daß Sie Christ geworden sind, bedeutet nicht, daß Sie aufhören, mit Ihrer eigenen Persönlichkeit zu leben. Sie werden Ihr Leben lang mit Ihrer eigenen Persönlichkeit leben müssen, und Ihre eigene Persönlichkeit tragen Sie und nicht jemand anderes. Paulus war nach seiner Errettung und Bekehrung dem Wesen nach derselbe Mann, der er vorher war. Er wurde nicht jemand anderes. Petrus ist noch immer Petrus, und Johannes ist in bezug auf die Veranlagung und die wesentlichen Charakteristika noch immer Johannes. Das ist das Herrliche am christlichen Leben. Es ist wie die Mannigfaltigkeit der Natur und Schöpfung.

Betrachten Sie einmal die Blumen. Keine zwei sind identisch. In der Mannigfaltigkeit innerhalb der grundsätzlichen Einheit zeigt Gott die Wunder seiner Wege. Und in der Christenheit ist es genau dasselbe. Wir sind alle verschieden. Unsere Temperamente unterscheiden sich. Wir sind alle wir selbst. Gott verteilt seine Gaben durch den Heiligen Geist auf mehrere Arten, obwohl unsere eigentliche Persönlichkeit genau dieselbe bleibt, die sie vor der Bekehrung war. Ich meine mit Persönlichkeit unser Temperament, die besondere Art und Weise, in der wir Dinge tun. Wir machen dasselbe, aber auf unterschiedliche Weise.

Als Christen müssen wir alle dieselben grundlegenden Dinge tun, aber die Art und Weise, in der wir sie tun, unterscheidet sich. Denken Sie einmal an den Unterschied, wenn Prediger dasselbe Evangelium predigen und dasselbe christliche Leben leben. Sogar ihre Art der Darstellung ist unterschiedlich und soll auch unterschiedlich sein.

Gott gebraucht diese Unterschiede, um das Evangelium zu verbreiten. Er kann einen bestimmten Menschen gebrauchen, um die Botschaft des Evangeliums für einen bestimmten Menschen anziehend zu machen, während ein anderer hier nicht gebraucht werden kann. Unterschiedliche Darstellungen richten sich an unterschiedliche Menschen – mit Recht –, und Gott gebraucht sie alle.

An erster Stelle nennen wir also das Temperament. Es gibt Menschen, die von der Veranlagung her nervös, ängstlich, furchtsam sind. Paulus selber war, so glaube ich, ein Beispiel dafür. Er war ein nervöser Mann, dem es im natürlichen Sinne an Selbstvertrauen fehlte. Er ging nach Korinth »in Schwachheit und in Furcht und mit großem Zittern« (1. Kor. 2, 3). Er war ein von Natur aus ängstlicher Mensch – »auswendig Streit, inwendig Furcht« (2. Kor. 7, 5). So war er von Natur aus. Das galt besonders auch für Timotheus, und es gibt Menschen, die ebenso veranlagt sind.

Es gibt andere Menschen, die selbstsicher und von sich überzeugt sind. Sie fürchten sich vor nichts und werden mit allem fertig; sie werden sich überall behaupten. Sie wissen nicht, was Nerven sind. Beide Menschentypen sind Christen, und doch unterscheiden sie sich in dieser Hinsicht grundlegend. Es gibt manche Christen, die nur mit größter Mühe dazu überredet werden können, in der Öffentlichkeit zu sprechen, und es gibt andere, die genau das Gegenteil davon sind. Die Frage des Temperaments ist daher bei unserer Betrachtung der Ursachen dieser besonderen Form von Angst und Depression wichtig.

Dann gibt es auch noch andere Dinge, die auftauchen, wenn man jene Menschen betrachtet, die Angst vor der Zukunft haben. Man wird feststellen, daß sie immer besorgt sind um das Wesen der Aufgabe, der der Christ gegenübersteht. Sie haben, nach ihren Worten zu urteilen, eine sehr hohe Vorstellung vom Christentum und vom christlichen Leben.

Diese Menschen erkennen, daß es nicht einfach ist, ein Christ zu sein, daß es nicht nur darauf ankommt, daß man bekehrt und dann ein Leben lang auf Rosen gebettet ist. Nein, sie sehen es als eine hohe Berufung, als einen Kampf des Glaubens. Sie sehen den erhabenen Charakter dieses Lebens und was es bedeutet, Christus nachzufolgen. Sie lesen ihr Neues Testament und – sie sind ausnahmslos intelligente Menschen – sind sich der Größe der Aufgabe und der Berufung bewußt.

Aber das wiederum führt dazu, daß sie deprimiert werden, weil sie sich zugleich ihrer eigenen Kleinheit bewußt sind. Mit anderen Worten: Sie haben Angst vor dem Versagen. Sie haben Angst davor, Jesus im Stich zu lassen. Sie sagen: »Ich liebe das Evangelium. Ich glaube, daß meine Sünden vergeben sind. Ich will ein Christ sein, aber ich habe solche Angst, daß ich versage. Alles ist gut, wenn ich in einer Versammlung bin oder mich in der Gemeinschaft anderer Christen befinde, aber ich kenne mich und meine Schwachheit. Ich weiß um die Größe der Aufgabe, aber ich weiß auch um die Schwierigkeiten.«

Sie fürchten sich vor dem Versagen und wollen Gott und den Herrn Jesus Christus und seine Gemeinde auf Erden nicht im Stich lassen. Wer sind sie schon, um ein Christenleben zu führen? Die Größe der Aufgabe und ihr scharfes Bewußtsein der eigenen Unzulänglichkeit bedrückt sie. Oder es kann sein, daß sie unter einer Art allgemeiner Angst vor der Zukunft leiden, wobei sie ihre Finger nicht auf irgend etwas Bestimmtes legen können.

Man fragt sie, ob sie vor einer besonderen Sache Angst haben, aber sie wissen es nicht. Sie haben diese allgemeine Furcht, diese Besorgtheit im Hinblick auf die Zukunft, auf Dinge, die vielleicht geschehen können, auf Dinge, die sie vielleicht erleiden müssen.

Ich hatte oft mit solchen Leuten zu tun. Ich erinnere mich an eine Frau, die mir sagte: »Natürlich glaube ich, aber ich weiß nicht, ob ich mich Christ nennen kann.« Als ich sie nach dem Grund fragte, lautete ihre Antwort etwa so: »Ich habe von Menschen in der Vergangenheit und in der Gegenwart gelesen, die um Christi willen verfolgt werden, und habe mich in eine solche Situation zu versetzen gesucht.« Sie hatte zu der Zeit einen kleinen Jungen von drei Jahren, und sie sagte: »Wissen Sie, wenn ich wirklich vor der Frage stünde, meinen Glauben zu verleugnen oder diesen Jungen aufzugeben, dann weiß ich nicht, was ich tun würde. Ich glaube nicht, daß ich stark genug wäre. Ich bezweifle, ob ich den Mut hätte, Christus – koste es, was es wolle – auf den ersten Platz zu stellen oder, wenn nötig, den Tod zu erleiden.«

Und deswegen dachte sie, nicht das Recht zu haben, sich Christ zu nennen. Nun wurde sie und wird sie vielleicht in Zukunft nie einer solchen Prüfung ausgesetzt, aber sie war sich der Möglichkeit bewußt, und das entmutigte sie. Solche geistliche Depression ist einer Angst vor der Zukunft – oft einer eingebildeten Angst – zuzuschreiben.

Wir sollten uns nicht bei diesen Ausführungen aufhalten, obwohl wir noch viele Beispiele anführen könnten. Das Bemerkenswerte ist, daß diese Dinge uns so in den Griff bekommen können, daß wir in der Gegenwart dadurch gelähmt werden. Solche Menschen stehen oft in der Gefahr, von der Angst so vereinnahmt und gepackt zu werden, daß sie in der Gegenwart tatsächlich untauglich werden. Es besteht überhaupt kein Zweifel, daß der Kern des Problems bei Timotheus gerade darin liegt.

Paulus war im Gefängnis, und Timotheus begann sich zu fragen, was mit ihm geschehen würde. Was, wenn Paulus getötet würde? Wie könnte er, Timotheus, allein mit den Schwierigkeiten fertig werden, die in der Gemeinde entstanden, sowie mit der Verfolgung, die sich zu zeigen begann und in die er, Timotheus, hineingezogen werden könnte? Paulus mußte daher ganz hart mit ihm sein. Er sagt ihm, daß er sich seiner und seiner Leiden nicht schämen darf: »Darum, so schäme dich nicht des Zeugnisses von unserem Herrn noch meiner, der ich sein Gebundener bin, sondern leide mit für das Evangelium wie ich nach der Kraft Gottes« (2. Tim. 1, 8). Angst vor der Zukunft war zweifellos der Kern des Problems von Timotheus.

Die Frage für uns ist, wie wir diesem Zustand begegnen sollen. Wie ist er zu behandeln? Einmal mehr kann ich mir keine bessere Art vorstellen, als die Methode anzuwenden, die wir bei unserem vorhergehenden Problem angewandt haben. Es gibt bestimmte einleitende allgemeine Erwägungen, bevor wir zur eigentlichen Lehre der Bibel kommen. Ich möchte also bestimmte Lehrsätze aufstellen.

Der erste hier ist wieder, zu entdecken und genau zu wissen, wo die Grenze zwischen einwandfreiem Voraussehen und lähmendem Voraussehen zu ziehen ist. Nun ist es richtig, daß wir an die Zukunft denken sollten, und es ist sehr töricht, wenn man überhaupt nicht daran denkt. Aber wovor wir in der Bibel immer wieder gewarnt werden, ist das Sorgen im Blick auf die Zukunft. »Darum sorget nicht für den anderen Morgen« (Matth. 6, 34) heißt: »Werdet nicht schuldig, indem ihr euch ängstlich für den nächsten Tag sorget.«

Es bedeutet nicht, daß man überhaupt nicht daran denken soll; andernfalls würde der Bauer nicht pflügen, eggen und säen. Er sieht in die Zukunft, aber er verbringt nicht seine ganze Zeit damit, über die Endergebnisse seiner Arbeit zu grübeln und sich zu sorgen. Nein, er denkt nur vernünftig darüber nach.

Auch hier geht es nur um die Frage, wo die Linie zu ziehen ist. Das Denken ist bis zu einem gewissen Punkt richtig, aber wenn Sie über diesen Punkt hinausgehen, wird es zu Grübeln und Ängstlichkeit, und das lähmt und schwächt. Mit anderen Worten:

Obwohl es ganz richtig ist, an die Zukunft zu denken, ist es völlig falsch, sich davon beherrschen zu lassen.

Die Schwierigkeit bei Leuten, die dieser Angst zum Opfer fallen, ist, daß sie von der Zukunft beherrscht werden. Sie ringen die Hände und tun nichts anderes. Sie sind niedergeschlagen, weil sie Angst vor der Zukunft haben. In der Tat werden sie völlig beherrscht von der unbekannten Zukunft, und das ist immer falsch.

Wir sind eins mit dem Herrn der Gegenwart und der Zukunft

An die Zukunft denken ist richtig, aber sich von der Zukunft beherrschen zu lassen, ist völlig falsch. Das ist ein wesentlicher Lehrsatz, und auch die Welt hat ihn entdeckt. Sie hat uns gesagt, daß wir eine Brücke nicht überschreiten sollen, ehe wir sie erreicht haben. Nehmen Sie das in Ihre christliche Lehre auf, denn die Welt hat da recht, und der Christ muß diese Weisheit anerkennen. Machen Sie sich nicht heute die Sorgen von morgen. In der Tat wurden viele biblische Aussagen zum selben Thema zu Sprichwörtern: »Darum sorget nicht für den anderen Morgen!« – »Es ist genug, daß ein jeglicher Tag seine eigene Plage habe.« Gewiß, das Neue Testament liefert diesen Gedanken und stellt ihn in seine geistliche Form. Aber er gilt auch in des Wortes eigentlicher Bedeutung: »Es ist genug, daß ein jeglicher Tag seine eigene Plage habe.« Das ist gesunder Menschenverstand.

Wie wir bereits sahen, ist es Zeitverschwendung, sich mit der Vergangenheit, die man nicht beeinflussen kann, zu beschäftigen. Aber es ist ebenso falsch, sich Sorgen um eine Zukunft zu machen, die im Augenblick noch unklar ist. »Eins nach dem anderen.« Leben Sie in der Gegenwart, und lassen Sie Ihre Gegenwart nicht stärker durch die Zukunft belasten als von der Vergangenheit.

Nun aber wollen wir uns dem zuwenden, was der Apostel sagt. Er hebt das Denken auf eine höhere Ebene, und seine Belehrung hat einen doppelten Charakter. Erstens sind seine Worte ein Verweis, und zweitens sind sie eine Mahnung. Darin liegt ein wesentlicher Unterschied. Als erstes tadelt er den Timotheus. Er wendet sich ihm zu und sagt: »Denn Gott hat uns nicht gegeben den Geist der Furcht.« Das ist ein Verweis. Timotheus war zu dem Zeitpunkt von dem Geist der Furcht befallen, er war davon gepackt; daher tadelt Paulus ihn: »Denn Gott hat uns nicht gegeben den Geist der Furcht, sondern der Kraft und der Liebe und der Zucht.«

Der Grundsatz, die Lehre, hier ist, daß unsere wesentliche Schwierigkeit bei dieser besonderen Form geistlicher Depression darin besteht, daß wir versäumen zu erkennen, was Gott uns in dem Geschenk des Heiligen Geistes gegeben hat und gibt. Das war das wirkliche Problem bei Timotheus, wie es das bei all solchen Christen ist. Es ist ein verhängnisvoller Fehler, wenn wir nicht erkennen, was Gott für uns getan hat und noch immer an und in uns tut.

In der Tat können wir Worte, die der Herr Jesus einmal gebrauchte, in leicht verändertem Zusammenhang verwenden. Als er Jakobus und Johannes antwortete, die Feuer vom Himmel rufen wollten, um bestimmte Samariter zu verzehren, sagte er: »Wisset ihr nicht, welches Geistes Kinder ihr seid?« (Luk. 9, 55). Das nun sagt Paulus zu Timotheus. Damals war es negativ, hier ist es positiv. Der Apostel muß Timotheus zureden, die Gabe Gottes zu entfalten.

Unsere Ängste resultieren aus dem Versäumnis, die Gaben Gottes zu entfalten, nachzudenken und an uns zu arbeiten. Sie schauen in die Zukunft, und dann beginnen Sie, sich Dinge vorzustellen, und Sie sagen: »Was könnte wohl nicht alles geschehen?« Dann läuft Ihre Phantasie mit Ihnen davon. Sie werden von ihr gepackt und halten nicht inne, um sich daran zu erinnern, wer Sie sind und was Sie sind. Es überwältigt Sie, und Sie gehen zu Boden. Nun müssen Sie sich als erstes fest in den Griff bekommen, sich selbst Einhalt gebieten, aufrütteln, an sich zu arbeiten und sich selbst die Meinung zu sagen.

Wir müssen, wie der Apostel es sagt, uns an bestimmte Dinge erinnern. Und so, wie ich es verstehe, ist eigentlich das Große, das Paulus zu Timotheus sagt, folgendes: »Timotheus, du scheinst über dich, das Leben und über alles, was du zu tun hast, so zu denken, als wärst du immer noch ein gewöhnlicher Mensch! Du bist ein Christ, du bist wiedergeboren; der Geist Gottes ist in dir. Aber du betrachtest all diese Dinge, als wärst du immer noch, was du einmal warst: ein gewöhnlicher Mensch.«

Und ist das nicht das Problem bei uns allen in dieser Beziehung? Obgleich wir wirklich Christen sind, obwohl wir der Wahrheit glauben, obwohl wir wiedergeboren sind, obwohl wir zweifelsohne Kinder Gottes sind, geraten wir in diesen Zustand des Denkens, als wäre keines dieser Dinge überhaupt mit uns geschehen.

Wer herrscht: der Heilige Geist oder unser Temperament?

Wie der Weltmensch, der Mensch, der überhaupt nicht wiedergeboren ist, lassen wir uns von der Zukunft überfallen und beherrschen und vergleichen unsere eigene Schwachheit und unseren Mangel an Kraft mit der Größe der Berufung und der ungeheuren Aufgabe, die vor uns liegt. Dann unterliegen wir, als wären wir solche, die den Herrn und die Wiedergeburt nicht erlebt hätten. Wir müssen, so sagt Paulus zu Timotheus, uns daran erinnern, daß uns die Gabe Gottes, der Heilige Geist, gegeben ist, und erkennen, daß von daher unsere ganze Einstellung zum Leben und zur Zukunft eigentlich ganz anders sein muß. Wir müssen das Leiden aus einer neuen Perspektive betrachten, wir müssen allem auf eine neue Weise entgegensehen.

Die Art und Weise, in der wir dem allem entgegensehen, ist, uns daran zu erinnern, daß der Heilige Geist in uns ist. Da ist die Zukunft, da ist die hohe Berufung, da ist die Verfolgung, da ist der Widerstand, da ist der Feind. Ich sehe alles. Ich muß zugeben, daß ich schwach bin, daß mir die notwendigen Kräfte und Neigungen fehlen. Aber anstatt an dieser Stelle aufzuhören, muß ich fortfahren und sagen: »Ja, ich weiß das alles, aber . . .« Und in dem Augenblick, in dem ich das Wort »aber« gebrauche, tue ich das, was der Apostel von mir will. Ich sage: »Aber – aber der Geist Gottes ist in mir. Gott hat mir seinen Heiligen Geist gegeben.« In dem Augenblick, in dem ich das sage, verändert sich die ganze Einstellung. Mit anderen Worten: Wir müssen lernen zu sagen, daß das, was in all diesen Lagen eine Rolle spielt, nicht für uns gilt, sondern für ihn.

Timotheus war von Natur aus schwach, und der Feind war stark, und die Aufgabe war groß. Aber er durfte nicht allein an sich oder an die Situation im Hinblick auf sich selbst denken – »Denn Gott hat uns nicht gegeben den Geist der Furcht; er hat uns gegeben den Geist der Kraft.« Also denken Sie an die Kraft des Geistes Gottes. Wenn wir damit beginnen, bringen wir unsere Lehre ins Gleichgewicht und haben einen ganz klaren Überblick über den vollen Sachverhalt.

Ich habe mir bereits Mühe gegeben zu zeigen, daß unser Temperament verschieden ist, und ich will es hier noch einmal unterstreichen. Aber an dieser Stelle möchte ich sagen, daß, obwohl unser Temperament unterschiedlich ist, es in bezug auf die Aufgabe überhaupt keinen Unterschied machen sollte! Hierin liegt das Wunder der Erlösung. Wir haben unser Temperament von Gott bekommen. Außerdem ist unser Temperament verschieden, und das ist auch von Gott. Aber es darf niemals für uns als Christen zutreffen, daß wir von unserem Temperament beherrscht werden.

Wir müssen vom Heiligen Geist beherrscht werden. Sie müssen Ihr Temperament unter diese Ordnung stellen. Es gibt Kräfte und Fähigkeiten, aber auch Ihr besonderes Temperament, das diese gebraucht. Der entscheidende Punkt ist jedoch, daß Sie als Christ durch den Heiligen Geist beherrscht werden sollten. Es wäre ein großer, tragischer Fehler, wenn ein Christ sich durch sein Temperament beherrschen ließe.

Der natürliche Mensch wird immer durch sein Temperament bestimmt; er kann nichts dafür. Aber der Unterschied, den die Wiedergeburt macht, ist, daß es jetzt eine höhere Macht gibt, die selbst über unserem Temperament steht. In dem Augenblick, in dem der Heilige Geist in mein Leben kommt, beherrscht er alles, einschließlich des Temperaments. So befähigt er Sie, durch Ihr Temperament auf Ihre eigene, besondere Weise zu wirken. Das ist das Wunder der Erlösung. Das Temperament bleibt, aber es herrscht nicht mehr. Der Heilige Geist hat die Herrschaft übernommen.

Gott gab uns den Geist der Kraft ...

Nun wollen wir das im einzelnen ausarbeiten. »Denn Gott hat uns nicht gegeben den Geist der Furcht.« Was ist dann der Geist, den er uns gegeben hat? Passen Sie auf. »Gott hat uns nicht gegeben den Geist der Furcht, sondern der Kraft.« Das ist es, was er zu Recht an die erste Stelle setzt. Wir haben eine Aufgabe, auch wenn wir unsere eigene Schwachheit kennen. Ja, aber hier ist eine Kraft selbst für Schwächlinge, und es bedeutet Kraft im denkbar umfassendsten Sinne.

Haben Sie Angst, daß Sie nicht fähig sein werden, das christliche Leben zu leben? Die Antwort ist: »Schaffet, daß ihr selig werdet, mit Furcht und Zittern. Denn Gott ist's, der in euch wirkt beides, das Wollen und das Vollbringen« (Phil. 2, 12-13). Die Angst und das Zittern bleiben, das ist Teil Ihres Temperaments. Aber Sie sind in der Lage, durch die Kraft, »die in euch wirkt beides, das Wollen und das Vollbringen«, zu arbeiten.

So werden Sie nicht ein Mensch, der keine Angst hat und nicht mehr der Furcht unterworfen ist – Sie müssen noch immer Ihre Seligkeit mit Furcht und Zittern schaffen –, aber ungeachtet dessen ist da Kraft. Es ist die Kraft Gottes, die in Ihnen wirkt »beides, das Wollen und das Vollbringen, zu seinem Wohlgefallen«. Das bezieht sich jedoch nicht nur auf den Punkt, ein Christenleben zu führen und mit der Versuchung und der Sünde zu kämpfen, es bedeutet auch Kraft zum Erdulden, Kraft, um weiterzugehen, wie immer auch die Bedingungen und die Umstände sind, und Kraft, durchzuhalten und auszuhalten.

Ich möchte noch weitergehen. Es bedeutet, daß dem furchtsamsten Menschen in allen Dingen Kraft gegeben werden kann, sogar zum Sterben. Sie sehen es an den Aposteln. Sie sehen es an einem Mann wie Petrus, der Angst hatte vor dem Tod, der sich fürchtete, zu sterben. Er verleugnete sogar seinen Herrn aufgrund dieser Angst. Er sagte: »Ich kenne ihn nicht, ich habe nichts mit ihm zu tun.« Er verleugnete den Herrn Jesus, seinen größten Wohltäter, unter Eid und mit Fluchen, um sein Leben zu retten. Aber betrachten Sie ihn später in der Apostelgeschichte. Der Geist der Kraft hatte sich mit ihm verbunden, und jetzt ist er bereit, zu sterben. Er konnte der Obrigkeit gegenübertreten, er konnte jedem Menschen gegenübertreten.

Das ist eines der herrlichsten Dinge in den langen Berichten der Kirchengeschichte, und es geschieht noch immer. Ich werde niemals müde, die Christen aufzufordern, die Geschichte der Märtyrer und der Glaubenszeugen, der Reformatoren, der Puritaner und der Covenanter* zu lesen.

* schottische Presbyterianer

Lesen Sie ihre Geschichten, und Sie werden nicht nur starke, mutige Männer finden, sondern auch schwache Frauen und Mädchen und sogar kleine Kinder, die heldenhaft für die Sache Christi starben. Sie konnten das nicht aus sich selbst, aber ihnen wurde der Geist der Kraft gegeben. Das meint Paulus hier. Er sagt zu Timotheus: »Sprich nicht so. Du sprichst wie ein natürlicher Mensch. Du sprichst, als wenn du selber mit deiner eigenen Kraft dem allen entgegentreten müßtest. Aber Gott hat dir den Geist der Kraft gegeben. Geh vorwärts! Er wird mit dir sein. Du wirst dich selbst nicht wiedererkennen und über dich selbst staunen. Selbst wenn es bedeutet, dem Tod ins Auge zu schauen, wirst du dich freuen, daß du für würdig erachtet bist, Schmach und sogar den Tod zu leiden um seines herrlichen Namens willen.«

Kraft! Sie ist uns gegeben. Und Sie und ich müssen, wenn wir versucht sind, durch die Widrigkeiten zu verzagen, sagen: »Ich habe den Heiligen Geist, und er ist ein Geist der Kraft.«

. . . und den Geist der Liebe

Als nächstes erwähnt Paulus die Liebe. Ich finde das höchst interessant und faszinierend und frage mich, wie viele von Ihnen die Liebe an dieser Stelle auf unsere Liste gesetzt hätten. Warum, denken Sie, steht sie hier? Was meint der Apostel damit? »Gott hat uns nicht gegeben den Geist der Furcht, sondern der Kraft . . .« Ja, ich verstehe, daß ich Kraft brauche, aber Liebe – warum Liebe? Es ist doch sicherlich nicht Liebe, was der ängstliche Mensch braucht. Warum stellt Paulus das an die zweite Stelle, den Geist der Liebe?

Hier haben wir ein hervorragendes Stück Psychologie, denn was ist überhaupt die Hauptursache für diesen Geist der Furcht? Die Antwort ist: »das Ich« – Eigenliebe, Selbstinteresse, Selbstschutz. Haben Sie erkannt, daß das Wesen des Problems darin besteht, daß die ängstlichen Menschen wirklich zu sehr mit sich beschäftigt sind? »Wie kann ich das tun? Was ist, wenn ich versage?« Sie drehen sich beständig um sich selbst, betrachten sich selbst und beschäftigen sich mit sich selbst. Und genau an dieser Stelle tritt der Geist der Liebe auf den Plan, denn es gibt nur einen Weg, von sich selbst loszukommen. Es gibt nur ein Heilmittel für das Ich. Sie werden niemals selbst in der Lage sein, mit ihrem Ich fertig zu werden.

Das war der fatale Irrtum bei jenen armen Menschen, die Mönche und Einsiedler wurden. Sie konnten von der Welt und von anderen Menschen Abstand nehmen, aber sie konnten nicht vor sich selbst weglaufen. Das Ich ist in den Menschen, und man kann es nicht loswerden. Je mehr Sie sich kasteien, desto mehr wird Ihr Ich Sie quälen.

Es gibt nur einen Weg, das Ich loszuwerden, und das ist, daß man so von jemandem oder einer Sache gefesselt wird, daß man keine Zeit hat, an sich zu denken. Gott sei Dank: Der Geist Gottes macht das möglich. Er ist nicht nur der »Geist der Kraft«, sondern er ist auch »der Geist der Liebe«. Was bedeutet das? Es bedeutet Liebe zu Gott, Liebe zu dem großen Gott, der uns geschaffen hat, Liebe zu dem großen Gott, der den Weg der Erlösung für uns elende Geschöpfe gebahnt hat – für uns, die wir nichts anderes als die Hölle verdienen. Er hat uns mit seiner »nie endenden Liebe« geliebt (Jer. 31, 3). »Denk daran«, sagt Paulus zu Timotheus, »und wenn du ganz in Anspruch genommen wirst von der Liebe Gottes, wirst du dich selbst vergessen.«

Der Geist der Liebe wird Sie aus dem Egoismus und aus der Deprimiertheit über Ihre eigene Person befreien, weil Depressionen aus dem Ich und dem Egoismus herrühren. Sprechen Sie also mit sich selbst über diese ewige, wunderbare Liebe Gottes – des Gottes, der ungeachtet unserer Sünden in Gnade auf uns sah und den Weg der Erlösung plante und Seinen eigenen Sohn nicht schonte, sondern ihn für uns alle dahingegeben hat.

Was nun weiter? Denken Sie weiter an die Liebe des Sohnes in ihrer Breite, Länge, Tiefe und Höhe. Erforschen Sie die Liebe Christi, die alle Erkenntnis übersteigt. Denken Sie an ihn, der aus der himmlischen Herrlichkeit kam und die Zeichen (Abzeichen) seiner Macht ablegte. Der als Kind geboren wurde, als Zimmermann arbeitete und den Widerspruch der Sünder ertrug. Denken Sie an ihn, in dessen Stirn sie eine Dornenkrone drückten, durch dessen Hände und Füße Nägel geschlagen wurden. Jesus hing am Kreuz. Was tat er dort? Dort starb er für uns, damit Ihnen und mir vergeben würde und wir mit Gott versöhnt würden. Denken Sie an seine Liebe. Und wenn Sie etwas von dieser Liebe erfassen, vergessen Sie sich selbst.

Dann – lieben Sie die Brüder, denken Sie an andere Menschen, an ihre Nöte, ihre Sorgen. Soll ich fortfahren? Timotheus scheint zu sich gesagt zu haben: »Ich könnte getötet werden.« Paulus sagt: »Denk an die anderen Menschen. Schau auf jene Menschen, die umkommen in ihren Sünden. Vergiß dich selbst.« Üben Sie Liebe zu den Verlorenen und ebenso Liebe zu den Brüdern. Üben Sie Liebe für die größte und erhabenste Sache der Welt: für das wunderbare, herrliche Evangelium. Machen Sie sich mit jeder Einzelheit vertraut.

Das meint der Apostel mit dem Geist der Kraft und dem Geist der Liebe. Wenn Sie vom Geist der Liebe vereinnahmt werden, dann vergessen Sie sich selbst. Sie werden sagen, daß nichts anderes wichtiger ist als Jesus, der sich selbst für Sie dahingab, und daß Sie dafür alles hergeben möchten. Sie werden wie Graf Zinzendorf nur ein Verlangen haben, und das ist »Jesus und Jesus allein«. Das ist »der Geist der Liebe«!

. . . und den Geist der Zucht

Und zuletzt »der Geist der Zucht« – »nicht der Geist der Furcht, sondern der Geist der Kraft und der Liebe und der Zucht«. Was bedeutet das? Er ist das richtige Gegenmittel für den Geist der Furcht: Selbstbeherrschung, Disziplin, ein ausgewogenes Denken. Obgleich Sie und ich furchtsam und nervös sein können, ist der Geist, den Gott uns gegeben hat, der Geist der Beherrschtheit, der Geist der Disziplin, der Geist der Urteilskraft.

Der Herr hat das bereits alles gesagt, bevor Paulus daran dachte. Paulus wiederholt nur und gibt einen Kommentar zu der Lehre Jesu. Sie erinnern sich an das, was er zu seinen Jüngern sagte, als er sie aussandte, zu lehren. Er warnte sie, daß sie gehaßt und verfolgt werden könnten und daß ein Tag kommen könnte, da sie ihr Leben hingeben müßten oder den Gerichten überantwortet würden. Aber er fährt fort und sagt: »Wenn sie euch nun überantworten, so sorget nicht, wie oder was ihr reden sollt; denn es soll euch zu der Stunde gegeben werden, was ihr reden sollt« (Matth. 10, 19). »Ihr werdet vor Gericht stehen, und man wird alles versuchen, euch mit euren Worten zu fangen: Aber sorget nicht«, so sagt der Herr Jesus, »denn es soll euch zu der Stunde gegeben werden, was ihr reden sollt. Ihr braucht euch nicht zu fürchten, ihr müßt nicht die Nerven verlieren, ihr braucht nicht so aufgeregt und beunruhigt zu sein, daß ihr nicht wißt, was ihr sagen sollt; es wird euch in derselben Stunde gegeben, was ihr reden sollt.« Das ist der Geist der Weisheit und der Zucht!

Ich kann diesen Punkt sehr kurz an einem Beispiel verdeutlichen. Es ist die Geschichte eines verhältnismäßig jungen Mädchens in den Tagen der Covenanter in Schottland. Sie wollte an einer Abendmahlsfeier teilnehmen, die eines Sonntagnachmittags von den Covenantern abgehalten wurde. Allerdings waren solche Abendmahlsfeiern streng verboten. Die Soldaten des Königs von England suchten überall nach Menschen, die sich zu diesen Abendmahlsgottesdiensten trafen. Als das Mädchen auf ihrem Weg um eine Ecke bog, stand sie einer Gruppe von Soldaten gegenüber, und sie wußte, daß sie in der Falle war. Einen Augenblick lang fragte sie sich, was sie sagen sollte, aber bei der Befragung hörte sie sich gleich darauf antworten: »Mein älterer Bruder ist gestorben, und sie verlesen heute nachmittag sein Testament. Er hat etwas für mich getan und mir etwas hinterlassen, und ich will die Verlesung des Testamentes hören.« Man ließ sie weitergehen.

»Gott hat uns nicht gegeben den Geist der Furcht, sondern der Kraft und der Liebe und der Zucht« – Weisheit, Klugheit, Vernunft. Er wird Sie so klug machen wie die Schlangen. Sie werden in der Lage sein, vor Ihren Feinden absolut wahre Aussagen zu machen, aber der Feind wird es nicht verstehen, und Sie werden entkommen. O ja, ihr älterer Bruder war gestorben – Christus war für sie gestorben –, und bei der Abendmahlsfeier sollte das Testament wieder verlesen werden. Sie wollte sich daran erinnern, was er für sie hinterlassen und getan hatte. Sie sehen, dem Unwissendsten und Nervösesten im Königreich Gottes wird ein klarer Verstand und der Geist der Weisheit gegeben. »Sorget nicht«, sagt Christus, »es wird euch in derselben Stunde gegeben, was ihr reden sollt.« Er wird Ihnen sagen, was Sie sagen sollen. Er wird Sie, wenn notwendig, zügeln. Wir leben nicht aus uns selbst. Wir dürfen nicht von uns als von gewöhnlichen Menschen denken. Wir sind keine natürlichen Menschen; wir sind wiedergeboren. Gott hat seinen Heiligen Geist gegeben, und er ist der Geist »der Kraft und der Liebe und der Zucht«.

Daher sage ich denen, die durch ihre Angst vor der Zukunft besonders anfällig sind für geistliche Depressionen, im Namen Gottes und mit den Worten des Apostels: »Erwecke die Gabe Gottes.« Erinnern Sie sich an das, was für Sie gilt. Anstatt sich von der Zukunft und von den Gedanken daran hemmen zu lassen, sollten Sie zu sich selbst sprechen und sich daran erinnern, wer Sie sind, was Sie sind und welcher Geist in Ihnen ist. Nachdem Sie sich an den Charakter des Geistes erinnert haben, werden Sie in der Lage sein, stetig vorwärts zu gehen, nichts zu fürchten, in der Gegenwart zu leben – bereit für die Zukunft und mit nur einem Verlangen: den zu ehren, der sein alles für Sie gab.

Gefühle

Um solcher Ursache willen erinnere ich dich, daß du erweckest die Gabe Gottes, die in dir ist durch die Auflegung meiner Hände.
2. Timotheus 1, 6

Das ist eine großartige Aussage, aber unser hauptsächliches Interesse daran gilt der Ermahnung, die der Apostel hier an Timotheus richtet und die besagt, daß er die Gabe, die in ihm ist, »erwecken« solle. Ich bitte hierfür als Teil unserer allgemeinen Betrachtung des Themas, das wir als »geistliche Depression« beschrieben haben, um Ihre Aufmerksamkeit. Wir versuchen, den Fall der sogenannten unglücklichen Christen zu untersuchen und zu behandeln. Wir haben uns bemüht zu zeigen, daß gerade dieser Ausdruck an und für sich unser Augenmerk auf das richtet, was an diesem Zustand im wesentlichen falsch ist.

Die Worte »geistliche Depression« sind eigentlich unvereinbar, und doch müssen wir sie miteinander verbinden, weil sie eine genaue Beschreibung bestimmter Menschen – unglücklicher Christen – sind. Es sollte unmöglich sein, aber in Wirklichkeit ist es eine Tatsache. Es sollte so etwas nicht geben, aber das gibt es; und es ist unsere Aufgabe, wenn wir die Lehre der Bibel – sowohl des Alten wie des Neuen Testamentes – richtig verstehen, uns mit diesem Zustand zu befassen.

Es gibt jene Menschen, das weiß ich, die diesen Zustand überhaupt nicht kennen, sondern unsere Thematik ungeduldig beiseite schieben und sagen, daß ein Christ jemand ist, der den ganzen Tag lang singt, und daß das bei ihnen seit ihrer Bekehrung immer der Fall gewesen sei – niemals eine kleine Welle auf der Oberfläche der Seele; alles war immer in Ordnung. Da sie diesen depressiven Zustand überhaupt nicht kennen, hegen sie schwere Zweifel denen gegenüber, die unter Depressionen zu leiden haben. Sie zweifeln sogar daran, ob solche Menschen überhaupt Christen sind.

Wir haben wiederholt gezeigt, daß die Bibel solchen Geschwistern gegenüber viel positiver eingestellt ist und durch ihre Lehre deutlich zeigt, daß es möglich ist für einen Christen, depressiv zu sein. Nicht, daß sie das rechtfertigt, aber sie anerkennt die Tatsache. Es ist nun die Aufgabe eines jeden, der sich um die Pflege und Sorge der Seele Gedanken macht, solche Menschen zu verstehen und ihnen die Arznei zu geben, die Gott in den Worten der Heiligen Schrift so reichlich zur Verfügung gestellt hat.

Wir haben bereits viele Ursachen dieses Zustandes überdacht und fahren damit fort. Die Zahl der Ursachen ist beinahe endlos, denn wir stehen, wie ich Ihnen gezeigt habe, einem sehr raffinierten und mächtigen Widersacher gegenüber, der uns nur zu gut kennt – viel besser, als wir uns selber kennen –, und sein einziges, großes Ziel und Bemühen ist, die Ehre Gottes und die Ehre des Herrn Jesus Christus zu schmähen. Nun gibt es keinen besseren Weg, das zu erreichen, als Christen unglücklich und niedergeschlagen zu machen, weil – ob es uns nun paßt oder nicht – es Tatsache ist, daß die Welt Gott und den Herrn Jesus Christus noch immer nach dem beurteilt, was sie in uns sieht. Wir können es ihr nicht verübeln, wir rufen bestimmte Ansprüche hervor.

Gerade der Name »Christ«, den wir führen, ist ein Anspruch und eine Herausforderung zugleich. Und die Welt hat das Recht, uns zu beobachten. »Ihr erhebt einen hohen Anspruch«, sagt die Welt, und dann betrachtet sie uns und sagt: »Ist *das* Christentum? Ist es *das,* wozu ihr uns einladet?« Es steht außer Frage, und wir sollen uns dessen völlig bewußt sein, daß das mehr als alles andere die Tatsache erklärt, daß sich heute der Großteil der Menschen außerhalb der christlichen Kirche befindet.

Lesen Sie die Geschichte jeder Erweckung, die jemals stattgefunden hat, und Sie werden feststellen, daß der Anfang immer derselbe ist. Ein Mensch, oder manchmal eine Anzahl Menschen, wird sich plötzlich des wahren Christseins bewußt, und andere beginnen, ihm ihre Aufmerksamkeit zu widmen. Die Welt außerhalb wird wachgerüttelt und beginnt, aufmerksam zu sein. Erweckung beginnt immer in der Kirche Jesu Christi, und die Welt außerhalb sieht es und beginnt aufzumerken. Darum ist unser Zustand als Gläubige so wichtig.

Wir haben die Art und Weise betrachtet, in der uns der Teufel dazu bringt, uns auf die Vergangenheit zu konzentrieren – auf eine Sünde, die wir begangen haben, oder auf die Zeit, die wir vergeudet haben – und alles zu beklagen. So sind wir in der Gegenwart unglücklich, weil wir über die Vergangenheit grübeln. Wir haben auch gesehen, wie der Teufel seine Taktik völlig ändert, wenn das nicht wirkt, und versucht, uns in der Gegenwart depressiv zu machen, indem er uns mit Angst und bösen Ahnungen erfüllt.

Der Grund vieler Depressionen: unsere Gefühle

Nun gehen wir zu einem anderen Thema über, das freilich sehr eng mit diesen Ängsten und Ahnungen im Blick auf die Zukunft zusammenhängt. Das Thema ist in dem sechsten Vers von Kapitel eins des zweiten Timotheusbriefes angezeigt und betrifft das ganze Problem der Gefühle – Gefühle im christlichen Leben. Vielleicht begegnet man nichts so häufig als Ursache geistlicher Depression und Niedergeschlagenheit im christlichen Leben als gerade diesem Problem der Gefühle. Wo setzen sie ein, und wie sollten sie sein? Die Menschen machen sich darüber ständig Sorgen, und ich bin sicher, daß alle, die je in der Seelsorge gearbeitet haben, zustimmen werden, daß es nichts gibt, was die Menschen so oft zum Pfarrer führt, als genau das Problem der Gefühle.

Nun ist das sehr normal, denn schließlich haben wir alle das Verlangen, glücklich zu sein. Es ist etwas, was der menschlichen Natur angeboren ist. Niemand will unglücklich sein, obwohl ich mir der Tatsache bewußt bin, daß es Menschen gibt, die sich scheinbar daran freuen, wenn sie unglücklich sind, und die ihr Glück darin zu finden scheinen, unglücklich zu sein!

Ich halte es für einen wichtigen Teil meiner Berufung zum Dienst, den Vorrang des Verstandes und der Urteilskraft in Verbindung mit dem Glauben zu betonen. Aber obwohl ich das geltend mache, bin ich gleichermaßen bereit zu behaupten, daß die Gefühle, die Emotionen, die Empfindungen, offensichtlich von sehr entscheidender Bedeutung sind. Wir sind auf eine solche Weise geschaffen worden, daß sie eine vorherrschende Rolle in unserer Veranlagung spielen. Ich vermute sogar, daß eines der größten Probleme in unserem Leben in dieser Welt – nicht nur für Christen, sondern für alle Menschen – der richtige Umgang mit unseren Gefühlen und Emotionen ist. Welche Verheerungen werden angerichtet – in der ganzen Welt –, welche Tragödien, welches Leid und Elend geschehen, einfach, weil die Menschen nicht wissen, wie sie mit ihren eigenen Gefühlen umgehen sollen!

Der Mensch ist so geartet, daß die Gefühle eine so hervorragende Stellung innehaben. In der Tat gibt es einen sehr guten Grund für die Behauptung, daß vielleicht das Entscheidendste, was die Wiedergeburt für uns tut, die richtige Einordnung des Verstandes, der Gefühle und des Willens ist. Wir werden uns bei der Untersuchung dieses Themas weiter damit befassen. Es ist offensichtlich ein sehr umfangreiches Thema, mit dem man sich nicht nur kurz befassen kann, sondern es ist wichtig, daß wir einen umfassenden Blick darauf werfen.

Es gibt hier einen einleitenden Punkt, der wenigstens für mich von Interesse ist. Es besteht, wie ich am Anfang angedeutet habe, eine merkwürdige Beziehung zwischen diesem besonderen Problem und jenem anderen der Scheu und Angst vor der Zukunft. Diese Problemkreise neigen dazu, gemeinsam aufzutreten. Daher ist es nicht überraschend, daß beide in diesem einen Kapitel zu finden sind. Timotheus war offensichtlich ein von Natur aus scheuer Mensch. Aber gleichermaßen war er jemand, der unter Depressionen litt.

Diese beiden Problemkreise findet man oft in dem gleichen Menschentyp vor. Wir müssen daher noch einmal darauf hinweisen, daß es bestimmte Menschen gibt, die in einem natürlichen Sinne mehr zu Depressionen neigen als andere. Ich möchte diese entscheidende Aussage erneut auch in Verbindung mit der ganzen heutigen Betrachtung unterstreichen und betonen, daß nämlich, obwohl wir bekehrt und wiedergeboren sind, unsere eigentliche Persönlichkeit sich nicht geändert hat. Die Folge ist, daß derjenige, der vor der Bekehrung mehr zu Depressionen neigte als ein anderer, nach der Bekehrung noch immer damit zu kämpfen haben wird.

Wir alle haben bestimmte gemeinsame Schwierigkeiten im christlichen Leben, aber wir alle haben auch unsere besonderen Schwierigkeiten. Wir unterscheiden uns in unseren Gaben – wir haben nicht alle dieselben Talente –, und genauso ist es mit unseren Schwierigkeiten. »Jedes Herz kennt seine Sorgen«, und jeder Mensch hat seine eigene Last zu tragen. Wir haben alle etwas, was zum Bereich des Temperaments oder der natürlichen Veranlagung gehört. So wird derjenige, der von Natur aus zu Selbstprüfung, Krankhaftigkeit und Depression neigt, diese Wesenszüge auch im christlichen Leben haben. Die Gefahr für einen solchen Menschen liegt darin, depressiv zu werden, besonders in Verbindung mit seinen Gefühlen.

Es scheint mir daher das Gewinnbringendste zu sein, mich allgemein mit diesem Thema zu beschäftigen und auf das Besondere vielleicht später zurückzukommen. Wir wollen daher eine Anzahl allgemeiner Aussagen über die Gefühle und über ihren Platz im christlichen Leben machen. Eine der ersten Fragen, denen wir gegenüberstehen, ist: Wo setzen die Gefühle ein, was ist ihr Platz, wie sollte ihre Stellung in der Erfahrung des Christen sein? Ich möchte Ihnen in dieser Beziehung eine Anzahl allgemeiner Aussagen vorlegen.

Zuallererst müssen die Gefühle bei der Erfahrung eines wahrhaften Christen beteiligt sein. Das haben wir gesehen, als wir jene große Aussage des Paulus in Römer 6, 17 betrachteten. Das ganze Gewicht dort liegt auf der Tatsache, daß das Evangelium von Jesus Christus so groß und herrlich ist, daß es den ganzen Menschen erfaßt und nicht nur einen Teil von ihm. Alles, worauf ich daher jetzt hinweisen will, ist, daß unsere Gefühle ebenso wie unser Verstand und unser Wille aktiv beteiligt sein sollten. Wenn Sie und ich niemals von unseren Gefühlen bewegt wurden, dann sollten wir unseren Glaubensgrund lieber überprüfen.

Wenn ein Dichter wie Wordsworth in bezug auf die Natur sagen konnte: »Denn ich spürte eine Gegenwart, die mich mit der Freude erhabener Gedanken erregt« – wenn ein mystischer Dichter so etwas sagen konnte, wieviel mehr sollten Sie und ich dann in der Lage sein, bei einem solchen Evangelium, einer solchen Botschaft, einem solchen Erretter, einem solchen Gott, einer solchen Macht und einem solchen Einfluß wie dem Heiligen Geist Gottes das zu sagen.

Sie können das Neue Testament nicht durchlesen, ohne auf den ersten Blick zu sehen, daß Freude ein wesentlicher Bestandteil der Erfahrung eines Christen sein soll. Eines der bemerkenswertesten Dinge, die die Bekehrung bewirkt, ist, daß sie uns aus einer schrecklichen Grube, aus einem Morast herausholt und unsere Füße auf einen Felsen stellt, unsere Wege festmacht und uns ein neues Lied in den Mund gibt. Die Gefühle sollen beteiligt sein, und wenn das Evangelium zu uns kommt, umfaßt es den ganzen Menschen. Es bewegt seinen Verstand, wenn er seine herrlichen

Wahrheiten sieht. Auf dieselbe Weise bewegt es sein Herz und seinen Willen.

Die zweite Aussage, die ich machen möchte, ist, daß wir Gefühle nicht erzeugen können; wir können sie nicht nach Belieben befehlen. Ich will das ganz klar sagen. Sie können Gefühle nicht in sich entwickeln. Sie können sich vielleicht zum Weinen bringen und Tränen in Ihre Augen zaubern, aber daraus läßt sich nicht zwangsläufig auf echte Gefühle schließen. Falsche Sentimentalität unterscheidet sich völlig von echter Bewegtheit. Sie geschieht unvorhergesehen; wir können sie nicht erzeugen. So sehr Sie sich auch bemühen, Sie werden keinen Erfolg haben. In gewissem Sinne ist es sogar so: Je mehr Sie versuchen, Gefühle zu erzeugen, desto trauriger werden Sie.

Betrachtet man es psychologisch, so ist es eine der bemerkenswertesten Erscheinungen beim Menschen, daß er in dieser Hinsicht nicht sein eigener Herr ist. Er kann Gefühle nicht hervorrufen oder erzeugen, er kann sie nicht produzieren, und der Versuch, dieses unmittelbar zu tun, verschlimmert das Problem noch.

Das bringt uns zu meiner nächsten Aussage, daß offensichtlich nichts in uns so veränderlich ist wie unsere Gefühle. Wir sind sehr unbeständige Geschöpfe, und unsere Gefühle sind von allem, was zu uns gehört, das Veränderlichste. Das kommt daher, daß sie von so vielen Faktoren abhängen. Es gibt so viele Dinge, die die Gefühle beeinflussen – nicht nur das Temperament, sondern auch die physische Voraussetzung.

Die Menschen des Altertums glaubten im allgemeinen, wie Sie wissen, daß sich die Gefühle in den verschiedenen Organen des Körpers befinden. In gewissem Sinne hatten sie recht. Das Phlegma, von dem sie sprachen, die melancholische Stimmung – »alles erscheint dem neidischen Auge gelb« und so weiter. Hierin liegt ein Wahrheitsgehalt. Physische Umstände beeinflussen uns erheblich. Wir müssen uns wieder genau vor Augen halten, daß die Tatsache, daß Sie Christ geworden sind, nicht bedeutet, daß Sie all diese veranlagungsmäßigen Neigungen mit einem Schlag verlieren. Sie sind noch immer da, und deshalb neigt unsere Stimmung durch alle diese Faktoren dazu, unterschiedlich zu sein.

Wir haben uns sicher viele Male über uns selbst gewundert, daß wir uns, wenn wir am Morgen aufwachen, in einer völlig anderen

Stimmung oder einem ganz anderen Zustand befinden als am T
zuvor. Sie haben dafür keine erkennbare Erklärung. Gestern wa-
ren Sie vielleicht ganz glücklich, und Sie gingen in der Erwartung eines weiteren großartigen Tages schlafen, aber am Morgen wachten Sie niedergeschlagen und schlecht gelaunt auf. Ohne es sich erklären zu können, befanden Sie sich plötzlich in einer solchen Verfassung.

Hier nun liegt der Kern des Problems. Mit anderen Worten: Unsere Gefühle sind veränderlich. Ich möchte die Gefahr betonen, daß wir von ihnen beherrscht werden können. Wir haben bereits gesehen, daß dasselbe für unser Temperament gilt, wie das auch immer aussehen mag. Wir alle haben unser Temperament von Gott erhalten. Er hat keine zwei unter uns gleich gemacht, und wir müssen unterschiedlich bleiben. Ja, wir haben unser Temperament, aber nichts ist so falsch und unchristlich, als sich von seinem Temperament regieren zu lassen.

Natürlich gibt es Menschen, die sich dessen rühmen. Wir alle kennen jenen, der sagt: »Ich äußere immer meine Meinung; ich sage immer, was ich denke.« Denken Sie an den Schaden, der von solchen Menschen angerichtet wird, wenn sie selbstherrlich über die Gefühle anderer Menschen hinwegtrampeln. Was, wenn jeder das täte? Sie sagen: »Ich gehöre zu dieser Sorte Mensch.« Ihre Antwort lautet, daß das nicht sein sollte! Das bedeutet nicht, daß Sie Ihr Temperament ändern können, aber es bedeutet wohl, daß Sie es unter Kontrolle halten sollten. Mit anderen Worten: Das Temperament ist ein Geschenk Gottes, aber als Folge des Sündenfalls und der Sünde muß das Temperament an seinem Platz gelassen werden. Es ist ein wunderbares Geschenk, aber es muß gezügelt werden.

Nun ist es bei den Gefühlen genau dasselbe. Unsere Gefühle trachten immer danach, uns zu beherrschen, und wenn wir das nicht erkennen, werden sie das auch zweifellos tun.

Das meinen wir, wenn wir von Stimmungen und Launenhaftigkeit reden. Die Stimmung scheint auf uns herabzusinken. Wir wollen sie nicht, aber sie ist da. Nun besteht die Gefahr, daß wir uns von ihr bestimmen und packen lassen. Wir wachen am Morgen übelgelaunt auf, und es besteht die Neigung, so durch den ganzen Tag zu gehen, bis etwas geschieht, was uns zurechtbringt.

Im Alten Testament finden wir ein bedeutendes Beispiel hierfür in dem Fall von Saul, dem König Israels. Wir stehen in der Gefahr, uns unseren Gefühlen zu überlassen und uns von ihnen befehligen, regieren und meistern, sowie unser ganzes Leben beherrschen zu lassen.

Schließlich möchte ich unter der Überschrift unseres heutigen Themas die Aufmerksamkeit auf die Gefahr lenken, zu denken, daß wir überhaupt keine Christen sind, weil wir eine besondere Art Gefühl oder Erfahrung nicht erlebt haben. Das ist vom geistlichen Standpunkt aus eine der häufigsten Äußerungen dieses Zustandes. Ich denke an Menschen, die von anderen hören, daß sie beim Reden oder Zeugnisgeben wundervolle Gefühle haben, und sich dann eingestehen müssen: »Ich habe das niemals gehabt.« Und Sie beginnen sich zu fragen, ob Sie überhaupt ein Christ sind. Ich will wiederholen, was ich bereits gesagt habe: Die Gefühle müssen beim wahren Christen beteiligt sein, aber die reine Tatsache, daß wir bestimmte besondere Gefühle nicht gehabt haben, bedeutet nicht notwendigerweise, daß wir keine Christen sind.

Gefühle sind unentbehrlich, aber wenn wir bestimmte besondere Gefühle für unentbehrlich erklären, können wir sehr gut Opfer des Teufels werden und unser ganzes Leben in Traurigkeit und »gefangen in Oberflächlichkeit und Elend« verbringen, obwohl wir die ganze Zeit wirklich Christen sind.

Für mich ist das ein faszinierendes Thema, aber ich muß der Versuchung widerstehen, abzuschweifen. Es besteht jedoch kein Zweifel darüber, daß dieser besondere Punkt nicht nur die Frage des Temperaments, sondern auch der Nationalität aufwirft. Zweifelsohne gibt es bestimmte Völker, die mehr zu einer speziellen Lebensanschauung neigen. Es gibt sicherlich gläubige Menschen – und sie gehören gewöhnlich zu den keltischen Rassen –, von denen manche soweit gehen würden zu sagen, daß es für einen Christen falsch ist, zu fröhlich zu sein. Sie fürchten sich so vor Gefühlen, daß sie fast behaupten möchten, daß Glücksgefühle und Gefühle der Freude fast immer und mit Sicherheit falsch sind.

Diese Haltung ist nicht nur auf Rassen beschränkt, sie ist auch charakteristisch für bestimmte Glaubensrichtungen. J. C. Philpot, einer der Gründer der »Strict Baptists«, hielt einmal eine Predigt über das Thema: »Das Kind des Lichtes, das in Finsternis wandelt, und das Kind der Finsternis, das im Licht wandelt.« Diese

Überschrift basierte auf den zwei letzten Versen des fünfzigsten Kapitels des Propheten Jesaja. In der Predigt vertrat er die Ansicht, daß man falsche Gefühle erwecken könne, ein wunderbares Feuer und eine Erfahrung, die jedoch nicht lange anhalten würden. »Das wahre Kind Gottes«, sagte er, »geht, weil es die Plage seines eigenen Herzens und seiner eigenen Sündhaftigkeit erkennt, mühselig und mit schwerem Herzen durch diese Welt im Bewußtsein seiner Sünde und der Größe und Majestät Gottes.« Nun empfinde ich große Sympathie für seine Hauptgedanken, aber ich behaupte, daß dieser große und fromme Prediger in seiner Predigt zu weit ging, weil er den Eindruck hinterläßt, daß, wenn ein Christ glücklich ist, bei ihm wahrscheinlich etwas nicht in Ordnung und er überhaupt kein Christ ist. Das geht entschieden zu weit. Es gibt zweifellos Menschen, die glauben, daß sie Christen sind, deren Erfahrung aber zweifellos eher psychologisch als geistlich ist. Leeres und oberflächliches Glück ist nicht dasselbe wie geistliche Freude. Aber das darf uns nicht dazu verleiten zu sagen, daß Freude niemals christlich ist.

Nun, was sagt uns die Bibel darüber, wie wir mit dem Problem der Gefühle umgehen sollen? Ich werde eine Anzahl Vorschläge vorlegen. Der erste ist ein sehr praktischer: Wenn Sie in diesem Augenblick völlig niedergeschlagen sind, sollten Sie sich vergewissern, daß es keine offensichtliche Ursache für das Fehlen freudiger Gefühle gibt. Wenn Sie zum Beispiel eine Sünde begangen haben, werden Sie sich unglücklich fühlen.

Wenn sie Gottes Gesetz brechen und seine Regeln verletzen, werden Sie nicht glücklich sein. Wenn Sie glauben, ein Christ zu sein und trotzdem Ihren eigenen Willen ausüben und Ihren eigenen Neigungen und Abneigungen folgen zu können, wird Ihr christliches Leben ein trauriges werden.

Die Lieblingssünde

Es ist nicht nötig, weiter darüber zu reden. Es folgt, wie die Nacht auf den Tag, daß, wenn Sie eine Lieblingssünde hegen und an etwas festhalten, was der Heilige Geist durch Ihr Gewissen verurteilt, Sie nicht glücklich sein werden. Und da gibt es nur eines: Bekennen Sie es, gestehen Sie es ein, gehen Sie sofort zu Gott und bekennen Sie Ihre Sünde. Öffnen Sie Ihr Herz, enthüllen Sie Ihre Seele, sagen Sie ihm alles und halten Sie nichts zurück. Und dann glauben Sie, daß, weil Sie das getan haben, er Ihnen vergibt. »Wenn wir aber unsere Sünden bekennen, so ist er treu und gerecht, daß er uns die Sünden vergibt und reinigt uns von aller Ungerechtigkeit« (1. Joh. 1, 9).

Wenn nichtbekannte Sünde die Ursache Ihrer Traurigkeit ist, würde ich meine und Ihre Zeit vergeuden, führe ich mit meiner Liste anderer Ursachen fort. Wie viele haben sich an diesem Punkt einfangen lassen, wir wollen uns dessen völlig im klaren sein. Lassen Sie Ihr Gewissen zu sich sprechen, und hören Sie auf die Stimme Gottes, wenn er durch den Heiligen Geist, der in Ihnen ist, zu Ihnen spricht. Und wenn er seinen Finger auf etwas legt, dann werden Sie es los! Sie können nicht hoffen, das Problem zu lösen, während Sie eine Sünde verbergen.

Wenn ich als selbstverständlich ansehe und voraussetze, daß hier nicht die Ursache liegt, möchte ich als Nächstes sagen: Vermeiden Sie den Fehler, sich allzusehr auf Ihre Gefühle zu konzentrieren. Vermeiden Sie vor allem den schrecklichen Irrtum, diese in die Mitte zu stellen. Ich werde niemals müde, das zu wiederholen, weil ich so häufig feststelle, daß hier eine Ursache des Strauchelns liegt. Gefühle sollen niemals den ersten Platz einnehmen, sie sollen niemals im Mittelpunkt stehen, sonst sind Sie zwangsläufig dazu verurteilt, unglücklich zu sein, weil Sie nicht der Ordnung folgen, die Gott selber verfügt hat. Gefühle sind immer die Folge von etwas anderem, und wie einer, der jemals die Bibel gelesen hat, in diesen besonderen Irrtum verfallen kann, übersteigt mein Begriffsvermögen.

Der Psalmist hat es im 34. Psalm folgendermaßen formuliert: »Schmecket und sehet, wie freundlich der Herr ist!« Sie werden niemals sehen, wenn Sie nicht geschmeckt haben. »Schmecket und sehet« folgt wie die Nacht dem Tag. Sehen vor dem Schmecken ist unmöglich, das wird in der Bibel ständig betont. Schließlich ist alles, was wir in der Bibel lesen, Wahrheit.

Es ist nicht ein gefühlsbetonter Anreiz, nicht etwas, das hauptsächlich darauf gerichtet ist, uns eine freudige Erfahrung zu geben. Es ist an erster Stelle Wahrheit, und Wahrheit richtet sich an den Verstand, Gottes höchstes Geschenk an den Menschen. Inwieweit wir die Wahrheit erkennen und ihr gehorchen, dementsprechend folgen die Gefühle. Ich darf mich niemals zuerst fragen: Was fühle ich diesbezüglich? Die erste Frage ist: Glaube ich das? Akzeptiere ich es? Hat es mich ergriffen? Das ist vielleicht die wichtigste aller Regeln, daß wir uns nicht zu sehr auf unsere Gefühle konzentrieren, nicht zu viel Zeit damit verbringen, unseren Puls zu fühlen, die geistliche Temperatur zu messen, denn das ist die Schnellstraße, welche Sie in die Krankheit führt.

Wenn Sie über das Leben der großen Heiligen aus allen Jahrhunderten etwas lesen, werden Sie feststellen, daß jeder die Wichtigkeit der Selbstprüfung betont hat. Ungeachtet der verschiedenen theologischen Sicht, die sie vertreten haben mögen, sind sie sich in diesem Punkt alle einig. Sie verlangen, daß wir uns selbst prüfen und unser Herz erforschen sollen. Gerade die Tatsache, daß sie so handelten, bedeutet natürlich unverkennbar, daß auch wir unsere Gefühle betrachten sollen. Sie wollen, daß wir uns vergewissern, daß wir nicht reine Verstandesmenschen sind, die nur daran interessiert sind, über Theologie zu diskutieren. Sie wollen, daß wir uns bewußt sind, daß wir keine Moralisten sind, die sich lediglich für einen Sittenkodex interessieren. Aber wenn wir ihnen darin folgen, besteht immer die Gefahr, daß wir von unseren Gefühlen zuviel Aufhebens machen.

Freude

Der fromme Henry Martyn war sicher ein Beispiel hierfür. Aber das klassische Beispiel war vielleicht ein Mann, der im 17. Jahrhundert in Amerika lebte: Thomas Sheppard. Er war das vollkommene Beispiel eines Menschen, der sich selbst unglücklich machte. Er ging aus dem Herzen Englands nach Amerika und war einer der größten Heiligen, die die Erde jemals sah. Er war der Autor eines so berühmten Buches »Das Gleichnis von den zehn Jungfrauen«. Jener arme Mann war ständig unglücklich, weil er sich große Sorgen machte über seine Gefühle und über die Gefahr falscher Gefühle.

So möchte ich als nächstes sagen, daß wir erkennen müssen, daß zwischen »sich freuen« und »glücklich sein« ein riesengroßer Unterschied besteht. Die Bibel sagt uns, daß wir uns immer freuen sollen. Nehmen Sie jenen gefühlvollen Brief von Paulus an die

Philipper, in dem er sagt: »Freuet euch in dem Herrn allewege, und abermals sage ich euch: Freuet euch!« Er sagt es immer wieder. Sich zu freuen ist ein Befehl, aber es besteht ein riesengroßer Unterschied zwischen »sich freuen« und »glücklich sein«. Sie können sich selbst nicht glücklich machen, aber Sie können sich selbst dazu bringen, sich in dem Sinne zu freuen, daß Sie sich stets freuen im Herrn.

Glück ist etwas in uns selbst, Freude ist »in dem Herrn«. Wie wichtig ist es dann, sich den Unterschied zwischen der Freude im Herrn und dem Glücksgefühl bewußtzumachen. Nehmen wir das vierte Kapitel des zweiten Briefes an die Korinther. Dort können Sie feststellen, wie der große Apostel alles sehr klar und deutlich in einer Reihe außerordentlicher Gegensätze darlegt: »Wir haben allenthalben Trübsal« (ich glaube nicht, daß er sich in dem Augenblick sehr glücklich fühlte), »aber wir ängsten uns nicht, uns ist bange« (er fühlte sich zu diesem Zeitpunkt überhaupt nicht glücklich), »aber wir verzagen nicht. Wir leiden Verfolgung, aber wir werden nicht verlassen. Wir werden unterdrückt, aber wir kommen nicht um.« Mit anderen Worten: Der Apostel erinnert nicht an einen glücklichen Menschen im fleischlichen Sinn, aber er freute sich immerdar. Das ist der Unterschied zwischen diesen beiden Verfassungen.

Das bringt mich zu dem praktischen Punkt, daß das Große in dieser Hinsicht darin besteht, zu wissen, wie man sich selbst aufrichten kann. Das ist der entscheidende Kern dieser Angelegenheit. Wie ich Sie erinnert habe, liegt die ganze Gefahr darin, daß, wenn Stimmungen über uns kommen, wir uns von ihnen beherrschen lassen und somit besiegt und entmutigt sind. Wir sagen, daß wir gerne davon erlöst würden, aber dennoch tun wir nichts dazu. Der Apostel sagt zu Timotheus: »Erwecke die Gabe!« Wir müssen der untätigen Faulheit und der Niedergeschlagenheit ein Ende setzen.

Sie müssen sich selbst ermahnen. Ich habe das schon viele Male gesagt und werde das immer wieder tun, denn es liegt ein Sinn in der Art, in der uns die Bibel lehrt, wie wir mit uns selbst sprechen sollen. Ich habe Sie daran erinnert, daß Sie zu sich selbst, diesem schrecklichen Ich, sprechen sollen. Sprechen Sie zu ihm, und dann »erwecken Sie die Gabe«. Erinnern Sie sich an bestimmte Dinge. Erinnern Sie sich daran, wer Sie sind und was Sie sind.

Sie müssen zu sich selbst sprechen und sagen: »Ich werde mich nicht von dir beherrschen lassen; diese Stimmungen werden mich nicht beherrschen. Ich befreie mich; ich überwinde sie!« Gehen Sie also dagegen an! Tun Sie etwas! »Erwecke die Gabe.« Das ist die stete Ermahnung der Heiligen Schrift. Wenn Sie sich von den Stimmungen beherrschen lassen, werden Sie traurig bleiben, aber das dürfen Sie nicht zulassen. Schütteln Sie sie ab! Beachten Sie sie nicht! Sagen Sie immer wieder: »Weg mit dir, du faule Trägheit!«

Die Rechtfertigung kommt nur aus dem Glauben

Aber wie tut man das? Es ist nicht Ihre und meine Sache, Gefühle zu erwecken, sondern zu glauben. Uns wird nirgendwo in der Bibel gesagt, daß wir durch unsere Gefühle gerettet werden. Uns wird gesagt, daß wir gerettet werden durch den Glauben. »Glaube an den Herrn Jesus Christus, und du wirst selig« (Apg. 16, 31). Nirgends werden die Gefühle an die erste Stelle gesetzt. Ich kann mich nicht selbst glücklich machen, aber ich kann mich an meinen Glauben erinnern. Ich kann mich selbst ermahnen zu glauben. Ich kann meine Seele ansprechen, wie der Psalmist es in Psalm 42 tat: »Was betrübst du dich, meine Seele, und bist so unruhig in mir? Harre . . .« – glaube, vertraue.

Das ist der Weg. Und dann wird es mit unseren Gefühlen von selbst in Ordnung kommen. Sorgen Sie sich nicht um sie. Sprechen Sie zu sich selbst. Auch wenn der Teufel behaupten wird, daß Sie kein Christ sind, weil Sie nichts fühlen, sagen Sie: »Nein, ich fühle nichts, aber ungeachtet dessen, was ich fühle oder nicht, glaube ich der Heiligen Schrift. Ich glaube, daß Gottes Wort wahr ist, und ich stütze meine Seele darauf; ich will daran glauben, komme, was mag.« Stellen Sie den Glauben auf den ersten Platz, und bleiben Sie dabei. Ja, J. C. Philpot hatte in jenem Punkt recht, daß das Kind des Lichtes manchmal in der Finsternis wandelt, aber dort bleibt es nicht. Es setzt sich nicht hin und bedauert sich selbst – denn das ist der springende Punkt –, sondern das Kind des Lichtes geht in der Dunkelheit vorwärts. Es sieht im Augenblick das Angesicht des Herrn nicht, aber es weiß, daß er da ist. Also setzt es seinen Weg fort.

Laßt es mich noch besser ausdrücken: Wenn Sie wahrhaft glücklich und gesegnet sein wollen, wenn Sie als Christ gerne die wahre Freude kennen wollen, liegt das Rezept hier: »Selig« (wirklich glücklich) »sind, die da hungert und dürstet nach der Gerechtigkeit« (Matth. 5, 6) – nicht nach einem Glücksgefühl. Suchen Sie nicht weiter nach Gefühlen, suchen Sie die Gerechtigkeit. Wenden Sie sich an sich selbst, wenden Sie sich an Ihre Gefühle und sagen Sie: »Ich habe keine Zeit, mir um meine Gefühle Sorgen zu machen; ich interessiere mich für etwas anderes. Ich möchte glücklich sein, aber noch lieber möchte ich gerecht sein. Ich möchte heilig sein. Ich möchte sein wie mein Herr. Ich möchte in dieser Welt leben, wie er lebte; ich möchte durch die Welt gehen, wie er es tat.«

»Ihr seid in dieser Welt«, so sagt Johannes in seinem ersten Brief, »wie er es war. Richtet euer ganzes Streben auf die Gerechtigkeit und Heiligkeit, und wenn ihr das tut, werdet ihr gewiß gesegnet sein, werdet ihr gefüllt, werdet ihr die Seligkeit erlangen, nach der ihr strebt.« Suchen Sie die Glückseligkeit, werden Sie sie niemals finden. Suchen Sie die Gerechtigkeit, werden Sie feststellen, daß Sie glücklich sind – das Glück wird dasein, ohne daß Sie es erkennen, ohne daß Sie es suchen.

Christus ist unsere Mitte

Zum Schluß möchte ich es noch auf diese Weise sagen: Möchten Sie höchste Freude kennen, möchten Sie eine Glückseligkeit erfahren, die unbeschreiblich ist? Dann gibt es nur eines: Jesus wirklich suchen, ihn selber zu suchen, sich dem Herrn Jesus Christus selber zuzuwenden. Wenn Sie feststellen, daß Ihre Gefühle traurig sind, dann setzen Sie sich nicht hin und betrauern sich selbst! Versuchen Sie nicht, etwas selbst hervorzubringen, sondern – darauf kommt es im Grunde an – gehen Sie direkt zu Jesus, und suchen Sie sein Angesicht – wie das kleine Kind, das traurig und unglücklich ist, weil jemand sein Spielzeug genommen oder zerbrochen hat, zu seinem Vater oder zu seiner Mutter läuft.

Wenn Sie oder ich also durch diesen Zustand gequält werden, dann gibt es nur eines, und das ist, zu ihm zu gehen. Wenn Sie den

Herrn Jesus Christus suchen und ihn finden, besteht keine Notwendigkeit, sich um Ihr Glück und Ihre Freude zu sorgen. Er ist unsere Freude und unser Glück, ebenso wie er unser Friede ist. Er ist Leben, er ist alles. Widerstreben Sie also den Anstiftungen und Versuchungen Satans, die Gefühle völlig in den Mittelpunkt zu stellen.

Stellen Sie den einen in die Mitte, der allein das Recht hat, dort zu sein, nämlich den Herrn der Ehre, der Sie so geliebt hat, daß er ans Kreuz ging und die Strafe und die Schmach Ihrer Sünden trug und für Sie starb. Suchen Sie ihn, suchen Sie sein Angesicht, und alle anderen Dinge werden Ihnen dazugegeben.

Arbeiter im Weinberg

Denn das Himmelreich ist gleich einem Hausherrn, der früh am Morgen ausging, Arbeiter zu dingen in seinen Weinberg. Und da er mit den Arbeitern eins ward um einen Groschen zum Tagelohn, sandte er sie in seinen Weinberg. Und er ging aus um die dritte Stunde und sah andere an dem Markte müßig stehen und sprach zu ihnen: Gehet ihr auch hin in den Weinberg, ich will euch geben, was recht ist. Und sie gingen hin.

Abermals ging er aus um die sechste und neunte Stunde und tat also. Um die elfte Stunde aber ging er aus und fand andere stehen und sprach zu ihnen. Was stehet ihr hier den ganzen Tag müßig? Sie sprachen zu ihm. Es hat uns niemand gedingt. Er sprach zu ihnen: Gehet ihr auch hin in den Weinberg, und was recht sein wird, soll euch werden. Da es nun Abend ward, sprach der Herr des Weinbergs zu seinem Verwalter: Rufe die Arbeiter und gib ihnen den Lohn und heb an bei den letzten bis zu den ersten.

Da kamen, die um die elfte Stunde gedingt waren, und empfing ein jeglicher seinen Groschen. Da aber die ersten kamen, meinten sie, sie würden mehr empfangen; und sie empfingen auch ein jeglicher seinen Groschen. Und da sie den empfingen, murrten sie wider den Hausvater und sprachen: Diese letzten haben nur eine Stunde gearbeitet, und du hast sie uns gleich gemacht, die wir des Tages Last und die Hitze getragen haben. Er antwortete aber und sagte zu einem unter ihnen: Mein Freund, ich tue dir nicht unrecht. Bist du nicht mit mir eins geworden um einen Groschen? Nimm, was dein ist, und gehe hin! Ich will aber diesem letzten geben gleich wie dir. Habe ich nicht Macht, zu tun, was ich will, mit dem Meinen? Siehst du darum scheel, daß ich so gütig bin? So werden die Letzten die Ersten und die Ersten die Letzten sein. Denn viele sind berufen. aber wenige sind auserwählt.

Matthäus 20,1-16

Ich bitte um Ihre Aufmerksamkeit für die besondere Lektion, die in diesem Gleichnis enthalten ist. Diese Lektion ist Teil unserer allgemeinen Erwägungen über das Thema »Geistliche Depressionen« oder, wenn man so sagen will, über das Thema »Das Unglück im Leben des Christen – des armseligen Christen«. Meines Erachtens sind wir an einen Wendepunkt gekommen. Bis jetzt haben wir uns mit den Schwierigkeiten beschäftigt, die ich in die Gruppe der einleitenden Schwierigkeiten einordnen würde, jenen anfänglichen »Steinen des Anstoßes« – den Schwierigkeiten, die aus der Unklarheit bezüglich des Zuganges zum Glauben und zum Glaubensleben entstehen.

Jetzt müssen wir einen Schritt nach vorne tun. Wir haben uns keinesfalls mit allen einleitenden Schwierigkeiten befaßt; unsere Abhandlung war in diesem Sinne nicht erschöpfend. Aber wir haben versucht, die wichtigsten Ursachen für das Straucheln, die Schwierigkeiten und das Unglücklichsein herauszugreifen. Die Art oder Gruppe der Schwierigkeiten, die wir nun betrachten wollen, ist die, welche nach den anfänglichen Schwierigkeiten entsteht. Diese Schwierigkeiten können freilich in jedem willkürlichen Augenblick auftreten, aber dennoch bilden sie eine eigenständige Gruppe.

Wenn wir sie betrachten, müssen wir uns erneut daran erinnern, daß die Bibel ganz klar und deutlich sagt, daß es keinen Bereich des christlichen Lebens gibt, der außer Gefahr ist. Nichts ist so falsch in bezug auf das Neue Testament, als daß man den Eindruck erweckt, daß von dem Zeitpunkt an, da man glaubt und sich bekehrt, die Probleme vorbei sind und es auch nie wieder welche geben wird. Leider ist das nicht wahr, und zwar deshalb nicht, weil wir einen Feind haben: den Widersacher unserer Seelen. Aber wir müssen nicht nur gegen diesen Feind kämpfen, es gibt auch noch den alten Menschen in uns, und diese beiden zusammen sorgen dafür, daß wir auch nach der Bekehrung Nöte und Schwierigkeiten haben werden. Es ist unsere Aufgabe, diesbezüglich die Lehre der Schrift zu erfassen, wenn wir nicht durch die List und Tücke des Feindes zu Fall gebracht werden wollen. Er folgt uns ebenso, wie er unserem Herrn Jesus sein Leben lang folgte.

Christus mußte auch kämpfen

Als der Satan Jesus vierzig Tage lang versucht und auf die Probe gestellt hatte, sagt uns die Bibel, daß er »eine Zeitlang« von ihm wich. Er wich nicht für immer von ihm, sondern er kam immer wieder und folgte ihm ständig. Betrachten Sie einmal sein Handeln in Gethsemane am Ende des Lebens Jesu. Ja, er griff Jesus noch an, während dieser am Kreuz starb. Ich will jetzt nicht deprimieren, nur wirklichkeitsnah sein; und wirklichkeitsnah sein bedeutet immer eine Ermutigung. Es gibt nichts Schlimmeres und Verwerflicheres, als Menschen mit irgendeinem Mittel einzuschläfern und sie dann plötzlich aufzuwecken in einer Situation, auf die sie nicht vorbereitet sind. Es ist unsere Sache, diesen Dingen im Licht der Bibel zuvorzukommen. Wer gewarnt ist, paßt doppelt auf.

Außerdem sagt die Bibel: »Ziehet die ganze Waffenrüstung Gottes an« (Eph. 6, 11). Wir versuchen in dieser Studie einfach, die einzelnen Teile der Waffenrüstung, die Gott uns zur Verfügung stellt, zusammenzutragen.

Stillstand bedeutet Rückgang

Als Nächstes möchte ich daher betonen, daß, obwohl es notwendig und von größter Wichtigkeit ist, das Glaubensleben richtig zu beginnen, das nicht genug ist. Wir müssen auf dieselbe Weise fortfahren, denn wenn wir das nicht tun, werden wir bald unglücklich werden. Mit anderen Worten: Ich stelle die Behauptung auf, daß, auch wenn wir uns über das im klaren sind, was wir bis jetzt überdacht haben, wenn uns das Evangelium verkündet wurde und wir die Ermahnungen bezüglich der ersten Schwierigkeiten uns zu Herzen genommen haben, wir dennoch in Schwierigkeiten kommen werden, wenn wir unseren Anfangskurs nicht beibehalten.

In Johannes 8 gibt es dafür ein großartiges Beispiel. Jesus predigte eines Nachmittags über die Beziehung zwischen ihm und dem Vater. Johannes schreibt: »Da er solches redete, glaubten viele an ihn.« Denn Jesus schaute sie an und sagte: »Wenn ihr in meinem Worte bleibet, so seid ihr wahrhaft meine Jünger; und ihr werdet die Wahrheit erkennen, und die Wahrheit wird euch frei machen.« Sie schienen einen guten Anfang gemacht zu haben, aber sie mußten auch darin bleiben, wenn sie wirklich frei sein wollten.

Genauso verhält es sich bei einigen Menschen aus dem Gleichnis des Sämanns. Es spricht von Menschen, die die Wahrheit mit großer Freude aufnehmen, aber nicht darin bleiben. Mit anderen Worten: Die Wichtigkeit, im Glauben weiterzumachen, ist ein sehr wesentlicher Grundsatz. Gerade das möchte ich mit Ihnen im Lichte dieses Gleichnisses überdenken.

Wenn wir das Gleichnis betrachten wollen, ist es sehr wichtig, daß wir das auf angemessene Weise tun und seinen wesentlichen Inhalt erfassen. Ohne ehrfurchtslos zu werden, kann gesagt werden, daß es sich hier um ein sehr gefährliches Gleichnis handelt, wenn wir es nicht richtig auslegen. Es gibt viele, die nur einen Punkt herausgreifen, nämlich »die elfte Stunde«. Sie denken bei sich selbst: »Ich brauche mir um meine Errettung jetzt keine Sorgen zu machen, das werde ich wie die Leute, die zur elften Stunde in den Weinberg gingen und denselben Lohn wie diejenigen bekamen, die bereits am frühen Morgen mit der Arbeit angefangen hatten, zur elften Stunde erledigen.« Es gibt keinen größeren Irrtum als diesen.

Von dem sterbenden Schächer sagt Bischof Ryle: »Es werden nur wenige auf dem Sterbebett gerettet. Der Schächer am Kreuz wurde gerettet, damit niemand die Hoffnung verliert. Aber es wurde nur einer gerettet, damit niemand es darauf ankommen läßt.« Eine weitere Gefahr liegt darin, das Gleichnis in eine Allegorie zu verwandeln und jeder Einzelheit eine geistliche Erklärung zu geben. Das wurde oft getan, aber das kommt alles daher, daß wir vergessen, daß es sich um ein Gleichnis handelt.

Bei einem Gleichnis müssen wir immer daran denken, daß der Zweck die Erklärung einer einzigen Wahrheit ist. Aus diesem Grund sehen wir zum Beispiel im dreizehnten Kapitel des Matthäusevangeliums, daß Jesus eine ganze Reihe Gleichnisse über das Himmelreich sagte. Man kann nicht alles aus einem Gleichnis ersehen. Das eine Gleichnis zeigt dies, das andere das. Sie ergänzen sich alle, und jedes einzelne beabsichtigt, nur eine Seite der Wahrheit zu enthüllen. Wir müssen uns daher sehr davor hüten, daß wir die Einzelheiten in irgendeine allegorische Darstellung der Wahrheit verkehren.

Das vorliegende Gleichnis soll, wie alle anderen Gleichnisse auch, eine große Wahrheit mitteilen. Welche? Die Antwort liegt gewiß im Wörtchen »denn« – »denn das Himmelreich«. Es ist schade, daß man bei der Aufteilung der Heiligen Schrift in Kapitel hier eine Trennung machte. Denn der Text von Kapitel zwanzig ist offensichtlich eine Fortsetzung von Kapitel neunzehn. Dort haben wir die Begebenheit des reichen Jünglings und die Bemerkung Jesu über ihn an die Jünger.

Erinnern wir uns an die Worte des Petrus: »Wir haben alles verlassen und sind dir nachgefolgt, was wird uns dafür?« Gerade aus diesem Grunde erzählt Jesus dieses Gleichnis. Petrus stellte hier seine Frage. Er sagte im Grunde: »Herr, wir haben alles zurückgelassen und sind dir nachgefolgt. Wir haben alles aufgegeben. Was wirst du uns nun dafür geben?« Der Herr beantwortete seine Frage und sagte: »Wahrlich, ich sage euch: Ihr, die ihr mir nachgefolgt seid, werdet in der Wiedergeburt, da des Menschen Sohn wird sitzen auf dem Thron seiner Herrlichkeit, auch sitzen auf zwölf Thronen und richten die zwölf Stämme Israels. Und wer verläßt Häuser oder Brüder oder Schwestern oder Vater oder Mutter oder Kinder oder Äcker um meines Namens willen, der wird's hundertfältig wiedererhalten und das ewige Leben ererben. Aber viele, die da sind die Ersten, werden die Letzten, und die Letzten werden die Ersten sein.«

Das heißt also, daß dieses ganze Gleichnis dem Petrus wegen seiner Anfrage erzählt wird. Der Herr hörte die Frage des Petrus, und er beantwortete sie. Offensichtlich entdeckte er einen völlig falschen Unterton in jener Frage. Daher sprach Jesus dieses Gleichnis, um ihn zu tadeln und zu ermahnen und um ihn ernsthaft zu warnen. Das wird meines Erachtens überzeugend bewiesen durch die Art und Weise, wie er die Aussage »Viele, die da sind die Ersten, werden die Letzten, und die Letzten werden die Ersten sein« wiederholt. Sie steht am Anfang und am Schluß.

Mit diesem Grundsatz müssen wir uns nun befassen. Um was geht es? Wie lautet die Lektion? Die Lektion ist folgende: Das ganze Christenleben ist vom Anfang bis zum Ende Gnade. Das ist die Botschaft, die Lektion, das Prinzip. Wir haben bereits in einer vorigen Betrachtung einen Blick auf die Lehre dieses Gleichnisses geworfen, aber wir wollten damals nur den Punkt aufgreifen, daß aufgrund des großartigen Grundsatzes der Gnade diejenigen, die zuletzt in den Weinberg gehen, ebenso drinnen sind wie jene, die bereits zu Anfang hineingingen.

Wir sprachen damals über die Entmutigung, die so oft Menschen überfällt, die sich erst im vorgerückten Alter bekehren. Wir sahen, daß es niemals zu spät ist und daß die Errettung nicht nur etwas für junge Leute ist, sondern für alle Menschen. Manchmal wird jemand, der sich erst spät bekehrte, vom Teufel diesbezüglich versucht, gerade weil er die Errettung so spät erlebte und so viele Jahre vergeudet hatte.

Für einen solchen Menschen ist es ein großer Trost, daß der Herr auch diese rief und sie zur elften Stunde in den Weinberg sandte. Damals betrachteten wir das Gleichnis von diesem Standpunkt aus, aber beim heutigen Überdenken liegt der Schwerpunkt mehr auf denjenigen, die zu Anfang hineingingen. Es steht außer Zweifel, daß Jesus in dem Gleichnis zunächst und vornehmlich diese anspricht und ihnen eine ernste Ermahnung erteilt.

Das Problem mit diesen Leuten ist, daß sie richtig begannen und dann später in Schwierigkeiten kamen. Wie oft geschieht das! Aus diesem Grunde stehen im Neuen Testament diesbezüglich so oft Sätze wie: »Ihr liefet fein. Wer hat euch aufgehalten?« (Gal. 5, 7).

Es gibt einen besonderen Grund, weshalb alle Briefe des Neuen Testamentes geschrieben wurden, um gerade diesen Menschen zu helfen. Die ersten Christen hatten geglaubt und waren Mitglieder der Urgemeinde geworden. Aber sie waren mutlos geworden, und die Briefe wurden geschrieben, um ihnen zu helfen. Diese Gefahr bedroht uns ständig und verfolgt uns im ganzen Christenleben. Es reicht nicht, wenn wir richtig beginnen, wir müssen auch in richtiger Weise im Glauben weitergehen. Ich werde diesen Punkt anhand vieler Beispiele erklären. Bei vielen bestand die Gefahr, sich in neue Bindungen zu begeben.

Heute ist diese Gefahr sehr aktuell wegen der vielen Sekten, die es gibt. Menschen, die die herrliche Freiheit der Kinder Gottes kennengelernt haben, fallen manchmal in Bindungen zurück und werden traurig und unglücklich. Laßt uns nun versuchen, das an dem vorliegenden Gleichnis zu betrachten.

Es ist alles Gnade

Wir wollen zuallererst versuchen, die Ursache des Problems festzustellen. Warum machten diese Männer, die frühmorgens in den Weinberg gesandt wurden, am Schluß eine solch schlechte Figur?

Sie sind unzufrieden, murren und meckern – was ist die Ursache dafür? Erstens war ihre Einstellung zu sich selbst und zu ihrer Arbeit offensichtlich falsch. Ich bin geneigt, mich denen anzuschließen, die sagen, daß das »Eins-Werden« in Vers zwei eine besondere Bedeutung hat. »Und da er mit den Arbeitern eins ward . . .« Es stimmt, daß uns nur von der Abmachung mit den ersten Leuten berichtet wird. Später wird uns berichtet – Sie erinnern sich –: »Und er ging aus um die dritte Stunde und sah andere an dem Markte müßig stehen und sprach zu ihnen: Gehet ihr auch hin in den Weinberg; ich will euch geben, was recht ist.«

Und er sagt das zu allen folgenden Arbeitern. Von einer Abmachung ist nirgendwo die Rede. Er sagt einfach: »Geht hin und arbeitet; ich will euch geben, was recht ist.« Und sie gingen froh hin. Aber bei den ersten Leuten, die am Schluß über den empfangenen Lohn murrten, hat es den Anschein, daß sie eine Abmachung forderten. Wir merken also, daß in ihrer Einstellung von Anfang an etwas nicht in Ordnung war. Es war ihre Eigenart, Abmachungen zu treffen, bestimmte Forderungen durchzusetzen und gewisse Dinge vertraglich festzulegen. Ob diese unsere Vermutungen nun richtig sind oder nicht, will ich dahingestellt sein lassen. Auf jeden Fall haben wir recht, wenn wir sagen, daß sie sich ihrer Arbeit und dessen, was sie tun, sehr bewußt sind. Bei der Arbeit halten sie sich sozusagen bezüglich der Arbeit selber im Auge. Wie fürchterlich! Aber passiert uns das nicht allen?

Gott weiß, daß das größte Problem eines jeden Predigers des Evangeliums darin besteht, daß er beim Predigen Gefahr läuft, sich ständig zu beobachten und sich seiner selbst bewußt zu sein. Bei allem, was wir tun, bei jedem Dienst besteht diese Gefahr. Das trifft natürlich vor allem auf den natürlichen Menschen zu. Er schauspielert fortwährend und beobachtet sich dabei. Auch als Christen neigen wir dazu, diese Verhaltensweise an den Tag zu legen. Jene Arbeiter waren sich also offensichtlich über den Wert ihrer Arbeit im klaren. Es zeigt sich aus ihrer Aussage, daß sie sich die ganze Zeit beobachtet hatten.

Wenden wir uns dem nächsten Punkt zu: dem Einschätzen der Arbeit. Die ersten Arbeiter führten auch über die Arbeit der anderen Buch. Sie machten eine genaue Aufstellung von ihren Taten und wie lange sie arbeiteten, sogar wie viele Stunden sie selber investiert und wie sehr sie geschuftet hatten: »Die wir des Tages Last und die Hitze getragen haben.« Sie wußten genau Bescheid. Das ist die erste Aussage Jesu über diese Leute.

Nun wollen wir an diesem Punkt einmal stehenbleiben und tief in uns gehen. Jesu Ziel ist es, jene Einstellung zu entlarven. Sie ist im Reiche Gottes verhängnisvoll. Er deckte sie in der Aussage des Petrus auf: »Wir haben alles verlassen und sind dir nachgefolgt; was wird uns dafür?« Der Gedanke einer vertraglichen Vereinbarung und von Forderungen ist in dieser Frage enthalten. Die grundsätzliche Einstellung ist völlig falsch und steht vollkommen im Gegensatz zum Geist und zum Reich Gottes, wie wir im folgenden sehen werden. Aber sie ist da, und diese falsche Haltung führt zwangsläufig gerade dort zu Schwierigkeiten, wo der Herr am gnädigsten handelt.

Das Furchtbare an diesem Gleichnis ist, daß es das wahre Wesen jener ersten Arbeiter enthüllt. Der schreckliche Geist, von dem sie besessen waren, wird gerade dann entlarvt, als der Weinbergbesitzer den letzten Arbeitern in seiner Güte genausoviel Geld gab wie den ersten. Schauen Sie sich jene Männer an. Wegen ihrer von Anfang an schlechten Haltung, wegen ihrer Mißachtung des Gnadenprinzips erwarteten sie, mehr zu empfangen als die anderen, und meinten, mehr verdient zu haben. Natürlich dachten sie vollkommen logisch. Sie waren ganz im Einklang mit sich selbst. Von ihrem Standpunkt aus und ihrer Meinung war es eine logische Schlußfolgerung. Aus diesem Grund sage ich, daß ein solcher Anfang zwangsläufig zu dieser Sachlage führt. Sie hatten das Gefühl, daß ihnen mehr zustehe und man ihnen mehr geben müsse. Sie erwarteten mehr; und weil sie es nicht bekamen, waren sie verärgert.

Als nächstes wird uns gesagt, daß sie zu murren anfingen. Nun war es mit ihrem Glück und ihrer Freude ganz vorbei. Sie murren hier, weil man ihnen nichts zusätzlich gibt. Ist das nicht etwas Schreckliches? Aber wie sehr stimmt es, daß gläubige Menschen gerade in dieser Sache schuldig werden, die Jesus hier darlegt. Es ist die Neigung zu murren, wie es früher das Volk Israel tat und wie es die Leute hier taten: sich selbst zu bedauern, das Gefühl zu haben, daß man sein Recht nicht bekommt. Das Gefühl zu haben, daß man unschön behandelt werde. Das Neue Testament sagt viel zu diesen Dingen. Erinnern Sie sich nur daran, wie der Apostel

Paulus diesbezüglich an die Philipper schrieb. Er erinnert sie daran, daß sie wie die Lichter am Himmel scheinen sollen, daß sie »alles ohne Murren und zweifelnde Überlegungen« tun sollen, »auf daß ihr seid ohne Tadel und lauter, Gottes Kinder, unsträflich mitten unter einem verderbten und verkehrten Geschlecht, unter welchem ihr scheinet als Lichter in der Welt, dadurch, daß ihr haltet an dem Wort des Lebens« (Phil. 2, 14-16).

Welch traurige Sache ist es, daß Christen traurige und murrende Leute sein können, anstatt sich in Jesus Christus zu freuen. Es ist das Ergebnis dessen, daß sie vergessen haben: Alles ist Gnade. Sie haben jenes gewaltige Prinzip vergessen, das vom Anfang bis zum Ende das Christenleben bestimmt.

Aber das ist nicht alles. Es führt noch zu etwas anderem, nämlich zu einer Geringschätzung anderer und zugleich zu einem gewissen Neid auf andere. Die Männer aus dem Gleichnis sagen: »Diese letzten haben nur eine Stunde gearbeitet, und du hast sie uns gleichgemacht, die wir des Tages Last und die Hitze getragen haben.« Es ist das Prinzip des älteren Bruders aus dem Gleichnis vom verlorenen Sohn und wird auch an vielen Stellen im Neuen Testament verdeutlicht. Diese Tendenz schleicht sich ein und befällt die Christen, die treu waren in ihrem Zeugnis, die die vorzüglichste Arbeit geleistet haben. Sie dringt auf Schleichwegen ein und macht sie traurig, weil sie das Gefühl haben, daß andere Leute besser belohnt wurden als sie selber.

Diejenigen, die den Bericht von Hugh Redwood über sich selbst gelesen haben aus der Zeit, da er im Glaubensleben stark absackte, werden wissen, daß gerade das die Ursache seiner Schwierigkeiten war. Eine Veränderung im Offizierskorps der Heilsarmee gab ihm das Gefühl, nicht mehr der Liebling zu sein. Jemand anderer wurde nach vorne geschoben und zum Favoriten gemacht. Er begann, sich selber zu bemitleiden, und fiel in Sünde. Lesen Sie sein Buch »God in the Shadows«. Dort werden Sie die ganze Geschichte nachlesen können. Das ist, wovon unser Gleichnis hier spricht. Die Männer schätzten die anderen gering. Sie waren neidisch auf diejenigen, denen so viel gegeben wurde, obwohl sie so wenig getan hatten. Ihre ganze Haltung war selbstsüchtig und ichbezogen.

Dazu kommt aber noch, und das ist das Wichtigste und Schrecklichste von allem, daß sie tief im Herzen das Gefühl hatten, daß der Hausherr ungerecht war. Sie hatten sich eingeredet, daß das Verhalten dieses Mannes ihnen gegenüber nicht gerecht war. Sie waren absolut nicht im Recht; es gab überhaupt keinen Grund für ein solches Verhalten, aber sie waren eben dieser Meinung.

Unsere beiden größten Feinde: der Teufel und unser Ich

Der Gläubige wird von Satan versucht, wenn er Gott als unfair empfindet. Der Teufel kommt und sagt zu ihm: »Schau einmal, was du alles getan hast. Und was bekommst du dafür? Schau einmal den da an. Er hat nichts getan, und sieh einmal, was er trotzdem bekommt.« Das sagt der Teufel, und jene Leute hören auf ihn: »Wir, die wir des Tages Last und die Hitze getragen haben, erhalten nur einen Groschen – dasselbe wie jene, die nur eine Stunde etwas getan haben.« Das ist der Gedanke, der die Sache so ernst macht, daß der Gläubige Gott bald der Ungerechtigkeit beschuldigt, wenn er nicht sehr aufpaßt. Er wird das Gefühl haben, daß Gott nicht fair zu ihm ist, daß er ihm sein Recht nicht verschafft, daß er ihm nicht gibt, was ihm zusteht.

Welch elendes Ding ist doch das Ich, welch ein häßliches Ding, welch ein widerliches Ding! Wir alle, jeder von uns, macht sich dessen in irgendeiner Form schuldig. Der Teufel kommt zu uns, wir hören zu und beginnen, daran zu zweifeln, daß Gott gerecht und redlich ist in seinem Handeln mit uns. Das Ich muß als das dargestellt werden, was es ist. Die Sünde in ihrer Häßlichkeit und Verdorbenheit muß entlarvt werden. Es ist nicht erstaunlich, daß Jesus sich mit diesem falschen Geist so auseinandersetzt, wie er es in diesem Gleichnis tut. Er ist der größte Feind der Seele, und er führt zu Not und Elend. Er kann einfach nicht anders. Er hat völlig unrecht, und es gibt nichts, was man zu seiner Verteidigung anführen könnte.

Das Heil in Christus ist mehr als nur Vergebung

Was wäre wohl die beste Methode, dieses Problem anzugehen? Man muß das alles beherrschende Prinzip des Himmelreichs verstehen lernen. Der Grundgedanke erscheint so klar, aber wir vergessen so leicht die Einzelheiten. Jesus legt uns den Grundsatz hier ein für allemal dar. Ich fasse lediglich das, was er sagte, in andere Worte. Das Prinzip ist, daß sich im Reich Gottes alles grundsätzlich von dem unterscheidet, was es in jedem anderen Reich gibt. Denn, so sagt er im Grunde genommen, das Reich Gottes ist nicht so wie das, was du schon immer gekannt hast; es ist etwas Neues und anderes.

Als erstes müssen wir uns klarmachen: »Ist jemand in Christus, so ist er eine neue Kreatur (eine neue Schöpfung); das Alte ist vergangen, siehe, es ist alles neu geworden!« (2. Kor. 5, 17). Wenn wir uns nur – wie wir sollten – bewußt wären, daß wir uns in einem Reich befinden, in dem alles anders ist: Die ganze Grundlage ist anders; sie hat nichts mit dem alten Leben zu tun.

Wir müssen das noch im einzelnen ausführen, aber zuerst möchte ich die neue Ordnung nochmals unterstreichen. Wir müssen uns jeden Tag unseres Lebens sagen: »Jetzt bin ich Christ, und weil ich Christ bin, befinde ich mich im Reich Gottes, und mein ganzes Denken muß anders sein. Alles ist hier anders. Ich muß mich nicht mehr mit jenen alten Vorstellungen und Stimmungen und Denkmustern abgeben.« Wir neigen dazu, unsere Rettung auf eine Sache zu beschränken, nämlich auf die Vergebung, aber wir müssen den Grundsatz auf das ganze Christenleben anwenden.

Indem wir das im Auge behalten, komme ich nun zu einigen Einzelheiten. Erstens: Denken Sie im Reich Gottes nicht in Begriffen von Abmachungen und Rechten. Das ist völlig falsch. Nichts ist so falsch wie der Geist, der folgert: Weil ich dies tue oder jenes getan habe, habe ich das Recht auf eine Gegenleistung. Dieser Einstellung begegne ich öfter. Ich kenne gläubige Menschen, die so zu denken scheinen. »Nun«, so sagen sie, »wenn wir für bestimmte Dinge beten, müssen wir sie einfach erhalten. Wenn wir zum Beispiel die ganze Nacht um eine Erweckung beten, dann muß diese einfach kommen.« Ich bezeichne diese Glaubensauffassung manchmal als »Automatenchristentum«: Man wirft eine Münze ein und zieht irgendeine Süßigkeit heraus.

Hier handelt es sich um dieselbe Einstellung. Weil Menschen in der Vergangenheit nächtelang gebetet haben, bis eine Erweckung kam, wollen wir auch eine Gebetsnacht halten – und dann wird auch eine Erweckung kommen. Aber wenn man so denkt, verkennt man den Grundgedanken, den Jesus uns in dem Gleichnis mitteilt. Es ist uninteressant, ob es sich nun um Gebet oder etwas anderes handelt, ich darf nie in der Weise folgern, daß, weil ich etwas tue, ich berechtigt bin, etwas dafür zu erhalten – nie! In der Praxis kann man sehen, wie wahr das ist.

Denken Sie einmal an die vielen Gebetsversammlungen, die gehalten wurden. Und dennoch kam keine Erweckung. Ich wage es sogar zu sagen, daß ich froh darüber bin. Was würde das geben, wenn wir solche Dinge auf Kommando bewirken könnten? Aber das können wir nicht. Laßt uns diese berechnende Haltung ablegen, daß, wenn ich dies tue, jenes geschehen wird. Man kann keine Erweckung haben, wann immer man will und als das Ergebnis bestimmter erbrachter Leistungen. Der Heilige Geist ist der Herr, und er ist ein souveräner Herr. Er sendet die Dinge zu seiner Zeit und auf seine Weise.

Mit anderen Worten: Wir müssen uns bewußt sein, daß wir überhaupt kein Anrecht auf irgend etwas haben. »Aber«, so sagt jemand, »spricht Paulus im zweiten Korintherbrief, Kapitel fünf, nicht von Strafe und Lohn?« Ja, das tut er, und er tut es auch im dritten Kapitel des ersten Korintherbriefes. Auch Jesus selber spricht im zwölften Kapitel des Lukasevangeliums von jenen, die viel und jenen, die wenig Streiche bekommen. Was heißt das? Das heißt, daß selbst der Lohn Gnade ist. Gott braucht ihn nicht zu geben; und wenn man meint, bestimmen und vorhersagen zu können, wie der Lohn aussieht, irrt man sich gewaltig.

Im Christenleben ist alles Gnade, vom Anfang bis zum Ende. In Begriffen von Abmachungen zu denken und über die Ergebnisse zu murren, bedeutet, daß man Gott nicht vertraut. Wir müssen auf uns selbst achthaben, daß wir nicht den Gedanken hegen, daß er uns ungerecht und unfair behandelt.

Wenn man so denkt, schadet man sich schließlich selbst. Mir gefällt die Art und Weise, wie Jesus das deutlich macht. Wenn man eine Abmachung mit Gott trifft, dann steht nahezu fest, daß man nur das, was abgemacht wurde, bekommt, und nicht mehr. Jene Arbeiter der ersten Stunde hatten sich auf den Lohn von einem Groschen am Tag geeinigt. »Gut«, so sagte der Hausherr, »ich werde euch einen Groschen geben.« Aber als die anderen kamen, sagte er zu ihnen: »Geht und arbeitet, und ich werde euch geben, was recht ist.« Und sie empfingen mehr, als sie erwarteten. Die letzten Arbeiter bekamen einen Groschen; aber sie hatten das nie erwartet. Sie bekamen mehr, als sie sich hätten träumen lassen. Die ersten erhielten jedoch nicht mehr als einen Groschen.

O Freunde, macht doch mit Gott keine Geschäfte! Wenn Sie das tun, werden Sie nur den vereinbarten Teil erhalten. Aber wenn Sie es seiner Gnade überlassen, werden Sie wahrscheinlich mehr bekommen, als Sie je dachten. Von den Pharisäern sagt Jesus: »Wahrlich, sie haben ihren Lohn dahin.« Sie tun die Dinge, um von den Menschen gesehen zu werden. Sie werden von den Menschen gesehen – das ist es, was sie wollten, und das ist alles, was sie bekommen. Mehr werden sie nicht empfangen.

Wenden wir uns dem nächsten Grundsatz zu. Führen Sie kein Buch über Ihre Arbeit. Hören Sie auf, »Buchhalter« zu sein. Im Glaubensleben müssen wir nach nichts anderem streben als nach Gottes Ehre und nach dem, was ihm gefällt. Schauen Sie daher nicht auf die Uhr, sondern auf ihn und sein Werk. Führen Sie kein Buch über Ihre Arbeit und Ihren Einsatz, halten Sie Ihren Blick auf ihn und seine Ehre gerichtet, auf seine Liebe und die Ausbreitung seines Reiches. Richten Sie Ihre Aufmerksamkeit darauf und auf nichts anderes.

Kümmern Sie sich nicht darum, wie viele Stunden Sie in die Arbeit investiert haben, noch darum, wieviel Sie getan haben. Überlassen Sie die »Buchführung« ihm und seiner Gnade. Hören Sie auf das, was Gott selber sagt: »Laß deine linke Hand nicht wissen, was deine rechte Hand tut« (Matth. 6, 3). Mit dieser Einstellung müssen Sie in Gottes Reich arbeiten. Der Grund dafür ist folgender: »Dein Vater, der in das Verborgene sieht, wird dir's vergelten« (Matth. 6, 4). Man braucht seine Zeit nicht für eine »Buchführung« zu verschwenden. Gott führt Buch. Und welch wunderbare Buchführung ist das! Ich möchte ehrfürchtig sagen, daß Gottes Methode der Buchführung die phantastischste ist, die ich kenne. Seien Sie auf Überraschungen in Gottes Reich gefaßt. Sie wissen nie, was geschehen wird.

Die Letzten werden die Ersten sein. Welch vollkommene Umkehrung unserer materialistischen Anschauung: die Letzten zuerst, die Ersten zuletzt; alles steht auf dem Kopf. Die ganze Welt wird durch Gottes Gnade auf den Kopf gestellt. Es ist nicht vom

Menschen, es ist von Gott; es ist das Reich Gottes. Es ist wunderbar!

Ich muß Ihnen etwas bekennen. Mir ist während meines Dienstes als Pfarrer oft passiert, daß mir Gott an einem Sonntag gnädig war, so daß mir die außerordentliche Freiheit in ihm bewußt wurde. Ich war dann töricht genug, auf Satan zu hören, wenn er sagte: »Na, warte einmal, am nächsten Sonntag wird es phantastisch! Es werden noch mehr Menschen zum Gottesdienst kommen.« Am nächsten Sonntag ging ich auf die Kanzel und sah eine kleinere Gemeinde. Bei einer anderen Gelegenheit aber stehe ich dort und quäle mich ab, als wäre ich völlig mir selbst überlassen. Meine Predigt ist unbefriedigend und äußerst schwach. Und dann kommt Satan und sagt: »Nächsten Sonntag wird niemand mehr kommen.« Aber Gott sei Dank: Am darauffolgenden Sonntag finde ich eine größere Zuhörerschaft vor.

Das ist Gottes Weise, »Buch zu führen«. Man weiß es nie im voraus. Ich begebe mich in Schwachheit auf die Kanzel und beende meine Predigt mit Kraft. Ich beginne mit Selbstvertrauen und schließe mit der Überzeugung, ein Tor zu sein. Das ist Gottes »Buchführung«. Er kennt uns viel besser als wir uns selbst. Er stellt uns immer vor Überraschungen. Wir wissen nie, was er tun wird. Seine »Buchführung« ist die phantastischste Sache, die ich kenne.

Im fünfundzwanzigsten Kapitel des Matthäusevangeliums spricht Jesus im dritten Gleichnis wieder über diese Sache. Sie erinnern sich an seine Beschreibung jener Leute, die am Ende der Weltzeit kommen und eine Belohnung erwarten. Aber er gibt ihnen nichts. Sie erinnern sich sicher an die anderen, zu denen er sagen wird: »Kommt her, ihr Gesegneten meines Vaters, ererbet das Reich, das euch bereitet ist von Anbeginn der Welt!« (Matth. 25, 34). Und sie werden sagen: »Wir haben nichts getan. Wann haben wir dich nackt gesehen? Wann haben wir dich hungrig oder durstig gesehen und dir zu trinken gegeben?« Und er wird sagen: »Was ihr getan habt einem unter diesen meinen geringsten Brüdern, das habt ihr mir getan.« Welch eine Überraschung wird das sein! Dieses Leben ist voller Überraschungen. Unsere »Hauptbücher« sind nicht mehr gefragt; sie haben keinen Wert. Wir befinden uns im Reiche Gottes, und seine Buchführung heißt: Alles ist Gnade.

Das bringt uns zum letzten Grundsatz: Wir sollten uns nämlich nicht nur klarmachen, daß alles Gnade ist, sondern uns auch über diese Tatsache freuen. Hierin besteht die Tragik jener ersten Arbeiter. Sie sehen, daß denen, die nur eine Stunde gearbeitet haben, ein Groschen gegeben wird, aber anstatt sich darüber zu freuen, beginnen sie zu murren und zu klagen, empfinden sie das als ungerecht und haben sie das Gefühl, unfair behandelt zu werden. Das Geheimnis eines glücklichen Christenlebens besteht darin, daß man sich klarmacht, daß alles Gnade ist, und daß man sich über diese Tatsache freut. »Also auch ihr«, sagt Jesus an einer anderen Stelle, »wenn ihr alles getan habt, was euch befohlen ist, so sprecht: Wir sind unnütze Knechte, wir haben getan, was wir zu tun schuldig waren« (Luk. 17, 10). Das ist Gottes Meinung, das ist seine Lehre, und das ist das Geheimnis von allem.

Nur die Ehre Gottes zählt

Was war der Weg Jesu? Auch bei ihm hieß es, wie Paulus es ausdrückt: »Ein jeglicher sehe nicht auf das Seine, sondern auch auf das, was des andern ist. Ein jeglicher sei gesinnt, wie Jesus Christus auch war« (Phil. 2, 4-5). Sie sehen, was das bedeutet. Er sah nicht auf sich selbst. Er beachtete sich und seine Interessen nicht weiter, sondern entäußerte sich selbst. Er legte die Zeichen seiner ewigen Herrlichkeit ab und betrachtete seine Gottgleichheit nicht als etwas, das er festhalten mußte, und er sagte nicht: »Was auch immer kommen mag, ich gebe es nicht her!« Ganz und gar nicht. Er legte es ab. Er erniedrigte sich selbst, er vergaß sich selbst. Er ging seinen Weg in Niedrigkeit und ertrug und tat alles, was er tat, nur im Blick auf die Ehre Gottes. Für ihn zählte nichts anderes, als daß der Vater verherrlicht würde und Männer und Frauen zu ihm kämen.

Das ist das Geheimnis. Nicht auf die Uhr schauen, nicht die Menge der Arbeit bewerten, kein »Buch« führen, sondern alles vergessen außer der Ehre Gottes, außer dem Vorrecht, überhaupt zur Arbeit für ihn berufen zu sein. Nur an das Vorrecht, Christ zu sein, und an die Gnade dürfen wir denken, mit der Gott uns ansieht und die uns von der Finsternis in das Licht brachte.

Ja, es ist Gnade vom Anfang bis zum Ende. Wenn wir, Sie und

ich, einmal auf dem Sterbebett liegen, ist daher das einzige, was uns da trösten, helfen und stärken kann, das, was uns am Anfang geholfen hat. Nicht das, was wir waren, was wir taten, sondern die Gnade Gottes in Jesus Christus, unserem Herrn, kann das. Das Christenleben beginnt mit der Gnade, existiert durch die Gnade und endet mit der Gnade. Gnade, wunderbare Gnade. »Von Gottes Gnade bin ich, was ich bin . . . Nicht aber ich, sondern Gottes Gnade, die mit mir ist« (1. Kor. 15, 10).

Wo ist euer Glaube?

Und es begab sich an der Tage einem, daß er in ein Schiff trat samt seinen Jüngern, und er sprach zu ihnen: Laßt uns über den See fahren. Und sie stießen vom Lande. Und da sie schifften, schlief er ein. Und es kam ein Wirbelwind auf den See, und die Wellen füllten das Schiff, und sie standen in großer Gefahr. Da traten sie zu ihm und weckten ihn auf und sprachen: Meister, Meister, wir verderben! Da stand er auf und bedrohte den Wind und die Wogen des Wassers, und es ließ ab, und ward eine Stille. Er sprach aber zu ihnen: Wo ist euer Glaube? Sie fürchteten sich aber und verwunderten sich und sprachen untereinander: Wer ist dieser? Selbst dem Wind und dem Wasser gebietet er, und sie sind ihm gehorsam. Lukas 8, 22-25

Ich möchte um Aufmerksamkeit bitten für diese Frage Jesu an seine Jünger. Eigentlich möchte ich um Ihre Aufmerksamkeit für den ganzen Vorfall bitten als Teil unserer Betrachtung des Themas »Geistliche Depressionen«. Wir haben bereits einige der Ursachen jenes Zustandes erörtert, und diese besondere Begebenheit im Leben und Wirken unseres Herrn stellt uns noch einer weiteren Ursache gegenüber.

Wir beschäftigen uns hier mit dem Problem und der Frage nach dem Wesen des Glaubens. Anders ausgedrückt: Es gibt viele Christen, die in Schwierigkeiten kommen und von Zeit zu Zeit unglücklich sind, weil sie das Wesen des Glaubens offensichtlich nicht verstanden haben. »Na schön«, sagen Sie vielleicht, »wenn sie das Wesen des Glaubens nicht verstanden haben, wie können sie dann Christen sein?« Die Antwort darauf lautet: »Das, was einen Menschen zu einem Christen macht, ist, daß er die Gabe des Glaubens empfangen hat.« Gott gibt uns die Gabe des Glaubens durch den Heiligen Geist, und unser Glaube beruht auf dem Opfer Jesu Christi, das uns errettet. Aber das heißt nicht, daß wir das Wesen des Glaubens völlig verstanden haben. So geschieht es, daß wir, obwohl wir durch den Empfang der Gabe des Glaubens echte Christen und wirklich errettet sind, anschließend in Schwierigkeiten kommen mit unserer geistlichen Erfahrung, weil wir nicht erfaßt haben, was Gnade wirklich ist. Wir empfangen den Glauben als ein Geschenk, aber von da an müssen wir etwas Bestimmtes damit tun.

Die ergreifende Begebenheit aus Lukas 8, 22-25 stellt klar heraus, wie wichtig es ist, zwischen der ursprünglichen Gabe des Glaubens und dem nachfolgenden Wandel bzw. dem Leben im Glauben zu unterscheiden. Gott verhilft uns zum Start ins Christenleben, aber dann müssen wir darin wandeln. »Denn wir wandeln im Glauben und nicht im Schauen« (2. Kor. 5, 7), lautet das, das wir jetzt betrachten.

Bevor ich nun zum eigentlichen Thema komme, muß ich noch einiges über das gewaltige Ereignis an sich sagen. Von welchem Standpunkt wir es auch betrachten, es handelt sich um ein sehr interessantes und wichtiges Ereignis und hat uns viel zu sagen – zum Beispiel über die Person des Herrn Jesus selber. Es konfrontiert uns direkt mit dem, was man als paradox bezeichnet, nämlich mit dem scheinbaren Widerspruch in der Person unseres Heilandes Jesus Christus. Jesus war müde und erschöpft, so erschöpft, daß er einschlief. Diese Begebenheit wird von den drei sogenannten synoptischen Evangelien, Matthäus, Markus und Lukas, berichtet, und das ist für das Verständnis der Person Jesu von wirklicher Bedeutung.

Schauen Sie ihn an. Sein Menschsein steht außer Frage. Er ist matt, müde und so sehr erschöpft, daß er einfach einschläft. Obwohl ein Sturmwind aufkam, schlief er weiter. Er ist der Schwachheit unterworfen. Er ist ein Mensch aus Fleisch und Blut wie wir auch. Ja, aber Moment mal! Die Jünger kamen zu ihm und weckten ihn auf mit den Worten: »Meister, kümmert es dich nicht, daß wir verderben?« Da stand er auf und bedrohte den Wind und die Wasserwogen. Da beruhigten diese sich, und es ward eine Stille. Ein Schreiber sagt »eine große Stille«. Es ist erstaunlich, daß die Jünger, als sie das sahen, sich wunderten und zueinander sagten: »Wer ist dieser? Selbst dem Wind und dem Wasser gebietet er, und sie sind ihm gehorsam.« Mensch und dennoch augenfällig Gott.

Er vermochte den Elementen zu befehlen. Er konnte den Wind stillen und dem tobenden Meer Einhalt gebieten. Er ist der Herr der ganzen Schöpfung. Er ist der Herr des Alls. Dies ist das Geheimnis und das Wunder Jesu Christi: Gott und Mensch, zwei

Naturen in einer Person – zwei Naturen, unvermischt und dennoch in derselben Person wohnend.

Wir müssen hiermit beginnen, denn wenn wir uns darüber nicht im klaren sind, hat es keinen Sinn, fortzufahren. Wenn Sie nicht an die einzigartige Gottheit des Herrn Jesus Christus glauben, sind Sie kein Christ, was Sie sonst auch sein mögen. Wir betrachten nicht nur einen guten Menschen, wir interessieren uns nicht nur für den größten Lehrer der ganzen Welt, sondern wir stehen vor der Tatsache, daß Gott, der ewige Sohn, in dieser Welt war und menschliche Gestalt annahm und unter uns wohnte – Mensch unter Menschen; Gott-Mensch. Wir stehen vor dem Geheimnis und dem Wunder der Inkarnation und der Jungfrauengeburt. In der Frage der Jünger ist das alles vorhanden und leuchtet in der ganzen Fülle seiner erstaunlichen Herrlichkeit hervor. »Wer ist dieser?« Er ist mehr als ein Mensch. Das ist die Antwort: Er ist auch Gott.

Das ist jedoch meines Erachtens nicht der besondere Zweck der Begebenheit aus Lukas 8, 22-25. Diese Offenbarung gibt es auch an anderen Stellen; sie scheint in allen Evangelien durch. Aber die einzelnen Ereignisse an sich enthalten selbst auch eine besondere Botschaft.

Jesus – Herr und Beschützer unseres ganzen Lebens

Im vorliegenden Fall steht es außer Zweifel, daß die Botschaft die Lektion im Blick auf die Jünger und ihre diesbezügliche Einstellung ist. Es handelt sich hier um die wichtige Lektion über den Glauben und über das Wesen bzw. den Charakter des Glaubens. Ich weiß nicht, wie es Ihnen geht, aber ich bin den Jüngern immer wieder dankbar. Ich bin dankbar für den Bericht über jeden begangenen Fehler und über jeden Schnitzer, weil ich mich in ihnen wiedererkenne.

Wie dankbar sollten wir Gott sein, daß wir die Bibel besitzen! Wie dankbar sollten wir ihm sein, daß er uns nicht nur das Evangelium gab und es dabei beließ! Wie wunderbar ist es, daß wir Berichte wie diese lesen können und uns selbst in ihnen beschrieben sehen. Und wie dankbar sollten wir Gott sein, daß es sich dabei um das göttlich inspirierte Wort handelt, das die Wahrheit spricht und jede menschliche Schwäche aufzeigt und darstellt.

Wir sehen, daß Jesus die Jünger tadelt. Er tadelt sie wegen ihrer Panik, wegen ihrer schrecklichen Angst und wegen ihres Mangels an Glauben. Sie befanden sich mit ihm im selben Boot, der Sturm kam, und bald waren sie in Schwierigkeiten. Sie schöpften das Wasser aus dem Boot, aber das Boot füllte sich erneut, so daß sie sehen konnten, daß es in wenigen Augenblicken sinken würde. Sie taten, was sie konnten, aber es schien nichts zu nützen, und was sie in Erstaunen versetzte, war die Tatsache, daß ihr Meister im Heck des Schiffes noch immer in tiefen Schlaf versunken war. Also weckten sie ihn auf und riefen: »Meister, Meister, kümmert es dich nicht, daß wir verderben?« – Bist du so unbekümmert darüber? Da stand er auf, und nachdem er den Wind und die Wogen bedroht hatte, tadelte er sie.

Nun wollen wir uns diesen Tadel einmal ganz genau ansehen, um zu verstehen, was er sagte. Erstens tadelte er sie, weil sie überhaupt zweifelten. »Wo ist euer Glaube?« fragt er. Matthäus schreibt: »Ihr Kleingläubigen!« Hier wie auch sonstwo »verwunderte er sich ob ihres Unglaubens«. Er tadelte sie, weil sie sich in einem solchen Zustand der Erregung, Angst und Panik befanden, obwohl er bei ihnen im Boote war. Dies ist die erste große Lehre, die wir aus dieser Geschichte ziehen sollten. Es ist für einen Christen völlig falsch, sich je in einer solchen Stellung zu befinden. Es interessiert mich nicht, welches die Umstände sind – der Christ sollte nie aufgeregt sein. Er sollte nie so außer sich sein wie die Jünger und mit seinem Verstand am Ende sein. Er sollte sich nie in einer solchen Verfassung befinden, daß er sich nicht mehr in der Hand hat.

Das ist die erste Lektion – eine Lektion, auf die wir bereits zuvor Nachdruck gelegt haben, weil sie ein wesentlicher Teil der neutestamentlichen Lehre ist. Ein Christ sollte nie wie der Weltmensch depressiv, aufgeregt, in Panik oder außer sich sein, so daß er nicht weiß, was er tun soll. Das nämlich ist die typische Reaktion jener Menschen, die keine Christen sind. Deswegen ist es verkehrt, sich so zu verhalten.

Der Christ unterscheidet sich von den anderen Menschen, indem er etwas hat, das der Nicht-Christ nicht besitzt. Und der Idealzustand für den Christen ist der, den der Apostel Paulus so treffend im vierten Kapitel des Philipperbriefes beschreibt: »Ich habe gelernt, worin ich bin, mir genügen zu lassen . . . Ich vermag alles durch den, der mich mächtig macht, Christus« (Phil. 4, 11-13). Das ist die Stellung des Christen; so sollte der Christ sein. Es ist niemals Gottes Absicht, daß der Christ von seinen Gefühlen mitgerissen wird, wie diese auch sein mögen – nie! Das ist bei einem Christen immer falsch. Er muß stets beherrscht sein, wie ich hoffe, Ihnen aufzuzeigen.

Selbstbeherrschung

Das Problem bei den Jüngern bestand darin, daß es ihnen an Selbstbeherrschung mangelte. Deswegen waren sie in Not; deswegen waren sie unglücklich; deswegen waren sie in Panik und in großer Erregung, obwohl der Sohn Gottes mit ihnen im Boot war. Ich kann diesen Punkt nicht stark genug betonen. Meines Erachtens ist ein Grundsatz des Glaubenslebens der, daß ein Christ nicht die Selbstbeherrschung verlieren sollte, daß er sich nie in einem Zustand der großen Erregung, Angst oder Panik befinden sollte, wie die Umstände auch sein mögen. Dies ist ganz klar die erste Lektion. Die Lage der Jünger war alarmierend. Sie waren in Gefahr, und es sah danach aus, als würden sie im nächsten Augenblick ertrinken. Aber unser Herr sagt eindringlich: »Ihr solltet nicht in einer solchen Verfassung sein. Als meine Jünger habt ihr nicht das Recht, in einem solchen Zustand zu sein, selbst dann nicht, wenn ihr in Gefahr seid.« Das ist die erste große Lektion.

Vertrauen

Die zweite Lektion ist, daß ein solches Verhalten einen Mangel an Zuversicht und Vertrauen auf Gott in sich schließt. Das ist das Problem, und deswegen ist ein solches Verhalten so verwerflich. Aus diesem Grund tadelte Jesus die Jünger. Er sagt eindrücklich: »Habt ihr ungeachtet der Tatsache, daß ich bei euch bin, Angst? Vertraut ihr mir nicht?« Markus berichtet, daß die Jünger sagten: »Meister, kümmert es dich nicht, daß wir verderben?« Nun glaube ich nicht, daß sie sich nur auf sich selbst oder ihre eigene Sicherheit bezogen. Ich glaube nicht, daß sie so ichbezogen waren. Ich glaube nicht, daß sie lediglich meinten: »Kümmert es dich nicht, daß wir verderben?« – ohne ihn mit in dieses Wir einzubeziehen. Ich glaube, daß sie der Meinung waren, daß sie alle miteinander ertrinken würden: »Meister, kümmert es dich nicht, daß wir verderben?«

Aber immer ist diese heftige Erregung und Panik von einem Mangel an bedingungsloser Zuversicht und Vertrauen auf Gott begleitet. Es ist ein Mangel an Glauben an seinem Interesse an uns und an seiner Fürsorge. Das heißt, daß wir die Verantwortung übernehmen und uns um die Sache kümmern, da wir das Gefühl haben, daß es Gott nicht interessiert oder daß er überhaupt nicht in der Lage ist, etwas zu tun. Das ist es, was die Lage so furchtbar macht. Ich frage mich aber, ob wir uns dessen immer bewußt sind. Es scheint alles so klar zu sein, wenn wir die Angelegenheit mit Abstand betrachten, wie hier in dem Fall der Jünger.

Aber wenn Sie und ich sehr erregt oder verwirrt sind und nicht wissen, was zu tun ist, und wenn wir den Eindruck großer nervöser Gespanntheit erwecken, dann ist jeder, der uns sieht, berechtigt zu sagen: »Der Mann oder die Frau hat nicht allzuviel Glauben an seinen bzw. ihren Gott. Es scheint nicht viel hinter dem Christsein zu stecken. Das Christentum ist nicht viel wert, wenn ich ihn bzw. sie so sehe.«

Während des Krieges waren wir Prüfungen dieser Art in außergewöhnlicher Weise ausgesetzt, aber selbst heute, in Friedenszeiten, zeigen wir sofort durch unsere Reaktion auf alles, was uns über den Weg kommt und uns in Schwierigkeiten bringt, ob wir an Gott glauben und auf ihn unser Vertrauen setzen. Die Begebenheit aus Lukas 8 scheint mir daher, äußerlich betrachtet, zwei große Lektionen zu enthalten: Wir sollten es uns – ungeachtet der Umstände – nie erlauben, heftig erregt und verwirrt zu sein, weil das einen Mangel an Glauben in sich schließt sowie einen Mangel an Zuversicht und an Vertrauen auf unseren Heiland und Gott.

Prüfungen und Anfechtungen

Nun wollen wir aber die Geschichte im einzelnen betrachten und einige allgemeine Grundsätze daraus ableiten. Erstens möchte ich im Blick auf die gesamte Glaubensfrage etwas über das sagen, was ich »die Erprobung des Glaubens« nennen könnte. Die Heilige Schrift ist voll von diesen sogenannten Glaubensprüfungen. Nehmen wir zum Beispiel das elfte Kapitel des Hebräerbriefes. Dieses Kapitel ist in gewissem Sinne nichts anderes als eine großartige Darlegung dieses Themas. Jeder der dort erwähnten Männer wurde auf die Probe gestellt. Ihnen waren gewaltige Verheißungen gegeben worden, und sie hatten sie entgegengenommen.

Dann schien alles »schiefzugehen«. Das ist bei allen diesen Männern so gewesen. Denken Sie einmal an die Erprobung von Männern wie Noah, Abraham, Jakob und besonders Mose. Gott schenkt die Gabe des Glaubens, und dann wird der Glaube auf die Probe gestellt. Petrus sagt in seinem ersten Brief im ersten Kapitel genau dasselbe: »Obwohl ihr jetzt eine kleine Zeit, wenn es sein soll, traurig seid in mancherlei Anfechtungen«, ist doch der Zweck derselben, »daß euer Glaube rechtschaffen und viel köstlicher erfunden werde als das vergängliche Gold, das durchs Feuer bewährt wird, zu Lob, Preis und Ehre, wenn offenbart wird Jesus Christus.«

Das ist das Thema der ganzen Heiligen Schrift. Sie finden es in der Geschichte der Erzväter und in der Geschichte aller alttestamentlichen Heiligen, und Sie finden es quer durch das Neue Testament. Ja, es ist sogar das Thema des letzten Bibelbuches, der Offenbarung.Wir sollten uns also über diese Sache im klaren sein. Wir müssen anfangen zu verstehen, daß wir sehr wohl in eine Situation kommen können, in der unser Glaube angefochten, auf die Probe gestellt wird. Gott läßt Stürme und Prüfungen zu. Wenn wir im Augenblick ein christliches Leben führen oder zu führen versuchen in der Annahme, daß, wenn man zu Jesus kommt, man sein Leben lang keine Probleme mehr hat, dann sind wir einer schrecklichen Täuschung anheimgefallen. Im Grunde genommen ist es eine Selbsttäuschung. Unser Glaube wird angefochten werden, und Jakobus geht so weit, daß er sagt: »Achtet es für lauter Freude, wenn ihr in mancherlei Anfechtungen (Prüfungen) fallet« (Jak. 1, 2).

Gott läßt Stürme zu. Er läßt Schwierigkeiten zu. Er erlaubt dem Wind zu blasen und den Wellen zu rollen, so daß alles schiefzugehen droht und wir in Gefahr geraten. Wir müssen es lernen und uns bewußt werden, daß Gott seine Kinder nicht in irgendein »Elysium« führt, wo sie vor allen »Listen und Tücken des Schicksals« geschützt sind. Ganz und gar nicht. Wir leben in derselben Welt wie jeder andere auch. Der Apostel geht sogar noch weiter. Er sagt den Philippern: »Denn euch ist gegeben, um Christi willen zu tun, daß ihr nicht allein an ihn glaubet, sondern auch um seinetwillen leidet« (Phil. 1, 29). »In der Welt«, so sagt Jesus, »habt ihr Angst; aber seid getrost, ich habe die Welt überwunden« (Joh. 16, 33).

»Seid getrost« – ja, aber vergessen Sie nicht, daß Sie Angst haben werden. Paulus und Barnabas warnten die Gemeinden, die sie auf ihrer Missionsreise besuchten, daß »wir durch viel Trübsal müssen in das Reich Gottes gehen« (Apg. 14, 22).

Wir müssen uns in dieser Sache bewußt werden, daß »vorwarnen gewappnet sein heißt«. Wenn wir eine magische Vorstellung vom christlichen Glauben haben, werden wir mit Sicherheit ins Schleudern geraten, weil wir beim Auftreten von Schwierigkeiten versucht sind zu fragen: »Wie kann Gott so etwas zulassen?« Wir sollten diese Frage nie stellen. Wenn wir uns jener grundlegenden Wahrheit bewußt wären, würden wir so etwas nie fragen. Jesus legt sich schlafen und läßt es zu, daß ein Sturm kommt. Unsere Situation mag tatsächlich völlig hoffnungslos werden, so daß es sich vielleicht sogar herausstellt, daß wir uns in Lebensgefahr befinden. Alles mag sich gegen uns verschworen zu haben scheinen, dennoch ist es so, wie es ein christlicher Liederdichter ausdrückt: »Wenn des Feindes Macht uns drohet und manch Sturm rings um uns weht«, führt das nicht zur Verzweiflung, sondern: »brauchen wir uns nicht zu fürchten, stehn wir gläubig im Gebet.«

Aber die Situation kann manchmal verzweifelt sein: Alles scheint gegen uns zu sein, scheint uns in die Verzweiflung zu treiben. Jesus ist scheinbar gar nicht um uns besorgt. Wir wollen also auf der Hut sein, denn an diesem Punkt tritt die wirkliche Versuchung des Glaubens ein. Der Wind, die Wellen und das Wasser, das ins Boot hineinströmte, waren schlimm genug. Das war schrecklich, aber für die Jünger bestand das Allerschrecklichste darin, daß es Jesus anscheinend gar nicht kümmerte. Er schlief weiter und sorgte sich scheinbar gar nicht. »Meister, kümmert es dich nicht, daß wir verderben?« Er scheint unbesorgt zu sein – unbesorgt über uns, über sich selbst, über seine Sache, über sein Reich.

Stellen Sie sich einmal die Gefühle der Jünger vor. Sie waren ihm nachgefolgt und hatten seine Verkündigung des kommenden Gottesreiches gehört, sie hatten seine Wunder gesehen und erwarteten, daß wunderbare Dinge geschehen würden; und nun sah es danach aus, als ob alles mit einem Schiffbruch und dem Tod durch Ertrinken enden sollte. Was für ein Umschwung! Und das alles wegen Jesu Sorglosigkeit!

Wir müssen noch sehr jung im Glauben sein, wenn wir nicht etwas davon wissen. Kennen wir nicht alle etwas von dieser Situation, den Prüfungen und Schwierigkeiten, ja von dem Gefühl, daß Gott sich irgendwie nicht darum zu kümmern scheint? Er greift überhaupt nicht ein. »Warum läßt er zu, daß ich als Christ unter der Hand eines Nichtchristen zu leiden habe?« sagt mancher. »Warum läßt er es bei mir zu, daß alles schiefgeht und bei anderen nicht?« – »Warum hat jener Erfolg und ich nicht? Warum greift Gott da nicht ein?«

Wie oft stellen gläubige Menschen derartige Fragen. Sie stellen die Frage in bezug auf den ganzen Zustand der Kirche von heute. »Warum sendet der Herr keine Erweckung? Warum läßt er es zu, daß die Rationalisten und Atheisten so die Oberhand gewinnen? Warum greift er nicht ein und tut etwas? Warum belebt er sein Werk nicht?« Wie oft sind wir, genau wie die Jünger im Boot, versucht, derartige Äußerungen zu machen!

Die Tatsache, daß Gott diese Dinge zuläßt und sich oft überhaupt nicht darum zu kümmern scheint, stellt im wesentlichen das dar, was ich als die Erprobung oder Prüfung des Glaubens bezeichne. Das sind die Umstände, unter denen unser Glaube erprobt und geprüft wird. Gott erlaubt das, läßt das alles zu. Jakobus sagt uns sogar, daß wir »es für lauter Freude achten sollen«, wenn wir solche Dinge erleben. Die Prüfung des Glaubens ist ein gewaltiges Thema. Wir sprechen heutzutage nicht viel darüber, nicht wahr? Aber wenn wir ins 17. oder 18. Jahrhundert zurückgingen, würden wir feststellen, daß es damals bekannt war. Ich vermute, daß es damals auf vielerlei Weise das zentrale Thema der Puritaner war. Später, zur Zeit der Erweckung im 18. Jahrhundert, war es gewiß vorherrschend. Die Prüfung des menschlichen Glaubens und die Überwindung derselben sowie der Glaubenswandel und das Glaubensleben waren ihr ständiges Thema.

Der Charakter des Glaubens

Nun wollen wir zur zweiten Frage übergehen: Was ist das Wesen, der Charakter des Glaubens? Das ist vor allen Dingen die besondere Botschaft der Begebenheit aus Lukas 8, 22-25, und ich bin der Ansicht, daß es hier besonders deutlich zum Ausdruck gebracht wird. Gerade aus dem Grunde habe ich das Ereignis aus diesem Evangelium ausgewählt und betone ich die Art und Weise, in der Jesus die Frage stellt: »Wo ist euer Glaube?« Hier liegt der Schlüssel zum ganzen Problem. Betrachten Sie einmal die Frage Jesu. Sie scheint anzudeuten, daß er ganz genau weiß, daß die Jünger Glauben haben. Die Frage, die er ihnen stellt, lautet: »Wo ist er? Ihr habt Glauben bekommen, aber wo ist er jetzt?« Das gibt uns nun den Schlüssel zum Verständnis des Wesens des Glaubens.

Ich möchte es zuerst einmal negativ ausdrücken. Glaube ist offensichtlich keine Gefühlssache. Das kann auch nicht so sein, weil die Gefühle des Menschen in dieser Hinsicht sehr veränderlich sind. Ein Christ soll nicht niedergeschlagen sein, wenn alles verkehrt läuft. Ihm wird gesagt, daß er »es für lauter Freude achten« soll. Gefühle gehören ausschließlich zum Glück. Eine Sache für Freude achten, schließt mehr in sich als Gefühle. Wenn der Glaube ausschließlich eine Gefühlssache ist, wird er verschwinden, wenn alles mißlingt und sich die Gefühle ändern. Aber der Glaube ist keine reine Gefühlsangelegenheit; er erfaßt den ganzen Menschen einschließlich seines Geistes, seines Intellekts und seines Verstandes. Wie wir sehen werden, ist der Glaube eine Reaktion auf die Wahrheit.

Das Folgende ist noch wichtiger: Der Glaube ist nicht etwas, das wie ein Automat funktioniert. Das ist der große Fehler, den wir alle irgendwann einmal begehen. Viele Menschen, so will mir scheinen, verstehen den Glauben als eine Art Thermostat, ähnlich wie bei der Heizung: Man stellt den Thermostat auf eine bestimmte Temperatur ein, die man beständig halten möchte – das funktioniert automatisch. Wenn die Temperatur zu hoch zu werden droht, schaltet sich der Thermostat ein und drosselt die Temperatur. Wenn man heißes Wasser braucht und die Temperatur sinkt, dann tritt der Thermostat in Aktion und bringt die Heizung auf Touren. Man braucht gar nichts zu tun: Der Thermostat funktioniert automatisch und bringt die Temperatur von selbst auf die gewünschte Höhe.

Nun scheint es viele Leute zu geben, die der Meinung sind, daß sich der Glaube auf die gleiche Weise verhält. Sie nehmen an, daß es unwichtig ist, was ihnen passiert, daß der Glaube in »Aktion treten« wird und »alles in Butter« ist. Der Glaube ist aber nicht etwas, das auf magische oder automatische Weise funktioniert, sonst würden diese Leute nie in Schwierigkeiten geraten sein. Der Glaube hätte sich eingeschaltet, und sie wären ruhig und beherrscht geblieben. Alles wäre in Ordnung gewesen. Aber so verhält es sich mit dem Glauben nicht. Solche Vorstellungen vom Glauben sind daher eine große Irreführung.

Glaube will praktiziert werden

Was ist Glaube? Wir wollen das nun von einer positiven Sicht aus betrachten. Der Grundsatz, der uns hier mitgeteilt wird, ist der, daß der Glaube eine Aktivität ist; er ist etwas, das praktiziert werden muß. Es handelt sich nicht um etwas, das automatisch »in Aktion tritt«; man muß ihn »in Aktion bringen«.

Der Glaube ist also eine Sache, die Sie und ich »in Gang« setzen müssen. Das ist genau das, was Jesus zu den Jüngern sagte: »Wo ist euer Glaube?« Das heißt: »Warum nehmt ihr nicht euren Glauben und wendet ihn auf diese Situation an?« Wie Sie sehen, war die Tatsache, daß die Jünger ihren Glauben nicht einschalteten, der Grund dafür, daß sie unglücklich waren und in Panik gerieten. Wie setzt man nun seinen Glauben »in Gang«? Was meine ich damit, wenn ich sage, daß der Glaube etwas ist, das wir anwenden müssen?

Das erste, das ich im Falle von Schwierigkeiten tun muß, ist, daß ich mich nicht von der Situation beherrschen lasse, also eine negative Haltung einnehme. Die Jünger befanden sich im Boot, der Meister schlief, und die Wellen wogten, so daß das Wasser ins Boot schlug. Sie konnten es nicht schnell genug wieder hinausschöpfen, und es sah danach aus, als ob sie untergehen würden. Ihr Problem bestand darin, daß sie vollkommen von der Situation beherrscht wurden. Sie hätten ihren Glauben anwenden und üben und sagen sollen: »Nein, wir verlieren die Fassung nicht.« So hätten sie anfangen sollen; aber sie taten es nicht. Sie ließen es zu, daß die Situation *sie* beherrschte.

Der Unglaube will bekämpft werden

Glaube ist die Ablehnung von Bestürzung. Gefällt Ihnen diese Art der Definition von Glauben? Scheint das zu irdisch und nicht geistlich genug zu sein? Es ist das wirkliche Wesen des Glaubens. Glaube ist die Ablehnung von Bestürzung, komme, was da kommen mag. Browning hatte meiner Meinung nach dasselbe vor Augen, als er den Glauben folgendermaßen definierte: »Meines Erachtens heißt Glaube, daß dem Unglauben fortwährend das Schweigen auferlegt wird, so wie auch die Schlange ›unter Michaels Fuß‹ bezwungen wurde. Hier ist Michael und dort die Schlange, die er ruhig unter dem Druck seines Fußes hält.«

Gerade das taten die Jünger nicht. Sie ließen sich von der Situation gefangennehmen und gerieten in Panik. Glaube ist jedoch die Weigerung, so etwas zuzulassen. Der Glaube sagt: »Ich werde mich nicht von diesen Umständen bestimmen lassen – ich bestimme.« Sie arbeiten also an sich und beherrschen sich. Sie lassen sich nicht gehen, Sie behaupten sich.

Das ist das erste, aber das ist nicht genug, da diese Verhaltensweise nichts als Resignation sein kann. Es ist nicht der ganze Glaube. Nachdem Sie den ersten Schritt getan haben, nachdem Sie sich beherrscht haben, müssen Sie sich in Erinnerung rufen, woran Sie glauben und was Sie wissen. Auch das ist etwas, das die törichten Jünger nicht taten. Wenn sie nur einen Augenblick innegehalten und gesagt hätten: »Was denn? Ist es möglich, daß wir mit dem Meister an Bord ertrinken? Gibt es etwas, das er nicht tun kann? Wir haben seine Wundertaten gesehen: Er verwandelte das Wasser in Wein, er heilte Blinde und Lahme, er weckte sogar Tote auf. Ist es dann wahrscheinlich, daß er sich und uns so ertrinken läßt? Unmöglich! Auf jeden Fall liebt er uns und sorgt für uns. Er hat uns gesagt, daß sogar die Haare unseres Hauptes alle gezählt seien!« So argumentiert der Glaube. Er sagt: »Na schön, ich sehe die Wellen, aber . . .« Der Glaube fügt immer dieses »aber« ein. Das ist der Glaube: Die Wahrheit festhalten und aufgrund der Tatsachen argumentieren. Auf diese Weise wendet man den Glauben an. Die Jünger taten das nicht, und deshalb gerieten sie in Angst und Schrecken.

Und Sie und ich werden ebenfalls in Angst und Schrecken geraten, wenn wir uns ebenso verhalten. Bleiben Sie daher ungeachtet der Umstände stehen, warten Sie einen Augenblick. Sagen Sie: »Ich gebe das alles zu, aber . . .« Aber was? Aber Gott! Aber der Herr Jesus Christus! Aber was? Meine ganze Errettung! Das ist es, was der Glaube tut. Alles scheint gegen mich zu sein, scheint mich in die Verzweiflung zu treiben; ich verstehe nicht, was geschieht. Aber ich weiß, daß Gott mich so geliebt hat, daß er seinen eingeborenen Sohn für mich in diese Welt sandte. Ich weiß, daß Gott, obwohl ich sein Feind war, seinen einzigen Sohn sandte, um am Kreuz auf Golgatha für mich zu sterben. Er hat das für mich getan, obwohl ich sein Feind, ein rebellierender Fremder war.

Wir sind Geliebte

Ich weiß, daß der Sohn Gottes mich liebte und sich für mich dahingab. Ich weiß, daß ich aufgrund des Blutes Jesu errettet und ein Kind Gottes und Erbe der ewigen Seligkeit bin. Ich weiß das. Ich weiß auch dies: »Wenn wir mit Gott versöhnt sind durch den Tod seines Sohnes, als wir noch Feinde waren, um wieviel mehr werden wir selig werden durch sein Leben, nachdem wir nun versöhnt sind!« (Röm. 5, 10).

Logischer geht es nicht, und der Glaube argumentiert so. Der Glaube ruft sich das in Erinnerung, was die Bibel »die teuren und allergrößten Verheißungen« (2. Petr. 1, 4) nennt. Der Glaube sagt: »Ich kann nicht glauben, daß er, der mich bis hierher geführt hat, mich in dieser Sache im Stich läßt. Das ist unmöglich; es stünde in völligem Widerspruch zum Charakter Gottes.« So ruft der Glaube, nachdem er es abgelehnt hat, sich von den Umständen beherrschen zu lassen, das ins Gedächtnis, was er glaubt und weiß.

Der nächste Schritt besteht darin, daß der Glaube das alles auf eine bestimmte Situation anwendet. Auch das war etwas, das die Jünger zu tun unterließen, und deswegen macht Jesus ihnen das mit seiner Frage klar: »Wo ist euer Glaube?« – »Ihr habt ihn, warum wendet ihr ihn nicht an? Warum führt ihr nicht alles, was ihr in Zusammenhang mit dieser Situation wißt, aus? Warum richtet ihr euren Glauben nicht gezielt auf dieses besondere Problem?« Das ist der nächste Schritt bei der Anwendung des Glaubens. Wie die Umstände im Augenblick auch sein mögen – bringen Sie sich alle Tatsachen, die Sie bezüglich Ihrer Beziehung zu Gott kennen, in Erinnerung, um auf Ihre Not einzuwirken. Dann werden Sie hundertprozentig wissen, daß Gott nie etwas zulassen wird, das Ihnen schadet. »Wir wissen, daß denen, die Gott lieben, alle Dinge zum Besten dienen« (Röm. 8, 28).

Nicht ein Haar Ihres Hauptes wird Ihnen gekrümmt werden. Er liebt Sie mit einer ewigen Liebe. Ich behaupte nicht, daß Sie in der Lage sein werden, alles zu verstehen. Sie können vielleicht nicht alles bis ins letzte erklären, aber Sie werden die Gewißheit haben, daß Sie Gott nicht gleichgültig sind. Das ist unmöglich. Derjenige, der die großartigsten Dinge für Sie getan hat, muß sich auch für alles, was Sie betrifft, interessieren. Auch wenn die Wolken dicht sind und Sie Gottes Angesicht nicht sehen können, wissen Sie dennoch, daß er da ist. »Hinter einem grimmigen Äußeren verbirgt er ein lächelndes Gesicht.« Orientieren Sie sich daran.

Sie sagen, daß Sie sein Lächeln nicht sehen. Ich stimme mit Ihnen darin überein, daß die irdischen Wolken mich oft daran hindern, ihn zu sehen, aber er ist da, und er wird es nicht zulassen, daß etwas, das letztendlich schädlich ist, sich ereignet. Es kann Ihnen nur das geschehen, was er zuläßt. Es interessiert mich nicht, was es sein kann – vielleicht eine große Enttäuschung oder möglicherweise eine Krankheit; es kann auch irgend etwas Tragisches sein –, ich weiß nicht, was es ist, aber Sie können gewiß sein, daß Gott bestimmte Dinge in Ihrem Leben zuläßt, weil sie letztlich zu Ihrem Besten dienen. »Alle Züchtigung aber, wenn sie da ist, dünkt uns nicht Freude, sondern Traurigkeit zu sein; aber danach wird sie geben eine friedsame Frucht der Gerechtigkeit . . .« (Hebr. 12, 11).

Das ist die Art und Weise, in der der Glaube funktioniert. Aber Sie und ich müssen ihn anwenden. Er tritt nicht automatisch »in

Aktion«. Sie müssen bei den Ereignissen Ihre ganze Aufmerksamkeit auf den Glauben richten und sagen: »Na schön, aber ich weiß dieses und jenes über Gott, und weil das stimmt, werde ich es auf diese Situation anwenden. Die Situation kann daher nicht so sein, wie ich meine; es muß eine andere Erklärung geben.« Sie werden schließlich sehen, daß es so Gottes Plan für Sie ist, und nachdem Sie Ihren Glauben angewandt haben, halten Sie durch. Sie weigern sich einfach zu verzagen. Der Feind wird Sie angreifen, das Boot wird sich scheinbar mit Wasser füllen, aber Sie sagen: »Das macht nichts; komme ich um, dann komme ich um.« Sie stehen auf Ihrem Glauben. Sie sagen sich: »Ich glaube dies, ich vertraue darauf, ich bin dessen gewiß, und obwohl ich nicht verstehe, was mit mir geschieht – ich halte mich daran fest!«

Wir dürfen immer zum Herrn Jesus kommen

Das bringt mich zu meinem letzten Punkt, meinem dritten Grundsatz: Selbst der schwächste und kleinste Glaube hat einen Wert. Wir haben die Prüfung des Glaubens betrachtet und haben uns mit dem Wesen des Glaubens befaßt. Nun möchte ich abschließend etwas über den Wert auch des schwächsten und kleinsten Glaubens sagen. Wie armselig, klein und unvollkommen der Glaube der Jünger bei jenem Ereignis war, sie hatten zumindest genug Glauben, um schließlich doch das Richtige zu tun: Sie gingen zu Jesus. Nachdem sie sehr aufgeregt, ermattet, erschreckt und erschöpft waren, gingen sie zu ihm. Sie hatten irgendwie das Gefühl, daß er doch noch etwas ausrichten könnte, und daher weckten sie ihn und sagten: »Meister, greifst du nicht ein?«

»Das ist ein sehr armseliger Glaube«, sagen Sie vielleicht. Aber es ist Glaube – Gott sei Dank! Und selbst der Glaube, der nur so groß ist »wie ein Senfkorn«, ist wertvoll, weil er uns zu Jesus führt. Und wenn Sie zu ihm gehen, werden Sie folgendes feststellen: Er wird über Sie enttäuscht sein und Ihnen das auch nicht verhehlen. Er wird Sie tadeln und sagen: »Warum hast du nicht zu Ende gedacht? Warum hast du deinen Glauben nicht angewandt? Warum warst du wegen jenes Menschen so aufgeregt und benimmst dich so, als wärst du überhaupt kein Christ? Warum hast du deinen Glauben nicht so eingesetzt, wie du solltest? Ich hätte mich so gefreut, dich wie einen Mann mitten im Sturm stehen zu sehen – warum hast du das denn nicht getan?«

Er wird es uns zeigen, daß er von uns enttäuscht ist, und er wird uns tadeln; aber, gelobt sei sein Name, er wird uns nichtsdestoweniger aufnehmen. Er schickt uns nicht fort. Er sandte seine Jünger auch nicht weg. Er nahm sie auf und wird auch uns aufnehmen. Ja, und er wird uns nicht nur aufnehmen, er wird uns segnen und uns Frieden schenken. »Er bedrohte den Wind und die Woge des Wassers; und es ließ ab und ward eine Stille.« Er schuf die Situation, die sie sich so sehnsüchtig wünschten – ihrem mangelnden Glauben zum Trotz. So ist der Herr, an den Sie und ich glauben und dem wir folgen. Obwohl er so oft von uns enttäuscht wird und uns tadelt, wird er uns nie vernachlässigen, sondern er wird uns aufnehmen, segnen und Frieden schenken. Ja, er wird für uns das tun, was er für die Jünger tat. Mit dem Frieden gab er ihnen eine noch größere Vorstellung von seiner Person, als sie diese zuvor hatten. Sie wunderten sich und waren voller Staunen wegen Jesu wunderbarer Macht. Er gab das sozusagen zusätzlich zu allen Segnungen dazu.

Wenn Sie sich in einer Prüfungssituation, in Schwierigkeiten und Versuchungen befinden, nehmen Sie das dann als eine wunderbare Gelegenheit, Ihren Glauben kundzutun und Gottes großem heiligem Namen Ehre zu bringen. Aber wenn Ihnen das nicht gelingt, wenn Sie zu schwach sein sollten, ihren Glauben anzuwenden, wenn Satan und Hölle und Welt Sie bedrängen und Sie angegriffen werden, dann sage ich Ihnen: Fliehen Sie einfach sofort zu dem Herrn, und er wird sich Ihrer annehmen und Sie segnen. Er wird Sie anhören und Ihnen Frieden schenken. Aber denken Sie immer daran, daß der Glaube etwas Aktives ist, er ist etwas, das angewandt werden muß. »Wo ist euer Glaube?« Wir wollen nicht vergessen, daß wir unseren Glauben immer gebrauchen müssen und daß er immer geprüft wird.

Das Schauen auf die Wellen

Und alsbald trieb Jesus seine Jünger, daß sie in das Schiff traten und vor ihm hinüberfuhren, bis er das Volk von sich ließe. Und da er das Volk von sich gelassen hatte, stieg er auf einen Berg allein, daß er betete. Und am Abend war er allein daselbst. Und das Schiff war schon mitten auf dem Meer und litt Not von den Wellen, denn der Wind war ihnen entgegen. Aber in der vierten Nachtwache kam Jesus zu ihnen und ging auf dem Meer. Und da die Jünger ihn sahen auf dem Meer gehen, erschraken sie und sprachen: Es ist ein Gespenst! und schrien vor Furcht. Aber alsbald redete Jesus zu ihnen und sprach: Seid getrost, ich bin's; fürchtet euch nicht!

Petrus aber antwortete und sprach: Herr, bist du es, so heiße mich zu dir kommen auf dem Wasser. Und er sprach: Komm her! Und Petrus trat aus dem Schiff und ging auf dem Wasser, daß er zu Jesus käme. Als er aber den Wind sah, erschrak er und hob an zu sinken, schrie und sprach: Herr, hilf mir! Jesus aber reckte alsbald die Hand aus und ergriff ihn und sprach zu ihm: O du Kleingläubiger, warum zweifeltest du? Und sie traten in das Schiff, und der Wind legte sich. Die aber im Schiff waren, fielen vor ihm nieder und sprachen: Du bist wahrlich Gottes Sohn!

Matthäus 14, 22-33

Die Begebenheit, die wir als nächstes betrachten werden, enthält viele Ähnlichkeiten mit dem Ereignis aus dem achten Kapitel des Lukasevangeliums. Der Hauptgrund dafür ist, daß dieses Ereignis genau wie das aus dem Lukasevangelium die Aufmerksamkeit auf das Wesen und den Charakter des Glaubens sowie auf die Wichtigkeit der richtigen Sicht richtet. Aber natürlich geschieht das auf eine etwas andere Weise. Bei Lukas sahen wir, daß das Hauptproblem in dem mangelnden Bewußtsein lag, daß der Glaube eine Aktivität ist, etwas, das angewandt werden muß. »Wo ist euer Glaube?« Die Jünger hatten Glauben, aber sie wandten ihn nicht auf ihre besondere Not an. Obwohl wir die Frage nach dem wirklichen Charakter des Glaubens immer noch betrachten, geschieht das, wie wir noch sehen werden, hier im Matthäusevangelium von einem etwas anderen Blickwinkel aus.

Wir können jedoch nicht zu dem Kern unserer Überlegungen kommen – wie wichtig diese auch sein mögen –, ohne eine unbedingt wichtige und wesentliche Sache vorher besprochen zu haben.

Das erste, das uns hier wie bei dem Ereignis des Sturmes auf dem See auffällt, ist die Person oder – wenn Sie mögen – die Persönlichkeit des Herrn Jesus. Hier bekundet er noch einmal die ganze Fülle seiner Gottheit und seiner einzigartigen Göttlichkeit. Wir sehen, wie er selber auf den Wellen geht, obwohl sie vom Sturm aufgepeitscht wurden. Und wir sehen, wie er auch seinen Diener, den Apostel Petrus, befähigt, ebenfalls auf den Wellen zu gehen. Wir sehen, wie er den Elementen befiehlt und sie lenkt.

Wir müssen damit beginnen, weil wir die Frage des Glaubens nicht betrachten können, ja es uns überhaupt an Verständnis dafür fehlt, wenn wir über Jesus nicht im klaren sind. Wir sprechen nicht über irgendeinen Glauben, sondern über den christlichen Glauben, und die wesentliche Voraussetzung zu jeder Überlegung dieses Glaubens ist, daß man sich über die Person des Herrn Jesus im klaren sein muß.

Unser Herr ist der Herr der Herrlichkeit, des Alls, der Elemente

Es ist keine christliche Verkündigung möglich, ohne daß man mit der Aussage beginnt, daß Jesus von Nazareth der eingeborene Sohn Gottes, der Herr der Herrlichkeit, der Herr Jesus Christus ist. Hier sehen Sie ihn in diesem Glanz seiner Herrlichkeit, den Herrn des Alls, den Herrn der Elemente. Er offenbart und beweist dies. Wir beginnen damit, weil der ganze Zweck der Evangelien darin besteht, ihn darzustellen. Es ist bei jeder Betrachtung unseres Themas auch unbedingt wichtig, aufzuzeigen, daß der Grund für unsere Schwierigkeiten in irgendeiner Art und Weise ein mangelndes Bewußtsein von dem ist, was er ist.

Es ist freilich ebenso klar, daß der besondere Zweck des Berichtes aus Matthäus 14 darin besteht, die Aufmerksamkeit auf das zu richten, was mit Petrus geschah. Überall in den Evangelien sehen wir Jesus in seiner Herrlichkeit und Göttlichkeit, aber jedes einzelne Ereignis stellt auch noch eine Besonderheit heraus, etwas, das in sich besonders ist. Das Besondere ist hier offensichtlich die Wirkung, die die Vorgänge auf den Apostel Petrus haben.

Petrus beginnt so ausgezeichnet. Dann kommt er in Schwierigkeiten und endet so tragisch. Petrus, der zuerst voll Glauben zu sein scheint, endet als ein armseliger Versager, der in seinem Elend laut aufschreit. Wie schnell geschah das alles! Es ist bekannt, daß eine der Haupteigentümlichkeiten des Sees Genezareth darin besteht, daß ganz plötzlich Sturmwinde auf ihn herabfallen. In einem Augenblick ist es ruhig, und im nächsten stürmt es heftig. So war es auch jetzt; und auch bei Petrus vollzog sich ein plötzlicher Wechsel.

Es ist meines Erachtens nach das Wichtigste, sorgfältig zu beobachten, was geschah. Es muß betont werden, daß der große Unterschied zwischen dem Wunder der Sturmstillung und dem vorliegenden Ereignis darin lag, daß der Sturm dort als ein neuer Umstand hinzukam, um die Jünger zu verwirren. Dort schlief Jesus ein, und dann erst kam der Sturm, aber hier, bei der Begebenheit aus Matthäus, ist das mit Bezug auf Petrus überhaupt nicht der Fall. Hier gibt es nichts Neues. Der Sturm hatte sich bereits erhoben und tobte schon, bevor der Herr Jesus überhaupt in die Nähe des Schiffes und der Jünger kam. Das Boot, so wird uns berichtet, befand sich mitten auf dem See und wurde von den Wellen hin und her geworfen, während Jesus allein auf dem Berg betete.

Kleinglaube und Zweifel

Diesen Punkt müssen wir betonen: daß die Jünger ohne Jesus in dem Schiff sind, während der Sturm tobt, und daß dann plötzlich der Herr erscheint und das oben erwähnte Ereignis stattfindet. Man darf nicht vergessen, daß Petrus sich nicht mit einem neuen Faktor auseinandersetzen mußte, nachdem er aus dem Boot gestiegen war. Es war nicht so, daß er aus dem Boot auf das ruhige Wasser stieg und daß dann der Sturm kam. Der Sturm war bereits da, bevor der Herr Jesus überhaupt in der Nähe des Bootes erschien.

Meines Erachtens ist dies ein sehr wichtiger Punkt. Es gab keinen neuen Faktor wie bei der anderen Gelegenheit, und dennoch kam Petrus in Schwierigkeiten und wurde unglücklich, ängstlich und verzweifelt. Die Frage ist: Warum? Und die Antwort lautet, daß die Schwierigkeit allein bei Petrus lag. Jesus gibt uns eine genaue Diagnose: Es war Kleinglaube. »O du Kleingläubiger, warum zweifeltest du?« Der Kleinglaube führt zum Zweifel. Hier scheinen mir einige wichtige Lektionen zu liegen. Und nur wenn wir sie lernen und erfassen, werden sie uns vor mancher geistlichen Depression behüten.

Zuallererst muß ich um Aufmerksamkeit für das bitten, was ich als die Mentalität des Petrus oder – wenn es Ihnen lieber ist – als das Temperament des Petrus bezeichnen möchte. Wir mußten bereits mehrmals betonen, daß sich unser Temperament bei unserer Bekehrung nicht verändert; es bleibt so, wie es war. Sie werden nicht jemand anderes, Sie sind immer noch Sie selber. Wir dürfen alle sagen: »Ich lebe; doch nun nicht ich, sondern Christus lebt in mir. Denn was ich jetzt lebe im Fleisch, das lebe ich im Glauben an den Sohn Gottes« (Gal. 2, 20). Aber dieses »Ich« ist immer dasselbe. Sie sind immer Sie selber, und obwohl Sie Christ werden, sind Sie immer noch Sie selber. Sie haben Ihr eigenes besonderes Temperament, Sie haben Ihre eigenen besonderen Eigenschaften, und das Ergebnis dessen ist, daß wir alle unsere eigenen, besonderen Schwierigkeiten haben.

Es gibt bestimmte Probleme, die für uns alle grundlegend sind und die wir alle gemeinsam haben, und selbst unser besonderes Problem fällt unter den allgemeinen Begriff der Sünde als Folge des Sündenfalls, aber es kommt auf unterschiedlichen Wegen, ja auf mehreren Wegen zu uns. Diese Tatsache ist uns allen nicht unbekannt. Die Kirchenmitglieder sind nicht alle gleich. Das ist so bei den Mitgliedern jeglicher Gruppe, wie klein diese auch sein mag.

Wir haben alle bestimmte Dinge, die wir besonders beachten müssen. Andere Menschen haben mit diesen Dingen überhaupt keine Schwierigkeiten, gewiß, aber dafür haben sie andere Dinge, die sie beachten müssen. Der Sanguiniker muß sein besonderes Temperament im Auge behalten, ebenso der Phlegmatiker, weil er in seiner ganzen Art so kraftlos ist, daß er dazu neigt, nicht standhaft zu sein, wo er standhaft sein sollte. Mit anderen Worten:

Wir haben alle unsere besonderen Schwierigkeiten, und sie ergeben sich in der Regel aus dem besonderen Temperament, das Gott uns gegeben hat.

Ich kann in diesem Rahmen sogar noch weitergehen und sagen, daß die Sache, die wir wahrscheinlich am meisten zu beachten haben, unsere Stärke, unser stärkster Punkt, ist. Wir neigen alle dazu, letztlich an unserer stärksten Seite zu versagen.

Ich glaube, daß das bei Petrus sicherlich der Fall war. Des Petrus besondere Eigenschaft war seine Energie, seine Fähigkeit, einen schnellen Entschluß zu fassen, seine tatkräftige Persönlichkeit. Er war begeisterungsfähig und impulsiv, aber gerade das brachte ihn fortwährend in Schwierigkeiten. Es ist eine ausgezeichnete Sache, eine energische Natur zu haben. Manche der größten Männer, die die Welt jemals gekannt hat, sind, wenn ich ihre Biographien richtig verstehe, vornehmlich durch ihre Energie zu erklären und nicht durch ihre intellektuellen Fähigkeiten; nicht durch ihre Weisheit, sondern allein durch ihre Energie. Achten Sie darauf, wenn Sie vom Leben so vieler der sogenannten großen Männer lesen. Energie ist eine großartige Eigenschaft. Sie wird oft von der Fähigkeit zur Entscheidung begleitet. Aber gerade das brachte Petrus in Schwierigkeiten. Jene Eigenschaft führt oft zu einem unbeständigen Christenleben, in dem die Ausgewogenheit fehlt. Welch ein vollkommenes Beispiel haben wir dafür hier in diesem Text.

Sehen Sie sich Petrus an, wie er am Anfang der Ereignisse den Herrn Jesus erkennt. Er befindet sich im Boot, mitten im Sturm. Er hat genügend Glauben, um zu Jesus zu sagen: »Herr, bist du es, so heiße mich zu dir kommen auf dem Wasser.« Und schon steigt er aus dem Schiff. Wie großartig! Ja, aber nun schauen Sie sich ihn einmal einige Augenblicke später an: Er schreit vor Angst laut auf. Das war immer charakteristisch für Petrus. Als Jesus über seinen Tod und den Verrat sprach, zögert Petrus nicht zu sagen: »Wenn sie auch alle sich an dir ärgerten, so will ich doch mich nimmermehr ärgern« (Matth. 26, 33). Nur kurze Zeit später verleugnet er Jesus unter Eid und schwört, ihn niemals gekannt zu haben!

Das ist es, was ich die Petrus-Mentalität nenne: unstet, himmelhoch-jauchzend und zu Tode betrübt, entweder voller Begeisterung und Erregung, so daß andere das Gefühl haben, nichts zu tun, oder äußerst verzagt und in der Gefahr, mit dem Christenleben ganz Schluß zu machen. Auch Sie kennen sicher diesen Menschentyp.

Das Temperament

Was ist die Ursache für diesen Wechsel zwischen Begeisterung und jämmerlichem Versagen? Die Antwort lautet: Das ist dem Temperament zuzuschreiben. Das Problem bei diesen Menschen ist, daß sie dazu neigen zu handeln, ohne dabei nachzudenken. Ihr Glaube ist nicht auf ausreichendes Nachdenken gegründet. Das war die Schwierigkeit bei Petrus. In den Evangelien ist er immer der erste, der sich freiwillig meldet. Nehmen wir zum Beispiel den Vorfall aus Johannes 21. Die Jünger hatten die ganze Nacht gefischt und nichts gefangen. Dann steht Jesus plötzlich am Ufer. Auf die Worte des Johannes: »Es ist der Herr«, gürtet er den Rock um und wirft sich ins Meer, um zu ihm zu gehen. Er ist immer der erste. Bei allem steht er vornean. Das ist seine Schwierigkeit. Selbst nach Pfingsten haben wir hiervon ein treffendes Beispiel im zweiten Kapitel des Galaterbriefes. Petrus war noch immer derselbe impulsive Mensch, und Paulus mußte ihn tadeln in bezug auf die Tatsache, daß er die Frage der Rechtfertigung allein durch den Glauben nicht völlig durchdacht hatte, wie er es hätte tun sollen. Er hatte keine Entschuldigung, weil er der erste war, der auch die Heiden zur christlichen Gemeinde zulassen wollte.

Sie erinnern sich an die Begebenheit mit Cornelius. Wenn Sie den Bericht im zehnten Kapitel der Apostelgeschichte lesen, werden Sie sehen, wie Petrus zu einer gewaltigen Höhe aufsteigt. Es war eine außerordentliche Sache für einen Juden, einen Heiden in die christliche Gemeinde aufzunehmen. In Antiochien fiel er jedoch wieder zurück, und als Boten von Jakobus kamen, heuchelte er, und Paulus mußte ihm ins Angesicht widerstehen. Was war mit Petrus los? Es war die alte Not: Er übernahm eine Haltung, ohne sie in allen ihren Folgen durchzudenken. Das ist aber ausnahmslos die Schwierigkeit bei diesem Menschentyp. Durch ihre Impulsivität neigen sie dazu, die Dinge unmittelbar zu tun, statt sie zuerst richtig zu durchdenken, zu verstehen und zu erfassen. Das Ergebnis davon ist, daß ihr geistliches Leben solche starken Veränderungen erfährt. Das ist eine sehr häufig vorkommende Ursache von geistlichen Depressionen, darum behandeln wir diesen Punkt.

Oberflächlichkeit schafft Probleme

Das bringt mich zum zweiten, was ich betonen möchte, nämlich die Lektion dieses Ereignisses hinsichtlich des Zweifels: »O du Kleingläubiger, warum zweifeltest du?« Das ist eine wichtige Lektion – Gott sei Dank dafür! Das erste, das wir hier erfahren, ist, daß wir selber manchmal unsere eigenen Zweifel erzeugen. Zweifellos war das das Problem bei Petrus. Er schuf seine eigenen Zweifel, indem er auf die Wellen schaute. Er brachte sich selbst in Schwierigkeiten, die nicht hätten sein müssen. Es ist nicht so, als hätte der Herr Jesus zu Petrus gesagt: »Petrus, paß auf! Bist du dir bewußt, was du tust?« Nein, keiner sagte etwas in dieser Richtung. Indem Petrus auf die Wellen schaute, schuf er seine eigenen Zweifel.

Wir wollen hier sehr vorsichtig sein. Wir bringen uns selbst oft in einen depressiven Zustand, wir bringen uns selbst zum Zweifeln, indem wir uns oberflächlich mit bestimmten Dingen befassen, die wir lieber vermeiden sollten. Ich denke hier an bestimmte Literatur oder an die Torheit, sich auf bestimmte Gedanken einzulassen. Wie wichtig ist das! Es gibt Leute, die töricht genug sind, um sich auf ein Gebiet der Wissenschaft einzulassen, obwohl sie wenig oder gar nichts davon verstehen. Anstatt sich zu weigern, das zu tun, weil sie nicht genug wissen, haben sie sich geradezu hineingestürzt.

Ich kenne Menschen, die in ihrem Glauben ins Wanken gekommen sind, weil sie so handelten. Mit anderen Worten: Sie sollten sich lieber an die Wahrheit halten, wie sie diese kennen, und lieber nicht versuchen, sich mit wissenschaftlichen Fragen auseinanderzusetzen, zu denen sie nicht befähigt sind. So bringen wir uns nämlich manchmal selber ins Zweifeln, und davor müssen wir immer auf der Hut sein.

Das zweite – und das ist etwas, wofür ich Gott sehr dankbar

bin – ist, daß Zweifel nicht mit dem Glauben vereinbar sind. Ich traf in meiner seelsorgerlichen Praxis Menschen, die sehr unglücklich wurden, weil sie diesen Grundsatz nicht erfaßt haben. Manche Leute scheinen zu denken, daß, wenn man einmal Christ geworden ist, man nie wieder von Zweifeln angegriffen wird. Aber dem ist nicht so. Petrus besaß noch immer Glauben. Jesus sagte zu ihm: »O du Kleingläubiger.« Er sagte nicht: »Petrus, weil du Zweifel hast, besitzest du überhaupt keinen Glauben mehr.«

Das sagen und denken viele unwissende Menschen, aber das ist völlig falsch. Obwohl Sie Glauben haben, können Sie dennoch von Zweifeln geplagt werden. Dafür gibt es nicht nur Beispiele in der Heiligen Schrift, sondern auch in der Kirchengeschichte. Ich möchte sogar auf die Gefahr hin, falsch verstanden zu werden, so weit gehen, daß ich sage, daß, wenn einer noch nie in seinem Christenleben von Zweifeln geplagt wurde, er gut daran täte, die Grundlagen seines Glaubens erneut zu prüfen und sich zu vergewissern, ob er sich eines falschen Friedens erfreut oder ob er auf einen »Laß-es-gut-sein-Glauben« baut. Lesen Sie einmal über das Leben einiger der größten Gottesmänner, die je auf Erden lebten, und Sie werden feststellen, daß sie durch Zweifel angefochten wurden. Jesus sagt hier das letzte Wort dazu: Zweifel sind mit dem Glauben unvereinbar. Sie haben vielleicht Zweifel, aber Sie haben immer noch Glauben – wenn auch einen schwachen Glauben.

Wer herrscht: der Zweifel oder Christus?

Wenn Zweifel uns wieder einmal beherrschen, ist das ein Hinweis auf einen schwachen Glauben. Das ist es, was Petrus widerfuhr. Sein Glaube war nicht verschwunden, aber weil der Glaube schwach war, hatten Zweifel sich seiner bemächtigt und ihn überwältigt, und so kam Petrus ins Wanken.

Wenn Sie Petrus in seiner von Angst beherrschten Situation bestimmte Fragen gestellt hätten, hätte er jedesmal die richtige Antwort gegeben. Wenn Sie ihn nach der Person des Herrn Jesus gefragt hätten, bin ich sicher, daß er Ihnen die richtige Antwort gegeben hätte, obwohl ihn in dem Augenblick die Zweifel überwältigt hatten. Trotzdem war sein Glaube noch immer da. Wir werden von Zweifeln geplagt werden, aber das bedeutet nicht, daß wir uns von ihnen beherrschen lassen müssen. Das dürfen wir nie zulassen. Wie vermeiden wir das? Durch einen großen Glauben. Es ist der Kleinglaube, durch den die Menschen sich vom Zweifel überwältigen lassen. Das Gegenmittel muß daher ein großer Glaube, ein starker Glaube sein. Das muß hier vor allen Dingen betont werden. Welches sind die Merkmale eines großen Glaubens?

Das erste ist die Kenntnis von dem Herrn Jesus Christus und von seiner Macht, begleitet von einem steten Vertrauen und einer steten Zuversicht. Wie wir gesehen haben, macht Petrus einen richtigen Anfang, und das gehört zum Wesen des echten Glaubens. Er war mit den anderen Jüngern im Boot, als der Sturm tobte. Wind und Wasser waren ihnen entgegen, und das Schiff wurde von den Wellen hin und her geschleudert. Die Lage war ziemlich verzweifelt. Aber plötzlich erschien Jesus, und als sie ihn sahen, sagten sie: »Geht da ein Mensch auf dem Wasser? Das ist unmöglich – es muß eine Art Gespenst sein!« Sie schrien laut vor Angst, aber Jesus sprach sie direkt an und sagte: »Ich bin's; fürchtet euch nicht!«

Und dann haben wir diese wunderbare Bekundung des echten Glaubens bei Petrus. Petrus antwortete ihm und sagte: »Herr, bist du es, so heiße mich zu dir kommen auf dem Wasser.« Das war ein echter Glaubensbeweis, denn es bedeutete, daß Petrus im Grunde zu Jesus sagte: »Wenn du wirklich der Herr bist, dann weiß ich, daß dir nichts unmöglich ist. Beweise es, indem du mir befiehlst, aus diesem Boot auf den tobenden See zu steigen, und mich befähigst, darauf zu gehen.« Er glaubte an Jesus, an seine Macht, an seine Person, an seine Fähigkeit. Und er glaubte das nicht nur theoretisch, sondern auch praktisch. Wir lesen in unserem Text: »Und Petrus trat aus dem Schiff und ging auf dem Wasser.« Dies ist das Wesen des Glaubens: »Herr, bist du es . . .« Der Glaube sagt: »Wenn du es wirklich bist, dann weiß ich auch, daß du das tun kannst. Heiße mich, es zu tun!« Und Jesus tat es.

Hier haben wir wieder das große Prinzip, das wir immer festhalten sollten: Der christliche Glaube beginnt mit einem Wissen vom Herrn, nicht mit einem Gefühl oder einem Willensakt, sondern mit der Kenntnis seiner heiligen Person. Gefühle haben überhaupt keinen Wert, es sei denn, daß sie auf jener Kenntnis beruhen: Christentum ist Christus, und christlicher Glaube heißt, bestimmte Dinge über ihn zu glauben und ihn zu kennen; zu wissen, daß er der Herr der Herrlichkeit ist, der zu uns herabstieg. Es bedeutet, etwas über Jesu Menschwerdung und die Jungfrauengeburt zu wissen; zu wissen, warum er kam; zu wissen, was er tat, als er gekommen war. Und vor allem, etwas über sein Sühnewerk zu wissen; zu wissen, daß er – wie er selber sagte – nicht kam, um die Gerechten zur Umkehr zu rufen, sondern die Sünder; zu wissen, daß er sagt: »Die Starken bedürfen des Arztes nicht, sondern die Kranken« (Matth. 9, 12). Und auch zu wissen, daß er »unsre Sünden selbst hinaufgetragen hat an seinem Leibe auf das Holz, auf daß wir, der Sünde abgestorben, der Gerechtigkeit leben; durch welches Wunden ihr seid heil geworden« (1. Petr. 2, 24).

Wenn Menschen in einem Zustand geistlicher Depression zu mir kommen, stelle ich beinahe ausnahmslos fest, daß sie niedergedrückt sind, weil sie die obengenannten Dinge nicht so kennen, wie sie sollten. Sie sagen: »Ich bin so ein schlimmer Sünder; Sie wissen gar nicht, was ich war oder was ich getan habe.« Warum sagen sie mir das? Weil sie nie verstanden haben, was Jesus meinte, als er sagte: »Ich bin gekommen, zu rufen die Sünder zur Buße – und nicht die Gerechten« (Luk. 5, 32).

Gerade das, was sie in ihrer Selbstverurteilung sagen, ist es, was ihnen das Recht gibt, zu ihm zu kommen und gewiß zu sein, daß er sie annehmen wird. Wo man es versäumt, diese Dinge zu lernen und zu glauben, da ist der Glaube schwach. Ein starker Glaube bedeutet also, daß man obige Dinge weiß. Viele Leute gehen traurig und unglücklich durch das Leben, weil sie diese Dinge nicht wirklich verstehen. Wenn sie sie nur verstünden, würden sie feststellen, daß ihre Selbstverurteilung an sich das Unterpfand ihrer Buße und der Weg zu ihrer endgültigen Befreiung ist.

Mit anderen Worten: Das beste Gegenmittel gegen geistliche Depressionen ist die Erkenntnis der biblischen Lehre, der christlichen Lehre. Keine Gefühle in Versammlungen zu wecken, sondern die Prinzipien des Glaubens zu kennen, die biblische Lehre zu erfassen, das ist der Weg der Bibel, das ist der Weg der Apostel. Das Gegenmittel gegen Depressionen besteht darin, daß Sie Jesus kennen. Das können Sie durch sein Wort, die Bibel. Sie müssen sich die Mühe machen, sich dieses Wort anzueignen. Das ist schwierig, aber Sie müssen es studieren und sich ihm stellen.

Das Wort Gottes macht uns frei

Die Tragik scheint mir heute darin zu bestehen, daß die Menschen zu abhängig sind von Versammlungen. Das war jahrelang das Problem in der christlichen Kirche, und das ist auch der Grund, weswegen so viele unglücklich sind. Ihre Erkenntnis der Wahrheit ist mangelhaft, das ist es. Sie erinnern sich, was Jesus zu gewissen Leuten sagte, die plötzlich an ihn glaubten: »Wenn ihr bleiben werdet an meiner Rede, so seid ihr meine rechten Jünger und werdet die Wahrheit erkennen, und die Wahrheit wird euch frei machen« (Joh. 8, 31-32). Frei von Zweifel oder Furcht, frei von Depressionen, frei von den Dingen, die Sie niederdrücken. Es ist die Wahrheit, die frei macht – die Wahrheit über Jesus hinsichtlich seiner Person, seines Wirkens, seines Amtes, Christus, wie er ist.

Nun wollen wir eilends zum zweiten Hauptpunkt übergehen. Nachdem ich mit dem ersten Punkt, wie Petrus einen richtigen Anfang machte, begann, dürfen Sie nicht den zweiten Hauptpunkt vergessen, nämlich die Art und Weise, wie sich Petrus später leider verhielt. »Ja, aber«, sagen Sie vielleicht, »es ist doch gut, sich die Sache nochmals zu überlegen.« Nicht bei diesem Punkt im christlichen Glauben. Es ist eine Torheit. Zweifel sind sehr töricht, und es ist gut, wenn wir sehen, wie töricht wir sind.

Wenn wir wieder einmal versucht werden, wollen wir also an Petrus denken, der überhaupt nie auf die Wellen hätte schauen sollen. Warum nicht? Weil er die Angelegenheit bereits geregelt hatte, bevor er aus dem Boot stieg! Jetzt sehen Sie, warum ich früher so betont habe, daß der Sturm bereits tobte, bevor Jesus überhaupt zum Boot kam. Es wäre viel schwieriger, wenn Petrus bei ruhiger See ausgestiegen wäre und sich dann ein Sturm erhoben hätte. Das wäre dann eine gewisse Entschuldigung für Petrus gewesen. Aber das war nicht so, denn als Petrus zu Jesus sagte: »Herr, bist du es, so heiße mich zu dir kommen auf dem Wasser«, hatte er sich tatsächlich mit dem Problem der Wellen auseinandergesetzt. Er wußte, daß das Schiff hin und her geschleudert wurde, und als er jene Aussage machte, bedeutete das also, daß er zu Jesus sagte: »Es kümmert mich nicht, was das Wasser tut.« Er hatte jenes Problem gelöst, und so war er aus dem Boot gestiegen und ging auf dem See. Es war nichts Neues mit den Wellen; es kam kein neuer Faktor hinzu. Er wurde nicht irgendeiner neuen

Schwierigkeit gegenübergestellt. Der Herr Jesus Christus befähigte ihn tatsächlich, über die ungestümen Wellen zu gehen. Warum dann noch auf die Wogen schauen? Welchen Grund gab es hierfür? Überhaupt keinen. Es war lächerlich, es war töricht.

Das Problem bei einem schwachen Glauben besteht immer darin, daß er auf Fragen zurückkommt, die schon längst gelöst und beantwortet sind. Wenn Sie je Ihr Vertrauen auf den Herrn Jesus Christus gesetzt haben, müssen Sie auf irgendeine Weise die Schwierigkeiten gesehen und sich mit ihnen auseinandergesetzt haben, oder Sie sind nicht zum Glauben durchgedrungen. Nun, warum sollten Sie zurückweichen? Es wäre reine Torheit. Nicht nur ist es eine Sache des Unglaubens, es ist eine Frage des Verhaltens. Warum sich wieder mit den Schwierigkeiten auseinandersetzen, die Sie bereits gelöst haben, bevor Sie aus dem Schiff stiegen?

Ich möchte wiederholen, daß diese negative Seite des Glaubens sehr wichtig ist. Nachdem Sie Ihr Vertrauen auf Jesus gesetzt haben, müssen Sie für bestimmte Dinge die Tür schließen und sich weigern, diese zu betrachten. Es gehört zum Wesen des Glaubens, daß man nachträgliche Überlegungen von sich weist. Lehnen Sie sie ab! Haben Sie nichts mit ihnen zu schaffen! Sagen Sie zu ihnen: »Ich bin mit euch fertig!«

Aufblicken auf Jesus

Das bringt mich zum nächsten Punkt. Ein weiteres Merkmal des Glaubens ist, daß er darin verharrt, auf Jesus zu sehen. Ich werde Ihnen das anhand von zwei oder drei Beispielen erklären. Der Glaube sagt: »Was er zu tun angefangen hat, das kann er auch fortführen. Der Anfang des Werkes war ein Wunder. Wenn er also ein Wunderwerk beginnen kann, ist er auch fähig, es fortzusetzen. Was er angefangen hat, das kann er auch vollenden.« Paulus sagt in Philipper 1, 6: »Und ich bin desselben in guter Zuversicht, daß, der in euch angefangen hat das gute Werk, der wird's auch vollführen bis an den Tag Jesu Christi.« »Ja«, so sagt Toplady, »das Werk, das er in seiner Güte begann, wird sein starker Arm vollenden.« Das ist ein unwiderlegbarer Beweis.

Zweitens können Sie und ich nie zweifeln, solange wir auf

Jesus sehen und uns über ihn im klaren sind. Ohne ihn sind wir hoffnungslos verloren. Es ist uninteressant, wie lange Sie Christ sind, Sie sind für jeden Schritt von ihm abhängig. Ohne ihn können wir nichts tun. Wir können unseren Zweifel nur besiegen, indem wir beständig auf Jesus schauen und nicht auf die Zweifel. Die Art und Weise, auf Zweifel zu antworten, besteht darin, daß man auf Jesus schaut. Je mehr Sie ihn und seine Macht kennen, um so lächerlicher werden die Zweifel werden. Schauen Sie also beständig auf den Herrn. Sie können nicht von Ihrem Anfangsglauben leben – es scheint, daß Petrus das zu tun versuchte. Er begann mit einem großen Glauben, und anstatt im Glauben zu wachsen, versuchte er, davon zu leben. Sie können nicht von einem Anfangsglauben leben. Versuchen Sie nicht, nur von Ihrer Bekehrung zu leben. Sie werden auf der Nase liegen, bevor Sie es merken. Sie können nicht von einer einzigen gewaltigen Erfahrung leben, Sie müssen jeden Tag weiter auf Jesus sehen.

»Wir wandeln im Glauben«, und Sie leben im Glauben an den Herrn Jesus Christus. Sie brauchen ihn auf Ihrem Sterbebett ebensosehr wie in der Nacht, da Sie sich bekehrten. Sie brauchen ihn zu jeder Zeit. Die Bibel ist hierfür voller Beispiele. Eine der allerbesten Illustrationen ist die Art und Weise, wie das Volk Israel jeden Tag, den Sabbat ausgenommen, das Manna sammeln mußte. Das ist die Methode des Herrn. Er gibt uns nicht genug für einen Monat. Wir brauchen jeden Tag neu die benötigte Menge.

Beginnen Sie also mit Jesus, und bleiben Sie mit ihm in Verbindung. Das war der fatale Fehler des Petrus: Er wandte seinen Blick von Jesus weg. Es ist »der Kampf des Glaubens«: Sie gehen über ungestüme Wellen, und die einzige Möglichkeit, »auf den Beinen zu bleiben«, ist, ständig auf ihn zu sehen.

Darf ich ein letztes Wort des Trostes sagen? Wir finden es in diesem einen Ereignis, nämlich: Der Herr wird Sie nie untergehen lassen. Petrus schrie laut vor Angst und Schrecken.

»Herr«, so rief er, »hilf mir!« Und alsbald reckte Jesus die Hand aus, ergriff ihn und sprach zu ihm: »O du Kleingläubiger, warum zweifeltest du?« Und sie traten in das Schiff, und der Wind legte sich. Danken Sie Gott für diesen Trost. Er wird Sie nie untergehen lassen, weil Sie zu ihm gehören. Sie mögen Gott verlassen, Sie mögen das Gefühl haben, daß Sie endgültig und für immer untergehen. Jedoch: »Niemand wird sie aus meiner Hand reißen« (Joh. 10, 28). »Denn ich bin gewiß«, sagt Paulus, »daß weder Tod noch Leben, weder Engel noch Fürstentümer noch Gewalten, weder Gegenwärtiges noch Zukünftiges, weder Hohes noch Tiefes noch keine andere Kreatur kann uns scheiden von der Liebe Gottes, die in Christus Jesus ist, unserm Herrn« (Röm. 8, 38-39). Wenn Sie meinen, daß Sie verloren sind, wird Jesu Hand dasein. Er wird Sie festhalten. Schauen Sie nur auf ihn, und sagen Sie mit John Newton: »Seine Liebe in der Zeit, die hinter mir liegt, verbietet mir zu denken, daß er mich schließlich doch verläßt, so daß ich in den Schwierigkeiten untergehe. Jenes wunderbare Ebenezer, auf das ich zurückblicke, bestätigt sein gütiges Wohlgefallen, mir bis zum Ende hindurchzuhelfen.«

Rufen Sie zu Jesus in Ihrer Verzweiflung. Teilen Sie sie nicht überall mit, aber – wenn Sie erschrocken sind, rufen Sie! Der Herr wird Sie hören und Sie bei der Hand ergreifen.

Aber damit schließe ich nicht, sondern ich möchte noch sagen, daß die große Lektion der ganzen Geschichte in gewissem Sinne die ist, daß der Herr uns vor dem Fallen bewahren kann. Wir werden nie so laut zu schreien brauchen, wenn wir nur beständig auf ihn blicken. Wenn wir an ihn glauben, werden wir nie fallen, sondern immer geradeaus gehen. Wenn Petrus auf den Herrn gesehen hätte, wäre er weiter auf dem See gegangen, er wäre nie in Schwierigkeiten gekommen.

Der Herr ist so groß. Er ist der Herr des Alls. Er vermag nicht nur selber auf dem See zu gehen, er kann auch Petrus befähigen, auf dem Wasser zu gehen. Nichts ist ihm unmöglich. »Bei Gott sind alle Dinge möglich« (Matth. 19, 26), und er ist Gott. Der Glaube schaut also auf ihn und sagt mit Charles Wesley: »Der Glaube, der starke Glaube, sieht die Verheißungen und schaut nur auf sie allein, lacht über die Unmöglichkeiten und ruft: Es wird geschehen!« Das ist Glaube. »Der Glaube, der starke Glaube, sieht die Verheißungen (in Jesus) und schaut nur auf sie allein«, auf nichts anderes. Er »lacht über die Unmöglichkeiten« – die ungestümen Wellen – und ruft: »Es wird geschehen!«

»Dem aber, der euch kann behüten vor dem Straucheln und stellen vor das Angesicht seiner Herrlichkeit unsträflich mit Freuden, dem Gott, der allein weise ist, unserem Heiland, sei Ehre und Majestät und Gewalt und Macht nun und in alle Ewigkeit! Amen« (Jud. 24-25).

Der knechtische Geist

Denn ihr habt nicht einen knechtischen Geist empfangen, daß ihr euch abermals fürchten müßtet; sondern ihr habt einen kindlichen Geist empfangen, durch welchen wir rufen: Abba, lieber Vater! Der Geist selbst gibt Zeugnis unserm Geist, daß wir Gottes Kinder sind. Sind wir aber Kinder, so sind wir auch Erben, nämlich Gottes Erben und Miterben Christi, so wir anders mit ihm leiden, auf daß wir auch mit zur Herrlichkeit erhoben werden.
Römer 8, 15-17

Es sind keine größeren Worte als diese jemals geschrieben worden. Sie ragen sogar in einem so großartigen Kapitel, wie es das achte Kapitel des Römerbriefes ist, heraus, da sie die Wahrheit auf eine ganz einmalige Weise zum Ausdruck bringen. Es handelt sich um eine der herrlichsten Aussagen dieser Art in der ganzen Heiligen Schrift. Dennoch müssen wir uns bei diesem Vers vor allen Dingen den Grund, aus dem der Apostel diese Worte niederschreibt, sehr genau bewußtmachen. Die Gefahr bei einigen dieser sehr bekannten Sätze besteht darin, daß wir dazu neigen, uns mit den Worten oder mit irgendeinem allgemeinen Eindruck zu begnügen, den sie auf uns machen. Wir freuen uns so sehr, daß wir uns ihre Bedeutung nicht ganz klarmachen.

Betrachten wir also die Aussage des Apostels. Warum machte Paulus sie? Was war sein Ziel, was war der Grund? Die Antwort finden wir in Vers fünfzehn: »Denn«, so sagt der Apostel, »ihr habt nicht einen knechtischen Geist empfangen, daß ihr euch abermals fürchten müßtet.« Mit anderen Worten: Die Aussage ist mit etwas verbunden, das bereits gesagt wurde, und der Apostel hat ein ganz bestimmtes Ziel vor Augen, als er seine Worte niederschreibt. Er möchte nämlich die römischen Christen unbedingt vor dem Geist der Entmutigung, vor dem Geist der Verzagtheit oder der Depression bewahren.

Vielleicht haben sie tatsächlich darunter gelitten, aber selbst wenn das im Augenblick nicht der Fall war, möchte er, daß sie das auch nie tun. Sein einziges Ziel besteht darin, ihnen ein Gegenmittel gegen die Depression, gegen den knechtischen, den niedergedrückten Geist, den Geist der Entmutigung, zu geben, der, wie wir gesehen haben, uns im Leben als Christ immer bedroht. Der Apostel macht eine so herrliche Aussage wie diese nicht ohne irgendeinen Zusammenhang; es handelt sich nicht um irgendeine Wahrheit, die ganz plötzlich in den Raum gestellt wird. Die Aussage wird, wie das bei solchen Aussagen in den Briefen des Apostels fast ausnahmslos der Fall ist, gemacht, als er sich mit irgendeinem Problem auseinandersetzte.

Die Briefe des Paulus, die wir im Neuen Testament vor uns haben, sind voll von Lehre und Theologie, aber dennoch wäre die Behauptung falsch, daß die Sammlung neutestamentlicher Briefe ein Lehrbuch der Theologie ist. Das ist nicht der Fall. Das Verblüffende ist – und es ist wichtig, das im Gedächtnis zu halten –, daß die Erklärungen und Lehren immer hinsichtlich irgendeines praktischen Zieles gegeben wurden, wobei die seelsorgerliche Absicht ganz im Vordergrund stand. Die Briefe sind seelsorgerliche Briefe, die vornehmlich geschrieben wurden, weil der Apostel Menschen zu einer wirklichen Freude und zum ausgelebten christlichen Glauben, den sie angenommen hatten, verhelfen wollte.

Die Not der Sünde

Es ist äußerst wichtig, genau festzustellen, wie er dazu kam, diese Aussage in Römer 8, 15 zu machen. Was war im Falle der römischen Christen die Ursache der Entmutigung? Es war nichts weniger als die Schwierigkeit, das christliche Leben zu praktizieren, oder, wenn Sie so wollen, die Not, mit der Sünde fertig zu werden. Paulus hat sich vom Beginn des sechsten Kapitels an damit auseinandergesetzt.

Die Leute, denen er schreibt, haben sich bekehrt und glauben jetzt an den Herrn Jesus Christus, aber nun stehen sie vor der Schwierigkeit, das neue Leben, das sie empfingen, in einer Welt zu verwirklichen, die so feindselig ist und ihnen so ablehnend gegenübersteht. Sie müssen ihren Glauben auch im Blick auf gewisse Dinge in ihrem eigenen Wesen ausleben. Es ist ein Kampf, es ist eine Schlacht; es ist sowohl außen wie innen Sünde vorhanden, und hier sind Menschen, die sich nun mit ihrer Nachfolge Jesu beschäftigen, sowie damit, wie sie so leben können, wie Jesus Christus gelebt hat. Nun ist es sehr oft so, daß angesichts dieser besonderen Frage Verzagtheit und Depression uns überfallen wollen.

Wir haben bereits viele Beispiele der verschiedenen Mittel betrachtet, die Satan in seiner Hinterlist benutzt, um uns zu entmutigen. Im vorliegenden Fall handelt es sich um ein sehr allgemeines Mittel, und der Satan wendet es besonders bei einer gewissenhaften Menschenart an, bei dem Menschen, der den Glauben ernst nimmt; der nicht sagt: »Jetzt habe ich mich bekehrt, und alles ist in Ordnung«, sondern: »Dies ist ein großartiges, herrliches Leben, und ich muß es praktizieren.« Wir wollen uns hier mit der besonderen Versuchung befassen, der solche Menschen ausgesetzt sind.

Was ist der Kern des Problems? Er liegt darin, daß man es versäumt, sich bestimmte Wahrheiten hinsichtlich des christlichen Lebens bewußtzumachen, daß man es versäumt, sich das klarzumachen, was uns als Christen möglich ist. Im Grunde handelt es sich um das Versäumnis, die ganze Lehre der Bibel zu verstehen, oder, wenn es Ihnen lieber ist, um ein weiteres Versagen auf dem Gebiet des Glaubens. Wir haben eine Anzahl Dinge über den Glauben gesehen, zum Beispiel, daß der Glaube eine Handlung ist. Viele Leute vergessen das und kommen in Schwierigkeiten, weil sie sich nicht bewußtgemacht haben, daß sie ihren Glauben anwenden müssen.

Dann haben wir gesehen, daß andere in Schwierigkeiten geraten, weil sie nicht sehen, daß sie bei der Anwendung des Glaubens Stetigkeit und Ausdauer zeigen müssen. Sie sehen nicht, daß ein guter Start nicht ausreicht, sondern daß wir weitergehen müssen und uns nicht einen Augenblick lang ausruhen können. Aber im vorliegenden Fall scheint die Schwierigkeit darin zu bestehen, daß man es versäumt, sich bewußtzumachen, daß der Glaube angeeignet werden muß.

Wir haben die Wahrheit hier vor Augen, aber wenn wir sie uns nicht zu eigen machen, wird sie uns nicht helfen. Das Nicht-Ergreifen ist beim Menschen eine der bemerkenswertesten Folgen der Sünde. Wir alle haben das bestimmt schon einmal bemerkt. Ist es Ihnen nicht schon einmal passiert, daß Sie eine bestimmte Bibelstelle lasen, die Sie bereits viele Male zuvor gelesen haben und von der Sie meinten, Sie würden sie kennen, und plötzlich bemerken Sie, wie diese Bibelstelle Ihnen lebendig wird und auf eine bisher ungewohnte Weise zu Ihnen spricht? Wir alle haben bestimmt diese Erfahrung viele Male gemacht. Wie leicht geschieht es, daß wir die Bibel lesen, der Wahrheit theoretisch zustimmen und uns deren Inhalt dennoch nicht aneignen!

Ich glaube, daß gerade das der Kern dieses besonderen Problemes ist, das wir zur Zeit überdenken, denn diese Sache neigt immer dazu, das hervorzubringen, was der Apostel »einen knechtischen Geist« nennt. Was meint er mit diesem »knechtischen Geist«? Er meint damit die Gefahr, einen »unterwürfigen Geist« zu haben, einen Geist und eine Einstellung wie die eines Sklaven. Die sklavische Einstellung entsteht meistens infolge der Bestrebung, das Christsein und die Verwirklichung des christlichen Lebens in ein neues Gesetz, in ein höheres Gesetz zu verwandeln. Ich denke da an Leute, die sich über ihr Verhältnis zum Gesetz – zu den Zehn Geboten oder zum moralischen Gesetz – als Weg der Erlösung im klaren sind.

Sie haben deutlich gesehen, daß Jesus sie davon erlöst hat und daß nur er allein das tun konnte. Sie wissen, daß sie das Gesetz nie aus eigener Kraft erfüllen können. Sie sehen, daß Jesus uns von dem Fluch des Gesetzes befreit hat. Sie sind sich über ihre Rechtfertigung völlig im klaren. Sie beginnen jetzt aber, ihren Blick intensiv auf das christliche Leben zu richten, und auf ganz raffinierte Weise verwandeln sie es unbewußt in eine neue Art Gesetz – mit dem Ergebnis, daß sie in einen knechtischen und sklavischen Geist geraten.

Sie verstehen das Leben als Christ als eine große Aufgabe, die sie auf sich nehmen müssen und der sie sich widmen sollen. Sie haben die Bergpredigt gelesen und sind sich bewußt, daß dies eine Darstellung des christlichen Lebens, des Lebens, das sie leben möchten, ist. Sie wenden sich anderen Unterweisungen Jesu zu, wie sie uns in den Evangelien berichtet werden, und finden auch dort solche Darstellungen. Dann lesen sie die Briefe durch und sehen dort die genauen Vorschriften der Apostel, und sie sagen: »Das ist das christliche Leben.« Danach betrachten sie diese Dinge als etwas, das sie auf sich nehmen und in ihrem Leben verwirklichen müssen. Mit anderen Worten: Die Frömmigkeit wird für sie zu einer großen Aufgabe. Sie beginnen ihr Leben zu planen, zu organisieren und bestimmte Regeln einzuführen, damit sie in der Lage sind, das alles auszuführen.

Gesetzlichkeit versklavt uns

Gesetzlichkeit sieht man auf klassische Weise in der Lehre der römisch-katholischen Kirche vertreten sowie auch im Mönchtum, das ein treffendes Beispiel gerade hierfür ist. Es gibt dort Männer und Frauen, die, nachdem sie mit der christlichen Wahrheit konfrontiert wurden, sagen: »Das christliche Leben ist offensichtlich ein hohes und erhabenes Leben, und wenn man in diesem Leben Erfolg haben will, dann muß man ihm seine ganze Zeit widmen.« Sie gehen sogar noch weiter und sagen: »Man kann das nicht tun und zugleich weiter im Beruf und in der Welt stehen. Man muß sich von der Welt absondern, man muß sich aus ihr zurückziehen.« Und das tun sie dann auch. Das ist freilich eine extreme Form der Idee, daß Frömmigkeit, Heiligung und geistliches Leben eine Beschäftigung ist, die die ganze Zeit eines Menschen in Anspruch nimmt, und daß man sich ihr ausschließlich widmen und seine Regeln usw. haben muß, um in der Lage zu sein, als Christ zu leben.

Nach dem, was der Apostel Paulus sagt, ist das nichts anderes als ein knechtischer Geist. Aber ich brauche kaum zu sagen, daß diese Einstellung nicht nur bei römischen Katholiken oder bei anderen, die sich »katholisch« nennen, vorkommt – im Gegenteil, sie kann sehr allgemein verbreitet sein. Sie ist es auch, sogar unter evangelikalen Christen. Wir können uns sehr leicht ein neues Gesetz auferlegen. Freilich, wir nennen es nicht »Gesetz«, und wenn wir uns bewußt wären, daß wir uns wieder unter ein Gesetz stellen, würden wir das nicht tun; aber die Tendenz zu solchem Verhalten ist noch immer vorhanden. Ich kann das anhand der vielen Verweise, die die verschiedenen neutestamentlichen Briefe diesbezüglich geben, beweisen.

Nehmen wir einmal die Erörterung des Paulus aus seinem Schreiben an die Kolosser, wo er einen besonderen Abschnitt diesem Thema widmet. Hören wir einmal, wie er es am Ende des zweiten Kapitels ausdrückt: »So lasset nun niemand euch ein Gewissen machen über Speise oder über Trank oder über bestimmte Feiertage oder Neumonde oder Sabbate, welches ist der Schatten von dem, was zukünftig sein soll; aber der Körper selbst ist in Christus. Lasset euch niemand das Ziel verrücken, der sich gefällt in falscher Demut und Verehrung der Engel, davon er nie etwas gesehen hat, und ist ohne Ursache aufgeblasen in seinem fleischlichen Sinn und hält sich nicht an das Haupt, von dem her der ganze Leib durch Gelenke und Bänder gestützt und zusammengehalten wird und so wächst zur göttlichen Größe. Wenn ihr denn nun abgestorben seid mit Christus den Elementen der Welt, was lasset ihr euch denn fangen mit Satzungen, als lebtet ihr noch in der Welt? ›Du sollst‹, sagen sie ›das nicht angreifen, du sollst dies nicht kosten, du sollst jenes nicht anrühren‹, was sich doch alles unter den Händen verzehret; es sind der Menschen Gebote und Lehren, die einen Schein von Weisheit haben durch selbsterwählte Frömmigkeit und Demut und dadurch, daß sie des Leibes nicht schonen und dem Fleisch nicht seine Ehre tun zu seiner Notdurft« (Kol. 2, 16-23).

Obiges gibt uns einen Einblick in das, was in der Urgemeinde geschah. Eine Art Mönchtum war entstanden, und zwar auf eine äußerst heimtückische Weise. Sie ist in dieser bestimmten Form heute nicht mehr verbreitet, aber die Neigung, die Versuchung, ist noch immer vorhanden. Auch der Brief von Paulus an Timotheus ist eine Warnung vor genau derselben Sache.

Hören Sie, was Paulus im ersten Timotheusbrief schreibt: »Der Geist aber sagt deutlich, daß in den letzten Zeiten werden etliche von dem Glauben abfallen und anhangen den verführerischen Geistern und Lehren der Teufel durch die Heuchelei der Lügenredner, die ein Brandmal in ihrem Gewissen haben. Sie gebieten, nicht ehelich zu werden und zu meiden die Speisen, die Gott geschaffen hat, daß sie mit Danksagung empfangen werden von den Gläubigen und denen, die die Wahrheit erkennen« (1. Tim. 4, 1-3).

Das ist gewiß eine Sache, die auch heute noch allgemein verbreitet ist. Ich erinnere mich sehr gut an den Fall einer gläubigen Dame, die aufgehört hatte, Fleisch zu essen. Sie glaubte, ganz deutlich nachweisen zu können, daß ein Christ aus dem Grund kein Fleisch essen sollte, weil das Tier vorher getötet werden mußte, und das sei eine Verletzung des Geistes der Liebe. Diese Dame legte sich selbst also ein Gesetz auf. Was war ihr Ziel? Das

Ziel war, wie sie meinte, ein wirklich christliches Leben zu führen. Sie nahm das Christsein sehr ernst und wußte Bescheid über die Rechtfertigung durch den Glauben. Aber unbewußt verwandelte sie das Glaubensleben und dessen Praktizierung in ein neues Gesetz, das sie sich selber auferlegt hatte. Der oben zitierte Abschnitt über verführerische Geister, die verbieten, zu heiraten und Fleisch zu essen, dürfte ausreichen, um zu zeigen, was der Apostel mit diesem »knechtischen Geist« meint.

Wir wollen nun versuchen, das Streben, Christen neue Gesetze aufzuerlegen, in Hinblick auf bestimmte Dinge zu deuten, die wir heute in unserem Land sehen. Ich hoffe, später in meiner Predigtreihe darauf zurückkommen und mich eingehender mit diesem Thema befassen zu können. An dieser Stelle werde ich es aber allgemein behandeln. Der »knechtische Geist« bringt mit sich bzw. zieht nach sich einen Geist der Furcht.

Das Gesetz schafft Furcht

In welchem Sinne bringt der knechtische Geist einen Geist der Furcht mit sich? Erstens neigt er dazu, eine falsche Gottesfurcht zu erzeugen. Es gibt eine richtige Gottesfurcht, und wir vernachlässigen und übersehen sie auf eigene Gefahr; aber es gibt auch eine falsche Gottesfurcht, und das ist eine feige Furcht, eine »Furcht, die hat Pein« (1. Joh. 4, 18). Meines Erachtens neigen die Menschen dazu, diese Art von falscher Furcht zu entwickeln. Sie betrachten Gott als den Zuchtmeister, als jemanden, der fortwährend aufpaßt, um einen Fehler oder Mangel zu finden und sie dann entsprechend zu strafen. Andere sehen Gott als den strengen Gesetzgeber, der irgendwo weit weg ist. Das trifft sicher auf die katholische Kirche zu, auf die ich bereits hingewiesen habe, aber es trifft ebenso zu auf jede andere Äußerung dieses besonderen Problems.

Es ist jedoch nicht nur eine Furcht vor Gott; es ist auch eine Furcht vor der Größe der Aufgabe. Nachdem sie das Ausmaß der Aufgabe festgestellt haben, beginnen sie nun, sich davor zu fürchten. Das ist der Grund, weshalb sie meinen, daß sie nur dann als Christ leben können, wenn sie sich von der Welt absondern; daß man unmöglich im Geschäftsleben stehen oder einem Beruf nachgehen und dabei auch noch seinen Glauben praktizieren kann. So erhält das christliche Leben den Charakter von Angst und Schrecken. Die Freude fehlt, weil das gigantische Wesen der Aufgabe sie mit einem Geist der Furcht erfüllt. So haben sie es schwer mit sich selbst und mit der Möglichkeit, dieses Leben nach Gottes Willen auszuleben.

Wieder eine andere Art, in der sich der Geist der Furcht äußert, ist, daß die Menschen dazu neigen, die Macht des Teufels auf eine falsche Weise zu fürchten. Ich werde das verdeutlichen. Es gibt eine richtige Furcht vor dem Teufel. Sie finden diese im Judasbrief und ebenfalls im zweiten Petrusbrief erwähnt. Es gibt leichtfertige, geistlich unwissende Leute, die Witze über den Teufel machen, weil sie einfach gar nichts über ihn und seine Macht wissen. Aber auf der anderen Seite dürfen wir auch nicht einer feigen Angst vor dem Teufel unterworfen sein wie jene Menschen, die sich seiner Macht bewußt sind. Es sind oft geistlich gesonnene Leute – das ist eine merkwürdige Versuchung einiger der besten –, die sehen diese mächtige Kraft des Teufels gegen sie gerichtet, und davor fürchten sie sich.

Sie haben ebenso Angst vor der Sünde, die in ihnen selber steckt. Sie verbringen ihre Zeit damit, sich selbst anzuklagen und über die Verderbtheit und Finsternis des eigenen Herzens zu sprechen. Auch hier müssen wir das Gleichgewicht bewahren. Der Christ, der die Sündhaftigkeit und die Verderbtheit des eigenen Herzens nicht kennt, ist im Glauben noch ein sehr kleines Kind. Wenn er überhaupt nicht darum weiß, frage ich mich, ob er überhaupt Christ ist. Nach der Bibel sind Menschen, die sich der innewohnenden Sünde nicht bewußt sind, entweder Neulinge im Glauben, oder sie sind nicht wiedergeboren. Das ist aber etwas völlig anderes, als den Geist der Angst zu haben und sich in jenem Zustand zu befinden, in dem man »den Freuden abgeneigt ist und sein Leben in Mühsal verbringt«. Nun findet man das heute nicht mehr zu häufig. Ich bin versucht zu sagen, daß die Christen von heute leider viel zu gesund und zu sorglos sind. Wenn wir ins vorige Jahrhundert zurückgehen und in die Jahrhunderte davor, dann sehen wir dort die andere Tendenz, nämlich die Neigung zu trauern – nichts anderes zu tun als zu trauern und sich nie zu freuen. Manche gingen damals sogar soweit, daß sie sagten, daß, wenn ein Christ sich freute, irgend etwas bei ihm nicht in Ordnung sei. Daraus resultiert aber nun wieder der Geist der Furcht aufgrund eines wachen Bewußtseins der Macht der in uns wohnenden Sünde.

Ich kann es, anders gesagt, folgendermaßen zusammenfassen: Der Geist der Furchtsamkeit, der sich bei diesen Christen aus dem knechtischen Geist ergibt, ist letztlich Furcht vor sich selber und Furcht vor Versagen. Sie sagen: »Ich bin nun zwar Christ geworden, aber kann ich mein Christsein auch praktizieren? Es ist etwas so Wunderbares, Herrliches und Erhabenes. Wie soll ich ein solches Leben leben? Wie kann ich zu solchen Höhen aufsteigen?« Und mit diesem Bewußtsein der eigenen Schwachheit, der Größe der Aufgabe und der Macht Satans kommen sie in diesen knechtischen Geist hinein, bleiben niedergeschlagen und verwirrt, quälen sich und sind voller Furcht.

Gerade an Menschen, die sich in einem solchen Zustand befinden, wendet sich der Apostel, wenn er sagt: »Ihr habt nicht einen knechtischen Geist empfangen, daß ihr euch abermals fürchten müßtet.« Damit will er klarmachen: »Ihr wart in diesem Geist der Knechtschaft und der Furcht, aber ihr wurdet daraus erlöst – warum begebt ihr euch wieder hinein?« Was ist hier das Gegenmittel? Der Apostel gibt uns in dieser großartigen Aussage eine Antwort. Sie lautet: Wir müssen uns die Wahrheit hinsichtlich der Lehre vom Heiligen Geist und dem Innewohnen des Heiligen Geistes im Christen bewußtmachen.

Das ist die Botschaft, und das, so sagt der Apostel, wirkt sich auf zweierlei Weise aus. Erstens: Wenn ich vor dieser gewaltigen, herrlichen Aufgabe stehe, mich selbst zu verleugnen, das Kreuz aufzunehmen und dem Herrn Jesus Christus nachzufolgen, mache ich mir bewußt, daß ich so durch diese Welt gehen muß, wie er es tat. Wenn ich mir dessen bewußt bin, daß ich wiedergeboren bin und von Gott nach dem Bilde seines geliebten Sohnes umgestaltet wurde, und wenn ich zu fragen beginne: »Wer bin ich, daß ich je so leben kann? Wie kann ich so etwas auch nur hoffen?«, dann ist hier die Antwort die Lehre vom Heiligen Geist, die Wahrheit, daß der Heilige Geist in uns wohnt. Was besagt diese Lehre? Vor allen Dingen erinnert sie mich an die Macht des Heiligen Geistes, der in mir ist.

Der Apostel hat das bereits in Römer 8, 13 gesagt, wo er sich mit der Frage auseinandersetzt, wie man mit dem Leben nach dem

Fleisch aufhören kann: »Wenn ihr nach dem Fleisch lebet, so werdet ihr sterben müssen; wenn ihr aber durch den Geist des Fleisches Geschäfte tötet, so werdet ihr leben.« Hier in Römer 8, 15 kommt er nochmals darauf zurück. »Denn ihr habt nicht einen knechtischen Geist empfangen, daß ihr euch abermals fürchten müßtet.« Im Grunde genommen sagt er zu den Römern: »Ihr habt gedacht, ihr müßtet das großartige christliche Leben alleine und aus eigener Kraft leben. Ihr seid euch dessen bewußt, daß euch vergeben wurde, und ihr könnt Gott dafür danken, daß eure Sünden ausgelöscht und weggewaschen sind, aber ihr scheint zu denken, daß das alles ist und daß ihr für die Praktizierung des Glaubenslebens auf euch gestellt seid. Wenn ihr so denkt, ist es nicht erstaunlich, daß ihr in einem Geist der Furcht und Knechtschaft gebunden seid, denn die ganze Sache ist völlig aussichtslos. Es bedeutet, daß ihr einfach ein neues Gesetz habt, das unendlich viel schwieriger ist als das alte Gesetz. Aber so ist die Lage nicht, denn der Heilige Geist wohnt in euch.«

Tatsächlich hat sich Paulus in Römer 8 mit dieser Thematik auseinandergesetzt. Schauen Sie einmal auf das, was er zum Beispiel im dritten Vers sagt: »Denn was dem Gesetz unmöglich war, weil es durch das Fleisch geschwächt war, das tat Gott: Er sandte seinen Sohn in der Gestalt des sündlichen Fleisches und um der Sünde willen und verdammte die Sünde im Fleisch.« Was meint er mit »was dem Gesetz unmöglich war, weil es durch das Fleisch geschwächt war«? Er meint, daß das Gesetz niemanden retten konnte; das Gesetz konnte niemanden dazu befähigen, das christliche Leben zu verwirklichen, weil das Gesetz schwach ist wegen der Schwachheit meines Fleisches. »Was dem Gesetz unmöglich war, weil es durch das Fleisch geschwächt war.« In dem Gesetz ist kein Fleisch; man kann offensichtlich von der Schwachheit des Fleisches des Gesetzes nicht sprechen. Das bedeutet, daß das Gesetz gegeben wurde, aber daß dem Menschen selber aufgetragen ist, das Gesetz zu halten. Die Schwachheit des Fleisches liegt im Menschen, nicht im Gesetz. Das Gesetz ist nicht schwach; es ist der Mensch, der das Gesetz ausführen soll, der schwach ist.

Ein alter Pfarrer erklärte das einmal sehr gut. Er gab uns das Beispiel eines Mannes, der mit einem Spaten einen Garten umgrub. Als er so am Graben war, brach der Holzgriff des Spatens ab. Er zeigte auf, daß mit dem Spaten als solchem nichts falsch war; alles war in Ordnung, aber der Griff war zu schwach. Der Spaten selber war stark und aus Eisen; das Versagen lag im Griff, der aus Holz gemacht und daher schwach war. Stimmt es nicht genauso, daß wir zum Versagen verurteilt sind, wenn wir uns im christlichen Leben ein neues Gesetz auferlegen, das wir in eigener Kraft halten sollen? Aber wir brauchen das nicht, weil der Heilige Geist jetzt in uns wohnt. »Ihr aber seid nicht fleischlich, sondern geistlich« (Röm. 8, 9).

Der Heilige Geist befreit von Furcht

Beachten Sie, wie das in Römer 8, 5-8 ausgearbeitet wird. Der wesentliche Unterschied zwischen dem natürlichen Menschen und dem Christen ist, daß bei letzterem der Geist Christi in ihm wohnt. Ein Mensch kann alle möglichen Erfahrungen gemacht haben, aber wenn er den Geist Christi nicht hat, ist er kein Christ. »Ihr aber seid nicht fleischlich, sondern geistlich, wenn anders Gottes Geist in euch wohnt. Wer aber Christi Geist nicht hat, der ist nicht sein.«

Hier kommt Paulus auf dieselbe Begründung zurück. Er sagt: »Ihr braucht nicht in jenem knechtischen Geist zu sein.« Warum nicht? Weil der Heilige Geist in euch ist und er euch befähigen und stärken will. Paulus wiederholt diese Botschaft immer wieder. Hören Sie, was er in Philipper 2, 13 sagt: »Denn Gott ist's, der in euch wirkt beides, das Wollen und das Vollbringen, nach seinem Wohlgefallen.« Und in Vers 12: »Schaffet, daß ihr selig werdet.« Wie? »Mit Furcht und Zittern.« Wir sind heute viel zu gesund. »Schaffet, daß ihr selig werdet, mit Furcht und Zittern.« Die Menschen fürchten sich weder bei ihrer Bekehrung noch danach; sie kennen die Bedeutung des Zitterns nicht. »Schaffet, daß ihr selig werdet, mit Furcht und Zittern. Denn Gott ist's, der in euch wirkt beides, das Wollen und das Vollbringen, nach seinem Wohlgefallen.«

Das ist wiederum der Heilige Geist. Das ist die Art und Weise, den knechtischen Geist und jenen falschen Geist der Furcht loszuwerden. Wir müssen uns dessen bewußt werden, daß der Geist Gottes in uns ist. Wir müssen auf ihn schauen und seine Hilfe suchen. Wir müssen auf ihn vertrauen. Das heißt nicht, daß wir passiv sein sollen. Es bedeutet, daß wir glauben, daß er uns bei unserem Ringen mit Kraft erfüllt. Wir hätten uns nicht einmal von uns aus angestrengt, wenn Gott uns nicht dazu gebracht hätte. Er wirkt in uns, und wir führen es aus. Wenn wir uns dessen bewußt werden, ist die Aufgabe nicht unmöglich. Paulus sagt in der Parallelstelle in Galater 4, 6: »Gott hat gesandt den Geist seines Sohnes in eure Herzen« – den Geist seines eigenen Sohnes. Sind wir uns dessen bewußt, daß wir als Christen genau denselben Geist in uns haben, der in dem Sohn Gottes wohnte, als dieser auf Erden war? Der Vater gibt den Geist; und das ist derselbe Geist, der in dem Sohne war, der auch uns gegeben wird. Der Geist, der Jesus befähigte, wird auch uns befähigen. Das ist die Begründung des Paulus.

Nun will ich schnell zum zweiten Grundsatz übergehen: Die Gegenwart des Heiligen Geistes in uns erinnert uns an unsere Beziehung zu Gott. Das ist eine wunderbare Sache. »Ihr habt nicht einen knechtischen Geist empfangen, daß ihr euch abermals fürchten müßtet; sondern ihr habt einen kindlichen Geist empfangen, durch welchen wir rufen: Abba, lieber Vater!« Die Gegenwart des Heiligen Geistes in uns erinnert uns an unsere Sohnschaft, ja an die Tatsache, daß wir erwachsene Söhne sind. Wir sind keine unmündigen Kinder. Der verwendete Begriff bedeutet, daß wir erwachsene Söhne sind und die Volljährigkeit erreicht haben. Wir sind Söhne im wahrsten Sinne des Wortes und im Besitz all unserer Möglichkeiten. Das klare Bewußtsein dieser Tatsache vertreibt den knechtischen Geist. Es beseitigt nicht die Ehrfurcht und die Gottesfurcht, sondern jene Furcht, die der knechtische Geist mit sich bringt.

Der beste Vater der Welt

Dieses oben angesprochene Bewußtsein versetzt uns in die Lage, zu sehen, daß das Ziel unseres Christenlebens nicht nur darin besteht, einen gewissen Standard zu erreichen, sondern vielmehr darin, Gott zu gefallen, weil er unser Vater ist – »der kindliche Geist, durch welchen wir rufen: Abba, lieber Vater!« Es war dem Sklaven nicht erlaubt, »Abba« zu sagen, und der Geist des Sklaven betrachtet Gott nicht als Vater. Er ist sich nicht darüber im klaren, daß Gott ein Vater ist; er hält ihn noch immer für einen Richter, der verurteilt. Aber das ist falsch. Als Christen müssen wir lernen, uns durch den Glauben die Tatsache anzueignen, daß Gott unser Vater ist. Jesus lehrte uns, das »Vaterunser« zu beten. Der ewige, unvergängliche Gott ist unser Vater geworden, und in dem Augenblick, da wir uns dessen bewußt werden, wird sich alles verändern. Er ist unser Vater, und er sorgt immer für uns. Er liebt uns mit einer ewigen Liebe. Er liebte uns so, daß er seinen eingeborenen Sohn in diese Welt sandte, um am Kreuz für unsere Sünden zu sterben.

So sieht unsere Beziehung zu Gott aus, und in dem Augenblick, da wir uns dessen bewußt werden, verändert das alles. Von da an ist es nicht mehr mein Verlangen, das Gesetz zu halten, sondern meinem Vater zu gefallen. Etwas davon kennen wir von Natur aus: Die Kindesliebe, die kindliche Ehrfurcht, die kindliche Furcht unterscheidet sich so sehr von jener sklavischen Furcht. Sie ist auf dem Verlangen gegründet, unserem Vater zu gefallen, und in dem Augenblick, da wir das erfassen, verlieren wir den knechtischen Geist. Unser Christenleben ist nicht länger eine Angelegenheit von Geboten und Vorschriften, sondern vielmehr unser Verlangen, Gott unsere Dankbarkeit für alles zu zeigen, was er für uns getan hat.

Das ist jedoch nicht alles. »Der Geist selbst gibt Zeugnis unserm Geist, daß wir Gottes Kinder sind. Sind wir aber Kinder, so sind wir auch Erben, nämlich Gottes Erben und Miterben Christi.« Sie sehen die Begründung und ihre zwingende Logik: Wenn wir Gottes Kinder sind, müssen wir mit dem Herrn Jesus Christus verwandt sein. Er ist »der Erstgeborene unter vielen Brüdern« (Röm. 8, 29), und wir sind als Kinder und Erben mit Gott verwandt. Haben Sie jemals das Wunderbare in Johannes 17, 23 bemerkt? Hören Sie, was Jesus in seinem Gebet zum Vater sagt: »Ich in ihnen und du in mir, auf daß sie vollkommen eins seien und die Welt erkenne, daß du mich gesandt hast und liebst sie, gleichwie du mich liebst.« Jesus sagt hier, daß Gott, der Vater, uns so liebt, wie er ihn, den eingeborenen Sohn, geliebt hat. Werden wir uns also bewußt, daß wir jetzt Söhne Gottes sind, seine Kinder. Wir besitzen diese neue Würde, diesen neuen Stand, diese neue Stellung, diesen wunderbaren Platz, an dem wir uns befinden. Betrachten Sie noch einmal das hohepriesterliche Gebet, und achten Sie darauf, daß Jesus gesagt hat, daß wir ihn in dieser Welt genauso verherrlichen müssen, wie er den Vater verherrlicht hat. Sind Sie sich dessen bewußt? Das ist das christliche Leben; das ist der Grund, dieses Leben zu leben. Ich muß mir bewußt sein, daß ich zu Gott gehöre und daß ich ihn verherrlichen muß. So muß ich es sehen. Welch wunderbarer Stand! Und der Geist ist in mir und befähigt mich dazu. Er verändert meinen Blickwinkel, und ich verliere den knechtischen Geist, daß ich mich abermals fürchten müßte.

Unser Leib – ein Tempel des Heiligen Geistes

Ich mache es mir auch auf diese Weise klar, indem ich erkenne, daß der Heilige Geist in mir wohnt. Das ist des Paulus Begründung im sechsten Kapitel des ersten Korintherbriefes: »Wisset ihr nicht, daß euer Leib ein Tempel des Heiligen Geistes ist?« Das ist die Art und Weise, die Sünden des Fleisches zu überwinden. Ich muß den Menschen immer wieder diese Frage stellen. Sie kommen mit einem bestimmten Problem oder mit einer bestimmten Not zu mir und sagen: »Ich habe darüber gebetet.« Dann sage ich: »Mein Freund, sind Sie sich dessen bewußt, daß Ihr Leib der Tempel des Heiligen Geistes ist?« Das ist die Antwort.

Ich sage es noch einmal, auch auf die Gefahr hin, daß ich falsch verstanden werde: Solche Menschen sollten in gewissem Sinne weniger beten und mehr denken. Sie müssen sich daran erinnern, daß ihr Körper »der Tempel des Heiligen Geistes ist, der in uns wohnt«. Das Gebet ist immer etwas Wesentliches, aber das Nachdenken ist auch wesentlich, weil das Gebet eine Fluchtreaktion sein kann, ja manchmal fast ein Schrei in der Finsternis von Menschen, die verzweifelt und zerschlagen sind. Ein Gebet muß verständig sein, und nur diejenigen, die sich der Tatsache bewußt sind, daß ihr Leib ein Tempel des Heiligen Geistes ist, werden Antwort bekommen und Kraft erhalten.

Schließlich erinnert uns der Heilige Geist natürlich an unsere Bestimmung. »Sind wir aber Kinder, so sind wir auch Erben, nämlich Gottes Erben und Miterben Christi.« So müssen wir das Christenleben betrachten. Paulus verwendet diese Begründung fortwährend und beschließt seine Rede wiederholt, indem er das sagt, was er in den letzten zwei Versen aus Römer acht so vorzüglich ausdrückt. Der Christ ist sich seiner Bestimmung absolut gewiß; er ist völlig überzeugt, daß »weder Tod noch Leben, weder Engel noch Fürstentümer noch Gewalten, weder Gegenwärtiges noch Zukünftiges, weder Hohes noch Tiefes noch keine andere Kreatur kann uns scheiden von der Liebe Gottes, die in Christus Jesus ist, unserem Herrn«.

Es ist nicht eine Frage des Festhaltens an einem bestimmten Standard, es ist nicht eine Frage eines eitlen Versuchs, etwas zu tun. Es handelt sich darum, sich auf den Ort vorzubereiten, wohin wir gehen. Die Art und Weise, sich von dem Geist der Knechtschaft und der Furcht zu befreien, ist die, daß Sie wissen, daß, wenn Sie ein Gotteskind sind, Sie für den Himmel und für die Herrlichkeit bestimmt sind und daß alle Dinge, die Sie in sich selber und um Sie herum sehen, die Ausführung dieses Planes nicht verhindern können. Das Christenleben ist also eine Vorbereitung auf dieses Endziel. »Unser Glaube ist der Sieg, der die Welt überwunden hat« (1. Joh. 5, 4). Der Glaube an was? Der Glaube an mein Endziel. Oder nehmen wir es, wie Johannes es in seinem ersten Brief, Kapitel drei, Vers zwei ausdrückt: »Meine Lieben, wir sind nun Gottes Kinder; und es ist noch nicht erschienen, was wir sein werden. Wir wissen aber, wenn es erscheinen wird, daß wir ihm gleich sein werden; denn wir werden ihn sehen, wie er ist.« Wohin führt das? Es führt zu dem, was wir im nächsten Vers lesen: »Und ein jeglicher, der solche Hoffnung zu ihm hat, der reinigt sich, gleichwie er auch rein ist.« Es gibt nichts, das so darauf ausgerichtet ist, die Heiligung voranzutreiben, wie das Bewußtsein, daß wir Gottes Erben und Miterben Christi sind; daß unser Ziel fest und sicher ist und daß nichts daran etwas ändern kann. Wenn wir uns dessen bewußt sind, reinigen wir uns selbst, gleichwie Gott rein ist. Wir haben das Gefühl, daß keine Zeit dabei zu verlieren ist. Das ist die Begründung des Apostels in den drei oben erwähnten Versen, und sie ist ganz praktisch. So muß das Christenleben verwirklicht werden.

Verwandeln Sie es nicht in ein Gesetz, sondern machen Sie sich bewußt, daß Sie den Heiligen Geist empfangen haben. Und dann arbeiten Sie dieses Thema aus. Ihr Vater wacht über Sie. Er paßt auf Sie auf – ja, lassen Sie es mich mit einem Ausdruck aus der

Bibel sagen: Gott wacht eifersüchtig über Sie, weil Sie ihm gehören. Sie gehören Jesus, Sie sind sein Bruder. Der Heilige Geist wohnt in Ihrem Leib, und Sie sind für die Herrlichkeit bestimmt. Nun, was halten Sie davon? Sagen Sie, wenn Sie über ein solches Schicksal nachdenken: »Nimm, meine Seele, dein volles Heil, steige über Sünde, Furcht und Sorgen hinweg, um bei jeder Situation Freude zu finden, etwas, das auch heute noch möglich ist. Denke daran, welcher Geist in dir wohnt, welches Vaters Lächeln dein ist, welch ein Heiland starb, dich zu gewinnen. Himmelskind, solltest du da trübsinnig sein?«

Wie falsch ist es, in einem Geist der Knechtschaft und der Furcht zu leben. »Himmelskind, solltest du da trübsinnig sein?« Nie! »Denke daran, welcher Geist in dir wohnt, welches Vaters Lächeln dein ist, welch ein Heiland starb, dich zu gewinnen. Himmelskind, solltest du da trübsinnig sein?« Diese Strophe aus einem Kirchenlied ist eine gute Darlegung der drei Bibelverse. Legen Sie Ihre Hand darauf, eignen Sie sich diese Worte an, verwirklichen Sie sie. Machen Sie sich über Ihre Gefühle keine Sorgen. Die Wahrheit über Sie ist herrlich. Wenn Sie in Christus sind, dann steigen Sie »über Sünde, Furcht und Sorgen hinweg«. Nehmen Sie Ihr volles Heil in Anspruch! Frohlocken und siegen Sie!

Falsche Lehre

Wo ist nun eure Seligkeit, von der ihr immer spracht? Denn ich bezeuge euch, daß ihr, wenn möglich, euch die Augen ausgerissen und sie mir gegeben hättet.

Galater 4, 15

Ich bitte um Ihre Aufmerksamkeit für diese Frage, die der Apostel an die Glieder der Gemeinden in Galatien richtete, um miteinander eine weitere Ursache für geistliche Depressionen bzw. das Unglücklichsein im Leben eines Christen zu überdenken. Der ganze Galaterbrief setzt sich im Grunde mit diesem einen Problem auseinander. Die Galater hatten der Verkündigung des Evangeliums durch den Apostel Paulus Glauben geschenkt. Sie waren typisch heidnische Menschen gewesen, ohne echte Gemeinschaft mit Gott. Sie wußten überhaupt nichts von ihm, seinem Sohn oder von dem wunderbaren Heil in Jesus. Aber der Apostel Paulus war gekommen und hatte ihnen die Botschaft des Evangeliums gepredigt, und sie hatten diese mit großer Freude aufgenommen.

Paulus beschreibt sogar im einzelnen ihre Freude, als sie ihm zum erstenmal begegneten und er zum erstenmal zu ihnen sprach. Es ist offensichtlich, daß der Gesundheitszustand des Apostels damals nicht gut war. Es besteht nur geringer Zweifel darüber, daß er an einer Art Augenkrankheit litt. Paulus erinnert die Galater nämlich daran, daß sie damals ihre Augen ausgerissen und ihm gegeben hätten, wenn ihm das hätte helfen können. Daraus schließt man, daß die schmerzhafte Entzündung seiner Augen ekelerregend und unangenehm anzuschauen war. Das Äußere des Apostels hatte nichts Anziehendes. Die Gemeinde in Korinth erinnert er daran, daß seine äußere Erscheinung »schwach« war. Er besaß kein imponierendes Äußeres, wie wir das heute nennen würden. Er war ein ganz normaler Mensch – abgesehen von der Verunstaltung, die durch sein Augenleiden verursacht wurde. Aber, so erinnert er sie, sie nahmen in keiner Weise Anstoß an ihm. Er sagt: »Meine Anfechtungen, die ich leide nach dem Fleisch, habt ihr nicht verachtet«, sondern im Gegenteil, sie hatten ihn aufgenommen »wie einen Engel Gottes, ja wie Christus Jesus«, und sie hatten sich sehr über die wunderbare Errettung gefreut. Aber das war nun nicht mehr so; sie waren unglücklich geworden, und Paulus fühlte sich gezwungen, sie zu fragen: »Wo ist nun eure Seligkeit, von der ihr immer spracht?« Sie waren innerlich unglücklich geworden und hatten sich fast gegen den Apostel gewandt. Ihr Zustand war so depressiv, daß er sogar in folgender Weise mit ihnen reden konnte: »Meine lieben Kinder, welche ich abermals mit Ängsten gebäre, bis daß Christus in euch Gestalt gewinne!« (Gal. 4, 19).

Die Frage, die Paulus ihnen in bezug auf ihre frühere Glückseligkeit stellt, ist äußerst bemerkenswert. Eigentlich hatte er diese Frage bereits an anderen Stellen im Brief auf andere Weise formuliert. In Kapitel eins, Vers sechs sagt er: »Mich wundert, daß ihr euch so bald abwenden lasset von dem, der euch berufen hat in die Gnade Christi, zu einem anderen Evangelium.« Auch in Kapitel drei, Vers eins kommt er darauf zu sprechen: »O ihr unverständigen Galater, wer hat euch bezaubert, daß ihr der Wahrheit nicht gehorchet, welchen Jesus Christus vor die Augen gemalt war als der Gekreuzigte?« Ohne weitere Beweise anzuführen, ist es, glaube ich, deutlich, daß die galatischen Christen, die so glücklich gewesen waren, die sich so über ihre gerade gefundene Errettung freuten, jetzt geistlich unglücklich und niedergeschlagen geworden waren.

Die Frage, die sich uns aufdrängt, ist folgende: Was war die Ursache dieser Veränderung? Was war mit ihnen geschehen? Die Antwort ist ganz einfach und kann mit einem Satz gesagt werden: Ihr Zustand war einer falschen Lehre zuzuschreiben. Da lag das Problem der Gemeinden in Galatien. Alle ihre Probleme ergaben sich aus einer bestimmten falschen Lehre, der sie Glauben geschenkt hatten. Mit diesem Punkt setzt sich das Neue Testament sehr oft auseinander. Es gibt kaum einen Brief, in dem dieses Thema nicht angesprochen wird. Die jungen Gemeinden hatten sehr zu leiden unter bestimmten Lehrern, die dem Apostel Paulus nachfolgten und seine Botschaft und Verkündigung in vielerlei Hinsicht nachahmten, aber ihre eigene Sonderlehre hinzufügten. Das Ergebnis war, daß dadurch nicht nur Verwirrung in den Gemeinden verursacht wurde, sondern auch, daß viele Gläubige in depressiven Zustand gerieten. Das war natürlich das Werk des Teufels. Der Apostel zögert nicht, das zu sagen. Er ermahnt uns, daß der Teufel sich sogar »zum Engel des Lichtes verstellt« (2. Kor. 11, 14). Er greift die Gläubigen an, indem er mit verschiedenen falschen Vorstellungen in ihren Geist eindringt – mit dem Ergebnis, daß er ihr Zeugnis zerstört und sie ihrer Glückseligkeit beraubt. Die Kirchengeschichte ist seit der Entstehung des Neuen Testamentes voll mit ähnlichen Dingen. Es begann bereits ganz am Anfang und ging seitdem immer in größerem oder geringerem Maße weiter. In gewissem Sinne kann man mit Recht sagen, daß die Kirchengeschichte die Entstehungsgeschichte vieler Ketzereien und Kämpfe der Kirche gegen eben diese Ketzereien ist sowie auch die Geschichte der Befreiung der Kirche durch die Macht des Geistes Gottes.

Es ist klar, daß dies ein gewaltiges Thema ist, das ich hier nur kurz erwähnen und berühren kann. Falsche Lehre kann in vielen unterschiedlichen Formen auftreten. Wir können sie in zwei Hauptgruppen unterteilen.

Manchmal nimmt falsche Lehre die Form einer offensichtlichen Leugnung der Wahrheit und der Grundprinzipien und -dogmen des christlichen Glaubens an. Sie kann sich als christlich anbieten, während sie in Wirklichkeit eine Leugnung der christlichen Botschaft darstellt. Es gab und gibt Lehren, die sich christlich nennen, aber die selbst die Gottheit Jesu Christi leugnen sowie auch andere wichtige und grundlegende Lehren unseres Glaubens.

Christus allein genügt

Aber falsche Lehre ist nicht immer auf diese Weise ersichtlich. Es gibt eine weitere Art, und eben darauf möchte ich jetzt Ihr Augenmerk lenken. In gewissem Sinne ist diese Art noch gefährlicher als die erste, und gerade sie kam in den Gemeinden Galatiens vor. Es handelt sich hier nicht so sehr um eine Leugnung des Glaubens, nicht so sehr um ein Widersprechen der wesentlichen Glaubenselemente, sondern um eine Lehre, die besagt, daß man auch noch etwas anderes zusätzlich zu dem bereits Geglaubten annehmen müsse. Das war die besondere Art, die in der falsche Lehre in Galatien auftrat.

Bestimmte Lehrer hatten die einzelnen Gemeinden besucht und

im Grunde folgendes gesagt: »Ja, wir glauben dem Evangelium, und wir stehen hinter der Verkündigung des Paulus. Alles, was er sagt, ist vollkommen richtig, aber er ging nicht weit genug. Er hat etwas übergangen, das von wesentlicher Bedeutung ist, nämlich die Beschneidung. Haltet an eurem Glauben fest, aber wenn ihr wahre Christen sein wollt, dann müßt ihr euch auch beschneiden lassen.« Das war der Kern ihrer Lehre.

Nun ist es überhaupt nicht schwer zu erkennen, wie jene Sonderlehre entstanden war. Die ersten Christen waren Juden. Das können Sie in den Evangelien und in der Apostelgeschichte nachlesen. Wir wollen ihnen gegenüber gerecht sein. Man kann ihre Situation sehr leicht verstehen. Sie wußten, daß sie richtig war. Für sie bestand das Problem in der Frage, wie die neue Lehre im Licht der alten traditionellen Lehre zu verstehen sei. Sie wußten, daß die Beschneidung von Gott an Abraham gegeben worden war und daß sie seitdem praktiziert wurde. Aber nun gab es eine neue Lehre, die besagte, daß die Beschneidung nicht länger notwendig sei, daß die alte Unterscheidung zwischen Juden und Heiden aufgehoben wurde, daß die Beschneidung zusammen mit dem ganzen zeremoniellen Gesetz ihren Zweck erfüllt habe und nun vom Volke Gottes nicht mehr gehalten werden müsse. Viele waren darüber unglücklich. Sie waren nicht über die Tatsache unglücklich, daß nun auch die Heiden dazugehörten, obwohl das zunächst ein Problem für sie gewesen war. (Sie erinnern sich, daß es sogar der Apostel Petrus ziemlich schwer fand und daß er erst, nachdem er von Gott eine Vision empfangen hatte, bereit war, Kornelius und andere Heiden in die christliche Gemeinde aufzunehmen.) Aber sie konnten noch immer nicht verstehen, wie ein Heide Christ werden konnte, wenn er nicht zugleich auch Jude wurde. Sie sahen ein, daß das Christentum das logische Ergebnis ihrer althergebrachten Religion war, aber sie konnten nicht verstehen, wie man darin aufgenommen werden konnte, wenn nicht durch die Beschneidung. Sie waren daher zu den gläubig gewordenen Heiden in Galatien gegangen und hatten ihnen gesagt, daß, wenn sie wirkliche Christen sein wollten, sie sich auch der Beschneidung unterziehen und sich unter das Gesetz stellen müßten.

Eben das ist nun das Thema, mit dem sich der Apostel Paulus im Galaterbrief auseinandersetzt. Man kann diesen Brief nicht lesen, ohne von seinem Inhalt bewegt, ergriffen zu werden. Paulus schreibt leidenschaftlich. Die Sache bewegt ihn so sehr, daß er sogar die üblichen einleitenden Grußworte wegläßt. Nachdem er seinen Brief angefangen hat, greift er sofort das Thema auf und stellt seine Frage. Warum schreibt Paulus so leidenschaftlich? Warum ist er so von der Sache bewegt? Die Antwort lautet: Er hatte das Gefühl, daß der Christenstand der Galater selbst auf dem Spiele stand und daß dieser sehr wohl gefährdet wäre, wenn sie in diesem Punkt die Wahrheit nicht erkannten. Es gibt daher keinen anderen Brief, in dem der Apostel so heftig schreibt. Hören Sie folgendes: »Aber wenn auch wir oder ein Engel vom Himmel euch ein anderes Evangelium predigen würden, als wir euch gepredigt haben, der sei verflucht« (Gal. 1, 8).

Man kann nichts Heftigeres lesen als das. Und er wiederholt es: »Wie wir jetzt gesagt haben, so sage ich abermals: Wenn euch jemand ein anderes Evangelium predigt, als ihr es empfangen habt, der sei verflucht« (Gal. 1, 9). Das ist die Art und Weise, in der Paulus jeder Neigung das Schweigen auferlegt, die sagt: »Es macht nichts, daß jene Leute nicht dasselbe erkennen wie ich; wir sind alle miteinander Christen.« So etwas gibt es nicht; hier hört alle Toleranz auf, weil, wie Paulus lehrt, der ganze Christenstand von dieser Sache betroffen ist.

Ich bitte hier dringend um Aufmerksamkeit, nicht wegen eines besonderen Interesses an der Geschichte der Galater als solcher, sondern wegen ihrer Bedeutung für uns. Das ist das Wunderbare des Neuen Testamentes. Es ist kein wissenschaftliches Buch, sondern das aktuellste Buch, das es gibt. Es wird im Neuen Testament nicht ein einziges Problem oder eine falsche Lehre beschrieben, die man nicht auch in irgendeiner Form in der Kirche von heute finden kann. Wir führen kein rein wissenschaftliches Gespräch über geistliche Depressionen, sondern wir sprechen über uns selber und miteinander. Weil es diese Dinge heute noch gibt und weil die falsche Lehrmeinung der Galater in moderner Form noch immer unter uns vorhanden ist, bitte ich Sie um Ihre genaue Beachtung.

Es gibt viele Christen, die diese Erfahrung gemacht haben. Als sie zum erstenmal der Wahrheit gegenübergestellt wurden, waren sie davon begeistert. Sie sagten: »Ich habe nie gewußt, daß das Christentum so ist.« Sie nahmen es mit Freuden auf und erlebten erstaunliche Segnungen. Aber danach wurden sie mit irgendeiner anderen Lehre konfrontiert. Sie haben vielleicht darüber gelesen, oder jemand hat darüber gepredigt, oder ein Freund sprach mit ihnen darüber, und so wurden sie in eine andersartige Lehre eingeführt. Diese Lehre sprach sie sofort an, denn sie erschien so geistlich und versprach so viele außergewöhnliche Segnungen, wenn sie sie glaubten, und so nahmen sie eben diese Lehre an. Aber dann wurden sie allmählich unglücklich und verwirrt. Andere, die die Lehre zwar nicht wirklich aufgreifen und übernehmen, werden gleichwohl durch sie unglücklich oder verwirrt, weil diese sie durcheinanderbringt und sie keine Antwort darauf haben. Ihre Freude scheint zu schwinden, und sie sind bestürzt. Wie auch immer: Sie verlieren ihre ursprüngliche Glückseligkeit.

Der Teufel will uns mit Religion gefangennehmen

Ich brauche kaum eine Irrlehre im besonderen zu erwähnen, denn ich bin sicher, daß Sie wissen, was ich meine. Dennoch muß ich bestimmte Dinge als Beispiel erwähnen, wobei ich allerdings nicht beabsichtige, sie bis ins einzelne auszuführen. Abgesehen von den offenkundigen Beispielen von Irrlehre wie die der »Zeugen Jehovas« oder der »Adventisten des Siebenten Tages« finden Sie falsche Lehre auch im römischen Katholizismus mit seiner Betonung des Gehorsams gegenüber Forderungen, die die Heilige Schrift nicht lehrt. Falsche Lehre tritt auch dort auf, wo gelehrt wird, daß die Erwachsenentaufe durch Untertauchen von wesentlicher Wichtigkeit ist für die Erlangung des Heils.

Auch finden wir sie oft dort, wo betont wird, daß man in Zungen reden muß, wenn man Gewißheit haben will, daß man den Heiligen Geist empfangen hat. Manchmal findet man in Zusammenhang mit Krankenheilung dort falsche Lehre, wo behauptet wird, daß ein Christ nie krank sein dürfe. Das sind lediglich einige Beispiele. Es gibt noch viele andere. Ich erwähne diese nur, damit wir uns darüber im klaren sind, daß es sich um eine sehr praktische Angelegenheit handelt und nicht um eine rein theoretische Frage. Wir werden alle mit solchen Dingen konfrontiert, und diese alle teilen den Charakter der falschen Lehre, die wir im Galaterbrief betrachten.

Mir scheint, daß der Apostel Paulus in diesem Brief ein für

allemal einen großartigen Grundgedanken niedergelegt hat, den wir immer im Gedächtnis behalten müssen, wenn wir uns vor diesen Gefahren schützen und gewiß sein wollen, daß wir »feststehen in der Freiheit, mit der uns Christus freigemacht hat«, und nicht »wiederum in das knechtische Joch gefangen werden« (Gal. 5, 1).

Es war seine Liebe zu den Galatern, die ihn dazu veranlaßte, so zu schreiben. Er fühlte ihnen gegenüber wie ein Vater für sein Kind. Es war nicht so, daß der Apostel pedantisch oder engstirnig, intolerant oder ichbezogen war. Im Gegenteil: Seine einzige Sorge galt dem geistlichen Leben und dem Wohlergehen dieser Menschen. »Meine lieben Kinder«, sagt er. Er ist wie eine Mutter. »Ich gebäre abermals mit Ängsten, bis daß Christus in euch Gestalt gewinne.« Und in diesem Sinne möchte ich Ihre Aufmerksamkeit auf unser Thema lenken. Gott weiß, daß ich mich lieber überhaupt nicht damit befassen würde. Wir leben in einer Zeit, in der man es gar nicht gerne sieht, wenn jemand so etwas tut. Man neigt im allgemeinen zu der Auffassung: »Was macht das schon?« Und diese Tendenz zeigt sich nicht nur außerhalb der Kirche. Ich greife das Thema also widerwillig auf und lediglich deshalb, weil ich der Meinung bin, daß ich meiner Berufung durch Gott zum Dienst untreu würde, wenn ich die wahre Lehre des Wortes Gottes nicht ungeachtet der gängigen allgemeinen Meinung darlegte.

Wie treten wir nun einer solchen Lage gegenüber? Als erstes spricht der Apostel die Frage nach der Autorität an. Das muß notwendigerweise zuerst kommen. Die Verwirrungen und Probleme sind nicht eine Sache des Gefühls oder der Erfahrung und dürfen nie nur anhand der Auswirkungen beurteilt werden. Falsche Lehre kann Menschen sehr unglücklich machen. Wir wollen uns dieser Tatsache klar bewußt sein. Wenn man nur im Lichte der Erfahrung und der Ergebnisse ein Urteil fällt, wird man feststellen, daß jeder Kult und jede Irrlehre, die die Welt oder die Kirche je gekannt hat, in der Lage sein wird, sich selber zu rechtfertigen.

Was ist nun die Autorität? Paulus sagt uns das ganz deutlich. Die Frage nach der Autorität ist tatsächlich gerade das, womit er sich in den ersten zwei Kapiteln des Galaterbriefes befaßt. Die Stellung des Apostels selber war von dieser Frage betroffen, und aus diesem Grunde muß er soviel über sich selber sagen. Er stellt sich auf den Standpunkt, daß man sich jedem widersetzen muß, der ein anderes Evangelium als das seine verkündigt. Warum? Was ist der Prüfstein? Es ist dieser: »Ich tue euch aber kund, liebe Brüder, daß das Evangelium, das von mir gepredigt wurde, nicht menschlicher Art ist. Denn ich habe es von keinem Menschen empfangen noch gelernt, sondern durch die Offenbarung Jesu Christi« (Gal. 1, 11-12).

Und dann fährt er fort und erzählt, wie er in den Dienst gestellt wurde. Er sagt: »Denn ihr habt ja gehört von meinem Wandel vormals im Judentum, wie ich über die Maßen die Gemeinde Gottes verfolgte und sie zu zerstören suchte und nahm zu im Judentum weit über viele meiner Gefährten in meinem Volk und eiferte über die Maßen für die väterlichen Satzungen« (Gal. 1, 13-14).

Die Heilige Schrift – unser einziger Maßstab

Paulus hatte so gelebt, wie oben angeführt, bis zu dem Augenblick auf dem Weg nach Damaskus, als der Herr Jesus Christus ihn in den Dienst einsetzte, für den er, wie er jetzt wußte, von seiner Mutter Leib an ausgesondert war. Er hatte seinen Auftrag und seine Botschaft von dem Herrn Jesus Christus selber erhalten. Ja, aber er wußte noch mehr als das. Obwohl er auf so einzigartige Weise in den Dienst berufen worden war und er sich den Korinthern als eine »unzeitige Geburt« beschreiben konnte, sagte er nichtsdestoweniger, daß das Evangelium, das ihm gegeben wurde, genau dasselbe Evangelium war, das den anderen auch gegeben worden war, nämlich den anderen Aposteln, die mit dem Herrn gewesen waren, als dieser noch auf Erden wandelte. Als er mit den anderen Aposteln in Jerusalem sprach, stellte er fest, daß er genau dasselbe Evangelium predigte wie sie. Obwohl er es auf eine so persönliche Weise durch eine direkte Offenbarung empfangen hatte, verkündeten die anderen genau dasselbe wie er.

Hier liegt die Grundlage der Vollmacht, die der Apostel für sich in Anspruch nimmt und aufgrund derer er urteilt. Er sagt, daß es nicht eine Frage ist, ob der eine dies und der andere jenes sagt. Er sagt, daß er nicht das predigte, was ihm nur so in den Sinn kam. Seine Verkündigungsbotschaft war ihm ebenso gegeben worden wie den anderen Aposteln, und daher sagten sie dasselbe. Der Prüfstein der Wahrheit ist die Apostolizität, die Übereinstimmung mit der Botschaft der anderen Apostel.

Das Evangelium von Jesus Christus, wie es im Neuen Testament verkündet und gelehrt wird, erhebt auf nichts weniger den Anspruch, als daß es durch die Autorität des Herrn Jesus Christus selber kommt, der es den Aposteln gab, die es ihrerseits verkündeten und dafür sorgten, daß es aufgeschrieben wurde. Das ist immer noch der einzige Maßstab.

Außerhalb des Neuen Testamentes haben wir überhaupt keinen Maßstab, und aus diesem Grunde müssen wir jeden Standpunkt in diesem Licht betrachten. Wenn wir das tun, werden wir feststellen, daß die falschen Lehren immer in einem der beiden folgenden Punkte fehlen. Der erste ist, daß sie weniger als die apostolische Botschaft enthalten können. Wir wollen uns völlig im klaren sein über die Tatsache, daß es eine apostolische Botschaft gibt, eine positive Wahrheit, über die sich alle Apostel einig sind und die sie auch verkündigen.

Falsche Lehre kann nun darin bestehen, daß sie weniger als eben diese Botschaft verkündet, daß sie bestimmte Dinge ausläßt. Das ist etwas, das so viele Christen heute auf Abwege führt. Wenn jemand etwas offenkundig Falsches sagt, sehen sie sofort, daß er unrecht hat, aber sie sehen nicht so schnell, daß eine Lehre falsch sein kann, weil sie weniger beinhaltet als die Botschaft der Apostel, sie also bestimmte Dinge gar nicht sagt. Es kann vielleicht nicht die volle Wahrheit über die Person Jesu Christi sein. Vielleicht wird seine Fleischwerdung geleugnet, vielleicht auch die zwei Naturen in einer Person oder die Jungfrauengeburt, vielleicht das Übernatürliche in Jesu Leben.

Es kann sein, daß die leibliche Auferstehung Jesu Christi geleugnet wird. Die Lehre nennt sich christlich, aber sie ist weniger als die Wahrheit. Auch kann es sein, daß eine Lehre irgendeinen Punkt in dem Werk Christi leugnet. Vielleicht die Tatsache, daß Gott »den, der von keiner Sünde wußte, für uns zur Sünde gemacht hat, auf daß wir würden in ihm die Gerechtigkeit, die vor Gott gilt« (2. Kor. 5, 21). Vielleicht beschreibt sie den Tod Christi lediglich als einen wunderbaren Akt der Liebe. Vielleicht leugnet sie auch, daß Gott unsere Sünden richtet, indem er »unsere Sünden selbst hinaufgetragen hat an seinem Leibe auf das

Holz« (1. Petr. 2, 24). Das ist es, was die Apostel predigten, nämlich, daß Christus »für« unsere Sünden starb.

Wenn nun eine Lehre diesen Punkt ausläßt, ist sie weniger als die apostolische Wahrheit. Mit der Wiedergeburt ist es dasselbe. Diese Wahrheit wird so oft nicht gelehrt und ihre absolute Notwendigkeit so oft nicht betont. Dasselbe sehen wir auch in bezug auf Verhalten und Betragen, obwohl das Neue Testament den Lebenswandel betont. Die Menschen sagen, daß sie auf Christus vertrauen, aber dann möchten sie daraus ableiten, daß, wenn man an Jesus glaubt, man gerettet ist und es dann nicht darauf ankommt, was man tut. Aber das ist der furchtbare Irrtum des Widerspruchs in sich. Das Neue Testament lehrt die Wichtigkeit der Werke, indem es sagt, daß der Glaube »ohne Werke tot ist« (Jak. 2, 17). Wenn nun eines dieser Dinge ausgelassen wird, bedeutet das, daß die apostolische Botschaft nicht zu ihrem vollen Recht kommt.

Die zweite Gefahr ist, wie wir bereits gesehen haben, das genaue Gegenteil, nämlich die Gefahr, der Wahrheit etwas hinzuzufügen. Obwohl man die apostolische Botschaft als richtig anerkennt, behauptet man dennoch, daß noch etwas hinzugefügt werden muß. Mit dieser Sache haben wir es im besonderen zu tun. Einmal mehr müssen wir uns an unseren ersten Grundsatz erinnern, daß nämlich jede Lehre anhand der Lehre des Neuen Testamentes geprüft werden muß, nicht anhand von Gefühlen, nicht anhand von Erfahrung, nicht anhand von Auswirkungen, nicht anhand dessen, was die Leute sagen oder tun. Hier ist der Prüfstein: die Lehre der Apostel, die Lehre des Neuen Testamentes.

Konsequent weiterdenken

Ein weiterer guter Prüfstein ist folgender: Arbeiten Sie die Folgerungen einer Lehre genau aus. Das ist es, was Paulus im zweiten Kapitel seines Briefes an die Galater tut. Es zeigte sich, daß die neue Lehre Jesus überhaupt nicht leugnete, aber dennoch kann der Apostel ganz klar nachweisen, daß sie ihn im wichtigsten Punkt leugnet. In Antiochien hatte Paulus das sogar im Blick auf den Apostel Petrus tun müssen. Petrus, dem eine Vision hinsichtlich des Kornelius gegeben worden war (Apg. 10), wurde nachher von den Juden beeinflußt, so daß er meinte, er könne nicht gemeinsam mit den Heiden essen, sondern nur mit den Juden. Aber Paulus mußte ihm ins Angesicht widerstehen und ihm klar und deutlich sagen, daß er durch seine Handlungsweise den Glauben leugnete. Petrus hatte gewiß nicht die Absicht, seine Errettung durch Christus durch den Glauben allein zu leugnen. Aber ihm mußte seine tatsächliche Haltung vor Augen geführt werden. Ihm mußte klargemacht werden, daß er durch sein Verhalten kundgab, daß zusätzlich zum Glauben an Jesus noch etwas anderes notwendig sei.

Wir sollten uns daher immer die Folgen von dem, was wir tun und sagen, bewußtmachen. Ich möchte dafür ein Beispiel geben. Eine gläubige Frau, mit der ich über diese Sache sprach, hatte hier Schwierigkeiten. Sie konnte nicht verstehen, wie bestimmte ungläubige Menschen, die ein sehr anständiges Leben führten, keine Christen waren. Sie war selber gläubig, und diese Sache war für sie ein echtes Problem. Aber ich sagte: »Einen Augenblick. Sehen Sie nicht, was das beinhaltet? Sehen Sie nicht, was Sie da sagen? Sie sagen im Grunde, daß diese Menschen so gut, so vorzüglich und so edel sind, daß der Herr Jesus Christus, der Sohn Gottes, in ihrem Fall überflüssig ist, daß das Kommen des Sohnes Gottes vom Himmel für sie nicht notwendig war. Er hätte nicht am Kreuz zu sterben brauchen; sie können sich durch ihre Werke und ihren guten Lebenswandel mit Gott versöhnen. Sehen Sie nicht, daß das eine Leugnung des Glaubens ist, ja, daß Sie durch diese Begründung in Wirklichkeit sagen, daß Jesus selber und sein Tod nicht notwendig sind?« Sie sah das ein, als sie sich die Folgen ihrer Behauptung klar bewußtmachte. Bleiben Sie nicht bei dem augenscheinlichen Wert der Dinge stehen, sondern machen Sie sich bewußt, was für Folgen das nach sich zieht.

»Die Lehre der Apostel und . . .« ist vom Teufel

Das Dritte, das nach meinem Erachten das spezifische Merkmal jener besonderen Irrlehre ist, wie sie im Galaterbrief beschrieben wird, ist, daß sie immer ein Zusatz zur Offenbarung ist. »Die Verkündigung der Beschneidung gehört nicht zu der Botschaft Christi«, sagt Paulus im Grunde. »Jene Leute predigen das, aber sie erhielten es nicht von dem Herrn Jesus. Als Jesus mir die Botschaft gab, sagte er nicht, daß sich alle Menschen beschneiden lassen sollten. Dies hat nichts mit seiner Offenbarung zu tun, sondern ist ein Zusatz zur apostolischen Botschaft.« Sie werden entdecken, daß dies immer ein Merkmal solcher Irrlehre ist, die wir hier behandeln. Nehmen wir zum Beispiel den Anspruch, den die römisch-katholische Kirche erhebt. Diese behauptet, daß sie heute ebenso inspiriert ist, wie es die ersten Apostel waren. Dieser Anspruch wird in aller Öffentlichkeit erhoben; es ist keine Spitzfindigkeit dabei, und er bedeutet, daß die Kirche selber ebenso maßgebend ist wie das Wort Gottes. Und es wird behauptet, daß die Aussagen, die von dem Papst »ex cathedra« gemacht werden, ebenso inspiriert sind wie die neutestamentlichen Briefe und daß sie ein Zusatz zu dieser Offenbarung sind.

Aber für diese Behauptung gibt es keine Grundlage in der Heiligen Schrift. Dies gilt aber nicht nur für die römisch-katholische Kirche; es gibt auch andere, die einen solchen Anspruch erheben.

Bevor Sie eine der Lehren annehmen, sollten Sie sich immer die Mühe machen, etwas über ihre Wurzeln zu erfahren. Sie werden fast immer feststellen, daß irgendeine Person eine »Vision« hatte – bei einem Großteil der Kulte ist das eine Frau. Der Apostel sagt: »Einer Frau gestatte ich nicht, daß sie lehre« (1. Tim. 2, 12). Aber das kümmert diese Menschen nicht. »Oh«, sagen sie, »Sie können das nicht in der Bibel finden, aber es wurde dieser Person unmittelbar von Gott geschenkt!« Sie fügen der Offenbarung etwas hinzu – etwas, das über die Heilige Schrift hinausgeht. Sie erheben den Anspruch, daß diese Frauen ebenso inspiriert waren wie die Apostel Jesu Christi; darauf gründen sie ihre Autorität. Prüfen Sie die meisten Bewegungen in dieser Hinsicht, und Sie werden feststellen, daß es stimmt. Aber bedenken Sie auch, daß es ebenfalls auf viele zutrifft, die sich noch in der Kirche befinden und dennoch dieses Schriftverständnis haben. »O ja«, sagen sie, »die Apostel waren inspiriert, aber die Menschen sind auch heute noch inspiriert. Wir leugnen die Inspiration nicht, aber wir sagen, daß man der Wahrheit etwas hinzufügen kann. Die Offenbarungswahrheit der ersten Jahrhunderte war nicht erschöpfend, und bestimmte Dinge werden uns durch unsere größere Erkenntnis und Erfahrung im zwanzigsten Jahrhundert offenbart.« Das ist ein Hinzufügen zu der Offenbarung. Das bedeutet, daß die Heilige Schrift nicht mehr ausreichend ist; die Erkenntnisse der modernen Wissenschaft müssen hinzugenommen werden. Aber indem man die Ergänzungen des modernen Denkens und der augenblicklichen Meinung zuläßt, erhebt man in Wirklichkeit Anspruch auf eine weitere Offenbarung.

Die Überbetonung eines Teilaspekts ist vom Teufel

Ein weiteres unveränderliches Merkmal ist, daß falsche Lehre immer einzelne Dinge besonders betont und ihnen eine übergeordnete Bedeutung beimißt. Im Falle der Galater war es die Beschneidung. Man gibt zu, daß Sie ein echter Gläubiger sind, aber zusätzlich müssen Sie unbedingt jene eine Sache haben – den siebten Tag oder die Erwachsenentaufe durch Untertauchen oder die Gabe des Zungenredens, der Krankenheilung und so weiter.

Diese eine Sache ist von wesentlicher Bedeutung. Es ist *die* große Sache. Sie nimmt immer eine übergeordnete Stellung ein und steht im Mittelpunkt. Man kümmert sich mehr um diese Sache als um Jesus, weil auf eben dieser Sache das Schwergewicht liegt. Sie können die Bewegung nicht ohne diese eine Sache – die Beschneidung oder was es auch immer sein mag – erklären.

Der dritte Punkt ist der, daß solche Dinge alle eine Ergänzung zu Jesus sind. Die römisch-katholische Kirche sagt: »Selbstverständlich glauben wir an Jesus, aber man muß auch an die Kirche glauben; man muß auch an Maria glauben, an die Heiligen, an das Priesteramt.« Rein vom Standpunkt der Orthodoxie und der Glaubensregel her stehe ich vielen Katholiken näher als manchen aus den Reihen der Protestanten, aber dort hört die Gemeinschaft auf und muß aufhören, wo man so entscheidende Ergänzungen macht wie: Jesus – und die Kirche und Maria und die Priester und die Heiligen und so weiter. Jesus allein ist nicht genug, und so steht er mit seiner ganzen einzigartigen Herrlichkeit nicht im Mittelpunkt. Mit all den anderen Lehren ist es genau dasselbe. Man muß eine besondere Erfahrung haben, man muß einen besonderen Glaubensgrundsatz haben im Hinblick auf das »Halten von bestimmten Tagen« (Gal. 4, 10), wie es der Apostel ausdrückt, man muß durch einen besonderen Ritus oder ein Sakrament gehen. Es heißt immer »Jesus und noch etwas«, und dieses zusätzliche Etwas muß man unbedingt haben.

Viertens müssen wir zeigen, daß falsche Lehre immer in irgendeiner Form zu dem Schluß führt, daß der Glaube allein nicht genug ist. Paulus sagt das ganz deutlich in Galater 5, 6: »Denn in Christus Jesus gilt weder Beschneidung noch Unbeschnittensein etwas, sondern der Glaube, der durch die Liebe tätig ist.«

Die falschen Lehren sagen immer, daß wir selber etwas tun müssen. Wir müssen irgend etwas hinzutun, eine Tat oder eine Einwilligung unsererseits, damit etwas an uns getan wird. Der Glaube ist nicht genug. Wir stehen dann nicht nur im Glauben, und die Rechtfertigung geschieht nicht durch den Glauben allein. Wir müssen unsererseits eine Leistung erbringen, wir müssen etwas Besonderes tun, bevor wir die großartige Erfahrung der Errettung empfangen können. Aber nach Paulus bedeutet die Behauptung solcher Dinge, daß wir »aus der Gnade gefallen sind« (Gal. 5, 4).

Zum Schluß möchte ich aber noch auf folgenden Punkt hinweisen – und ich danke Gott für diesen Prüfstein, weil ich immer eine große Hilfe daran hatte. Der Glaube an solche falschen Lehren führt immer zu der Leugnung der Erfahrung, die man früher mit Jesus machte. »Wo ist nun eure Seligkeit, von der ihr immer spracht?« Sie wissen, was Paulus damit meint. Er sagt im Grunde: »Törichte Galater, geliebte Galater, wollt ihr mir wirklich sagen, daß das, was ihr erfahren habt, als ich zum erstenmal unter euch weilte, zu nichts nutze, total wertlos war? Wo ist denn nun eure Seligkeit, von der ihr immer spracht? O ihr unverständigen Galater! Wer hat euch bezaubert? Ihr wißt doch, daß alle, die aus den Werken des Gesetzes leben, unter dem Fluch sind. Ihr wißt doch, daß ihr den Geist empfangen habt. Kehrt um! Erinnert euch daran, daß ihr den Geist empfangen habt! Habt ihr ihn durch die Werke des Gesetzes empfangen? Natürlich nicht! Könnt ihr nicht einsehen, daß ihr eure eigene Erfahrung von damals in Abrede stellt?«

Diese falschen Lehrer werden alle hier schuldig. Das ist es, was der Apostel in dem Bericht über seine Auseinandersetzung mit Petrus darlegt. Er sagte Petrus, daß er auf sein eigenes Leben und auf seine eigene Erfahrung zurückkam. Das ist auch die Bedeutung seiner ganzen Darlegung bezüglich Abrahams. Abraham war gesegnet – nicht nach der Beschneidung, sondern vor der Beschneidung. Daher kann man nicht sagen, daß die Beschneidung wesentlich ist. Abraham empfing seine größte Segnung vor und nicht nach der Beschneidung. Die Behauptung, daß die Beschneidung wesentlich ist, bedeutet daher die Leugnung dieser Erfahrung. Wie oft mußte ich dieses Argument bereits anführen!

Diese falschen Lehren sind spitzfindig und anziehend, so daß Sie das Gefühl haben, daß es gerade das ist, was Sie brauchen. Dann erinnern Sie sich plötzlich an die Beweisführung über die Erfahrung, und das hält Sie fest. Sie erinnern sich zum Beispiel an Männer wie George Whitefield und John Wesley, die zweifelsohne auf eine erstaunliche, mächtige Weise von Gott mit dem Geist erfüllt wurden und hervorragende Heilige Gottes waren, die zu den größten seiner Diener zählten.

Dennoch stellen Sie fest, daß sie den ersten Tag der Woche hielten und nicht den siebten Tag. Sie stellen fest, daß sie nicht auf eine besondere Weise getauft wurden und auch niemals in Zungen redeten. Sie stellen fest, daß sie keine Heilungsversammlungen hielten und so weiter. Sollen wir etwa sagen, daß es allen diesen Männern an Erkenntnis, Einsicht und Verständnis mangelte? Sehen Sie nicht, daß die neuen Lehren, die einen so großen Anspruch erheben, einige der größten Erfahrungen im christlichen Glauben durch die Jahrhunderte in Abrede stellen? Sie sagen praktisch, daß die Wahrheit nur durch sie gekommen sei und daß die Kirche neunzehnhundert Jahre lang in Unwissenheit und Finsternis weilte. Das ist ungeheuerlich. Wir müssen uns bewußt sein, daß solche Dinge auf diese Weise geprüft werden müssen: »Wo ist nun eure Seligkeit, von der ihr immer spracht?«

Noch einmal: Christus allein

Das bringt mich zum Schluß und zum letzten Prüfstein. »Hinfort mache mir niemand weiter Mühe; denn ich trage die Malzeichen des Herrn Jesu an meinem Leibe« (Gal. 6, 17). Was meint Paulus damit? Er meint folgendes: »Von mir sei es ferne, mich zu rühmen, als allein des Kreuzes unseres Herrn Jesus Christus, durch welchen mir die Welt gekreuzigt ist und ich der Welt« (Gal. 6, 14). Wir sollen also nicht länger über die Beschneidung sprechen oder über diejenigen, die den siebten Tag halten. Auch nicht länger über irgendwelche Sekten und über all die Dinge, die angeblich von absoluter und wesentlicher Bedeutung sind, wenn man ein ganzer Christ sein will.

Lassen Sie mich folgendes klarstellen: Ich will mich nicht rühmen, auch nicht meiner Rechtgläubigkeit, denn auch das kann eine Falle sein, wenn ich einen Abgott daraus mache. Ich will mich nur in Jesus rühmen, durch den das Große vollbracht wurde, mit dem ich starb und begraben wurde, mit dem ich tot bin für die Sünde und lebend für Gott, mit welchem ich auferstanden bin und in den himmlischen Örtern wohne, durch den allein mir die Welt gekreuzigt ist und ich der Welt. Alles, was sich an Jesu Stelle in den Mittelpunkt stellen will, alles, was eine Ergänzung zu ihm sein will, werde ich ablehnen. Da wir die Botschaft der Apostel über Jesus Christus in all ihrer Deutlichkeit, Einfachheit und Herrlichkeit kennen, sei es ferne von uns, daß wir dem irgend etwas hinzufügen. Wir wollen uns rühmen in ihm und seiner ganzen Fülle – in ihm allein.

Müde werden, Gutes zu tun

Lasset uns aber nicht müde werden, Gutes zu tun; denn zu seiner Zeit werden wir auch ernten, wenn wir nicht ermatten.

Galater 6, 9

Die Bibel ist ein Buch, das geschrieben wurde, damit es dem Volk Gottes in dieser Welt eine Hilfe sei. Das gilt besonders für die neutestamentlichen Briefe, die alle anläßlich irgendeiner Situation, die in den Gemeinden entstanden war, geschrieben wurden. Um ihre Botschaft zu verstehen, darf man freilich nicht von der Vorstellung ausgehen, daß jemand sich in sein Studierzimmer setzte und dort einen Aufsatz schrieb. Im Gegenteil: Der Apostel Paulus war ein Evangelist, ein Mensch, der in der Welt herumkam, und er schrieb gewöhnlich anläßlich eines bestimmten Problems, das entstanden war, und um Menschen zu helfen, die Ursache ihrer Schwierigkeiten und den Weg zu deren Überwindung zu verstehen.

Er setzte sich daher mit den möglichen Ursachen auseinander, und wir können gewiß sein, daß es heute keine Ursache für geistliche Depressionen gibt, die in den Briefen nicht behandelt wird. Die Krankheiten im geistlichen Leben sind immer dieselben; sie ändern sich nie. Die äußeren Erscheinungsformen unterscheiden sich; die besondere Gestalt, in der das Problem auftreten kann, mag sich verändern; aber die Ursache von allem ist der Teufel, und er verändert sich in seiner grundsätzlichen Absicht nie.

In unserem Bibelwort finden wir eine weitere Ursache für den Zustand der geistlichen Depression, und es erinnert uns an etwas, das wir nochmals unterstreichen müssen – wie wir es auch schon einige Male getan haben –, nämlich an die schreckliche Spitzfindigkeit unseres Widersachers. Wir haben die Art und Weise betrachtet, in der der Teufel die Gläubigen versucht und sie gänzlich unglücklich macht, indem er ihnen eine falsche Lehre einflüstert. Wir haben die klugen Methoden gesehen, mit denen er bestimmte Dinge in den Mittelpunkt rückt, die dort überhaupt nicht hingehören oder durch die er uns eine neue Religion gibt, die ein Gemisch aus verschiedenen Religionen ist.

Aber bei unserem jetzigen Bibelwort geht es um etwas völlig anderes. Hier ist der Apostel nicht besorgt über die Gefahr, daß wir durch Irrlehren und Fehltritte oder durch das Annehmen eines besonderen Kultes, den wir für den wahren Glauben halten, auf Abwege geraten könnten. Hier tut der Teufel etwas erheblich Spitzfindigeres, bei dem es augenscheinlich nichts Falsches gibt. Die Menschen werden einfach müde und matt, obwohl sie noch immer in die gute Richtung gehen. Sie gehen zwar auf dem rechten Weg, aber sie lassen Kopf und Arme hängen. Das Bild, das sie bieten, steht in völligem Gegensatz zu dem, was der Christ in diesem Leben und in dieser Welt sein sollte.

Die beste Art, diese Tendenz zur Ermüdung zu betrachten, ist vielleicht die, daß wir uns zunächst eine allgemeine Übersicht verschaffen. Wir können das vielleicht die Gefahr der »mittleren Periode« nennen. Es handelt sich dabei um etwas, das nicht nur für das christliche Leben als solches gilt, sondern für das ganze Leben. Es ist das Problem des mittleren Alters. Es ist etwas, das sich auf allen Ebenen zeigt, etwas, mit dem wir alle im Laufe der Jahre früher oder später konfrontiert werden.

Heute wird den jungen Leuten große Aufmerksamkeit gewidmet, und das öffentliche Interesse richtet sich auch in erheblichem Maße auf die alten Leute. Aber ich bin der festen Überzeugung, daß die schwierigste Periode im Leben die ist, die zwischen beiden liegt.

Wenn wir älter werden, nehmen unsere geistige Spannkraft und unsere körperlichen Kräfte ab. Wir wissen um diese Sache vom Hörensagen, wenn nicht aus eigener Erfahrung. Stimmt das nicht auch hinsichtlich der Arbeit oder des Berufes eines Menschen? Gerade darin besteht für viele Leute die Not. Das heißt, daß sie über das Stadium der Entfaltung und des Aufbaus hinweg sind und eine bestimmte Stellung erreicht haben. Aus vielerlei Gründen ist eine Weiterentwicklung unmöglich. Das ist oft bei einem Geschäftsmann der Fall. Manchmal findet er, daß es schwieriger ist, das Geschäft zu erhalten, als es aufzubauen. Wenn man Biographien erfolgreicher Menschen aus jedem Berufszweig liest, wird man feststellen, daß sie sich alle darüber einig sind, daß jene

Stufe, jene »Hochebene«, die schwierigste Periode ihres Lebens war.

Das soeben Gesagte gilt in gleichem Maß auch für das geistliche Leben. Es ist das Stadium, das auf die Anfangserfahrung folgt, auf jene Anfangserfahrung, in der alles noch neu, überraschend, wunderbar und deutlich war, in dem wir fortwährend neue Entdeckungen machten, die nie zu enden schienen. Aber plötzlich sind wir uns der Tatsache bewußt, daß es so aussieht, als habe alles ein Ende gefunden, so haben wir uns an das christliche Leben gewöhnt. Uns überraschen die Dinge nicht mehr so wie am Anfang, weil wir sie kennen. Es ist so, daß die Erregung einer neuen Entdeckung, die früher für Auftrieb sorgte, auf einmal verschwunden zu sein scheint. Es scheint sich nichts zu ereignen, es scheint überhaupt keine Veränderung, keinen Fortschritt und keine Entwicklung zu geben. Sicher mag dies auf jeden von uns zutreffen, auf unsere Arbeit, unsere Gemeinde, auf eine ganze Gruppe von Menschen, ein Land oder eine Gesellschaft.

Mir wurde gesagt – und ich weiß, daß es stimmt –, daß diese Erscheinung eines der größten Probleme der Äußeren Mission ist. Missionare, die in Übersee waren, werden genau wissen, was ich meine. Es handelt sich um etwas, das immer einzutreten droht, wenn wir über das Ungewöhnliche, über die Begeisterung und über die Erregung, etwas ganz Neues zu tun, hinweg sind und in eine Routine verfallen, bei der wir Tag für Tag dasselbe tun. In dem Augenblick kommt die Versuchung auf. Jener erste Impuls, der uns durch alle früheren Phasen hindurchgeholfen hat, vermag uns nicht zu helfen, die Schwierigkeit zu überwinden.

Mit eben diesem Umstand setzt der Apostel Paulus sich hier auseinander. Vielleicht gibt es außerdem noch Nöte und Differenzen, die, von anderen Leuten verursacht, unser Leben zusätzlich erschweren. Sie tun vielleicht Dinge, die sie nicht tun sollten, und verletzen uns auf verschiedene Weise. Durch solche Prüfungen, Schwierigkeiten und Nöte zu einer Zeit, da wir uns in dieser kritischen Phase befinden, werden wir müde, Gutes zu tun.

So kommt es öfters zu dem Punkt, an dem Entwicklung und Fortschritt an ein Ende gekommen zu sein scheinen und wir uns in einem lustlosen Zustand befinden, in dem es schwer ist zu wissen, ob man überhaupt noch in Bewegung ist – sei es vorwärts oder rückwärts. Alles scheint zum Stillstand gekommen zu sein;

nichts scheint sich zu ereignen. Es besteht kein Zweifel darüber, daß einige der galatischen Christen an diesem besonderen Punkt angelangt waren. Der Zustand, den wir durch unsere Untersuchung im vorigen Kapitel aufgezeigt haben – die falsche Lehre und so weiter –, hat ohne Zweifel etwas damit zu tun.

Nur nicht aufgeben

Wir können also sagen, daß hier von Menschen die Rede ist, die nicht so sehr von der täglichen Arbeit als auch sonst müde geworden sind: »Werdet nicht müde, Gutes zu tun.« So ist die Situation. Was können wir dagegen unternehmen? Ich möchte vorweg sagen, daß es keinen Aspekt des großen Depressionsproblems gibt, in dem eine Ablehnung wichtiger ist als hier. Immer, wenn wir uns in einem solchen Zustand der Ermüdung befinden, gibt es, bevor wir etwas Positives zu tun beginnen, bestimmte Ablehnungen, die absolut wichtig sind. Die erste ist diese: Welches Gefühl Sie auch immer über Ihre Situation haben, beachten Sie die Vorschläge nicht, die von allen Seiten – nicht so sehr von seiten der Menschen als aus Ihrem Innern – über Sie herfallen. Hören Sie nicht auf sie, wenn sie Ihnen einflüstern, aufzugeben, die Nachfolge sein zu lassen, nachzugeben.

Das ist die große Versuchung, die in diesem Zustand aufkommt. Sie sagen: »Ich bin müde und abgespannt, es ist mir zuviel.« An diesem Punkt gibt es nichts zu sagen als nur dies: Hören Sie nicht darauf. Sie müssen immer auf unterster Ebene mit dem »Du sollst nicht« beginnen; und dies ist die unterste Ebene. Sie müssen zu sich selbst sagen: »Was auch immer geschieht, ich mache weiter.« Geben Sie nicht nach und nicht auf!

Aber das ist vielleicht nicht die größte Versuchung. Die größte ist die zu resignieren. Obwohl es Menschen gibt, die in ihrer Resignation sagen: »Ich gebe es auf«, ist das nicht der Fall bei der großen Mehrheit. Die Gefahr für die Mehrheit besteht darin, daß sie sich selber aufgeben, daß sie den Mut aufgeben und die Hoffnung verlieren. Sie machen weiter, aber sie tun das in einer hoffnungslosen, erschlafften Verfassung. Genauer gesagt: Die Gefahr an diesem Punkt besteht darin, daß man etwa folgendermaßen spricht: »Ich habe etwas verloren, das ich früher besaß, und offenbar werde ich es nicht wiederbekommen. Aber ich mach' aus Treue weiter, da es meine Pflicht ist. Ich habe die Freude verloren, die ich einst hatte. Sie ist ohne Zweifel für immer verschwunden. Ich muß einfach damit leben. Ich werde mich mit meinem Schicksal abfinden. Ich will kein Versager sein, ich will die Sache nicht hinschmeißen, ich gehe weiter. Obwohl ich ziemlich verzweifelt bin, schleppe ich mich weiter. Ich gehe meinen Weg nicht mehr mit Zuversicht, so wie früher, aber ich tue es so gut, wie ich kann.« Das ist der Geist der Resignation, des Stoizismus, wenn Sie so wollen, der sich da bemerkbar macht.

Das ist die allergrößte Gefahr. Und wiederum ist es etwas, so behaupte ich, was nicht nur auf der geistlichen Ebene – die uns am meisten interessiert – gefährlich ist, sondern auf jeder Ebene des Lebens. Wir können in dieser Haltung unseren Beruf ausüben und auch sonst so leben. Wir sagen im Grunde zu uns selbst: »Die goldenen Zeiten sind vorbei; sie gehören der Vergangenheit an. Aber ich mache einfach weiter.« Diese Haltung scheint freilich etwas Wundervolles, etwas Heroisches an sich zu haben. Aber Sie sehen, daß ich sie für negativ halte. In der Tat sage ich, daß es sich um eine Versuchung Satans handelt. Wenn er Gottes Volk soweit bringen kann, daß es die Hoffnung aufgibt, ist er sehr zufrieden. Und soweit ich sehen kann, ist vielleicht die allergrößte Gefahr, der die christliche Kirche heute gegenübersteht, die, daß sie etwas pro forma, als Pflicht tut. Weitermachen ist richtig, aber wir dürfen uns nicht müde dahinschleppen, sondern wir müssen aufrecht gehen, wie wir es sollten.

Nur der Heilige Geist gibt uns Kraft

Das bringt mich zur dritten und letzten ablehnenden Haltung. Wie Sie sehen werden, handelt es sich auch hierbei um eine sehr gefährliche Sache. Die dritte Gefahr ist die, daß wir, wenn wir müde und matt werden, unsere Zuflucht zu künstlichen Reizmitteln nehmen. Sie kennen diese Versuchung. Sie war der Untergang vieler, die eine Karriere gemacht oder ein Geschäft aufgebaut hatten und dann in diesen Ermüdungszustand gerieten. Man ist sich bewußt, daß man nicht die Kraft, nicht die Energie hat, die man früher hatte. Man hat sozusagen nicht das Gefühl, das Höchste erreicht zu haben. Man weiß nicht, was mit einem los ist, und dann sagt jemand, daß alles, was man brauche, ein »Schnäpschen« sei. Hier kommt der Alkohol mit allen seinen Gefahren ins Spiel. Schon manch einer, der mit einem »Schlückchen« als Aufmöbelung anfing, ist als Alkoholiker geendet. Und die Menschen greifen auf genau dieselbe Weise nach Drogen und verschiedenen anderen Dingen.

Nun gibt es dazu aber eine sehr wichtige und lebensgefährliche Parallele auf geistlichem Gebiet. Ich habe in der Kirche Menschen gesehen, die diese allgemeine geistliche Müdigkeit auf genau dieselbe Weise überwinden wollen. Sie steigern sich in irgendeine Sache hinein, die sie begeistert, oder sie wenden neue Methoden an. Sie sagen, daß sie sich aus dieser Sache herausreißen müssen, und so setzen sie ein neues Programm ein. Haben Sie nicht schon manchmal auf die Anzeigetafeln an den Kirchen geschaut? Können Sie sich nicht an bestimmte Gemeinden erinnern, die immer einige neue Bekanntmachungen aushängen oder irgend etwas neu Anziehendes bieten? Solche Gemeinden leben offensichtlich von künstlichen Reizmitteln.

Dies alles wird mit dieser Idee im Hintergrund getan. Der Pfarrer oder ein anderer verantwortlicher Mensch hat gesagt: »Wir bewegen uns auf einem ausgefahrenen Geleise; wir sind ziemlich abgestumpft. Was können wir dagegen unternehmen? Ach, laßt uns dies oder jenes tun. Es wird Leben in die Bude bringen und das Interesse neu wecken.« Diese Gesinnung im geistlichen Leben und im Leben der Gemeinde ist nur vergleichbar mit einer Sache auf natürlichem Gebiet, nämlich mit dem Menschen, der zu Alkohol oder Drogen greift, um sich irgendwie zu beleben und aufzuputschen.

Es handelt sich dabei offensichtlich um eine äußerst heimtückische Versuchung und Gefahr. Es scheint so verständlich zu sein, es scheint gerade das zu sein, was wir brauchen, und dennoch ist der schreckliche Irrtum hinter dem allen der, daß man sich systematisch durch eine solche Lebensweise immer mehr schwächt. Je mehr sich der Mensch auf Alkohol oder Drogen stützt, desto mehr verbraucht er seine natürliche Energie. Außerdem ist es so, daß er bei zunehmender Erschöpfung immer mehr Alkohol und Drogen zu sich nehmen muß. So wird sein Zustand immer schlimmer. Auf geistlichem Gebiet verhält es sich genauso.

Das waren also drei abzulehnende Dinge, die von höchster Bedeutung sind. Wir wollen uns nun dem Positiven zuwenden. Wir müssen die gefährlichen Fallgruben vermeiden, aber gibt es nichts anderes, was wir tun können? Das erste muß die Selbstprüfung sein. Sagen Sie nicht einfach, daß an Ihrem traurigen Zustand nichts zu ändern ist. Nehmen Sie keine Reizmittel. Setzen Sie sich hin und sagen Sie: »Na schön, ich bin müde. Was ist die Ursache dafür?« Das ist sicher eine einleuchtende Frage. Sie dürfen den Zustand nicht behandeln, bevor Sie ihn nicht beurteilt haben. Man wendet das Heilmittel nicht an, bevor man die Ursache kennt. Es ist eine gefährliche Sache, sich in eine Behandlung zu stürzen, bevor man die Ursache kennt. Man muß zuerst die Diagnose stellen. Sie müssen sich daher fragen, warum Sie müde und in diesen Zustand geraten sind.

Es sind auf diese Frage viele Antworten möglich. Sie können sich in diesem Zustand befinden, weil Sie körperlich einfach zu hart gearbeitet haben. Man kann müde sein bei der Arbeit oder nicht müde durch die Arbeit. Es ist möglich, daß ein Mensch überarbeitet ist – gleich auf welchem Gebiet, sei es auf dem natürlichen oder auf dem geistlichen – und seine Energie und seine Kraftreserven einfach überschätzt hat. Wenn Sie weiterhin zu hart arbeiten oder unter Spannung stehen, werden Sie dafür bezahlen müssen. Wenn hier die Ursache des Problems liegt, besteht die Heilmethode natürlich in einer medizinischen Behandlung.

Es gibt für diesen Fall ein treffendes Beispiel aus dem Alten Testament. Sie erinnern sich an Elia, der nach seiner Heldentat auf dem Berg Karmel unter einer solchen geistlichen Depression litt. Er saß unter einem Wacholderstrauch und bedauerte sich selbst. Was er aber tatsächlich brauchte, waren Schlaf und Nahrung. Und Gott gab ihm beides! Er erhielt zu essen, und er ließ ihn ruhen, bevor er ihm geistliche Hilfe bot.

Aber angenommen, das ist nicht die Ursache des Problems, sondern etwas anderes. Sehr oft ist es dann so, daß wir mit fleischlicher Energie das christliche Leben leben oder christliche Werke tun. Wir haben vielleicht alles in eigener Kraft getan, anstatt in der Kraft des Heiligen Geistes. Es kann sein, daß wir mit rein fleischlichen, menschlichen und vielleicht sogar körperlichen Kräften gearbeitet haben. Möglicherweise haben wir versucht, selber das Werk Gottes zu tun. Wenn wir das zu tun versuchen, wird das einzige Ergebnis natürlich sein, daß es uns zuletzt niederschmettert, da dieses Werk für uns zu schwer ist. Wir müssen uns also selbst prüfen und nachschauen, ob etwas falsch ist an der Art und Weise, wie wir unsere Arbeit verrichten. Es ist einem Menschen möglich, aus fleischlicher Kraft zu predigen, und wenn er das tut, wird er bald unter geistlicher Erschöpfung und unter Depressionen leiden.

Aber dann kommt eine noch wichtigere und noch geistlichere Frage auf. Ich muß mich fragen, warum ich eben diese Arbeit tue und was im Grunde mein Beweggrund dazu war. Ich war aktiv, ich habe die Arbeit genossen, aber nun empfinde ich sie als eine Last. Und nun kommt die Frage: »Warum habe ich die Arbeit nun wirklich die ganze Zeit getan?« Das ist eine erschreckende Frage, weil wir sie uns vielleicht zum erstenmal in unserem Leben stellen. Wir haben alles für selbstverständlich gehalten und angenommen, daß unsere Motive rein waren. Aber es könnte sich herausstellen, daß das nicht der Fall war. Manche Leute tun etwas aus Begeisterung und Erregung, die es mit sich bringt. Das steht ohne Zweifel fest. Ich habe Menschen getroffen, die sich sehr aktiv am christlichen Leben beteiligten, weil damit eine gewisse Sensation verbunden war. Es gibt manche Leute, die nur dann glücklich sein können, wenn sie ständig beschäftigt sind. Sie machen sich nicht immer klar, daß sie auf die Sensation und die Erregung der Aktivität an sich aus sind.

Wenn wir auf diese Weise leben, werden wir mit Sicherheit erschöpft und müde werden. Ebenso sicher wird unser größter Feind in Aktion treten, nämlich das Ich. In Wirklichkeit haben wir alles nur getan, um unser Ich zu befriedigen, um uns selbst zu gefallen, um zu uns selber sagen zu können: »Wie wunderbar bist du, und wieviel tust du!« Das Ich sagt, daß wir wichtig sind. Wir müssen zugeben, daß nicht alles zur Ehre Gottes geschehen ist, sondern zu der unsrigen. Wir sagen vielleicht, daß wir das Lob nicht haben möchten und daß »Gott die Ehre gebührt«, aber es gefällt uns, Ergebnisse zu sehen und in der Zeitung zu stehen und so weiter. Das Ich tritt auf den Plan, und das Ich ist ein furchtbarer Meister. Wenn wir arbeiten, um dem Ich in irgendeiner Form Befriedigung zu schenken und ihm zu gefallen, wird das Ende immer Müdigkeit und Erschöpfung sein. Wie wichtig ist es, sich in Verbindung mit seiner Arbeit die Frage nach dem Motiv zu stellen!

Selbstprüfung tut not

Zuletzt ist auch dies eine äußerst wichtige Frage: Hat die Arbeit mich in Gang gehalten? War sie eine Art Haupttriebfeder in meinem Leben, anstatt daß es Gottes Werk war? Ich bin sicher, daß viele wissen, was ich damit meine. Eine der größten Gefahren im geistlichen Leben ist, daß man durch seine eigenen Aktivitäten lebt. Anders gesagt: Die Arbeit nimmt nicht den richtigen Platz ein; sie ist nicht etwas, das Sie tun, sondern sie wurde etwas, das Sie in Gang hält. Einige der tragischsten Fälle habe ich bei den Menschen gefunden, die sich nicht bewußt waren, daß sie seit Jahren aus der Kraft und Stärke ihrer eigenen Aktivitäten gelebt hatten. Das war es, was diese Menschen in Gang hielt. Als sie dann alt oder krank wurden und ihre gewohnte Tätigkeit nicht mehr ausüben konnten, wurden sie depressiv. Sie wußten mit sich selbst nichts anzufangen, weil sie nur durch ihre Arbeit gelebt hatten. Ich glaube, daß dies eine der offensichtlichsten Gefahren unserer Gesellschaft ist. Es ist gegenwärtig gewiß eine der häufigsten Ursachen für Neurosen. Leider ist die Welt so verrückt geworden, daß wir durch die Hast und Eile des Lebens in Gang gehalten werden. Statt zu herrschen, werden wir beherrscht. Letztlich ermüdet es uns und drückt uns nieder.

Hier liegen einige der Hauptfaktoren dieses wichtigen Prozesses der Selbstprüfung. Lassen Sie mich das Prinzip hervorheben. Wenn Sie im Augenblick in irgendeiner Hinsicht müde sind, dann bitte ich Sie herzlich, innezuhalten und sich zu fragen: »Warum bin ich müde? Warum geht es nicht besser?« Prüfen Sie Ihre ganze Einstellung in bezug auf Ihr Leben, und untersuchen Sie die Sache, die Sie gerade tun. Finden Sie dann heraus, wie Sie zum christlichen Leben stehen. Warum sind Sie überhaupt Christ geworden? Was bedeutet das christliche Leben für Sie?

Lassen Sie mich diese Sache nun positiv betrachten. Es gibt hier gemäß der Lehre des Apostels gewisse großartige Grundlehren, die wir erkennen müssen, wenn wir von dieser Müdigkeit erlöst werden wollen. Erstens gibt es im christlichen Leben wie auch im ganzen Leben verschiedene Phasen. Das Neue Testament spricht über unmündige Kinder in Christus; es spricht aber auch von Wachstum.

Wir haben alle unterschiedliche Kraft und Energie

Johannes schreibt seinen ersten Brief an kleine Kinder, an junge Männer und an alte Männer. Das ist eine Tatsache; das ist biblisch. Das christliche Leben ist nicht immer genau gleich; es gibt den Anfang, den weiteren Verlauf und das Ende. Aufgrund dieser Phasen gibt es viele Veränderungen. Die Gefühle ändern sich vielleicht am häufigsten. Sehr oft ermüden Christen, weil bestimmte Gefühle nicht mehr da sind. Sie sind sich nicht bewußt, daß dies daher kommt, weil sie älter geworden sind. Weil sie nicht mehr so sind wie früher, meinen sie, daß bei ihnen nichts mehr stimmt. Aber wenn wir wachsen und geistlich vorwärtskommen, müssen sich Veränderungen vollziehen, und all diese Dinge bewirken offensichtlich eine Veränderung in unserer Erfahrung. Ich werde das anhand eines Beispieles verdeutlichen.

Ich sah vor kurzem zufällig ein etwa vierjähriges Kind mit seiner Mutter aus einem Haus kommen. Ich war unwillkürlich bezaubert von der Art und Weise, wie es das Haus verließ. Es ging nicht, nein, es sprang aus dem Haus. Es sprang mit großen Sprüngen, es hüpfte wie ein Lämmchen. Die Mutter aber ging mit normalen Schritten aus dem Haus. Wir müssen uns bewußt sein, daß es im geistlichen Leben auch so etwas gibt. Das Kind sprudelt über vor Energie und hat noch nicht gelernt, wie es diese beherrschen soll. Die Mutter besaß natürlich viel mehr Energie als das Kind, obwohl es, oberflächlich gesehen, danach aussah, als ob sie viel weniger hätte, weil sie in aller Ruhe heraustrat. Die Energie ist im Erwachsenen aber viel größer als im Kind.

Weil so viele Menschen die Erfahrung des Ruhigerwerdens falsch deuten, meinen sie, daß sie etwas Lebenswichtiges verloren haben. Daher werden sie müde und depressiv. Wir müssen erkennen, daß es Phasen gibt. Wir müssen erkennen, daß es diese Phasen der Fortentwicklung auch im christlichen Leben gibt. Manchmal löst sich das ganze Problem schon allein dadurch, daß man sich eben diese Tatsache bewußtmacht.

Gutes zu tun gehört zum Leben eines Christen

Nun kommen wir zum zweiten Prinzip. »Lasset uns aber nicht müde werden, Gutes zu tun.« Es geht darum, »Gutes zu tun«, denken Sie daran! Das ist eine Sache, die wir leicht vergessen. »Ach«, sagen wir, »Tag für Tag dasselbe Getue.« So ist unsere Einstellung zum Leben, und weil unsere Einstellung so ist, werden wir müde. Aber, so sagt Paulus, ich möchte Sie daran erinnern, daß Sie Christ sind, und das christliche Leben ist ein Leben, in dem es gilt, Gutes zu tun. Wenn Sie das christliche Leben als eine langweilige Pflicht ansehen, beleidigen Sie Gott. Was bedeutet unser Christenleben? Die Frage ist äußerst wichtig, und allzuoft antworten wir, daß es darin besteht, jene Dinge zu meiden, die andere Menschen tun; daß es darin besteht, den geraden und schmalen Weg zu gehen und zu dem einen Ding »nein« und zu dem anderen »ja« zu sagen. Christliches Leben heißt, zur Kirche zu gehen. Es ist eine scheußliche Pflicht, es ist ein hartes Leben, das wir haben! Ist unsere Einstellung nicht viel zu häufig so? Die Antwort darauf lautet, daß unser Leben darin besteht, »Gutes zu tun«.

Wenn Sie und ich beginnen, irgendeine Seite des Christenlebens lediglich für eine Aufgabe und Pflicht zu halten, und wenn wir uns antreiben und zusammenreißen müssen, damit wir mit dem Glauben nicht Schluß machen, sage ich, daß wir Gott beleidigen und das Wesen des christlichen Glaubens vergessen haben. Das Christenleben ist eine Aufgabe. Das christliche Leben allein ist es wert, den Namen »Leben« zu tragen. Dieses Leben allein ist gerecht und heilig, rein und gut.

Es ist die Art Leben, die der Sohn Gottes lebte. Es heißt, wie Gott in seiner Heiligkeit zu sein. Das ist der Grund, weshalb ich leben sollte. Ich entscheide mich nicht einfach für eine große Kraftanstrengung, um irgendwie vorwärtszukommen. Ganz und gar nicht. Ich denke daran, daß es ein großartiges und gutes Leben ist. Es heißt, »Gutes zu tun«.

Wie kam ich in dieses Leben hinein – in dieses Leben, über das ich so schimpfe und jammere, das ich hart und schwierig finde? Ich möchte diese Frage mit Nachdruck stellen. Wie sind Sie zum christlichen Leben gelangt? Wir befinden uns auf dem schmalen Weg, aber wie sind wir von dem breiten Weg dorthin geraten? Was machte den Unterschied aus? Das sind die Fragen, und es gibt nur eine Antwort: Wir sind auf den schmalen Weg gelangt, weil der eingeborene Sohn Gottes den Himmel verließ und auf die Erde kam, uns zu erretten. Er entäußerte sich aller Zeichen seiner ewigen Herrlichkeit und erniedrigte sich so sehr, daß er als Kind geboren und in eine Krippe gelegt wurde. Er ertrug dreiunddreißig Jahre lang das Leben dieser Welt: Er wurde bespuckt und geschmäht. Es wurde ihm eine Dornenkrone auf das Haupt gedrückt, und man nagelte ihn an ein Kreuz, damit er die Strafe für meine Sünde trüge. Das ist die Art und Weise, wie ich zum Glauben kam, und wenn ich jemals auch nur für den Bruchteil einer Sekunde die Größe, die Herrlichkeit, das Wunder und die Erhabenheit dieser Tat, durch die ich von Gott angenommen wurde, in Zweifel ziehen sollte, nun, dann spucke ich ihm ins Angesicht. »Lasset uns nicht müde werden, Gutes zu tun.«

Mein Freund, wenn Sie in irgendeiner Form mit diesem Gefühl von Widerwillen an Ihr Christenleben denken oder wenn Sie es für eine mühselige Aufgabe oder Pflicht halten, dann rate ich Ihnen, zu dem Anfang Ihres Glaubenslebens zurückzukehren. Wenden Sie Ihre Schritte um zu dem kleinen Tor, durch das Sie hineingingen. Betrachten Sie die Welt in all ihrer Bosheit und Sünde, betrachten Sie die Hölle, zu der Sie von ihr geführt wurden, und blicken Sie dann vorwärts, und machen Sie sich die Tatsache bewußt, daß Sie mitten in den ruhmreichsten Kampf gestellt sind, in den ein Mensch je eintreten konnte, und daß Sie auf dem vorzüglichsten Weg gehen, den die Welt je gekannt hat.

Aber ich möchte weiterfahren. Das folgende Prinzip ist, daß dieses unser Leben auf Erden lediglich eine Vorbereitung ist. »Lasset uns aber nicht müde werden, Gutes zu tun; denn zu seiner Zeit werden wir auch ernten, wenn wir nicht ermatten.« Sind Sie müde und abgespannt, und haben Sie manchmal das Gefühl, daß Ihnen alles zuviel wird? Kehren Sie um! Betrachten Sie Ihr Leben, und stellen Sie es in bezug zur Ewigkeit. Halten Sie inne und fragen Sie sich, was das alles bedeutet. Es ist nur eine Vorbereitungsschule. Dieses Leben ist nur das Vorzimmer der Ewigkeit, und alles, was wir in dieser Welt tun, ist eine Vorwegnahme davon.

Unsere größten Freuden sind nur die ersten Früchte und der Vorgeschmack der ewigen Freude, die kommt. Wie wichtig ist es, sich daran zu erinnern. Es ist der zermürbende Alltag, der uns depressiv macht. Sie sagen vielleicht: »Schon wieder ein Tag, um mich durchzuschlagen.« Oder ein Pfarrer sagt vielleicht: »Wieder ein Sonntag! Und heute muß ich sogar zweimal predigen.« Welch schreckliche, zermürbende Aussagen! Aber die Antwort darauf lautet, das alles zu betrachten und dann in den großen Zusammenhang zu stellen und zu sagen: »Wir sind unterwegs zur Ewigkeit, und dies ist nur eine Vorbereitungsschule.« Welch einen Unterschied macht das aus! »Fahren Sie fort, Gutes zu tun«, sagt Paulus, »weil die Ernte gewiß kommt.« In dem Augenblick, da Ihnen etwas von der Wahrheit über die Ernte bewußt wird, werden Sie nicht ermatten.

Was ist unser Ziel?

»Die Welt hängt uns zu sehr an«, das ist unser Problem. Wir sind zu sehr in unsere Probleme vertieft. Wir brauchen den Blick nach vorne, die Erwartung, um auf die ewigen Herrlichkeiten, die in der Ferne leuchten, vorauszublicken. Das Christenleben ist ein Schmecken der ersten Früchte jener kommenden Ernte. »Was kein Auge gesehen hat und kein Ohr gehört hat und in keines Menschen Herz gekommen ist, das hat Gott denen bereitet, die ihn lieben« (1. Kor. 2, 9). »Trachtet nach dem, was droben ist, nicht nach dem, was auf Erden ist« (Kol. 3, 2). Machen Sie sich in Ihrem Verstand und in Ihrem Herzen etwas von der Herrlichkeit des Ortes bewußt, zu dem Sie unterwegs sind. Das ist das Gegenmittel, darin besteht die Heilbehandlung. Die Ernte, in der wir die Früchte sammeln werden, kommt gewiß, das steht fest. »Darum, meine lieben Brüder«, so sagt Paulus zu den Korinthern, »seid fest, unbeweglich und nehmet immer zu in dem Werk des Herrn, weil ihr wisset, daß eure Arbeit nicht vergeblich ist in dem Herrn« (1. Kor. 15, 58). Tun Sie weiterhin Ihre Aufgabe, welche Gefühle Sie auch haben. Fahren Sie mit der Arbeit fort. Gott wird das Wachstum schenken. Er wird den Regen seiner gnädigen Segnungen senden, wenn wir ihn brauchen. Es wird eine reiche Ernte geben. Halten Sie Ihr Auge darauf gerichtet.

Überwinden und uns selbst widerstehen

Vor allen Dingen wollen wir aber unseren Blick auf den Meister gerichtet halten, für den wir arbeiten. Wir wollen daran denken, was er erduldete und wie geduldig er war. Greifen Sie nochmals die mächtige Begründung aus Hebräer zwölf auf: »Ihr habt noch nicht bis aufs Blut widerstanden« (Vers 4). Er tat es. Er kam auf die Erde und erduldete alles. Wie geduldig war er! Wie eintönig war sein Leben: Die meiste Zeit verbrachte er mit gewöhnlichen, unbedeutenden Menschen, die ihn falsch verstanden. Aber er ging beharrlich weiter seinen Weg und klagte nicht. Wie tat er das? »Wegen der vor ihm liegenden Freude erduldete er das Kreuz und achtete der Schande nicht« (Hebr. 12, 2). Das ist der Weg, wie Jesus ihn ging. Es war die Freude, die vor ihm lag. Er wußte um den Krönungstag, der herannahte. Er sah die Ernte, die er einholen würde, und im Blick darauf war er in der Lage, die anderen Dinge nicht zu beachten, sondern glorreich und siegreich hindurchzugehen.

Und Sie und ich haben das Vorrecht, so zu leben wie er. »Will mir jemand nachfolgen, der verleugne sich selbst und nehme sein Kreuz auf sich« – das ist es – »und folge mir« (Matth. 16, 24). Vielleicht haben wir sogar die Ehre, für seinen Namen Schmach zu leiden. In seinem Brief an die Kolosser (Kap. 1, 24) sagt Paulus etwas Außergewöhnliches. Er sagt, daß er das Vorrecht habe, an seinem Fleisch erstatten zu können, was noch mangle an Trübsalen Christi. Was wäre, wenn Sie und ich als Christen dasselbe Vorrecht hätten, ohne es zu wissen? Nun, erinnern Sie sich an Ihren Herrn und Heiland, und schauen Sie auf ihn. Bitten Sie ihn, Ihnen die Tatsache zu vergeben, daß Sie je müde wurden. Betrachten Sie Ihr Leben erneut auf diese Weise. So sicher, wie Sie das tun, so sicher werden Sie feststellen, daß Sie mit einer neuen Hoffnung, mit einer neuen Kraft und einer neuen Vollmacht gefüllt werden. Sie werden Ihre künstlichen Reizmittel oder sonstiges Zeug nicht brauchen, denn Sie werden feststellen, daß das Vorrecht und die Freude von dem allem Sie durchglüht. Sie werden sich selbst verabscheuen, weil Sie je geschimpft und geklagt haben. Dann werden Sie noch siegreicher vorwärts gehen, bis Sie ihn am Ende Ihrer Lebensbahn sagen hören: »Recht so, du guter und treuer

Knecht, geh ein zu deines Herrn Freude!« (Matth. 25, 23). »Kommt her, ihr Gesegneten meines Vaters, ererbet das Reich, das euch bereitet ist von Anbeginn der Welt!« (Matth. 25, 34).

Disziplin

So wendet allen euren Fleiß daran und beweist in eurem Glauben Tugend und in der Tugend Erkenntnis und in der Erkenntnis Enthaltsamkeit und in der Enthaltsamkeit Geduld und in der Geduld Gottesfurcht und in der Gottesfurcht brüderliche Liebe und in der brüderlichen Liebe die Liebe zu allen Menschen.

2. Petrus 1, 5-7

Hier, im ersten Kapitel des zweiten Petrusbriefes, behandelt der Apostel noch eine weitere Ursache geistlicher Depression. In der Tat war es beim Schreiben des Briefes sein Ziel, dieses Thema zu behandeln. Er schreibt, um Menschen zu ermutigen, die entmutigt worden waren, daß sie den Glauben, den sie angenommen hatten, anzuzweifeln schienen. Das mag in dem Zustand geistlicher Depression als eine wirkliche Gefahr aufkommen. Wenn der Zustand anhält und fortdauert, führt er ausnahmslos zu Zweifel und Ungewißheit sowie auch zu einer größeren Neigung, auf das alte Leben, von dem wir erlöst wurden, zurückzuschauen.

Zum Glück gibt uns der Apostel in diesem Fall eine ausgezeichnete Beschreibung der Situation. Er sagt uns indirekt eine Anzahl Dinge über die Menschen, denen er schreibt. Nachdem er beispielsweise seine Briefempfänger ermahnt hat, sagt er in Vers acht: »Denn wenn solches reichlich bei euch ist, werdet ihr nicht faul und unfruchtbar sein in der Erkenntnis unseres Herrn Jesus Christus.« Er sagt: »Wenn solches reichlich bei euch ist«, werdet ihr das werden, was ihr im Augenblick nicht seid. Und was ist das? »Es wird machen, daß ihr weder faul noch unfruchtbar seid in der Erkenntnis unseres Herrn Jesus Christus«, was beinhaltet, daß der Zustand, in dem sich die Briefempfänger befanden, »faul und unfruchtbar« war. Aber nicht nur das. Petrus sagt, daß sie »blind waren, im Dunkeln tappten und vergessen hatten, daß sie von ihren alten Sünden rein geworden waren«.

In der Tat gibt es einen weiteren Hinweis, daß sie gestrauchelt waren, denn er sagt ihnen, daß sie »nicht straucheln«, wenn sie jene Dinge aus unserem Textwort tun. Und nicht nur das, sondern: Wenn sie jene Dinge tun, werden sie »ihre Berufung und Erwählung festmachen«. Es ist deutlich, daß sich die Empfänger des Briefes darüber gelegentlich nicht so sicher waren.

Daß diese Menschen Christen sind, steht außer Frage. Wir müssen das wiederholen, weil es manche gibt, die solche falschen und unbiblischen Vorstellungen von einem Christen haben, daß sie meinen, daß ein Mensch, wie ihn Petrus hier beschreibt, kein wirklicher Christ ist. Aber diese Menschen sind offenbar Christen, sonst würde Petrus ihnen nicht schreiben. Es gibt bei vielen eine falsche Vorstellung eines Christen, die beinhaltet, daß ein Christ immer auf den Höhen der Berge wandelt. Es gibt manche Leute, die meinen, daß man überhaupt kein Christ ist, wenn man nicht immer dort ist. Das ist eine durch und durch unbiblische Vorstellung. Die Briefempfänger sind Christen, aber sie sind unglücklich, sie sind gänzlich fruchtlos; ihr Leben scheint zu nichts zu führen, und sie sind auch anderen Leuten keine Hilfe.

Nicht nur das. Sie sind auch nicht sehr leistungsfähig, soweit es sie selber betrifft, und ihr Glaube erfüllt sie nicht mit Freude und Zuversicht. Sie sind »faul und fruchtlos«. Die Worte sind eine treffende Beschreibung – sie sind untauglich, anderen zu helfen, und es mangelt ihnen auch an Erkenntnis und Verständnis. Sie wachsen nicht in der Erkenntnis des Herrn. Es steht eine enorme Erkenntnis zur Verfügung, aber sie besitzen sie nicht, sie sind nicht darin vorgedrungen, sie sind nicht darin gewachsen; sie sind in dieser Hinsicht fruchtlos. Obwohl sie wirklich Christen sind, scheinen sie tatsächlich in ihrem Leben wenig davon zu zeigen. Auch scheinen sie darin zu versagen, die wahre Bedeutung ihrer Bekehrung zu erfassen. Es scheint, daß sie die Tatsache vergessen haben, daß sie »von ihren alten Sünden rein geworden waren« und daß sie so lebten, als wäre das nicht geschehen. Alle diese Dinge treten immer zwangsläufig zusammen auf. Wenn es einen Mangel an Verständnis und Fruchtbarkeit in dieser Verständnisfrage gibt, wird man gewöhnlich im Leben in entsprechendem Maß versagen – sowohl im Hinblick auf die eigene Frömmigkeit als auch auf die eigene Nützlichkeit und den eigenen Wert für andere Menschen.

Das nun ist die Beschreibung, die der Apostel von diesen Menschen gibt, und natürlich sind wir alle – leider – vertraut mit dieser Art. Es handelt sich um Menschen, bei denen man nicht leugnen kann, daß sie Christen sind, obwohl es in ihrem Leben hierfür wenig Anzeichen gibt. Sie scheinen »in Oberflächlichkeit und Elend verhaftet« zu sein. Sie vermitteln nicht den Eindruck, den ein Christ, wie Jesus sagte, vermitteln sollte, wenn er den Heiligen Geist empfangen hat: »Von des Leibe werden Ströme lebendigen Wassers fließen« (Joh. 7, 38). Nein, der Eindruck, den sie vermitteln, ist der von Faulheit und Unfruchtbarkeit.

Es sind in ihrem Leben keine Früchte vorhanden, sie scheinen den anderen nichts weiterzugeben. Und was sie selber angeht, so ist ihr Leben haltlos; es scheint nicht zu wachsen und sich nicht zu entwickeln. Das ganze Leben scheint völlig fruchtlos zu sein, und sie sind niedergeschlagen und unglücklich und werden von Zweifeln heimgesucht. Sie scheinen nicht fähig zu sein, Rechenschaft abzulegen von dem »Grund der Hoffnung, der in ihnen ist« (1. Petr. 3, 15). Sie sagen, daß sie glauben, und dennoch befinden sie sich ständig in dieser Verfassung, in der gerade die Grundlage ihres Glaubens Erschütterungen ausgesetzt zu sein scheint. Das nun ist der Zustand, mit dem sich der Apostel hier befaßt und den wir jetzt überdenken wollen.

Disziplin fördert Wachstum

Das erste, das wir erwägen müssen, ist die Ursache jenes Zustandes. Wie ist es möglich, daß überhaupt jemand in einen solchen Zustand gerät? Es gibt Christen, auf die diese Beschreibung zutrifft. Warum sind sie so? Warum gleichen sie nicht anderen Christen, deren Leben fruchtbar, wirkungsvoll und lebenspendend ist? Was ist der Unterschied? Das ist die Frage, die wir überdenken müssen. Es scheint völlig klar zu sein, daß der Apostel diesen Menschen hier sehr deutlich sagt, daß es nur eine wirkliche Ursache für alle die Äußerungen der Depression gibt, nämlich ein Mangel an Disziplin. Das ist das wirkliche Problem. Es ist das vollständige Fehlen von Disziplin und Ordnung in ihrem Leben. Aber – glücklicherweise beläßt es der Apostel nicht bei einer allgemeinen Aussage.

Die neutestamentlichen Schreiber hören niemals bei allgemeinen Formulierungen auf; sie gehen immer darüber hinaus und arbeiten die Einzelheiten aus. Sie betrachten das Problem Punkt für Punkt, und glücklicherweise tut der Apostel das hier auch.

Warum mangelt es im Leben dieser Leute an Disziplin? Warum ist diese Schlaffheit, diese Trägheit in ihrem Leben so offenkundig? Die erste Ursache scheint zu sein, daß sie ein falsches Verständnis vom Glauben haben. Dies stelle ich am Anfang von Vers fünf fest, wo er sagt: »So« – gerade aus diesem Grunde – »wendet allen euren Fleiß daran und beweist in eurem Glauben Tugend.« Das heißt: Ergänzt euren Glauben, stattet euren Glauben aus mit den Dingen, die Petrus dann im weiteren Verlauf seines Briefes aufzählt. Hier liegt gewiß ein Hinweis dafür, daß sie ein falsches Verständnis vom Glauben hatten. Das ist etwas, was häufig vorkommt. Ihre Sicht vom Glauben scheint magischer Art gewesen zu sein. Sie waren mit anderen Worten der Ansicht, daß, solange man Glauben hat, alles in Ordnung ist, daß der Glaube im Leben automatisch funktioniert und daß der Christ nur noch der Wahrheit glauben muß. Man muß den Glauben annehmen, und wenn man das getan hat, kommt alles von alleine. Man braucht nur einen Schritt zu tun, man trifft eine Entscheidung, oder wie man es auch nennen möchte, und das ist alles, was notwendig ist.

Ich nenne dies eine nahezu magische Auffassung vom Glauben oder ein automatisches Glaubensverständnis. Aber vielleicht kann ich es auch anders formulieren: Es gibt sehr oft eine mystische Sicht vom Glauben. Das erklärt sicherlich das Problem vieler Leute. Unter einer mystischen Sicht verstehe ich ein Glaubensverständnis, das den Glauben immer als ein fertiges Ganzes sieht. Negativ gesagt, meine ich, daß solche Menschen sich nicht bewußt sind, daß der Glaube ergänzt werden muß mit Tugend, Erkenntnis, Enthaltsamkeit, Geduld, Gottesfurcht, brüderlicher Liebe und Liebe zu allen Menschen, wie der Apostel es hier aufzeigt.

Sie kennen nur ein Schlagwort, und dieses eine Schlagwort lautet, daß man immer »auf den Herrn schauen muß«, und solange man »auf den Herrn schaut«, braucht man sich weiter um nichts zu kümmern. Sie behaupten, daß jeder Versuch, etwas anderes zu tun, bedeutet, daß man wieder in jene Haltung verfällt, in der man sich sein Heil durch Werke erwerben will. Wenn Sie also in Ihrem Christenleben ein Problem haben, sagt man Ihnen: »Schauen Sie nur auf den Herrn, bleiben Sie im Herrn.«

Es handelt sich hierbei um einen weitverbreiteten Irrtum. Sie finden ihn in einer äußerst interessanten Form bei den Bibelauslegern, die diese Auffassung vertreten. Bei der Auslegung bestimmter Schriftstellen, wo Einzelheiten stark betont werden, sind sie offensichtlich in Schwierigkeiten, weil man sich von ihrem Standpunkt aus nicht um Einzelheiten zu kümmern braucht. Man muß nur eines tun: Man »bleibt im Herrn und schaut auf ihn«. Das ist die wirkungsvollste Ursache für diese Art geistlicher Depression und Trägheit, mit der wir uns nun befassen. Solche Leute verbringen ihr Leben in diesem unglücklichen Zustand. Sie versuchen die ganze Zeit, die Aufforderung, »nur auf den Herrn zu schauen« und »nur in ihm zu bleiben«, in die Tat umzusetzen. Kurze Zeit scheint das zu gelingen, aber dann läuft irgend etwas schief, und sie scheinen nicht mehr zu »bleiben«, und schon sind sie wieder unglücklich.

Das Problem kehrt zurück, und so verbringen sie ihr ganzes Leben damit, daß sie diese Haltung, die sie als richtig anerkennen, in die Tat umzusetzen versuchen. Es ist klar, daß es sich hier um eine sehr wichtige Sache handelt, und wir müssen sicher sein, daß unser Glaubensverständnis das des Neuen Testamentes ist. Wir müssen erkennen, was der Apostel meint, wenn er fortfährt, daß wir in unserem Glauben »beweisen«, das heißt, daß wir ihm hinzufügen oder ihn ergänzen sollen mit gewissen anderen Dingen.

Die zweite allgemeine Ursache für den Zustand geistlicher Depression, den der Apostel hier andeutet, ist zweifellos nichts anderes als reine Faulheit oder Trägheit. Petrus ist sehr bestrebt, uns das einzuschärfen, und deswegen wiederholt er seine Worte in Vers zehn. Ich glaube, daß wir alle um diese Sache wissen. Es gibt eine Trägheit oder Faulheit, die uns alle plagt und zweifelsohne vom Teufel selber hervorgerufen wird.

Haben wir nicht alle bemerkt, daß es uns, wenn es um Dinge des geistlichen Lebens geht, an Lust und Begeisterung zu mangeln scheint und wir alle nicht dieselbe Energie aufwenden, die wir bei unserem weltlichen Beruf, unserer Arbeit oder unseren Geschäften, unseren Vergnügungen oder anderen Interessen einsetzen? Haben wir nicht alle festgestellt, daß wir tüchtig arbeiten können und dann, wenn wir eine Gebetsstunde halten wollen, auf einmal todmüde und erschöpft sind? Ist es nicht eigenartig, daß wir immer müde und schläfrig werden, wenn wir die Bibel lesen wollen?

Wir sind vollkommen davon überzeugt, daß es etwas rein Körperliches ist und wir nichts dafür können, aber es ist so sicher, wie etwas nur sein kann, daß in dem Augenblick, in dem wir uns nach geistlichen Dingen ausstrecken, wir sofort vor diesem Problem der Trägheit und Faulheit stehen, das uns überfällt, wie munter und tatkräftig wir bis dahin auch waren.

Das Problem kann auch die Form von Aufschub annehmen. Wir möchten in der Bibel lesen, wir wollen ein Bibelstudium halten, wir möchten eine Auslegung lesen, aber wir sind im Augenblick gar nicht in der Stimmung. Wir meinen, daß es schlecht ist, diese Dinge zu versuchen, wenn wir uns nicht so wohl fühlen, und daß wir es besser aufschieben sollten, bis es uns besser geht. Es wird sich später bestimmt eine geeignete Gelegenheit ergeben. Wie oft haben wir diese Erfahrung schon gemacht. Aber wenn dann der spätere Zeitpunkt gekommen ist, meinen wir eigenartigerweise, daß wir immer noch nicht dazu in der Lage sind. Es steht außer Frage, daß die meisten von uns ein Leben führen, dem es erheblich an Disziplin, Ordnung und Einteilung fehlt.

Das Leben war für einen Christen vielleicht noch nie so schwierig wie heute. Die Welt und die Organisation, das Lebenssystem um uns und in bezug auf uns macht es fast unmöglich. Das Schwierigste im Leben ist die eigene Lebensführung und -ordnung. Der Grund dafür ist nicht, daß die äußeren Umstände uns dazu zwingen, sondern daß, wenn wir uns der Gefahr, uns willenlos dahintreiben zu lassen, nicht bewußt sind und uns nicht dagegen wehren, wir versagt haben werden, ohne es zu wissen. Es gibt so viele Dinge, die uns abhalten. Man beginnt den Morgen damit, Zeitung zu lesen (viele Leute lesen sogar eher zwei Zeitungen als eine), und dann kommt einige Stunden später die Abendzeitung, eine oder mehrere. Diese Dinge drängen sich vor.

Natürlich müssen wir nicht unbedingt eine Zeitung kaufen, aber es gibt sie nun einmal, und jeder liest sie. Vielleicht wird sie ins Haus gebracht. Sie wird vor uns hingelegt, und ohne daß es uns bewußt wird, ist da etwas, das unsere Zeit beschlagnahmt. Ich brauche meine Zeit nicht zu vergeuden, indem ich die folgenden Dinge im einzelnen ausführe: das Radio, das Fernsehen, unsere Beschäftigungen, Versammlungen, Unfälle hier und dort, verschiedene Probleme, die auftauchen, und so weiter.

Es ist Tatsache, daß in der heutigen Zeit jeder von uns um sein

Leben kämpft; daß er dafür kämpft, sein eigenes Leben zu besitzen, zu meistern und zu leben. Alle Pfarrer werden mit mir einer Meinung sein, wenn ich behaupte, daß es nichts gibt, das einem öfter gesagt wird, als dies: »Ich weiß nicht, was ich machen soll. Ich scheine keine Zeit zu haben, meine Bibel zu lesen und Stille Zeit zu halten, wie ich es gerne möchte.«

Die einfache Antwort darauf ist, daß es da lediglich um einen Mangel an Disziplin geht. Es handelt sich um das Versagen, sein Leben richtig zu ordnen. Es hat keinen Zweck, über die Umstände zu klagen. Es kommt einfach darauf hinaus – und wir brauchen gar nicht darüber zu diskutieren – : Wir haben alle Zeit! Wenn wir Zeit haben, die anderen Dinge zu tun, dann haben wir Zeit. Das ganze Geheimnis des Erfolges besteht diesbezüglich darin, sich Zeit zu nehmen und darauf zu bestehen, daß sie für die Stille Zeit verwendet wird anstatt für andere Dinge. Das ist die zweite Ursache des Problems: ein reiner Mangel an Disziplin in der Lebensführung, ein Versagen, sein Leben so zu ordnen, zu lenken und zu beherrschen, wie wir tief in unserem Herzen wissen, daß wir es tun sollten.

Da das nun die Ursache ist, wollen wir uns jetzt der Behandlung zuwenden. Welche Behandlung schreibt der Apostel uns für diesen Zustand vor? Es ist das, was der Ursache des Problems genau entgegengesetzt ist. Erstens und vor allen Dingen betont er »allen Fleiß«. Eine andere Übersetzung sagt: »Machet jede Anstrengung.« Das ist es: »Bringet auch allen Fleiß auf«; »eben deswegen«; »aus diesem Grunde«; »angesichts dieser Tatsache« – die überaus großen und kostbaren Verheißungen, die uns mit allen Dingen, die das Leben und die Göttlichkeit betreffen, gegeben sind –, weil ihr der Verderbtheit, welche durch die Lust in der Welt vorhanden ist, entkommen seid, wendet wegen all dieser Dinge all euren Fleiß daran, oder, wie es im zehnten Vers übersetzt wird, »tut desto mehr Fleiß«, diese Dinge zu tun. Das ist die Behandlungsmethode: das Üben in Disziplin und Fleiß.

Große Taten erfordern große Disziplin

Unser Thema kann man vielleicht am besten anhand eines historischen Beispiels erklären. Ich lade Sie ein, die Biographie eines beliebigen Gottesmannes zu lesen. Sie werden feststellen, daß sein Leben vor allen Dingen von Disziplin und Ordnung gekennzeichnet war. Das ist ausnahmslos das wesentliche Merkmal im Leben aller hervorragenden Gottesmänner und -frauen. Lesen Sie einmal über Henry Martyn, David Brainerd, Jonathan Edwards, die Wesley-Brüder und Whitefield. Lesen Sie ihre Tagebücher. Es ist unwichtig, zu welcher Konfession sie gehörten. Im Leben von all diesen Menschen war Disziplin ein wesentliches Element, und das haben sie stark hervorgehoben. Disziplin ist offenbar etwas durch und durch Biblisches und absolut Wesentliches. »Wer zu Gott kommen will, der muß glauben, daß er sei«, sagt der Verfasser des Hebräerbriefes (Hebr. 11, 6). Ja, und auch, »daß er denen, die ihn suchen, ein Vergelter sein werde«. Wir müssen fleißig sein in unserem Suchen. »Aber«, so sagt jemand, »beinhaltet Ihre Predigtbotschaft nicht auch eine Rechtfertigung aufgrund von Werken?« Da sehen Sie, wie spitzfindig der Teufel ist! »Sie kehren da doch zurück zu der römisch-katholischen Irrlehre und zu der ganzen katholischen Frömmigkeit!«

Die Antwort auf diesen Einwand lautet, daß es der Apostel Petrus ist, der inspirierte Apostel, der uns daran erinnert, daß die ganze Heilige Schrift inspiriert ist. Er ist es, der uns sagt, daß wir unserem Glauben diese verschiedenen anderen Dinge »hinzufügen« und all unseren Fleiß daran wenden sollen. »Tut desto mehr Fleiß«, seid noch aktiver, sagt er. Und da gibt es selbstverständlich keinen Widerspruch. Der Irrtum bei der Rechtfertigung aufgrund von Werken besteht darin, daß man auf seine eigene Disziplin vertraut, sich zu erretten.

Das Entgegengesetzte von Vertrauen auf eigene Werke ist aber nicht das Nichtstun, sondern alles zu tun, außer sein Vertrauen darauf zu setzen. Nicht die Werke sind falsch, sondern der Glaube an die Werke, das Vertrauen auf die Werke. Aber welch eine schleichende Gefahr ist das! Mir scheint, daß eine der Hauptgefahren für den heutigen Protestantismus, besonders für die evangelikalen Kreise, in unserer Furcht vor dem Irrtum der Rechtfertigung durch Werke besteht. Wir haben immer wieder gesagt, daß die Werke überhaupt nichts zur Sache tun, sondern daß allein der Glaube zählt. Weil ich ein Mann des Glaubens bin, ist es unwichtig, was ich tue, und so kann es in meinem Leben durchaus an Disziplin fehlen. Kein Gedanke kommt mir daran!

Der Gegensatz zu einem falschen Vertrauen auf Werke ist nicht Trägheit, Mangel an Disziplin und Nichtstun, sondern Eifer, fleißig sein, Fleiß tun, seinen Glauben unter Beweis stellen. Aber Sie müssen sich stets bewußt sein, daß Ihre Tat allein nie genügt, sondern daß Gott denen gewißlich ein Vergelter ist, die ihn mit Ernst suchen. Viele Menschen sagen, daß sie alles geben würden, um nur eine Spur der Erkenntnis zu haben, die die Gottesmänner besaßen. Sie sagen: »Hätte ich nur jene Freude, dann würde ich die ganze Welt dafür hergeben. Warum kann ich nicht die Erfahrung eines brennenden Herzen haben?« Die Antwort lautet, daß Sie sie nie wirklich gesucht haben. Schauen Sie sich das Leben jener Männer an und die Zeit, die sie für Bibelstudium und Gebet sowie für verschiedene andere Formen der Selbstprüfung und geistlichen Übungen einsetzten. Sie glaubten an Wachstum und Disziplin im geistlichen Leben, und gerade weil sie das taten, hat Gott ihnen das vergolten, indem er ihnen solche wunderbaren Beweise seiner selbst und solche mächtigen Erfahrungen, die ihre Herzen erwärmten, zuteil werden ließ.

An erster Stelle steht also die unbedingte Notwendigkeit von Disziplin und Ordnung. Ich bin an dieser Stelle eigentlich versucht, die Sache im einzelnen zu behandeln. Wenn wir uns darüber einig sind, wie wichtig es ist, sich einfach Zeit zu nehmen und unser Alltagsleben zu ordnen, müssen wir – koste es, was es wolle – darauf bestehen, daß gewisse Dinge getan werden. Mit anderen Worten: Wenn ich wirklich glaube, daß mir die Bibel wichtiger ist als die Zeitung, muß ich meine Bibel lesen, bevor ich zur Zeitung greife. Ich muß auf meiner Gebetszeit bestehen, ich muß Zeit haben zur sinnenden Betrachtung – was immer dafür auch ungetan bleibt.

Das ist der Anfang eines wesentlichen Teils der Ordnung, der seine Auswirkungen auf den Alltag hat. Viele Menschen versagen und werden traurig und depressiv, weil sie sich einfach nicht in die Hand genommen haben. Sie werden das selber tun müssen; keiner wird es für Sie tun, ja, niemand ist fähig, das für Sie zu tun. Wenn Sie nicht auf diese Dinge im einzelnen achten, dann versichere ich Ihnen, daß Sie ein depressiver Christ bleiben werden.

Wachsen im Glauben

Das zweite Prinzip ist, daß wir unseren Glauben beweisen sollen. Eine andere Übersetzung sagt: »Ergänzt euren Glauben!« Wieder eine andere sagt: »Stattet euren Glauben aus!« Die Sprachforscher sagen uns, daß das Wort »ausstatten« ein griechisches Wort ist, das in Verbindung mit der Aufführung eines Theaterstückes verwendet wurde. Es bedeutet die Ausstattung mit einer Art Orchester oder Chor. Man »stattet« die Aufführung aus mit diesem Orchester, mit diesem Chor, so daß sie vollständig ist. Es ist etwas, das die Aufführung abrundet und sie zu einer vollkommenen Aufführung macht. Das ist die Bedeutung des Wortes »fügt hinzu«, »stattet aus«, »ergänzt«, »macht die Sache vollständig«, »laßt es einen vollkommenen Glauben sein«.

Was fügen Sie Ihrem Glauben hinzu? Der Apostel nennt uns hier eine ganze Reihe Dinge. Ich muß sie einfach erwähnen. Als erstes sagt er: »Beweist in eurem Glauben Tugend« bzw. »fügt eurem Glauben Tugend hinzu.« Was meint er damit? Auch hier haben wir ein Wort, dessen Bedeutung sich im Laufe der Zeit geändert hat. Mit Tugend ist nicht das gemeint, was wir heute landläufig darunter verstehen, denn jeder Punkt in der Aufzählung des Petrus ist in dem Sinne eine Tugend. Die Bedeutung ist hier: Energie, moralische Energie. Es bedeutet Kraft, Stärke. Das nun ist sehr wichtig. Der Zustand, mit dem sich der Apostel befaßt, ist dieses schlaffe, undisziplinierte, träge, christliche Leben, und er beginnt damit, daß er die Briefempfänger an das folgende erinnert: »Ihr habt Glauben, ihr glaubt der Wahrheit; daran besteht kein Zweifel. Ihr habt denselben kostbaren Glauben wie wir.« Nun, was sollten sie da noch mehr tun wollen? Er sagt ihnen, daß sie zusätzlich zu dem Glauben, den sie haben, aufhören müssen, träge zu sein. Mit anderen Worten: Fügen Sie Ihrem Glauben moralische Energie hinzu! Reißen Sie sich zusammen! Schleppen Sie sich nicht durch das christliche Leben, sondern gehen Sie aufrecht, wie Sie es tun sollten, mit Vitalität! Fügen Sie jene Art von Stärke und Kraft hinzu! Seien Sie kein schlaffer Christ, der immer den Eindruck erweckt, daß er oder sie jeden Augenblick in Ohnmacht fallen und versagen könnte! Seid nicht träge, sagt der Apostel, sondern stattet euren Glauben aus mit Mannhaftigkeit und Kraft – mit Tugend.

Wie notwendig ist diese Aufforderung! Vergleichen Sie den typischen Durchschnittschristen mit dem typischen Durchschnittsmenschen aus der Welt. Der Christ behauptet, daß er an geistlichen Dingen, an dem Reich Gottes und an der Erkenntnis von Gott und Christus interessiert ist. Er sagt, daß er Glauben hat, und das ist es, was Glaube bedeutet. Aber vergleichen Sie ihn einmal mit dem Durchschnittsmenschen, der sich für verschiedene Sportarten interessiert und für die Dinge, die sich in der Sportwelt ereignen. Sie sehen den Unterschied: Der Mensch, der sich für jene Dinge interessiert, hat nichts Träges an sich. Schauen Sie sich einmal seine Begeisterung und seine Energie an. Und schauen Sie sich anschließend zum Vergleich den Christen an: Wie träge ist er, wie unentschieden benimmt er sich! Der Grund dafür ist, daß diese Christen es versäumt haben, ihren Glauben zu beweisen bzw. ihm bestimmte Dinge beizufügen. Sie sagen, daß sie Christen sind und daß sie der Wahrheit glauben, aber sie versagen darin, ihren Glauben »auszustatten«.

a) Wachsen in Pflichttreue, Erkenntnis und Geduld

»Fügt eurem Glauben Tugend hinzu und der Tugend Erkenntnis.« Damit ist nicht einfach die Erkenntnis der Lehre gemeint. Wir haben diese bereits in gewissem Maße, sonst hätten wir keinen Glauben. Damit ist eine gewisse Einsicht gemeint, ein Erfassen, eine Erleuchtung. In dem Augenblick, da wir an Jesus glauben, wissen wir nicht alles; wir begreifen dann noch nicht in völligem Maße, es ist nur der Anfang. Es stehen in den neutestamentlichen Briefen fortwährend Aufrufe und Ermahnungen. So sagt Paulus: ». . . daß eure Liebe wachse an Erkenntnis.« Das ist es, was der Apostel Petrus hier sagt. Er sagt, daß sie nicht beim Glauben stehenbleiben dürfen.

Sie sind bereits Christen, aber sie müssen das christliche Leben erfassen. Sie müssen die heimtückischen Gefahren, von denen sie umgeben sind, zu sehen beginnen. Sie müssen etwas von der Spitzfindigkeit Satans verstehen. Sie brauchen das Verstehen: »Fügt das eurem Glauben hinzu!« Streben wir nach dieser Einsicht, nach diesem Erfassen, nach dieser Erleuchtung! Wie wesentlich ist es, daß wir uns einem sorgfältigen Lesen der Bibel und der Bücher über die Bibel sowie auch der Glaubenslehren widmen. Sie werden den Glauben niemals wirklich erfassen, wenn

Sie sich um diese Dinge nicht persönlich kümmern. Es ist manchmal ein mühsamer Weg, und es erfordert gewiß alle Disziplin, die wir aufbringen können.

Der Student wird ohne harte Arbeit nie zum Fachmann. Das Gerede über jenen hochbegabten Menschentyp, der überhaupt nie arbeitet und dann bei den Examen als Bester abschneidet, ist ein reines Märchen. Das geschieht nie; das ist eine Lüge. Ohne Erkenntnis – und Sie werden nie Erkenntnis besitzen, wenn Sie nicht fleißig sind – kann ein Mensch nie wirklich etwas erfassen, kann er nie wirkliche Erkenntnis besitzen. Es erfordert Disziplin und Fleiß. Tatsächlich ist es harte Arbeit, seinen Glauben mit Erkenntnis auszustatten.

b) Wachsen in der Selbstbeherrschung, Gottesfurcht und Liebe

Das nächste ist die Enthaltsamkeit, womit Selbstbeherrschung gemeint ist. Es heißt aber nicht einfach, daß Sie Ihr Leben im allgemeinen beherrschen. Die Enthaltsamkeit bezieht sich vielmehr auf die Einzelheiten und bedeutet, daß Sie jeden einzelnen Zug ihres Lebens werden beherrschen müssen. Es bedeutet vielleicht, daß Sie Ihre Eß- und Trinkgewohnheiten beherrschen müssen. Die Obrigkeit sagt uns fortwährend, daß der Gesundheitszustand vieler Menschen schlecht ist, weil man zuviel ißt und trinkt. Es steht außer Frage, daß das stimmt.

Es gibt Menschen, die aus dem einfachen Grund an Müdigkeit und Trägheit leiden, weil es ihnen an Enthaltsamkeit oder Selbstbeherrschung fehlt. Sie zügeln weder ihren Appetit noch ihre Lust, ihre Leidenschaften und Wünsche. Sie essen zuviel, trinken zuviel oder schlafen sogar zuviel. Der Weg, um hier zur Einsicht zu kommen, ist, daß man die Biographien von Gottesmännern liest, daß man ihre Tagebücher liest, daß man liest, wie sie ihr Leben beherrschten. Wie peinlich genau achteten sie auf diese Dinge, und wie sehr waren sie sich bewußt, daß sie die Unmäßigkeit meiden müßten – koste es, was es wolle.

Geduld bedeutet: geduldig sein im Dulden, auch dann auszuharren, wenn alles Sie entmutigen will. Sie müssen das tun, Sie selber! Sie müssen das Ihrem Glauben hinzufügen. Geduld bedeutet nicht einfach, passiv »auf den Herrn zu schauen«. Sie selber müssen Geduld üben und Tag für Tag ununterbrochen damit fortfahren.

Dann folgt die Gottesfurcht, womit der Apostel hier zweifellos das Interesse an und die sorgfältige Pflege unseres Verhältnisses zu Gott meint.

Bei den zwei letzten Punkten seiner Aufzählung richtet sich sein Interesse auf unsere Haltung zu den Mitmenschen. Mit »Bruderliebe« ist unsere Beziehung zum Mitchristen gemeint. Mit »Liebe zu allen Menschen« meint Petrus die Liebe, die sich über den Mitbruder hinaus zu den Menschen erstreckt, die keine Christen sind. Wir müssen diese Dinge im einzelnen betrachten.

Wir sind Teilhaber der göttlichen Natur

Nachdem der Apostel diese verschiedenen Schritte oder Stufen besprochen hat, ermutigt er uns, all das zu tun, was er uns gesagt hat, indem er uns erstens an das erinnert, was wir sind. Er sagt uns, daß wir »teilhaftig geworden sind der göttlichen Natur« (2. Petr. 1, 4). Wenn Sie meinen, daß ich eine harte Lehre verkündige und das christliche Leben dadurch zu einer harten Aufgabe wird, wenn Sie überhaupt zögernd und voller Zweifel sind, dann möchte ich Ihnen einige Fragen stellen. Sind Sie sich bewußt, was Sie als Christ sind? Sind Sie sich bewußt, daß Sie »der göttlichen Natur teilhaftig« geworden sind? Sind Sie sich dessen bewußt, daß der Sohn Gottes den Himmel verließ und auf die Erde kam und sogar ans Kreuz ging, um Sie zu retten, um Sie von der Welt und ihrer Lust zu retten? Die Lust ist die Ursache des Verderbens. Wollen Sie in diesem Zustand bleiben? Wollen Sie ihm nicht entrinnen? Seid euch darüber im klaren, so sagt er, daß Christus gestorben ist, damit ihr aus diesem Zustand herausgerissen werden könnt und ihr auch tatsächlich herausgerissen seid. Aus eben diesem Grunde »wendet allen euren Fleiß daran«. »Gewiß«, so folgert Petrus, »habt ihr nicht vergessen, daß ihr rein geworden seid von euren vorigen Sünden« (2. Petr. 1, 9).

Gewiß habt ihr nicht vergessen, daß ihr mit Christus gestorben und deswegen für Gesetz und Sünde tot seid. »Wie sollten wir in der Sünde leben wollen, der wir abgestorben sind?« formuliert es Paulus. Wir müssen uns dessen bewußt sein, und welch eine außerordentliche Ermutigung ist diese Begründung, wenn wir dem Glaubenskampf gegenüberstehen.

Aber Sie dürfen dort nicht stehenbleiben. Seid euch darüber im klaren, sagt der Apostel, daß ihr nur dann, wenn ihr diese Dinge tut, Freude und Glück in eurem jetzigen Leben haben werdet. »Darum, liebe Brüder, tut desto mehr Fleiß, eure Berufung und Erwählung festzumachen.« Sie können Ihre Berufung und Erwählung festmachen, indem Sie diese Dinge tun. Sie werden sonst nie glücklich sein. Es ist nicht genug zu sagen: »Das Wort Gottes sagt: ›Alle, die an ihn glauben‹ (Joh. 3, 16), und da ich glaube, also . . .« Das stimmt, aber das genügt nicht immer. Es ist richtig, daß wir so folgern sollten; das ist ein Teil unserer Glaubensgewißheit. Aber wenn wir meinen, daß die Gewißheit hier aufhört, irren wir uns erheblich. Wenn wir unsere Berufung und Erwählung festmachen wollen, müssen wir uns befleißigen, all die Dinge zu tun, die der Apostel aufzählt. Wenn wir das tun, werden wir in reichem Maße Freude, Frieden und Glück erfahren. Wir werden wissen, wo wir im Glauben stehen, und wir werden die Erstlingsfrüchte der Herrlichkeit, die uns bevorsteht, ernten.

»Wo ihr solches tut, werdet ihr nicht straucheln.« Nichts entmutigt mehr als dauerndes Hinfallen. Wenn wir fallen, fühlen wir uns miserabel und unglücklich, so daß uns Depressionen überfallen, die uns in großer Hoffnungslosigkeit zurücklassen. Wir sollten also vermeiden, zu straucheln. Wenn wir des Petrus Anweisungen befolgen, wird das auch nicht geschehen. Das bedeutet jedoch keine Passivität. Beachten wir das!

Eine wunderbare Verheißung

Zu guter Letzt sagt der Apostel – und wie wunderbar ist das –: ». . . und so wird euch reichlich dargereicht werden der Eingang zu dem ewigen Reich unseres Herrn und Heilandes Jesus Christus« (2. Petr. 1, 11). Petrus spricht hier nicht über die Errettung, denn die Briefempfänger sind bereits errettet; er spricht über den letztendlichen Eingang in die Herrlichkeit. Beachten Sie das Wort »dargereicht«. Und so wird, sagt Petrus, euch der Eingang »dargereicht« werden. Das verwendete Wort ist genau dasselbe wie das, was vorhin mit »beweisen« bzw. »hinzufügen« übersetzt wurde. Sie fügen die obigen Dinge Ihrem Glauben hinzu, und dafür wird Ihnen dann der Eingang reichlich dargereicht werden. Es ist eine Wechselwirkung.

Mit anderen Worten sagt Petrus: »Wenn ihr diese Dinge tut, wenn ihr in eurem Leben Disziplin übt, wenn ihr euer Leben ordnet und euren Glauben auf diese Weise und mit diesen verschiedenen anderen Eigenschaften ausstattet, werdet ihr nie straucheln.« Ihr werdet infolge eurer Gewißheit große Freude und großes Glück haben, und wenn das Ende kommt, werdet ihr dieses Leben verlassen und in das nächste eingehen, eure Segel gefüllt mit dem herrlichen Wind des Himmels. Es wird kein Zögern geben, es wird kein Eingang mit zerrissenen Segeln sein. Statt dessen wird euch »der Eingang reichlich dargereicht werden«. Sie werden nicht mit Lord Tennyson bitten müssen: »Und möge es am Strand kein Wehklagen geben, wenn ich in See steche.« Denn es wird kein Hinausfahren auf ein unbekanntes Meer sein, sondern vielmehr das Ende der Lebensstürme und ein glorreicher Eingang in den Himmel der ewigen Ruhe und Herrlichkeit der Gegenwart Gottes.

Wenn wir unglückliche und depressive Christen sind, ist es mehr als wahrscheinlich, daß das alles einem Mangel an Disziplin zuzuschreiben ist. Wir wollen dagegen ohne Furcht ankämpfen und arbeiten und allen Fleiß aufwenden, daß unser Glaube in Ordnung kommt. Wir wollen klare Vorstellungen haben und sie dann in die Tat umsetzen und unseren Glauben ergänzen mit dieser Kraft und Stärke, mit dieser Erkenntnis, mit dieser Enthaltsamkeit, mit dieser Geduld, mit dieser Gottesfurcht, Bruderliebe und Liebe zu allen Menschen. Wir wollen anfangen, uns unseres Christenlebens zu erfreuen und nützlich und hilfreich für andere sein. Wir wollen wachsen in der Gnade und in der Erkenntnis und so eine Anziehungskraft haben für alle, die uns kennen, damit sie kommen und sich mit uns in dem überaus kostbaren Glauben vereinen und die Glückseligkeit dieser wunderbaren und herrlichen Verheißungen, die gewiß erfüllt werden, erfahren.

Prüfungen

Darüber freuet euch, die ihr jetzt eine kleine Zeit, wenn es sein soll, traurig seid in mancherlei Anfechtungen, auf daß euer Glaube rechtschaffen und viel köstlicher erfunden werde als das vergängliche Gold, das durchs Feuer bewährt wird, zu Lob, Preis und Ehre, wenn offenbart wird Jesus Christus.

1. Petrus 1, 6-7

Nachdem wir viele Gründe, warum Christen unter geistlicher Depression leiden können, betrachtet haben, kommen wir zu der besonderen Ursache, mit der sich der Apostel Petrus in diesem Abschnitt befaßt. Es steht außer Frage, daß der einzige Grund, warum er diesen Brief schrieb, die Beschäftigung mit genau diesem Zustand war. So beginnt er damit, die Empfänger des Briefes an bestimmte Dinge zu erinnern, und dann kommt er sofort zum Thema. Er beginnt damit, indem er über die große Errettung spricht: »Gelobt sei Gott, der Vater unseres Herrn Jesus Christus, der uns nach seiner großen Barmherzigkeit wiedergeboren hat zu einer lebendigen Hoffnung durch die Auferstehung Jesu Christi von den Toten, zu einem unvergänglichen und unbefleckten und unverwelklichen Erbe« (1. Petr. 1, 3-4). »Darüber«, so sagt er dann, »freuet euch, die ihr jetzt eine kleine Zeit, wenn es sein soll, traurig seid in mancherlei Anfechtungen.« Das ist seine Beschreibung dieser Menschen. Sie »freuen sich« in dieser herrlichen Hoffnung, und doch sind sie »traurig in mancherlei Anfechtungen«.

Hier scheint die Beschreibung, wie wir es in so vielen Fällen festgestellt haben, wieder ganz widersprüchlich zu sein. Er beschreibt Menschen, die sich gleichzeitig freuen und dennoch traurig sind. Aber wir haben ebenso oft gesehen, daß daran nichts Widersprüchliches zu finden ist. Sie können es, wenn Sie wollen, paradox nennen, aber es ist nicht widersprüchlich. In der Tat scheint der Zustand des Christen, wie er im Neuen Testament beschrieben wird, immer diese zwei Elemente einzuschließen.

Wiedergeborene haben auch Probleme

Das ist etwas, worüber wir uns völlig im klaren sein müssen. Es gibt eine oberflächliche Sicht vom Christentum, die so etwas für völlig unmöglich hält und einfach sagt, daß alle Probleme vergangen sind und jetzt alle Tage Sonnenschein ist. Solche Menschen können die Beschreibung des Petrus nicht einen Augenblick lang akzeptieren. Deshalb sagen sie von jedem Christen, der »traurig« ist, daß es fraglich ist, ob er überhaupt ein Christ ist. Da gibt es jene Lehre bezüglich des christlichen Lebens, die den Eindruck erweckt, daß, wenn man einmal eine Entscheidung getroffen hat oder wenn man einmal bekehrt ist, es keine Schwierigkeiten, keine Wellen auf dem Meer des Lebens mehr gibt. Alles ist vollkommen in Ordnung, es gibt überhaupt keine Probleme. Nun lautet die einfache Antwort auf diese Sicht, daß es sich hierbei nicht um neutestamentliches Christentum handelt. Vielmehr handelt es sich um etwas, das immer wieder von Sekten angeboten wird und auch die moderne Psychologie anbietet. Es gibt nichts, für das man Gott mehr danken sollte als für die Ehrlichkeit der Heiligen Schrift. Sie gibt uns die einfache Wahrheit über uns selbst und über unser Leben in dieser Welt.

Wir müssen deshalb damit beginnen, zu erkennen, daß das etwas ist, was beim Christen als gegeben angenommen wird. Nun lassen Sie uns bei diesem Wort »traurig sein« keinen Fehler machen. Traurig sein bedeutet, bekümmert zu sein; es bedeutet, daß wir beunruhigt sind. Es ist nicht nur so, daß wir bestimmte Dinge erdulden müssen, sondern daß die Erduldung dieser Dinge uns betrübt. Wir werden durch sie beunruhigt und wirklich unglücklich gemacht. So beschreibt Petrus die Briefempfänger als solche, die beide Haltungen zugleich aufweisen, als solche, die sich freuen und dennoch traurig sind. Sie werden das häufig in der Bibel finden.

Nehmen Sie als ausgezeichnetes Beispiel die Reihe von Widersprüchen, die der Apostel benutzt, um sich selbst in 2. Korinther 4, 8-10 zu beschreiben: »Wir haben allenthalben Trübsal, aber wir ängsten uns nicht. Uns ist bange, aber wir verzagen nicht. Wir leiden Verfolgung, aber wir werden nicht verlassen. Wir werden unterdrückt, aber wir kommen nicht um. Wir tragen allezeit das Sterben des Herrn Jesu an unserem Leibe« – und so fort.

Diese Aussagen scheinen sich zuerst gegenseitig auszuschließen, das ist aber nicht der Fall. Sie sind einfach ein Teil der Widersprüche im christlichen Leben. Das ist das Erstaunliche am Christen, daß er diese zwei Dinge zu ein und demselben Zeitpunkt erfährt. »Wenn das so ist«, so fragt jemand, »wo liegt dann das Problem?« Die Schwierigkeit ist hier, daß wir darin versagen, das Gleichgewicht zu halten, und daß wir dazu neigen, uns von dieser Traurigkeit, diesem Kummer überwältigen und niederdrücken zu lassen. Die Gefahr liegt nicht nur darin, daß wir zeitweise durch sie aus der Bahn geworfen werden, sondern daß sie tatsächlich die überwiegende Stimmung sein kann, die wir niemals loswerden können. Als Folge davon nehmen die Menschen, die uns sehen, mehr die »Traurigkeit« als die »Freude« zur Kenntnis.

Was wir wirklich sagen und erkennen müssen und woran wir uns zu erinnern haben, ist, daß der Christ nicht jemand ist, der immun wird gegen das, was um ihn herum und mit ihm geschieht. Wir müssen diese Wahrheit betonen, weil es bestimmte Menschen gibt, deren ganze Vorstellung und Idee vom christlichen Leben den Christen völlig unnatürlich macht. Kummer und Sorgen sind etwas, denen auch der Christ ausgesetzt ist, und in gewissem Sinne möchte ich sogar sagen, daß das Fehlen von traurigen Gefühlen im Leben eines Christen unter bestimmten Umständen keine Empfehlung für den christlichen Glauben ist.

Es ist unnatürlich, es geht über die Aussage des Neuen Testaments hinaus und hat mehr den Anstrich eines stoischen oder psychologischen Standpunktes, der von irgendeiner Sekte anstatt vom Christentum entwickelt wurde. Es gibt nichts, was in diesem Zusammenhang lehrreicher und ermutigender ist, wenn Sie die Bibel durchlesen, als zu beobachten, daß die Heiligen Gottes menschlichen Schwächen unterworfen sind. Sie kennen Kummer und Sorgen, sie kennen das Gefühl der Einsamkeit und wissen, was es bedeutet, enttäuscht zu werden. Es gibt hierfür zahlreiche Beispiele in der Bibel.

Sie sehen es vielleicht im Leben des Apostels Paulus mehr als irgendwo anders. Er war diesen Dingen unterworfen und verschwieg es nicht. Er war noch immer eine sehr menschliche Person, obwohl er einen so erstaunlichen Glauben besaß und solche wunderbaren Erfahrungen in der Gemeinschaft mit seinem hochgelobten Herrn gehabt hatte. Das kann also zu ein und demselben Zeitpunkt festgestellt werden, und der Christ darf sich niemals für jemanden halten, der von den natürlichen Gefühlen befreit ist. Er hat etwas, das ihn befähigt, sich über diese Dinge zu stellen, aber das Herrliche am christlichen Leben ist, daß man sich über sie stellen kann, obwohl man die Gefühle empfindet. Es ist nicht das Fehlen von Gefühlen. Das ist ein sehr wichtiger Unterschied.

Nachdem wir diese Vorbedingungen festgelegt haben, wollen wir jetzt überlegen, aus welchem Grund sich ein Christ so in Traurigkeit und in diesem Zustand von Kummer befinden kann. Die Antwort ist natürlich: »mancherlei Anfechtungen«. Das Wort, das mit »Anfechtungen« übersetzt wurde, bedeutet eigentlich »Versuchungen, Erprobungen«. Nun ist das griechische Wort, das hier mit »mancherlei« übersetzt wird, ein interessantes Wort. Es ist offensichtlich ein Lieblingswort des Apostels Petrus, und er verwendet es später, um die Gnade Gottes zu beschreiben. Es bedeutet »vielfarbig«, wie die verschiedenen Farben im Spektrum. Der Dichter Shelley hatte denselben Gedanken, als er schrieb: »Das Leben ist wie eine Kuppel aus vielfarbigem Glas; es färbt die weißen Strahlen der Ewigkeit.«

Das ist die Bedeutung des hier verwendeten Wortes, und der Apostel sagt, daß die Briefempfänger bekümmert sind, weil sie diese mannigfaltigen Versuchungen erfahren. Sie kommen auf verschiedene Weisen und in unterschiedlichen Farben und in verschiedenen Gestalten und Formen, und es gibt kein Ende der Mannigfaltigkeit.

Was sind diese Versuchungen? In seinem ersten Brief macht Petrus völlig klar, woran er denkt: Viele der Christen wurden verfolgt. Im zweiten Kapitel lesen wir: »Ich ermahne euch als Fremdlinge und Pilgrime: Enthaltet euch von fleischlichen Lüsten, welche wider die Seele streiten, und führet einen guten Wandel unter den Heiden, auf daß die, so von euch Böses reden als von Übeltätern, eure guten Werke sehen und Gott preisen, wenn er alles ans Licht bringt« (Verse 11 und 12).

Der Christ ist, weil er ein Christ ist, in der Welt diesen Dingen ausgesetzt. Weil er ein neuer Mensch ist, weil er wiedergeboren ist, muß er zwangsläufig mißverstanden werden. Er ist ein Pilgrim und lebt wie ein Fremdling in einem fremden Land. Er lebt eine andere Art Leben, er hat andere Vorstellungen und Gewohnheiten.

Die anderen Menschen, die es sehen, bemerken den Unterschied, und es gefällt ihnen nicht. In der Tat zeigen sie sehr deutlich, daß sie es nicht mögen. Die ersten Christen waren der Verfolgung unterworfen und den Versuchungen, die auf diese Weise auftraten.

Wir haben in der Bibel viele Berichte über diese Versuchungen, und die Heiligen Gottes mußten sich fortwährend damit auseinandersetzen. Der Apostel Paulus geht, als er an Timotheus schreibt (2. Tim. 3, 12), in der Tat so weit zu sagen: Und alle, die gottesfürchtig leben wollen in Christus Jesus, müssen Verfolgung leiden.« Es ist nach dem, was die Heilige Schrift dazu sagt, ein Gesetz, daß wir, je mehr wir uns dem Herrn Jesus Christus in unserem Leben und Lebenswandel nähern, desto wahrscheinlicher Schwierigkeiten in dieser Welt begegnen müssen. Sehen Sie Jesus an. Er tat nichts Böses, und kein Falsch war in seinem Mund zu finden. Er verbrachte seine Zeit damit, Menschen zu heilen, Gutes zu tun und zu predigen. Betrachten Sie dennoch den Widerstand, die Versuchungen, die er erdulden mußte. Warum? Weil er war, was er war.

Wiedergeborene erfahren Verfolgung

In ihrem tiefsten Herzen haßt die Welt Christus und darum auch die Christen, weil deren heiliges Leben sie verurteilt und ihnen ein Gefühl von Unbehaglichkeit vermittelt. Der Apostel wußte, was diese Menschen von der Hand von Übeltätern erfuhren, und so fährt er im vierten Kapitel fort, es noch ausführlicher zu sagen: »Denn es ist genug, daß wir die vergangene Zeit des Lebens zugebracht haben nach heidnischem Willen, da wir wandelten in Üppigkeit, Lüsten, Trunkenheit, Fresserei, Sauferei und greulichem Götzendienst. Das befremdet sie, daß ihr nicht mehr mit ihnen laufet in dasselbe wüste, unordentliche Wesen, und sie lästern« (1. Petr. 4, 3-4). Die Welt ärgerte sich über die Empfänger des Briefes, weil sie jene Art Leben aufgegeben hatten und nun ein christliches Leben führten. Sobald sie Christen wurden, kamen sie mit der Welt in Schwierigkeiten. Menschen, die zuvor freundlich gewesen waren, begannen jetzt, sie zu übersehen und zu kritisieren und anderen gegenüber unfreundlich – und schlecht – von ihnen zu sprechen.

Das war eins der Dinge, die ihnen Kummer verursachten. Sie waren traurig darüber. Aber das ist etwas, unter dem die Christen die Jahrhunderte hindurch zu leiden hatten. Nichts ist unangenehmer als dieses Unverständnis von seiten anderer Menschen, und es wird noch schwieriger, wenn es von jemandem kommt, der einem lieb und wert ist. Wie schwierig ist es, wenn ein Christ vielleicht der einzige Christ in der Familie ist. Diese Art Versuchung kommt vor, und für einen Christen, der dem niemals begegnet ist, ist es naheliegend, daß irgend etwas an seinem Christentum grundlegend falsch ist.

Der Apostel Paulus wurde ständig versucht. Sie erinnern sich daran, daß er sagte: »Demas hat mich verlassen« (2. Tim. 4, 10). Das war nicht einfach für Paulus, es betrübte ihn. Er hatte dieser Versuchung ganz allein standzuhalten. Menschen, von denen er glaubte, daß er sich auf sie verlassen könnte, verließen ihn plötzlich, und er stand allein da. »Niemand stand mir bei« (2. Tim. 4, 16). So etwas betrübt einen Christen. Sie brauchen nur die Biographien der Gottesmänner zu lesen, und Sie werden feststellen, daß sie sich häufig aufgrund von Unverständnis in diesem Zustand befanden. Das ist in hohem Maße auch im Leben von Charles Haddon Spurgeon in Verbindung mit der bekannten Abwertungs-Kontroverse der Fall. Menschen, die er für Freunde gehalten hatte und von denen er manche auf seine eigenen Kosten in seinem Predigerseminar ausgebildet hatte, fielen plötzlich von ihm ab. Sie müssen nur seinen Bericht lesen, um zu sehen, wie verletzt und betrübt er war. Er war traurig, weil Menschen, von denen er angenommen hatte, daß er sich auf sie verlassen könnte, ihn plötzlich im Stich ließen. Es verkürzte zweifellos sein Leben.

Ich las kürzlich in den Tagebüchern von George Whitefield einen Bericht über genau diesen Punkt. Whitefield hatte eine Zeit besonderer Gemeinschaft mit Christus gehabt und freute sich daran, aber er machte eine Bemerkung in sein Tagebuch, um sich selbst an die Tatsache zu erinnern, daß auf solche Erfahrungen oft auf eine merkwürdige Weise betrübliche Versuchungen folgen. Er sagte, ohne zu zweifeln: »Ich werde dem wieder ausgesetzt sein.« Er wußte es, denn es war seine Erfahrung. Das ist beinahe ein unausweichliches Gesetz im Leben eines Gottesmannes in einer Welt voller Sünde.

Im vorliegenden Fall litten die Christen unter mancherlei Anfechtungen. Der Begriff ist umfassend. Er meint alles in diesem Leben, was dazu neigt, Sie zu betrüben, Sie im empfindlichsten und feinfühligsten Teil Ihres Wesens, in Ihrem Herzen, in Ihren Sinnen, zu berühren und Sie oft niederzudrücken. Wie setzt sich der Apostel mit dieser Situation auseinander? Das ist sehr interessant, und es ist, was Sie und ich tun müssen, wenn wir diese zwei Seiten des christlichen Lebens festhalten wollen. Wenn wir uns ungeachtet der Dinge, die uns betrüben, weiterhin erfreuen wollen, müssen wir uns ihnen nähern und sie alle in der Weise betrachten, wie der Apostel es uns lehrt.

Wie lautet seine Lehre? Als erstes legt er ein großartiges Prinzip dar, das besagt, daß wir verstehen müssen, warum diese Dinge mit uns geschehen. Das ist das erste, und wie oft müssen wir es uns und anderen sagen. Ich denke manchmal, daß die ganze Kunst des christlichen Lebens die Kunst ist, Fragen zu stellen. Bei uns besteht die Gefahr, daß wir einfach die Dinge mit uns geschehen lassen und sie erdulden, ohne etwas anderes von uns zu geben als ein Stöhnen, ein Murren oder eine Klage. Unsere Aufgabe ist es – wenn wir es können –, herauszufinden, warum diese Dinge geschehen. Der Apostel weiß es. Er sagt: »Darüber freuet euch, die ihr jetzt eine kleine Zeit, wenn es sein soll, traurig seid« (1. Petr. 1, 6). »Wenn es sein soll!« Aha, das ist das Geheimnis. Was meint Petrus mit diesem Ausdruck? Es besteht keine Unsicherheit über die Antwort hierauf. Wir haben hier eine einschränkende Aussage, die Sie, wenn Sie so wollen, folgendermaßen übersetzen können: ». . . die ihr jetzt eine kleine Zeit, wenn es sich als notwendig erweisen sollte . . .« Es ist nicht nur eine allgemeine Aussage, die beinhaltet, daß in einer Welt wie dieser solche Dinge geschehen müssen. Sie ist viel aussagekräftiger.

Er sagt nicht: »Ihr freut euch in dieser herrlichen Hoffnung, obwohl ihr in einer Welt wie dieser bestimmte Dinge wahrscheinlich erleiden müßt.« Das ist völlig richtig, ist vollkommen wahr; aber der Apostel beläßt es nicht dabei. Er macht eine positive Aussage. Er sagt: »Ihr erleidet im Augenblick diesen Kummer, weil es sich für euch als notwendig erwiesen hat.«

Wiedergeborene kennen heilsames Leid

Da nun liegt unser Prinzip. Im obigen Vers ist ein genau festgelegtes Ziel enthalten. Es geschieht nichts zufällig. Es ist nicht etwas, das nun halt einmal stattfindet aufgrund des ganzen Aufbaues des Lebens. Das kommt hinzu, aber es ist nicht der Hauptgrund. Diese Dinge geschehen, so sagt der Apostel, weil sie gut für uns sind, weil sie Teil unserer Erziehung in diesem Leben und in dieser Welt sind, weil – ich möchte es ganz deutlich sagen – Gott es so bestimmt hat.

Das ist die Lehre des Apostels, wie es auch die Lehre des gesamten Neuen Testamentes ist und wie es sicherlich die Lehre der Gottesmänner durch die Jahrhunderte ist. Mit anderen Worten: Wir müssen das Christenleben in dieser Weise betrachten. Wir gehen unter den Augen unseres himmlischen Vaters durch diese Welt. Das ist das Grundlegende.

Der Christ muß sich als jemand verstehen, der in einer besonderen Beziehung zu Gott steht. Das gilt nicht für den Menschen, der kein Christ ist. Es besteht ein ganz bestimmter Plan und Zweck für mein gesamtes Leben. Gott hat mich angesehen, Gott hat mich angenommen und in seine Familie gestellt. Wozu? Damit er mich zur Vollkommenheit führe.

Das ist sein Ziel: ». . . daß sie (mehr und mehr) gleich sein sollten dem Ebenbilde seines Sohnes« (Röm. 8, 29). Das ist es, was er tut. Der Herr Jesus Christus bringt viele Söhne zu Gott und sagt: »Siehe da, ich und die Kinder, welche du mir gegeben hast« (Hebr. 2, 13). Wenn wir nicht mit dieser Grundvorstellung von uns als Christen beginnen, müssen wir zwangsläufig in die Irre gehen und diese Dinge gewiß mißverstehen.

Die Lehre der Heiligen Schrift lautet, ganz einfach gesagt, daß Gott es zuläßt, daß uns solches zustoßen wird. Ich gehe noch weiter: Gott ordnet manchmal an, daß diese Dinge zu unserem Besten geschehen. Er mag es manchmal tun, um uns zu züchtigen. Er straft uns für unsere Trägheit und unser Versagen. Wir betrachteten im vorangehenden Kapitel das Versagen des Christen, Disziplin zu üben. Petrus fordert die Christen auf, sich selbst zu erziehen, ihren Glauben zu mehren, ihren Glauben »auszustatten«, nicht nur zufrieden zu sein mit einem knappen Minimum, sondern einen vollkommenen Glauben zu entfalten.

Wir mögen vielleicht dieser Aufforderung keine Beachtung schenken, wir mögen vielleicht in unserer Trägheit und Lässigkeit beharren. Nun, so wie ich die neutestamentliche Lehre verstehe, dürfen wir, wenn wir das tun, nicht überrascht sein, wenn uns solche Dinge zustoßen. Wir dürfen nicht überrascht sein, wenn Gott anfängt, uns zu züchtigen. In Hebräer 12, 6 steht diesbezüglich ein deutliches Wort: »Wen der Herr liebhat, den züchtigt er.«

Wenn Sie bisher keine Züchtigung kennen, dann zweifle ich daran, ob Sie überhaupt jemals ein Christ gewesen sind. Wenn Sie von sich sagen können, daß Sie, seit Sie gläubig sind, niemals irgendwelche Schwierigkeiten gehabt haben, ist Ihre Erfahrung wahrscheinlich eine psychologische und keine geistliche. Das Christentum ist, wie ich bereits zu Anfang sagte, wirklichkeitsnah. Das geht sogar so weit, daß es lehrt, daß Gott uns zu unserem Besten züchtigen wird, wenn wir den Ermahnungen und Bitten der Heiligen Schrift keine Beachtung schenken. Gott hat auch andere Methoden. Er tut solches nicht mit jenen, die nicht zur Familie gehören, aber wenn Sie seine Kinder sind, wird er Sie zu Ihrem Besten züchtigen. So können wir als ein Teil unserer Züchtigung mancherlei Prüfungen erfahren. Ich sage nicht, daß das unbedingt so sein muß, daß es aber so sein kann.

Manchmal läßt Gott freilich Dinge geschehen, um uns auf etwas vorzubereiten. Es ist ein Gesetz der Heiligen Schrift und ein Gesetz, das in der langen Geschichte der Gemeinde und ihrer Heiligen bestätigt und veranschaulicht worden ist, daß Gott, wenn er eine besonders große Aufgabe für einen Menschen hat, diesen gewöhnlich zuerst prüft. Es interessiert mich nicht, wessen Lebensgeschichte Sie vornehmen. Sie können das Leben eines jeden Menschen, der von Gott auf auffallende Weise gebraucht wurde, nehmen, und Sie werden feststellen, daß es in seiner Erfahrung eine schwierige Zeit von Prüfung und Versuchung gegeben hat. Es ist, als wenn Gott es nicht wagen würde, solch einen Menschen zu gebrauchen, bevor er seiner wirklich sicher und gewiß sein kann. So mag mancher diese Erfahrung durchlaufen aufgrund einer großen, vor ihm liegenden Aufgabe. Betrachten Sie Josef und die Dinge, die mit ihm geschahen.

Können Sie sich ein trostloseres Leben vorstellen? Jeder schien gegen ihn zu sein. Seine eigenen Brüder waren auf ihn eifersüchtig und wollten ihn loswerden. Er wurde nach Ägypten gebracht, und auch da wandten sich die Menschen gegen ihn. Er hatte nichts Falsches getan, aber weil er war, was er war, stellten sich die Dinge gegen ihn. Aber in dem allen bereitete Gott den Mann nur vor für die hohe Stellung, die er für ihn vorgesehen hatte. Und das gilt für alle großen Männer der Bibel.

Betrachten Sie jeden einzelnen, und Sie werden feststellen, daß ihr Leben voller Versuchungen und Schwierigkeiten war. Der Apostel Paulus war keine Ausnahme. Betrachten Sie die Aufzählung seiner Leiden und Versuchungen in den Kapiteln elf und zwölf des zweiten Briefes an die Korinther.

Aus der biblischen Lehre und aus dem Leben der Heiligen hat man manchmal auch den Eindruck, daß Gott einen Menschen öfter auf diese Weise für eine große Prüfung vorbereitet, indem er ihn einigen kleineren Prüfungen aussetzt. Gerade darin sehe ich die wunderbare Liebe Gottes strahlen. Es können bestimmt große Prüfungen im Leben eines Menschen auftreten, und es wäre schrecklich, wenn der Mensch plötzlich von seinem ungestörten und ruhigen Weg in eine große Prüfung gestürzt würde. So schickt Gott manchmal in seiner Güte und Liebe kleinere Prüfungen, um uns auf die größeren vorzubereiten. »Wenn es sein soll«, wenn es sich als notwendig erweist, wenn Gott, der uns als Vater ansieht, erkennt, daß dies genau das ist, was wir im Augenblick benötigen. Daher beginnen wir mit diesem großen Prinzip, daß Gott sieht und weiß, was für uns am besten und am nötigsten ist. Wir sehen es nicht, aber Gott sieht es immer, und als unser himmlischer Vater sieht er die Notwendigkeit, und er verordnet die geeignete Prüfung, die zu unserem Besten dienen soll.

Wiedergeborene vertrauen Christus auch in den Prüfungen

Wir wollen nun zum zweiten Prinzip kommen, welches das köstliche Wesen unseres Glaubens ist. Petrus sagt im siebten Vers des ersten Kapitels, daß diese Dinge, diese mannigfaltigen Prüfungen, geschehen, damit »euer Glaube rechtschaffen und viel köstlicher erfunden werde als das vergängliche Gold, das durchs Feuer bewährt wird, zu Lob, Preis und Ehre, wenn offenbart wird Jesus Christus«. Wie wichtig ist der köstliche Charakter des Glaubens!

Der Apostel drückt es aus in dem Vergleich mit dem Gold. Betrachtet das Gold, so sagt er eigentlich. Gold ist köstlich, aber nicht so köstlich wie der Glaube. Wie begründet er das? Er zeigt, daß Gold etwas ist, das letztlich vergeht. Es ist nur zeitlich, es hat nichts Dauerhaftes an sich, obwohl es wunderbar und sehr kostbar ist. Aber der Glaube ist ewig. Gold vergeht, aber der Glaube nicht. Der Glaube ist etwas Immerwährendes und Ewiges. Das, wodurch ihr lebt, so sagt der Apostel, ist das, was euer Christsein erklärt. Ihr seid in dieser Glaubensstellung, und ihr erkennt nicht, so fährt er fort, welch großartige und wunderbare Sache das ist. Wir wandeln durch den Glauben. Unser gesamtes Leben ist eine Frage des Glaubens, und ihr seht, so sagt der Apostel, der Glaube ist so wunderbar, daß Gott ihn absolut rein haben will. Ihr läutert euer Gold durch das Feuer. Ihr werdet den Zusatz und alle Unreinheiten los, indem ihr das Gold in den Tiegel legt und es stark erhitzt. Auf diese Weise werden die anderen Dinge entfernt, und das Gold bleibt zurück. Seine Begründung ist daher: Wenn das so mit dem vergänglichen Gold getan wird, wieviel mehr muß es dann mit dem Glauben getan werden.

Der Glaube ist das außerordentliche Prinzip, das den Menschen vor der Hölle bewahrt und ihn in den Himmel bringt. Er ist das Bindeglied zwischen dieser und der kommenden Welt. Der Glaube ist jene geheimnisvolle, erstaunliche Sache, die einen Menschen, der »tot war in seinen Übertretungen und Sünden«, ergreifen kann (Eph. 2, 5) und ihn lebendig macht als ein neues Wesen, einen neuen Menschen in Christus Jesus. Darum ist er so köstlich. Er ist so köstlich, daß Gott ihn absolut vollkommen haben will. Das ist die Begründung des Apostels.

Aber lassen Sie es mich in einer etwas anderen Form sagen. Wir sehen, daß unser Glaube vervollkommnet werden muß. Es muß daher Glaubensstufen geben. Es gibt Unterschiede in der Glaubensqualität. Der Glaube ist so vielseitig. Es gibt gewöhnlich in dem, was wir unseren Glauben nennen, am Anfang einen beträchtlichen Teil Beimischung. Da ist ein beachtlicher fleischlicher Teil, dessen wir uns nicht bewußt sind. Und wenn wir anfangen, diese Dinge zu erkennen, und in dieser Entwicklung voranschreiten, führt Gott uns durch seine Prüfungszeiten. Er prüft uns anstatt durch Feuer durch Anfechtungen, damit die Dinge, die nicht zum Wesen des Glaubens gehören, wegfallen.

Wir meinen vielleicht, daß unser Glaube vollkommen ist und daß wir alles bewältigen können. Dann plötzlich kommt eine Prüfung, und wir stellen fest, daß der Bestandteil des Vertrauens in unserem Glauben weiterentwickelt werden muß. Gott entwickelt das Vertrauen in unserem Glauben, indem er uns auf diese Weise prüft.

Je mehr wir diese Dinge erfahren, desto mehr lernen wir, Gott zu vertrauen. Wir vertrauen ihm natürlich, wenn alles eitel Sonnenschein ist, aber es kommt ein Tag, da die Wolken den Himmel verdunkeln, und dann beginnen wir uns zu fragen, ob Gott uns noch liebt und ob das Christenleben das ist, was wir uns darunter vorgestellt haben. Aber unser Glaube hatte den Bestandteil des Vertrauens nicht weiterentwickelt, und deshalb befaßt sich Gott mit uns in diesem Leben, um uns dazu zu bringen, ihm in der Dunkelheit, wenn wir überhaupt kein Licht sehen, zu vertrauen und uns zu dem Punkt zu bringen, an dem wir voller Zuversicht sagen:

»Wenn des Feindes Macht uns drohet
und manch Sturm rings um uns weht,
brauchen wir uns nicht zu fürchten,
stehn wir gläubig im Gebet.
Da erweist sich Jesu Treue,
wie er uns zur Seite steht
als ein mächtiger Erretter,
der erhört ein ernst Gebet.«

Das ist wahrer Glaube, das ist wirkliches Vertrauen. Sehen Sie einen Mann wie Abraham an. Gott war so mit ihm umgegangen, daß er »geglaubt hat auf Hoffnung, da nichts zu hoffen war« (Röm. 4, 18). Er vertraute Gott vollkommen, als alles dagegensprach. Und das muß in uns entwickelt werden. Wir fangen nicht so an, aber wenn wir durch diese Erfahrungen gehen, entdecken wir, daß »hinter einer dunklen Führung Gott sein väterliches Gesicht verbirgt«, und das nächste Mal, wenn die Prüfung kommt, bleiben wir ruhig und gefaßt. Wir können sagen: »Ja, ich sehe die Sonne nicht, aber ich weiß, daß sie da ist. Ich weiß, daß hinter den Wolken Gottes Auge auf mir ruht.« Durch diese Prüfungen wird der Bestandteil des Vertrauens entwickelt.

Es ist genau dasselbe mit der Geduld oder dem geduldigen

Ertragen, der reinen Fähigkeit, ungeachtet der Entmutigungen im Glauben weiterzugehen. Das ist eine der größten Prüfungen, die ein Christ jemals durchlaufen kann. Wir haben von Natur aus keine Geduld. Wir beginnen mit dem Christenleben als Kinder, und wir wollen alles auf einmal. Wenn das nicht geschieht, werden wir ungeduldig und schimpfen, wir beklagen uns und schmollen wie Kinder. Das kommt daher, daß uns Geduld und geduldiges Ertragen fehlen. Es wird in den neutestamentlichen Briefen keine Eigenschaft mehr betont als diese. Man soll einfach weitermachen, unabhängig davon, ob die Dinge gutgehen oder nicht. Wir müssen sagen: »Gott weiß, was das Beste für mich ist. Ich will Gott vertrauen.« Das ist geduldiges Ertragen. Wenn wir versucht und geprüft werden, dann werden all die anderen Bestandteile, aus denen sich unser Glaube zusammensetzt, entwickelt und vervollkommnet.

Lassen Sie es mich dann in einem abschließenden allgemeinen Prinzip in dieser Form sagen. Die Prüfungen sind von wesentlicher Bedeutung, sagt Petrus, um die Echtheit unseres Glaubens zu zeigen. Wörtlich sagt er, »daß die Trübsal eures Glaubens . . .«. An dieser Stelle ist der Sinn der Anfechtungen, daß sie sich als Bestätigung des Glaubens erweisen. Das Bild, das er vor Augen hat, ist das eines Prüfungsverfahrens, das auf etwas angewandt wird, und nachdem die Sache geprüft worden ist, wird ein Zeugnis ausgestellt. So mag zum Beispiel die Bescheinigung für einen Ring lauten: »Ja, es ist 18karätiges Gold.« Das ist hier mit Anfechtungen gemeint. Er ist nicht interessiert an dem Prozeß als solchem. Die Anfechtung ist ein Nachweis, der die Echtheit unseres Glaubens bestätigt. Der erprobte Charakter unseres Glaubens wird so bekundet. Darum geschehen diese Dinge an uns.

Sicherlich ist das ganz einleuchtend. Es ist die Art und Weise, in der wir die Anfechtungen erdulden, die im Grunde unseren Glauben bestätigen. Sie erinnern sich daran, wie Jesus im Gleichnis vom Sämann (Matth. 13) schildert, wie der Samen unter die Dornen fällt. Es schien eine wunderbare Ernte zu kommen, aber sie kam nicht, weil andere Dinge das Wort erstickten. Unser Herr vergleicht das mit der Art und Weise, in der Anfechtungen kommen und das Wort verdrängen und ersticken, so daß es niemals Frucht bringt. Zuerst erscheint es so wunderbar, aber das bleibt nicht so. Die Anfechtungen erweisen, daß es ein falscher Glaube war, daß es kein richtiger Glaube war, kein echter Glaube. Es gibt nichts, was die Echtheit des Glaubens eines Menschen so bestätigt wie seine Geduld und sein geduldiges Ertragen, sein beständiges Weitergehen trotz allem. Das ist die Lehre des Herrn Jesus, und es ist die Lehre des ganzen Neuen Testamentes.

Es gibt nichts, was im Leben der größten Heiligen so wunderbar ist wie gerade die Art und Weise, in der sie wie Felsen standen, als andere um sie herum fielen. Es ist die glorreiche Geschichte der Märtyrer und der Glaubenszeugen. Sie erlebten Anfechtungen, aber sie standen auf dem, was sie als Gottes Wahrheit erkannt hatten, ohne Rücksicht auf die Folgen, und sie gingen mit ihrem glorreich strahlenden Glauben vorwärts. Diese Dinge geschehen aber auch euch, sagt Petrus, damit die Echtheit eures Glaubens allen offensichtlich wird.

Christen, die abfallen, sind keine Empfehlung. Jene, die richtig beginnen, aber nicht fortfahren, entehren den Glauben. Das, was den Unterschied zwischen dem Unechten und dem Echten zeigt, ist die Fähigkeit, die Prüfung zu bestehen. »Alles, was glänzt, ist nicht Gold.« Wie beweisen Sie das? Sie legen Ihr Material in einen Schmelztiegel und stellen eine Flamme darunter. Sie werden feststellen, daß die Schlacke verbrennt, während das Gold bleibt, und es ist reiner, als es zuvor war. Diese Dinge geschehen an uns, damit die Echtheit unseres Glaubens offenbar wird. Das ist überhaupt das Wichtigste.

Jetzt will ich noch ein Wort zu dem hinzufügen, was Petrus zu unserer Ermutigung sagt. Obwohl uns diese Dinge geschehen, geschehen sie uns nur »eine kleine Zeit«. Sie sollen nicht den Eindruck bekommen, als lehrte ich, daß der Zustand der Anfechtung der immerwährende Zustand des Christen ist. Das ist nicht der Fall. Diese Dinge kommen und gehen, wie Gott es für richtig hält. Wir werden niemals versucht und geprüft, außer zu unserem Besten, und wenn wir unsere Lektion lernen, wird Gott die Prüfung wegnehmen. Er setzt uns nicht beständig Anfechtungen aus. Die Dinge wechseln, wie Whitefield sagte, und Gott weiß genau, wie und wann sie zu senden sind.

Wiedergeborene haben eine unvergängliche Hoffnung

Wir können mit dem Apostel Paulus gewiß sein: »Es hat euch noch keine denn menschliche Versuchung betroffen. Aber Gott ist getreu, der euch nicht läßt versuchen über euer Vermögen, sondern macht, daß die Versuchung so ein Ende gewinne, daß ihr's könnet ertragen« (1. Kor. 10, 13). Er ist unser liebender Vater und weiß, wieviel Sie tragen und ertragen können. Er wird Ihnen niemals zuviel aufladen. Er kennt das richtige Maß und wird das richtige Maß geben. Wenn Sie Ihre Lektion dann gelernt haben, wird er die Prüfung zurückziehen. Es ist nur »eine kleine Zeit«.

Gibt es hier im Gottesdienst niedergeschlagene, schwerbeladene Christen? Scheint Ihnen alles schwarz und dunkel zu sein? Haben Sie nicht die Freiheit, die Sie früher einmal im Gebet hatten? Haben Sie den Glauben, den Sie einmal hatten, beinahe verloren? Seien Sie nicht betrübt. Sie sind in der Hand Ihres Vaters. Es kann eine herrliche Zeit für Sie anbrechen. Er kann einen ungewöhnlichen Segen für Sie bereit haben. Er kann eine große Aufgabe für Sie haben. Seien Sie nicht niedergeschlagen, es ist nur für »eine kleine Zeit«. Sie sind in der Hand Ihres liebenden Vaters. So vertrauen Sie ihm und gehen Sie weiter, indem Sie sagen: »Mir genügt es schon, in deiner Hand zu sein. Es ist mein einziger Wunsch, deinen Willen zu tun.«

Das zweite ist dies: Wenn Sie die Anfechtungen erfahren, erinnern Sie sich dann auch an die Dinge, über die Sie sich freuen sollten. Das ist etwas, das Sie und ich zu tun haben. Die Schwierigkeit liegt darin, daß, wenn diese Anfechtungen kommen, wir dazu neigen, nichts anderes zu sehen als die Versuchungen oder nichts als Wolken. Gehen Sie aber in solchen Augenblicken einfach zu 1. Petrus 1, 3-5 zurück. Wenn Sie im Augenblick nichts als Dunkelheit sehen, lesen Sie es und sagen Sie: Gelobt sei Gott, der Vater unseres Herrn Jesus Christus.« Ich weiß, das ist immer wahr. »Der uns nach seiner großen Barmherzigkeit wiedergeboren hat zu einer lebendigen Hoffnung durch die Auferstehung Jesu Christi von den Toten, zu einem unvergänglichen und unbefleckten und unverwelklichen Erbe, das behalten wird im Himmel für euch, die ihr aus Gottes Macht durch den Glauben bewahrt werdet zur Seligkeit, welche bereit ist, daß sie offenbar werde zu der letzten Zeit.« Erinnern Sie sich daran und sagen Sie: »Ja, diese

Dinge geschehen, diese Versuchungen bedrängen mich sehr. Sie kommen aus allen Richtungen, aber ich will deswegen nicht resignieren und nur noch jammern, sondern statt dessen aufstehen und sagen: ›Ich weiß, Gott ist gut. Ich weiß, Christus starb für mich. Ich weiß, ich gehöre zu Gott. Ich weiß, mein Erbe ist im Himmel. Ich kann es jetzt nicht sehen, aber ich weiß, daß es da ist. Ich weiß, Gott hält alles in seiner Hand, und nichts wird mich aus seiner Hand reißen können.‹« Sagen Sie sich das. Erinnern Sie sich an diese Dinge, über die Sie sich freuen sollten, obwohl Sie jetzt eine kleine Zeit, wenn es sein soll, traurig sind in mancherlei Anfechtungen.

Dann gehen Sie weiter zu der folgenden grundlegenden Aussage: »Auf daß euer Glaube rechtschaffen und viel köstlicher erfunden werde als das vergängliche Gold, das durchs Feuer bewährt wird, zu Lob, Preis und Ehre, wenn offenbart wird Jesus Christus.« Er kommt wieder. Ich weiß nicht, wann, aber ich weiß, daß er kommt, »der Tag Jesu Christi«, und ich werde dabeisein. Ich weiß daher, daß alles, was mir in diesem Leben und in dieser Welt zustößt, seinen grundlegenden Sinn hat. Es wird ein großer Tag sein.

Sie erinnern sich, daß Paulus in 1. Korinther drei über die Prediger – über sich, Apollos und andere – schreibt, daß jeder Mensch auf einem Grund baut. Manche bauen mit Holz und Heu und Stroh, andere bauen sorgfältig mit solidem Material. Und, so sagt Paulus, »der Tag wird es klar machen«. »Der Tag« wird zeigen, wer solide gebaut hat und wer sein Gebäude mit falschem Material eilig in die Höhe gezogen hat. »Mir aber ist's ein Geringes«, so sagt Paulus, »daß ich von euch gerichtet werde oder von einem menschlichen Tage; auch richte ich mich selbst nicht« (1. Kor. 4, 3). Er hat die Beurteilung Gott übergeben und weiß, daß am Tag der Offenbarung Jesu Christi eine Erklärung abgegeben wird (1. Kor. 4, 1-5).

Das, so sagt Petrus, ist es, wonach man ausschauen soll. Wenn der große Tag kommt, wird die Echtheit Ihres Glaubens offenbar werden. Dort wird Lob und Preis und Ehre sein. Ihr kleiner Glaube, der Glaube, den Sie für so gering halten, wird als etwas Gewaltiges herausragen. Er hat die Prüfung bestanden und dient zu »Lob, Preis und Ehre«. Wessen Lob, Preis und Ehre? Zuallererst des Herrn Jesus. Ich habe das Zitat bereits einmal verwendet.

Der Herr Jesus Christus sagt: »Siehe da, ich und die Kinder, welche du mir, Gott, gegeben hast.« Er wird an jenem Tag dastehen und mit einem Gefühl der Befriedigung auf jene Christen schauen, die er gerufen hat. Sie sind durch große Drangsal gegangen, aber sie haben die Prüfung bestanden. Sie haben nicht versagt. Er wird sie ansehen und stolz auf sie sein. Sie werden an jenem kommenden großen Tag zu seinem Lob und Preis und zu seiner Ehre dasein.

Aber es wird auch zu unserem Lob und Preis und zu unserer Ehre sein, Ihrer und meiner. Wir werden in das Rühmen einstimmen und werden Jesus hören, wenn er uns lobt und sagt: »Ei, du guter und getreuer Knecht, gehe ein zu deines Herrn Freude!« (Matth. 25, 21). Er wird uns mit seiner Herrlichkeit bekleiden, und wir werden die Ewigkeit damit zubringen, uns zusammen mit ihm an ihr zu erfreuen. Je größer und echter unser Glaube ist, desto größer wird unsere Herrlichkeit sein. »Denn wir müssen alle offenbar werden vor dem Richterstuhl Christi, auf daß ein jeglicher empfange, wie er gehandelt hat bei Leibesleben, es sei gut oder böse« (2. Kor. 5, 10). Da wird es eine Beurteilung mit Belohnungen geben. Entsprechend unserem Glauben und der Art und Weise, wie wir die Prüfung bestanden haben, werden wir belohnt. Wir mögen traurig sein wegen zahlreicher Versuchungen und Anfechtungen bis zum gegenwärtigen Zeitpunkt. Wir mögen weinen, während wir weitergehen. Es spielt keine Rolle. Uns ist verheißen, daß der Tag kommen wird, an dem »das Lamm mitten auf dem Thron . . . uns leiten wird zu den lebendigen Wasserbrunnen«. Und »Gott wird abwischen alle Tränen von ihren Augen« (Offb. 7, 17). Dann werden wir bei ihm sein in der ewigen Herrlichkeit.

Das ist der Weg eines Christen, wie er Anfechtungen gegenüberzutreten hat. Gott sei Dank, wir sind in seiner Hand. Es ist sein Weg der Errettung und nicht der unsere. Wir wollen uns Gott überlassen und damit zufrieden sein, daß wir uns in seinen Händen befinden. Wir wollen ihm sagen: »Sende, was du willst. Unser einziges Interesse ist, daß wir immer wohlgefällig sein mögen in deinen Augen.«

Züchtigung

Ihr habt bereits vergessen des Trostes, der zu euch redet als zu seinen Kindern. »Mein Sohn, achte nicht gering die Züchtigung des Herrn und verzage nicht, wenn du von ihm gestraft wirst. Denn welchen der Herr liebhat, den züchtigt er, und er straft einen jeglichen Sohn, den er aufnimmt.« Wenn ihr die Züchtigung erdulden müßt, handelt Gott mit euch wie mit Söhnen; denn wo ist ein Sohn, den der Vater nicht züchtigt? Seid ihr aber ohne Züchtigung, welche sie alle erfahren haben, so seid ihr Bastarde und nicht Söhne.

Und so wir unsere leiblichen Väter zu Züchtigern gehabt und sie gescheut haben, sollten wir dann nicht viel mehr untertan sein dem Vater der Geister, auf daß wir leben? Denn jene haben uns gezüchtigt wenige Tage nach ihrem Gutdünken, dieser aber zu unserem Besten, auf daß wir Teilhaber an seiner Heiligkeit werden.

Alle Züchtigung aber, wenn sie da ist, dünkt uns nicht Freude, sondern Traurigkeit zu sein; aber danach wird sie geben eine friedsame Frucht der Gerechtigkeit denen, die dadurch geübt sind.

Hebräer 12, 5-11

Eine überaus wirksame Ursache für den Zustand der geistlichen Depression ist die mangelnde Erkenntnis, daß Gott im Prozeß unserer Heiligung verschiedene Methoden gebraucht. Er ist unser Vater, der uns »mit ewiger Liebe« geliebt hat (Jer. 31, 3). Sein großes Ziel für uns ist unsere Heiligung: »Denn das ist der Wille Gottes, eure Heiligung« (1. Thess. 4, 3). Gottes größtes Anliegen für uns ist nicht zuerst unser Glück, sondern unsere Heiligkeit. In jener großen Liebe zu uns ist er entschlossen, uns dahin zu bringen, und er verwendet zu diesem Zweck viele unterschiedliche Mittel.

Unsere mangelnde Erkenntnis ist oft die Ursache für unser Stolpern und in unserer Sünde und Torheit manchmal sogar für unser völliges Mißverstehen von Gottes Umgang mit uns. Wie törichte Kinder haben wir das Gefühl, daß unser himmlischer Vater unfreundlich zu uns ist. Wir bedauern uns dann selbst und tun uns leid und haben das Gefühl, daß mit uns grausam umgegangen wird. Das führt natürlich zu Depressionen. Aber es ist alles unserem Versagen zuzuschreiben, Gottes wunderbaren Plan für uns zu erkennen.

Das nun ist der Punkt, mit dem sich das zwölfte Kapitel des Hebräerbriefes auf eine so außerordentliche und vollkommene Art und Weise beschäftigt, wo das Thema lautet, daß Gott manchmal die Heiligung seiner Kinder fördert, indem er sie züchtigt und sie vor allem befähigt, die Bedeutung der Züchtigung zu verstehen. Das ist das Thema, auf das ich Ihre Aufmerksamkeit lenken möchte.

Ohne Züchtigung keine Heiligung

Vielleicht erkennen wir die Tatsache, daß die Heiligung Gottes Werk ist, nirgendwo deutlicher als in Verbindung mit eben diesem Thema der Züchtigung. »Schaut euch einmal die Dinge an, unter denen ihr leidet«, so sagt der Verfasser des Hebräerbriefes. »Warum leidet ihr darunter?« Die Antwort darauf lautet: weil ihr Gottes Kinder seid. Er sagt ihnen, daß Gott das zu ihrem Besten tut: »Welchen der Herr liebhat, den züchtigt er, und er straft einen jeglichen Sohn, den er aufnimmt.« Man kann hier sehen, daß der Briefschreiber mit seiner Formulierung nicht zufrieden ist, und er drückt es dann auch noch negativ aus: »Wenn ihr die Züchtigung erdulden müßt, handelt Gott mit euch wie mit Söhnen; denn wo ist ein Sohn, den der Vater nicht züchtigt? Seid ihr aber ohne Züchtigung, welche sie alle erfahren haben, so seid ihr Bastarde« – ihr seid keine echten Kinder seiner Familie, ihr seid keine Söhne. Das ist nun eine sehr bemerkenswerte Aussage. Ich möchte es in der Form eines Prinzips formulieren. Was dieser Mann tatsächlich sagt, ist, daß die gesamte Errettung von Anfang bis Ende Gottes Werk ist und daß Gott seine Wege hat, um sie zustande zu bringen.

Das Werk, das Gott einmal begonnen hat, setzt er auch fort: »Der in euch angefangen hat das gute Werk, der wird's auch vollführen bis an den Tag Jesu Christi« (Phil. 1, 6). Gott beginnt nicht ein Werk und gibt es dann auf oder läßt es in unvollständigem Zustand. Wenn Gott sein Werk an seinen Kindern beginnt, dann vollendet er dieses auch. Gott hat einen Plan und ein Ziel für sie, nämlich, daß sie die Ewigkeit mit ihm in Herrlichkeit verbringen sollen. Vieles, was mit dieser Welt geschieht, ist im Lichte jener Tatsache zu verstehen und zu erklären. Nach den Worten des Briefautors ist es so sicher, wie etwas nur sein kann, daß Gott uns zu jenem Ziel führen wird und daß nichts uns daran hindern soll, dieses Ziel zu erreichen.

Nun hat Gott verschiedene Wege, das zu tun. Einer davon ist, daß er uns durch die großen Lehren und Prinzipien, die uns in der Bibel gegeben sind, unterweist. Er hat uns sein Wort gegeben. Er hat Menschen dazu veranlaßt, es durch den Heiligen Geist zu unserer Unterweisung niederzuschreiben, damit wir vorbereitet und vervollkommnet werden. Aber wenn wir widerspenstig werden, wenn wir die Lektionen, die uns im Wort zu unserem Besten gegeben werden, nicht lernen wollen, dann wird Gott als unser Vater im Blick auf das große Ziel unserer Vervollkommnung und Vorbereitung auf die Herrlichkeit andere Methoden anwenden. Und eine der anderen Methoden, die er dann manchmal gebraucht, ist die Methode der Züchtigung.

Hier auf Erden machen die Eltern, die diesen Namen verdienen – wir leben in so kraftlosen Tagen, daß wir diese Begründung kaum so verwenden können, wie es der Verfasser des Hebräerbriefes tun konnte –, das auch. Sie züchtigen ihre Kinder zu ihrem eigenen Besten, und wenn das Kind sich nicht infolge einer positiven Belehrung ordentlich benimmt, dann muß es bestraft werden, dann muß man Zucht üben. Das ist sehr schmerzlich, aber notwendig, und gute Eltern vernachlässigen diesen Punkt der Erziehung nicht. Der Schreiber des Hebräerbriefes sagt, daß Gott auch so handelt, und zwar weitaus konsequenter. Wenn wir daher den guten Lektionen und Anweisungen von Gottes Wort nicht gehorsam sind, dann dürfen wir uns nicht wundern, wenn uns schmerzliche Dinge zustoßen.

Diese werden uns bewußt von Gott zugefügt, so sagt der Schreiber, als Teil des Heiligungsprozesses. Sie bemerken, wie nachdrücklich er es sagt. Er sagt, daß wir uns selbst prüfen und herausfinden müssen, warum wir all das erfahren. Auch sagt er hier ganz klar, daß, wenn wir eine solche Behandlung noch nie erfahren haben, es sehr zweifelhaft ist, ob wir überhaupt Gottes Kinder sind, denn »welchen der Herr liebt, den züchtigt er«.

Wir können daher in gewissem Sinne sagen, daß ein Mensch, der sehr unglücklich über sich selbst ist, ein Christ oder ein Namenchrist ist, der von dieser Behandlung überhaupt keine Ahnung hat. Das sollte uns alarmieren. Anstatt uns zu ärgern, sollten wir Gott dafür danken, denn er beweist uns damit, daß wir seine Kinder sind und daß er uns als seine Kinder behandelt. Er straft und züchtigt uns, um uns nach seinem Plan zu formen, daß wir seiner wert sind, der unser Vater ist.

Dieses Formen ist etwas, das im Leben und in der Erfahrung der Kinder Gottes ständig stattfindet. Es ist auch etwas, das überall in der Heiligen Schrift gelehrt wird. Es gibt endlose Beispiele und Erläuterungen, die man hier anführen könnte. Es ist die große Botschaft des Buches Hiob. Sie werden bemerken, daß sich der Apostel Paulus damit im achten Kapitel des Römerbriefes beschäftigt, wo er über das Freuen in Drangsal und so weiter spricht. Sie finden es wieder im ersten Brief an die Korinther, und zwar im elften Kapitel, in dem Abschnitt, der sich mit der Abendmahlsfeier befaßt. Der Apostel teilt uns mit, daß es Gemeindeglieder gab, die krank und schwach waren, weil sie kein christliches Leben führten: »Darum sind auch viele Schwache und Kranke unter euch« – in der Tat waren manche sogar deshalb gestorben –, »und ein gut Teil sind entschlafen« (1. Kor. 11, 30).

Lesen Sie auch das erste Kapitel des zweiten Korintherbriefes, und Sie werden sehen, wie der Apostel seine eigene Erfahrung beschreibt. Er sagt, daß alles geschah, damit er lernte, nicht auf sich selbst zu vertrauen, sondern auf den lebendigen Gott. Eine andere große ausgezeichnete Aussage dieser Lehre ist im zwölften Kapitel des zweiten Korintherbriefes zu finden, wo Paulus über den »Pfahl im Fleisch« spricht, der ihm gegeben war. Der Zweck von dem allem, so sagt er, war, daß er die richtige geistliche Haltung bewahrte und nicht überheblich wurde. Denn obwohl er Gott dreimal bat, diesen Pfahl zu entfernen, hatte Gott das nicht getan, und schließlich lernte Paulus seine Lektion. So förderte es seine Heiligung.

Lesen Sie das erste Kapitel des Jakobusbriefes: »Meine lieben Brüder, achtet es für lauter Freude, wenn ihr in mancherlei Anfechtung fallet.« Es ist etwas, über das man sich freuen sollte. Und dann sehen Sie, wie alle diese Aussagen in dem Wort des auferstandenen Herrn selber in Offenbarung 3, 19 zusammengefaßt werden: »Welche ich liebhabe, die strafe und züchtige ich.«

Wir sehen also, daß diese Lehre wie ein roter Faden durch die ganze Bibel läuft. Auch Gottes Umgang mit dem Volk Israel im Alten Bund ist nur eine ausgedehnte Erläuterung davon. Weil sie Gottes Volk waren, ließ er ihnen diese Dinge widerfahren. »Aus allen Geschlechtern auf Erden habe ich allein euch erkannt, darum will ich auch alle eure Missetaten an euch heimsuchen« (Amos 3, 2). Gerade weil sie seine Kinder waren, ging er so mit ihnen um.

Züchtigung bedeutet also Erziehung. Es ist die Methode, in der man ein Kind erzieht. Wir neigen eher dazu, Züchtigung mit »Strafe« zu verwechseln. Züchtigung beinhaltet jedoch Korrektur, Unterweisung, Zurechtweisen; es kann sogar ein erhebliches Strafmaß beinhalten; aber das wesentliche Ziel der Züchtigung ist es, das Kind so zu erziehen und sich entwickeln zu lassen, daß es ein erwachsener Mensch wird. Wenn das nun die Bedeutung der Züchtigung ist, dann wollen wir einen Augenblick darüber nachdenken, auf welche Weise Gott züchtigt.

Es gibt keine Zufälle – nur Gottes Planen

Wie züchtigt Gott seine Kinder? Er tut es sehr häufig durch die Umstände, durch alle möglichen Umstände. Nichts ist wichtiger im christlichen Leben, als daß wir erkennen, daß alles, was uns zustößt, für uns von Bedeutung ist, wenn wir es nur erkennen können. Nichts geschieht zufällig. Ein Sperling »fällt nicht auf die Erde ohne euren Vater« (Matth. 10, 29), sagt der Herr Jesus. Wenn das für den Sperling gilt, wieviel mehr gilt es dann für uns! Nichts kann uns treffen, ohne daß es unser Vater zuläßt. Die Umstände – sowohl die angenehmen wie die unangenehmen – beeinflussen uns beständig, und ihr Zweck ist es, unsere Heiligung voranzutreiben. Wir sollten daher wachsam sein und immer nach Lektionen ausschauen sowie nachforschen und Fragen stellen.

Kommen wir nun zu Einzelheiten. Die Bibel lehrt uns sehr deutlich, daß ein besonderer Umstand, den Gott in dieser Hinsicht sehr oft benützt, ein finanzieller Verlust ist, der Verlust von Gütern, der Verlust von Besitz, der Verlust von Geld. Das Alte

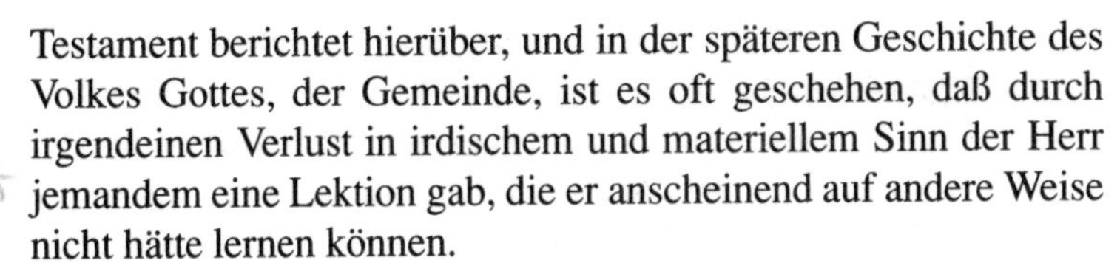

Testament berichtet hierüber, und in der späteren Geschichte des Volkes Gottes, der Gemeinde, ist es oft geschehen, daß durch irgendeinen Verlust in irdischem und materiellem Sinn der Herr jemandem eine Lektion gab, die er anscheinend auf andere Weise nicht hätte lernen können.

Kommen wir nun zu der Frage der Gesundheit. Ich habe Sie bereits an 1. Korinther 11 erinnert. Der Apostel lehrt dort ganz besonders, daß es einige Leute gab, die schwach und krank waren, weil Gott ihnen das geschickt hatte, um sie zu unterweisen und zu erziehen. »Der Mensch prüfe aber sich selbst, und so esse er von diesem Brot und trinke von diesem Kelch. Denn welcher unwürdig isset und trinket, der isset und trinket sich selber zum Gericht, daß er nicht unterscheidet den Leib des Herrn. Darum sind auch viele Schwache und Kranke unter euch, und ein gut Teil sind entschlafen.« Dies ist eine Methode, die Gott oft benützt hat, so daß jene, die sagen, daß es niemals Gottes Wille sei, daß jemand unter uns krank oder schwach ist, die Bibel einfach leugnen. Aber es darf niemand in die Falle gehen und sagen: »Lehren Sie etwa, daß jede Krankheit eine von Gott auferlegte Strafe ist?« Das tue ich natürlich nicht. Ich sage lediglich, daß Gott manchmal diese Methode gebraucht, um seine Kinder zu züchtigen. Wenn es aus diesem Grund ist, daß viele »schwach und krank« sind, dann ist es Gottes Handeln. Gott ließ es zu, daß ihnen dies widerfuhr, oder vielleicht hat er es ihnen geschickt zu ihrem eigenen Besten. Gottes Wille ist wichtiger als die Gesundheit eines Menschen.

Wenn ein Mensch sich nicht unterwerfen und der guten Lehre des Wortes Gottes nicht gehorchen will, dann wird Gott sich sicherlich näher mit jenem Menschen befassen. Es kann sehr gut sein, daß er ihm eine Krankheit schickt und ihn in die Stille führt, um ihn zum Nachdenken zu bringen. Darf ich Sie daran erinnern, daß der große Dr. Thomas Chalmers immer sagte, daß das, was ihn wirklich zu Gott brachte und ihn das Evangelium wirklich verstehen ließ, eine Krankheit war, die ihn beinahe zwölf Monate ans Krankenzimmer fesselte? Er war ein brillanter »wissenschaftlicher« und »intellektueller« Prediger gewesen, aber er kam aus seinem Krankenzimmer als ein Prediger des Evangeliums – und er dankte Gott für jene Heimsuchung. Dazu gibt es eine Parallele in 2. Korinther 1, 9, wo Paulus uns sagt, daß sie bei sich »beschlossen hatten, wir müßten sterben«. Und dann gibt es die

Aussage über den Pfahl im Fleisch in Kapitel zwölf. Gott entfernte den Pfahl nicht, weil es seine Absicht war, daß der Apostel sagen lernte: »Denn wenn ich schwach bin, dann bin ich stark.« Daß er es lernte, sich statt an der Gesundheit an der Krankheit zu erfreuen, damit Gottes Ehre vermehrt würde. Es besteht kein Zweifel, daß Gott diese Sache erlaubte, ja, sie vielleicht selbst hervorrief, um seinen Diener auf diese besondere Weise zu züchtigen und zu erziehen.

Auf dieselbe Weise hat Gott Verfolgungen zugelassen. Die hebräischen Christen wurden verfolgt. Aus diesem Grunde waren sie so unglücklich. Ihre Güter waren gestohlen und ihre Häuser zerstört worden, weil sie Christen waren, und sie fragten: »Warum erfahren wir eine solche Behandlung? Wir dachten, daß wir keine Probleme mehr hätten, wenn wir Christen würden, aber unser Leben scheint nur aus Schwierigkeiten zu bestehen, während es jenen, die keine Christen sind, offenbar gut geht und sie in allem Erfolg haben. Warum ist das so?« Hier in 2. Korinther 12 steht die Antwort.

Die Lehre geht jedoch weiter; sie geht soweit zu sagen, daß Gott manchmal den Tod auf diese Weise zu gebrauchen scheint: »Es sind auch viele Schwache und Kranke unter euch, und ein gut Teil sind entschlafen.« Es ist ein Geheimnis; niemand kann es verstehen. Aber es ist die klare Lehre der Heiligen Schrift; und daher sage ich, daß wir erkennen müssen, daß all dieses von Bedeutung ist. Durch die Umstände, durch die Dinge, die uns in unserem Leben und in unserer Welt zustoßen – in unserer Karriere, in unserem Bestehen oder Versagen in Prüfungen, durch Gesundheit oder Krankheit –, durch all das verwirklicht Gott seinen Plan für uns. Wenn Sie ein Kind Gottes sind, dann haben diese Dinge für Sie Bedeutung, und Sie müssen lernen, wie sie zu prüfen sind, um ihre Botschaft zu entdecken. Und dadurch werden Sie in der Heiligung wachsen.

Eine andere Art und Weise, in der Gott uns züchtigt – und ich muß sie in eine besondere Kategorie stellen –, ist diese: Gott scheint uns manchmal zweifellos zu genau diesem Zweck seine Gegenwart zu entziehen und sein Angesicht vor uns zu verbergen. Sie können das in dem großen Thema des Buches Hiob sehen. Sie sehen es auch in Hosea, in den Kapiteln fünf und sechs. Gott sagt dem Volk hier sogar: »Ich will wieder an meinen Ort gehen, bis sie ihre Schuld erkennen und mein Angesicht suchen« (Hos. 5, 15). Gott entzieht sich und seine Gegenwart, entzieht sein Angesicht und seinen Segen, um sie zur Buße zu führen. Das ist ein Teil der Heiligung.

Dann stellt man im christlichen Leben oft fest, daß es Veränderungen im Gefühl und Empfinden gibt. Das ist etwas, was Gottes Volk häufig betrübt und verwirrt. Wir kennen alle etwas davon. Sie stellen fest, daß aus irgendeinem Grund eine Erfahrung, über die Sie sich gefreut haben, plötzlich an ein Ende kommt, und Sie sagen mit Hiob: »Ach, daß ich wüßte, wie ich ihn finden könnte« (Hiob 23, 3). Sie sind sich nicht bewußt, etwas Falsches getan zu haben, und Sie fühlen sich verlassen. Dieses Verlassen des Geistes Gottes, das von Zeit zu Zeit stattzufinden scheint, ist wieder ein Teil von Gottes Weg, seine Kinder zu züchtigen. Es ist ein Teil seiner Methode, uns zu erziehen und für das große Ziel vorzubereiten, das er für uns hat.

Unser himmlischer Vater züchtigt uns aus Liebe

Die nächste Frage lautet: Warum züchtigt Gott? Wir haben gesehen, was Züchtigung ist. Wir haben gesehen, wie Gott züchtigt. Nun stellen wir die Frage, warum Gott das tut. Es gibt in unserem Bibelabschnitt zahlreiche Antworten darauf. Hebräer 12, 5-15 ist im Grunde nichts anderes als eine ausführliche Antwort auf diese Frage. Gott züchtigt uns, weil er uns liebt: »Welchen der Herr liebhat, den züchtigt er, und er straft einen jeglichen Sohn, den er aufnimmt.« Das ist die grundsätzliche Antwort. Es geschieht alles aufgrund der Liebe Gottes. Weil Gott uns liebt, scheint er manchmal grausam zu sein in seiner Liebe. Es geschieht alles zu unserem Besten. Das ist es, was wir festhalten sollten. Betrachten Sie nun die Aussage in Vers sieben: »Wenn ihr die Züchtigung erdulden müßt, handelt Gott mit euch wie mit Söhnen.«

Sie leiden also, weil Sie Christen sind. Sie leiden, um gezüchtigt zu werden. Mit anderen Worten: Der Zweck Ihres Leidens ist Ihr Wachstum, Ihre Erziehung, Ihre Entwicklung. Die Dinge, die Sie erdulden, sind Teil Ihrer Züchtigung. Was ist Züchtigung? Ihre Erziehung. Wir müssen also jene Tatsache festhalten, daß alles Leiden und Dulden und alle Traurigkeit im Hinblick auf dieses große Ziel geschieht, nämlich zu unserer Vorbereitung und unserer Erziehung. Aber der Verfasser des Hebräerbriefes sagt es nochmals in Vers zehn, und Sie bemerken, wie er sich immer wiederholt. »Denn jene« – die irdischen Eltern – »haben uns gezüchtigt wenige Tage nach ihrem Gutdünken, dieser aber zu unserem Besten, auf daß wir Teilhaber an seiner Heiligkeit werden.«

Da steht es in ganz deutlichen Worten. Sie besagen ganz eindeutig, daß Gott uns züchtigt, damit wir Teilhaber an seiner Heiligkeit werden, damit wir geheiligt werden. Alles geschieht, so sagt er, »zu unserem Besten«, und das Beste ist die Heiligung. Gott heiligt uns durch die Wahrheit, indem er diese Dinge an uns tut und uns durch sein Wort erklärt, was er tut.

Wenn das nun das allgemeine Ziel ist, das Gott vor Augen hat, wenn er uns auf diese Weise züchtigt, dann wollen wir auch einige der besonderen Gründe betrachten, weswegen er das tut. Einer davon ist, daß wir alle bestimmte Fehler haben, die korrigiert werden müssen. Es gibt gewisse Gefahren, denen wir in diesem Christenleben alle ausgesetzt sind und vor denen wir geschützt werden müssen. Die Tatsache, daß jemand Christ ist, bedeutet nicht, daß er vollkommen ist.

Leider erreicht man nicht unmittelbar mit dem Glauben an den Herrn Jesus Christus jenen Zustand völliger Vollkommenheit. Tatsächlich erreicht man diesen Zustand im jetzigen Leben überhaupt nicht. Die Unvollkommenheit bleibt; der »alte Mensch« bleibt. Die Folge ist, daß es bestimmte Dinge gibt, mit denen man sich immer im einzelnen befassen muß. In der Bibel wird uns sehr klar gesagt, wie Gott die Züchtigung gebraucht, um einige dieser besonderen Probleme zu behandeln. Welches sind sie? Hier ist eines: geistlicher Stolz, geistlicher Hochmut in einem gefährlichen und falschen Sinn. Ich möchte Sie an die Worte erinnern, die das so ausgezeichnet sagen und überhaupt keiner Erklärung bedürfen.

Der Apostel Paulus sagt in 2. Korinther 12, 3-7: ». . . ich kenne einen solchen Menschen – ob er in dem Leibe oder außer dem Leibe gewesen ist, weiß ich nicht; Gott weiß es –, der ward entrückt in das Paradies und hörte unaussprechliche Worte, welche ein Mensch nicht sagen darf. Von demselben will ich rühmen; von mir selbst aber will ich nichts rühmen, nur meine Schwachheit. Doch wenn ich mich rühmen wollte, täte ich darum nicht töricht; denn ich will die Wahrheit sagen. Ich enthalte mich aber dessen, auf daß nicht jemand mich höher achte, als er an mir sieht oder von mir hört.« Und hören Sie gut zu: »Und auf daß ich mich nicht der hohen Offenbarungen überhebe, ist mir gegeben ein Pfahl ins Fleisch, nämlich des Satans Engel, der mich mit Fäusten schlage, auf daß ich mich nicht überhebe.«

Genau das ist es. Dem Apostel war eine sehr seltene, außergewöhnliche, besondere Offenbarung zuteil geworden: Er war entrückt worden in den dritten Himmel und hatte wunderbare Dinge gesehen, gehört und gefühlt. Die Gefahr danach war geistlicher Stolz, Überheblichkeit, und Paulus sagt uns, daß ihm der Pfahl ins Fleisch gegeben war – daß er ihm bewußt gegeben war –, um ihn zu schützen. Geistlicher Stolz ist eine schreckliche Gefahr, und es ist eine Gefahr, die hartnäckig ist. Wenn Gott uns in seiner Gnade und Liebe eine ungewöhnliche Erfahrung gewährt, sind wir in einer Stellung, die der Teufel zu unserm Schaden ausnutzen kann; und oftmals brauchen Menschen, die solche Erfahrungen gehabt hatten, die Züchtigung, um demütig zu bleiben.

Eine andere Gefahr ist das Selbstvertrauen. Gott hat den Menschen Gaben gegeben, und die Gefahr für den Menschen ist, daß er sich auf sich selbst und auf seine Gaben verläßt und das Gefühl hat, daß er Gott nicht braucht. Stolz und Selbstsicherheit sind eine ständige Gefahr. Es sind an sich keine Sünden des Fleisches, es sind geistliche Gefahren und daher noch gefährlicher und heimtückischer.

Dann besteht immer die Gefahr, von der Welt und ihren Reizen und ihren Wegen angelockt zu werden. Die Bibel sagt, daß diese Dinge äußerst gefährlich sind. Es handelt sich nicht darum, daß sich jemand bewußt niedersetzt und beschließt, in die Welt zurückzukehren. Es ist etwas, das sich fast unmerklich ereignet. Die Welt und ihre Verlockungen sind immer da, und man rutscht in sie hinein, fast ohne es zu merken. So müssen wir gezüchtigt werden, damit wir die Dinge der Welt nicht liebgewinnen.

Noch eine andere Gefahr besteht darin, auf unseren Lorbeeren auszuruhen, zufrieden zu sein mit der Stellung, die wir im christlichen Leben erreicht haben. Wir sind dann selbstgefällig und selbstzufrieden. Wir sind doch keine Modernisten und glauben nicht an Dinge, die so viele heute glauben. Wir sind der Meinung, daß unser Glaubensleben vollkommen und unser Leben über jeden Tadel erhaben ist, und so werden wir selbstgefällig und selbstzufrieden. Aber so wachsen wir nicht. Wenn wir uns mit dem vergleichen, was wir vor zehn Jahren waren, so besteht da wirklich kein Unterschied. Wir kennen Gott nicht besser, wir sind nicht einen Schritt vorwärtsgekommen, wir sind nicht »gewachsen in der Gnade und Erkenntnis unseres Herrn« (2. Petr. 3, 18). Wir ruhen in einem Zustand der Selbstzufriedenheit aus. Vielleicht kann ich alles zusammenfassen, indem ich sage, daß es sich um die schreckliche Gefahr handelt, daß wir Gott vergessen und ihn und seine Gemeinschaft nicht suchen. Es ist die schreckliche Gefahr, nur an die eigenen Erfahrungen zu denken, anstatt beständig auf eine direkte, unmittelbare Erkenntnis von Jesus und unsere Beziehung zu ihm bedacht zu sein.

Wenn wir Jahr für Jahr auf dem Glaubensweg weiterschreiten, sollten wir im christlichen Leben in der Lage sein zu sagen, daß wir Gott immer besser kennen- und ihn immer mehr liebengelernt haben. Je mehr Sie einen guten Menschen kennen, desto mehr mögen Sie ihn, desto mehr lieben Sie ihn. Multiplizieren Sie das unendlich viele Male, dann haben Sie Ihre und meine Beziehung zu Gott. Kennen wir Gott besser? Suchen wir ihn wirklich mehr und mehr? Gott weiß, daß die Gefahr besteht, ihn zu vergessen, weil wir an uns selbst und an unserer Erfahrung interessiert sind. Und so züchtigt uns Gott in seiner unendlichen Liebe, damit wir uns dessen bewußtwerden und zu ihm zurückgebracht und vor den schrecklichen Gefahren, die uns beständig bedrohen und umgeben, beschützt und bewahrt werden.

Schauen Sie sich einmal Ihre Erfahrungen an. Können Sie sagen, daß Sie Gott für die Widrigkeiten in Ihrem Leben danken? Das ist ein sehr guter Prüfstein unseres gesamten Glaubens. Können Sie sehen, warum bestimmte Dinge – Dinge, die unangenehm waren und die Sie zu dem Zeitpunkt, an dem sie geschahen, traurig machten – geschehen sind? Können Sie zurückblicken und wie der Psalmist in Psalm 119, 71 sagen: »Es ist gut für mich, daß du mich gedemütigt hast«?

Ich behaupte also, daß Gott uns aus diesen besonderen Gründen züchtigt. Aber ich möchte es auch positiv sagen: Geheiligt zu werden bedeutet, daß wir bestimmte positive Eigenschaften entfalten. Es bedeutet, so zu leben, wie es die Seligpreisungen und die Bergpredigt veranschaulichen; es bedeutet, die Früchte des Geistes – Liebe, Freude, Frieden und so weiter (Gal. 5, 22) – im Leben zu zeigen.

Indem Gott uns heiligt, gestaltet er unser Leben mehr und mehr um nach diesem Bild. Und es ist ganz klar, daß die frohe Lehre des Wortes nicht ausreicht, um hier zu einem guten Ergebnis zu kommen; das Mittel der Züchtigung ist ebenso notwendig. Das Wort Gottes ermahnt die Menschen, »aufzusehen auf Jesus« (Hebr. 12, 2). Sie sehen, daß der Verfasser des Briefes das im vorangehenden Kapitel tut und erst dann über die Züchtigung spricht. Seine Ermahnung lautet: »Lasset uns laufen mit Geduld in dem Kampf, der uns verordnet ist, und aufsehen auf Jesus . . .« Täten wir das immer, wäre nichts anderes notwendig. Richteten wir immer unseren Blick auf ihn, und versuchten wir, ihm gleich zu sein, wäre alles gut. Aber wir tun es nicht, und daher wird die Züchtigung notwendig. Und sie ist notwendig, um bestimmte Eigenschaften in uns hervorzurufen: Demut. In vielerlei Hinsicht ist Demut die Krone der Tugenden. Demut, der unschätzbarste aller Edelsteine, eine der herrlichsten aller Auswirkungen des Geistes. Demut war das höchste Kennzeichen des Herrn selber. Er war »sanftmütig und von Herzen demütig« (Matth.11, 29). »Das geknickte Rohr wird er nicht zerbrechen, und den glimmenden Docht wird er nicht auslöschen« (Jes. 42, 3). Gott weiß, daß wir alle erniedrigt werden müssen, um demütig zu werden. Das Versagen kann da sehr gut für uns sein. Es ist sehr schwierig, erniedrigt zu werden, wenn man immer erfolgreich ist. So züchtigt uns Gott manchmal durch Versagen, um uns zu erniedrigen, um uns in einem Zustand der Demut zu halten. Prüfen Sie einmal diesbezüglich Ihr Leben!

Als nächstes möchte ich sagen, daß der Christ jemand ist, der sich vor allen Dingen nach dem Himmel ausstreckt. Sein großes Interesse sollte darauf gerichtet sein und nicht auf das Irdische. Wie schwierig ist es, »himmelorientiert« zu sein, »zu trachten nach dem, was droben ist, nicht nach dem, was auf Erden ist« (Kol. 3, 2). Wie oft ist es notwendig, daß Gott etwas tun muß, das uns sehr deutlich zeigt, daß das, was uns an die Welt bindet, schwach ist und in einem Augenblick zerbrechen kann. Und so besinnen wir uns plötzlich auf die Tatsache, daß wir in dieser Welt nur Fremdlinge sind, und so werden wir veranlaßt, an den Himmel und an die Ewigkeit zu denken.

Sanftmut ist das nächste. Wie schwierig ist es, in unserer Haltung anderen gegenüber und in unserer Beziehung zu ihnen sanftmütig zu sein – Liebe zu anderen und Mitleid mit anderen zu haben. In gewissem Sinne ist es, so glaube ich, für uns beinahe unmöglich, Mitleid zu empfinden, wenn wir nicht irgendwie dieselbe oder eine ähnliche Erfahrung gemacht haben. Ich weiß sehr gut aus meiner Arbeit als Pfarrer, daß ich nicht in der Lage gewesen wäre, Mitleid mit Menschen zu empfinden oder bestimmte Menschen und ihre Probleme zu verstehen, wäre ich nicht durch dieselbe Erfahrung gegangen. Gott muß sich manchmal mit uns befassen, um uns daran zu erinnern, daß wir Geduld brauchen. Er sagt eigentlich: »Du weißt, ich habe Geduld mit dir. Habe du also auch Geduld mit deinem Nächsten!«

Das sind nur einige der Dinge, die uns deutlich die Notwendigkeit der Züchtigung vor Augen führen. Weil Gott uns liebt und weil wir seine Kinder sind, züchtigt er uns, damit es schließlich zu dieser herrlichen und wunderbaren »friedsamen Frucht der Gerechtigkeit« (Hebr. 12, 11) kommt.

Gott züchtigt uns, weil wir seine Kinder sind

Bis jetzt haben wir alles nur in Grundsätzen angerissen. In unserer nächsten Studie hoffe ich zu zeigen, wie derselbe Abschnitt, Hebräer 12, 5-11, die ganze Lehre anwendet und wie wir sie auf uns selbst anwenden sollen. Das wichtigste Prinzip ist, daß Gott uns züchtigt, weil wir seine Kinder sind. Wenn Sie sich daher nicht einer solchen Behandlung bewußt sind, kann ich Sie nur dringend auffordern, umzukehren, sich zu prüfen und sich davon zu vergewissern, ob Sie überhaupt ein Christ sind, denn »welchen der Herr liebhat, den züchtigt er, und er straft einen jeglichen Sohn, den er aufnimmt«. Gepriesen sei Gott, der unsere Errettung und unsere Vervollkommnung in die Hand genommen hat und das Werk, das er begonnen hat, auch fortführen wird; daß er uns so liebt, daß er, wenn wir die Lektionen nicht freiwillig lernen, uns züchtigt, um uns dem Bild seines geliebten Sohnes gleichzugestalten!

In Gottes Schule

Ihr habt bereits vergessen des Trostes, der zu euch redet als zu seinen Kindern: »Mein Sohn, achte nicht gering die Züchtigung des Herrn und verzage nicht, wenn du von ihm gestraft wirst. Denn welchen der Herr liebhat, den züchtigt er, und er straft einen jeglichen Sohn, den er aufnimmt.«

Wenn ihr die Züchtigung erdulden müßt, handelt Gott mit euch wie mit Söhnen; denn wo ist ein Sohn, den der Vater nicht züchtigt? Seid ihr aber ohne Züchtigung, welche sie alle erfahren haben, so seid ihr Bastarde und nicht Söhne. Und so wir unsere leiblichen Väter zu Züchtigern gehabt und sie gescheut haben, sollten wir dann nicht viel mehr untertan sein dem Vater der Geister, auf daß wir leben?

Denn jene haben uns gezüchtigt wenige Tage nach ihrem Gutdünken, dieser aber zu unserm Besten, auf daß wir Teilhaber an seiner Heiligkeit werden. Alle Züchtigung aber, wenn sie da ist, dünkt uns nicht Freude, sondern Traurigkeit zu sein; aber danach wird sie geben eine friedsame Frucht der Gerechtigkeit denen, die dadurch geübt sind. Hebräer 12, 5-11

Wir wollen nun damit fortfahren, die biblische Lehre, daß Gott unsere Heiligung zum Teil durch die verschiedenen Dinge, die er an uns geschehen läßt, hervorbringt und fördert, weiter zu überdenken. Zusätzlich zu der positiven Unterweisung, die er uns in der Heiligen Schrift gibt, beschäftigt sich Gott auch auf andere Art und Weise mit uns. Wenn wir Gottes Volk sind – und weil wir es sind –, wird Gott uns züchtigen, wenn wir unsere Lektion anders nicht lernen.

Gott – unser Vater und Lehrmeister

In diesem Zusammenhang haben wir bereits gesehen, daß es viele Bibelstellen gibt, wo eben diese Lehre umrissen und sehr klar gelehrt wird. Aber ich denke, daß man mir allgemein zustimmen wird, wenn ich sage, daß es keine bessere Aussage hierüber gibt als diese hier im zwölften Kapitel des Hebräerbriefes, besonders in den Versen fünf bis fünfzehn. Es kann sogar gesagt werden, daß der gesamte Hebräerbrief eine ausführliche Darlegung der großen Lehre der Ziele Gottes im Hinblick auf sein Volk ist, wie sie sich in der Züchtigung offenbart. Wir haben bei der allgemeinen Betrachtung des Themas bereits gesehen, daß Gott diese besondere Methode zweifellos gebraucht. Die Hauptbegründung der Verse aus Hebräer 12 ist sogar, daß, wenn wir diese Behandlung erfahren, sie ein Beweis dafür ist, daß wir Gottes Kinder sind. Aber wenn wir sie nicht erfahren, erheben sich sehr ernsthafte Zweifel, ob wir, gelinde gesagt, überhaupt Gottes Kinder sind. Wir haben auch bereits den Grund betrachtet, warum Gott züchtigt, und wir sind zu dem Schluß gekommen, daß er es tut, um uns vor bestimmten Versuchungen, die uns immer bedrohen, zu bewahren.

Es gibt in diesem irdischen Leben bestimmte Gefahren um uns herum, und wir müssen von ihnen ferngehalten werden – von der Gefahr des Stolzes, der Selbstzufriedenheit und der Selbstgefälligkeit, von der Gefahr, lasch zu werden und sich unbemerkt der Welt anzupassen, von eben diesen schrecklichen Gefahren, die den Christen in seinem Leben in dieser Welt beständig bedrohen.

Auf der anderen Seite haben wir gesehen, daß er uns züchtigt, um in uns das Wachstum der Frucht des Geistes zu fördern. Es gibt nichts, was so gut ist für die Entwicklung der Demut wie die Züchtigung, und wir brauchen sie, wenn wir bescheiden und demütig und sanftmütig sein sollen. Die Lehre ist, daß Gott als unser Vater uns in seiner unendlichen Gnade und Güte auf diese Weise erzieht, denn »er straft einen jeglichen Sohn, den er aufnimmt«, und »welchen der Herr liebt, den züchtigt er«. So lautet die Lehre Gottes.

Nachdem wir nun das Prinzip dargelegt haben, müssen wir mit unserer Betrachtung dieses Abschnittes fortfahren, weil das nicht alles ist, weil es nicht genug ist. So, wie ich das Argument aus Hebräer 12, 5-11 verstehe, können wir es folgendermaßen sagen: Jede Züchtigung, sogar die Züchtigung durch Gott, ist nicht automatisch in uns wirksam. Die reine Tatsache, daß wir gezüchtigt werden, bedeutet nicht notwendigerweise, daß wir aus ihr einen Nutzen ziehen. Die Begründung des Schreibers lautet, daß wir nur insoweit einen Nutzen davon haben werden, als wir die Lehre bezüglich der Züchtigung verstehen und sie richtig und angemessen auf uns anwenden.

Das ist offensichtlich ein sehr wichtiger Punkt, weil wir, wenn wir annehmen, daß unsere Heiligung etwas ist, was beinahe automatisch stattfindet, während wir völlig passiv bleiben, dann gerade den Kern des Standpunktes des Briefschreibers und seiner Folgerung ablehnen. Die Züchtigung arbeitet nicht automatisch, sie ist nicht etwas Mechanisches. Im Grunde genommen wirkt sie »durch das Wort«. Die gesamte Heiligung geschieht, wie Jesus in Johannes 17, 17 sagt, »in der Wahrheit«, durch die Anwendung des Wortes bei jedem Schritt, in jeder Hinsicht. Und dies gilt besonders im Hinblick auf die ganze Frage der Züchtigung.

Nun will ich Ihnen die Begründung, wie sie hier dargelegt ist, folgendermaßen erklären. Man kann die Züchtigung auf eine falsche Weise betrachten, und man kann in falscher Weise auf sie reagieren. Sie erinnern sich daran, daß wir gesehen haben, daß Züchtigung sehr verschieden aussehen kann. Sie kann durch die Umstände geschehen, sie kann die Form eines finanziellen Verlustes oder eines Problems in unserem Geschäft oder Beruf annehmen. Sie kann als etwas auftreten, das uns niederdrückt und uns veranlaßt, betrübt und verwirrt zu sein. Es kann sich um eine persönliche Enttäuschung handeln – den Verrat eines Freundes oder vielleicht das Zerschlagen einer großen Hoffnung, die wir im Leben hatten. Sie kann auch durch irgendeine Krankheit kommen. Hier muß ich erneut betonen, daß ich nicht behaupte, daß alle diese Dinge auf jeden Fall von Gott stammen müssen. Die Bibel lehrt nicht, daß alles, was man erleidet, von Gott geschickt worden ist und daß Gott uns immer durch Krankheit ebenso wie durch jene anderen Umstände züchtigt. Wir wollen uns darüber völlig im klaren sein. Gott kann eines dieser Dinge gebrauchen, aber offensichtlich geschehen diese Dinge mit allen Menschen, und daher dürfen wir niemals sagen, daß alles Unwillkommene, was geschieht, notwendigerweise eine Züchtigung Gottes ist.

Bleiben wir in seiner Schule

Es gibt auch falsche Reaktionen auf Versuchungen, Prüfungen und Züchtigungen. Welche sind das? Der Schreiber des Hebräerbriefes erwähnt drei. Die erste ist die Gefahr der Geringschätzung. Sie finden das in Kapitel 12, 5: »Mein Sohn, achte nicht gering die Züchtigung des Herrn.« Das ist die erste falsche Art und Weise, auf die Züchtigung zu reagieren: Man nimmt sie nicht so schwer, beachtet sie nicht weiter und schüttelt sie als etwas von sich ab, das man nicht ernst zu nehmen braucht, – man verschließt sich und läßt sich überhaupt nicht aus der Fassung bringen. So sind wir: Wir gehen ein wenig gedankenlos durch das Leben, und dann stößt uns eines dieser Dinge zu; aber anstatt sich Gedanken darüber zu machen und es zu Herzen zu nehmen, strengen wir uns an, es so schnell wie möglich abzuschütteln und loszuwerden; ja wir lachen darüber.

Wir brauchen das sicherlich nicht näher auszuführen, da es heute vielleicht die bekannteste Art und Weise ist, auf Versuchungen und Drangsale zu reagieren. Wir leben in einem Zeitalter, in dem die Menschen Angst haben vor wahren Gefühlen. Es ist ein sehr sentimentales Zeitalter, aber es besteht ein wesentlicher Unterschied zwischen Sentimentalität und Gefühl. Eine Härte ist in unser Leben eingebrochen. Wir versuchen beständig, unsere Nerven und Gefühle »abzuhärten« und halten Gefühle für altmodisch.

Die Welt ist hart geworden, und der gesamte Verlauf des Lebens heute zeigt das sehr deutlich. Viele der Dinge, die das Leben unangenehm machen, würden nicht geschehen, wenn die Menschen empfindsam wären – wenn sie nur ein wenig Gefühl besäßen. Aber wir verhärten uns und schirmen uns ab, und die Folge davon ist, daß wir, wenn die Dinge verkehrt laufen und Gott uns züchtigt, dem keine Aufmerksamkeit schenken. Die Heilige Schrift warnt uns sehr nachdrücklich und ernst davor. Es gibt nichts, was so gefährlich ist für die Seele, als diese unpersönliche Einstellung zum Leben, wie sie heute allgemein üblich ist. Denn gerade dort liegt der Grund, weshalb die Menschen die Verbindung zu ihrem Mann oder zu ihrer Frau und zu der eigenen Familie verlieren. Gerade aus diesem Grund ist es möglich, daß man seine Verantwortung nicht mehr wahrnimmt und auf heiligen Dingen herumtrampelt.

Die unpersönliche Einstellung zum Leben wird bewußt gelehrt und gefördert und für das Kennzeichen des wahren »Gentleman« und der wirklichen »Lady« gehalten – des Menschen, der von einem Stahlpanzer umgeben ist, der niemals Gefühle zeigt und dem jegliches wahre Empfinden völlig zu fehlen scheint. Jene Einstellung kann sich aber auch im christlichen Leben breitmachen und die Menschen dazu veranlassen, selbst die Züchtigung des Herrn geringzuschätzen. Sie weisen sie zurück; sie lehnen es ab, ihr Aufmerksamkeit zu schenken.

Die zweite falsche Reaktion auf die Züchtigung ist diese: »Und verzage nicht, wenn du von ihm gestraft wirst« (Hebr. 12, 5). Es handelt sich bei diesem Bibelwort freilich um ein Zitat aus dem Alten Testament, aus dem Buch der Sprüche, und es bezieht sich auf die Gefahr, durch die Züchtigung entmutigt zu werden, auf die Gefahr, unter ihr zu verzagen, aufzugeben und zu kapitulieren, sich völlig hoffnungslos zu fühlen. Wir sind alle damit vertraut. Etwas stößt uns zu, und wir sagen: »Ich kann es kaum ertragen.« Das Herz ist verzagt, die Sache läßt uns nicht los. Wir geben auf, wir geben uns geschlagen, wir verzagen und werden äußerst mutlos. Das wiederum führt zu der Neigung, sich zu wundern, warum es geschehen ist, und sich zu fragen, ob das fair war von Gott. Wir murren und beklagen uns und empfinden Groll.

So verhielt es sich auch mit den hebräischen Christen. Sie sagten: »Wir dachten, daß wir ein wunderschönes Leben haben würden, als wir uns bekehrten, aber seht, was mit uns geschieht. Warum stoßen uns diese Dinge zu? Ist das berechtigt? Stimmt wohl der christliche Glaube?«, und sie fingen an, sich wieder ihrer alten Religion zuzuwenden. Das ist der Grund, weswegen der Hebräerbrief geschrieben wurde. Sie verzagten, weil sie durch ihre Prüfungen entmutigt worden waren. Sie wurden schwach, weil der Herr sie versucht hatte. »Verzage nicht, wenn du von ihm gestraft wirst.« Das Gefühl der Verzweiflung liegt auf der Lauer, und wir sagen: »Wirklich, es ist mir alles zuviel; ich kann nicht mehr. Hätte ich nur Flügel wie eine Taube, dann würde ich fortfliegen und Ruhe haben.« Wir kennen das alle. Wir reagieren viel zu häufig auf diese Weise auf die Züchtigung des Herrn, anstatt sich mit ihr auseinanderzusetzen, wie es uns der Schreiber des Hebräerbriefes lehrt. Wir neigen alle viel zu schnell dazu, die Hände über dem Kopf zusammenzuschlagen und zu sagen: »Nein, ich kann es nicht, das ist zuviel. Warum werde ich so behandelt?« Wir sind nicht die ersten, die so denken. Lesen Sie die Psalmen, und Sie werden feststellen, daß die Psalmisten oft eine solche Phase durchlaufen. Aber es ist völlig verkehrt und eine ganz falsche Reaktion auf Gottes Strafe und Züchtigung und auf Gottes väterliches Handeln mit uns.

Die dritte falsche Reaktion ist die, die der Schreiber in Kapitel 12, Vers 15 erwähnt: ». . . daß nicht etwa eine bittere Wurzel aufwachse und Unfrieden anrichte und viele dadurch befleckt werden.« Leider wissen wir nur zu gut, was gemeint ist. Manche Menschen reagieren auf die Anfechtungen, Probleme und Züchtigungen des Lebens, indem sie bitter werden. Sicherlich gibt es auch nichts Traurigeres in meinem Leben, in meiner Arbeit und in meiner Erfahrung als Diener Gottes, als die Wirkung von Anfechtungen und Schwierigkeiten auf das Leben mancher Leute zu beobachten.

Ich habe Menschen gekannt, die, bevor ihnen ein Mißgeschick zustieß, sehr nett und freundlich waren, aber ich habe beobachtet, daß sie nachher bitter, egoistisch und schwierig wurden – schwierig sogar denen gegenüber, die versuchten, ihnen zu helfen und beizustehen. Sie ziehen sich in sich selbst zurück und haben das Gefühl, daß die ganze Welt gegen sie sei. Man kann ihnen nicht helfen. Die Bitterkeit kommt in ihre Seele, sie erscheint auf ihrem Gesicht und kennzeichnet ihre ganze Erscheinung. Ein völliger Wandel scheint stattzufinden. Wir zeigen oft unbewußt, was wir sind, durch die Art und Weise, wie wir auf das reagieren, was uns zustößt. Jene Dinge, die uns im Leben widerfahren, prüfen uns; sie erforschen uns bis in die tiefsten Tiefen unserer Seele und zeigen, ob wir wirklich Gottes Kinder sind oder nicht. Jene, die nicht Gottes Kinder sind, werden durch Mißgeschick gewöhnlich bitter. Manchmal können Gotteskinder – vorübergehend – auch so sein, und sie müssen vor dieser besonderen Reaktion auf Züchtigung und Probleme, vor einer bitteren Wurzel, die aufwächst, gewarnt werden.

Wenn wir auf diese Weise reagieren – wenn wir die Züchtigung einfach abschütteln, wenn wir darunter verzagen oder deswegen bitter werden –, wird uns gerade die Züchtigung, die uns von Gott geschickt sein kann und der er uns vielleicht im besonderen aussetzt, überhaupt keinen Gewinn bringen.

Darum mahnt der Schreiber des Hebräerbriefes die Christen, an die er schreibt, eben diese Dinge in der richtigen Weise zu betrachten. Was ist die richtige Art und Weise? Lassen Sie es uns positiv betrachten. Das erste, das er uns sagt, ist, daß wir lernen müssen, uns als Söhne und nicht als Kleinkinder zu verhalten. Der Mann, der dieses Kapitel schrieb, gebrauchte in der Tat ein Wort, das mit »Sohn« übersetzt wird: »Ihr habt bereits vergessen des Trostes, der zu euch redet als zu seinen Kindern: ›Mein Sohn . . .‹«

Es gab niemals ein Baby oder ein Kleinkind, das die Züchtigung nicht falsch verstand. Wenn wir Kinder sind, glauben wir immer, daß wir streng behandelt werden, daß es höchst unfair von unseren Eltern ist und daß wir es nicht verdienten. Das ist die Reaktion des Kindes, und geistlich gesehen bleiben auch manche von uns Kinder. Der Briefschreiber sagt aber: »Denkt daran, daß ihr keine Kinder seid. Ihr seid Männer, ihr seid Söhne, ihr seid Erwachsene.« Und seine Ermahnung lautet: »Reißt euch zusammen, benehmt euch nicht wie ein Kind!« Sie stellen fest, daß die Heilige Schrift sehr vernünftig zu uns spricht. Ihr seid Männer, sagt sie. Sehr gut! Dann hört auf zu verzagen; hört auf zu wimmern und zu schreien; hört auf, euch wie ein Kind zu benehmen und zu schmollen. Ihr sagt, daß ihr Männer seid, aber ihr zeigt durch euer Verhalten, daß ihr noch immer Babys seid, wenn ihr so tut.

Was müssen wir denn tun, weil wir Männer sind? In Hebräer 12, 5 werden uns einige Ermahnungen gegeben. Der Schreiber beginnt mit einer negativen Ermahnung in der Form eines Tadels: »Ihr habt vergessen des Trostes.« Es ist also offensichtlich richtig, an das Wort des Trostes zu erinnern. Der Verfasser sagt eigentlich: »Hier geht ihr, ihr hebräischen Christen und alle anderen, die euch gleichen, in diese Fallen. Aber ihr habt überhaupt keine Entschuldigung. Wenn die Heidenchristen das täten, wäre das in gewisser Weise zu entschuldigen; aber für euch gibt es keine Entschuldigung. Ihr habt das Alte Testament. Wenn ihr nur allein das Buch der Sprüche lesen würdet, würdet ihr niemals so reagieren, wie ihr es jetzt tut. ›Erinnert euch des Wortes des Trostes.‹«

Wenn wir das nun auf uns selbst anwenden, können wir davon ausgehen, daß immer, wenn wir in diesem Leben und in dieser Welt versucht werden, wir diese Sache nie an und für sich betrachten sollen. Als Christen müssen wir alles unmittelbar in den biblischen Zusammenhang stellen. »Erinnert euch des Wortes des Trostes.« In gewissem Sinn liegt hier der eine große Unterschied zwischen dem Nichtchristen und dem Christen. Wenn alles im

Leben des Nichtchristen verkehrt läuft, worauf greift er dann zurück? Er besitzt nichts als weltliche Weisheit und kennt nur die Art und Weise, in der die Welt reagiert. Aber das hilft ihm nicht. Der Christ jedoch befindet sich in einer gänzlich anderen Stellung. Er hat die Bibel und sollte jeden Umstand sofort in diesen Zusammenhang stellen. Der Christ reagiert auf Ereignisse nicht so wie die Welt. Er fragt: »Was sagt die Heilige Schrift hierüber?« »Das Wort des Trostes.« Der Christ stellt alles in jenen Zusammenhang. Welch törichte Geschöpfe sind wir! Wie oft werden wir schuldig, weil wir so reagieren wie die Welt und überhaupt nicht wie Christen. Wir wollen doch daran denken, daß wir Männer sind, daß wir Söhne Gottes sind, daß wir Gottes Wort haben. Betrachten Sie alles, was immer es auch sein mag, vom Wort Gottes her.

Was kommt nun als nächstes? Der nächste Teil der Begründung des Briefschreibers – wir sind noch immer beim fünften Vers – ist, daß wir auf die Argumente des Wortes Gottes hören und ihnen folgen müssen. »Ihr habt bereits vergessen des Trostes, der zu euch redet als zu seinen Kindern.« Nun ist das Wort »redet« nicht falsch, aber es ist nicht kräftig genug. Eine bessere Übersetzung wäre: »Ihr habt bereits vergessen des Trostes, der euch zu überzeugen sucht, der euch als seine Söhne zu überzeugen sucht.« Das wiederum ist etwas, was mich begeistert und erregt. Sie sehen, das Wort Gottes gibt uns immer ein Argument. Es gibt nichts, was ich so wenig leiden kann und verabscheue wie eine sentimentale Art, die Bibel zu lesen.

Verstand einschalten beim Bibellesen!

Es gibt viele Leute, die die Bibel in einer rein gefühlsmäßigen Art und Weise lesen. Sie sind in Schwierigkeiten und wissen nicht, was sie tun sollen. So sagen sie: »Ich werde einen Psalm lesen. Das ist so tröstend: ›Der Herr ist mein Hirte, mir wird nichts mangeln.‹« Sie machen daraus eine Art Beschwörungsformel und nehmen den Psalm, wie andere Menschen Drogen nehmen. Das ist nicht die richtige Art, die Bibel zu lesen. »Das Wort des Trostes, das zu überzeugen sucht«, diskutiert mit uns. Wir müssen seiner Logik folgen. Wenn wir die Heilige Schrift lesen, müssen wir unseren Verstand gebrauchen. Das können wir nie zuviel tun. Die Bibel ist nicht nur dazu gedacht, einen allgemeinen Trost und eine Beruhigung zu geben. Lassen Sie sich von der Bibel selbst überzeugen!

Der nächste Schritt ist offenbar folgender: Was ist das Hauptargument? Nun, ich brauche hier nicht stehenzubleiben, da ich diesen Punkt in gewissem Sinne bereits behandelt habe. Ich fasse kurz zusammen: Das Hauptargument ist, daß es Gott ist, der das tut; und Gott tut es, weil Sie sein Kind sind. Das wird hier auf verschiedene Weise ausgesagt, aber nirgendwo ist es deutlicher als in Hebräer 12, 9-10: »Und so wir unsere leiblichen Väter zu Züchtigern gehabt und sie gescheut haben, sollten wir dann nicht viel mehr untertan sein dem Vater der Geister, auf daß wir leben?«

Gott ist unser geistlicher Vater, der Vater des neuen Lebens, das in uns ist, nicht des irdischen, des fleischlichen Lebens, sondern des geistlichen. So ist es Gott, der Ihnen das widerfahren läßt, und er tut es, weil Sie sein Kind sind. Er tut es zu Ihrem Besten, weil Sie sein Kind sind. Das nun ist das Hauptargument, das ist die Wahrheit, die wir erfassen müssen. Daher reagieren wir also nicht, indem wir verzagen. Wir versuchen auch nicht, es sofort abzuschütteln. Unsere ganze Haltung ist verändert. Wir sagen: »Gott steht dahinter und läßt es zu, weil ich sein Kind bin, weil ich nicht der Welt gehöre. Denn er sandte seinen Sohn, um für mich zu sterben, und er hat mich für den Himmel bestimmt. Gott steht dahinter, und es geschieht alles zu meinem Besten.«

Es ist jedoch unumgänglich, daß wir dem Argument und der Beweisführung im Blick auf die Art und Weise folgen, in der Gott mit uns umgeht. In Vers 11 sagt der Verfasser des Briefes: »Alle Züchtigung aber, wenn sie da ist, dünkt uns nicht Freude, sondern Traurigkeit zu sein; aber danach wird sie geben eine friedsame Frucht der Gerechtigkeit ...« Aber er ist noch nicht fertig, sondern fügt hinzu: ». . . denen, die dadurch geübt sind.« Das ganze Geheimnis liegt in den Worten »dadurch geübt«. Die einzigen, die Nutzen aus dieser Behandlung ziehen, so sagt der Schreiber, sind jene, die die Übung ausführen – jene, die dadurch geübt sind, jene, die sich Gottes Behandlung unterwerfen. Wenn Sie sie abschütteln, wird Ihnen die Behandlung nichts nützen. Wenn Sie darunter verzagen, wird sie Ihnen nichts nützen. Wenn Sie bitter werden, wird sie Ihnen nichts nützen. Sie nützt Ihnen nur, wenn Sie sich diesem Prozeß unterwerfen. Wie sieht nun dieser Prozeß aus?

Das prüfende Auge Gottes

Der Verfasser sagt uns, daß Gott uns diese Dinge widerfahren läßt, indem er uns in die Schule nimmt. Das ist die ursprüngliche Bedeutung des Wortes, das mit »geübt« übersetzt wird, und dieses Wort ist ein ganz wunderbares Bild. Uns wird gesagt, daß die Wurzel des Wortes »Schule« ein Wort ist, das »nackt ausgezogen sein« bedeutet. Das Bild, das wir hier vor uns haben, besagt also, daß wir in eine Schule aufgenommen werden, wo uns gesagt wird, daß wir uns ausziehen sollen.

Warum wird uns gesagt, daß wir uns entkleiden sollen? Das geschieht aus zwei Hauptgründen. Offensichtlich ist der erste, daß wir ungehindert von unserer Kleidung die Übungen durchlaufen. »Lasset uns ablegen alles, was uns beschwert, und die Sünde, die uns ständig umstrickt« (Hebr. 12, 1). Aber es gibt noch einen weiteren Grund, warum wir entkleidet sein sollten. Wir gehen nicht ohne Begleitung in jene Schule, um unsere Übungen zu machen. Der Lehrer nimmt uns herein und beobachtet und prüft uns. Er beobachtet uns, um zu sehen, ob die Haltung unseres Körpers ausgeglichen ist. Die Griechen waren daran sehr interessiert. Sie befaßten sich mit der Entfaltung des Körpers und mit dem Ebenmaß der körperlichen Proportionen. So entkleidet uns der Lehrer, um zu sehen, wo eine kleine Extraübung notwendig ist, um eine besondere Muskelgruppe zu trainieren oder eine mangelhafte Haltung zu korrigieren. Das ist das Bild, das hier gezeigt wird. Wir befinden uns in einer Schule, in der uns der Lehrer betrachtet und uns sagt, was zu tun ist.

Ich habe den Eindruck, daß wir hier ein doppeltes Bild haben; wenigstens können wir dieses eine Bild auf zweierlei Weise anwenden. Wir können bei dem Bild einfach an einen Menschen denken, der es nötig hat, trainiert zu werden. Er hat seinen Körper ziemlich vernachlässigt. Er war körperlich träge und nachlässig, so daß ihn der Lehrer Übungen machen läßt, damit er ein Prachtexemplar der Männlichkeit wird. Aber ich kann mich, wenn ich den Zusammenhang betrachte, des Gefühls nicht erwehren, daß es auch noch eine andere Bedeutung gibt. Hören Sie die Verse zwölf und dreizehn: »Darum richtet wieder auf die lässigen Hände und die müden Knie und tut gewisse Tritte mit euren Füßen, daß nicht jemand strauchle wie ein Lahmer, sondern vielmehr gesund werde.«

Als Schlußfolgerung ergibt sich eigentlich klar, daß es hier auch ein Bild gibt von einem Menschen, der unter einer Art Gelenkkrankheit leidet. Wir lesen, daß die Knie müde sind und daß eine gewisse Lähmung vorhanden ist. Dieser Mensch ist irgendwie krank und hat Gelenkbeschwerden. Wenn das der Fall ist, werden Sie gewöhnlich feststellen, daß nicht nur das Knie selber schwach ist, sondern daß auch die Muskeln darum herum kraftlos werden. Daher sehe ich hier ein wunderbares Bild für das, was wir Physiotherapie nennen. Man muß nicht nur die Gelenkkrankheit behandeln, man muß den Patienten auch verschiedene andere Übungen und Bewegungen ausführen lassen. Massage alleine ist nicht genug; man muß den Patienten auch dazu bringen, seinen Teil an aktiver Bewegung durchzuführen.

Wir wollen diese beiden Gedanken behalten, wenn wir die Lehre im einzelnen ausarbeiten. Gott, so sagt der Schreiber des Hebräerbriefes, nimmt Sie durch die Dinge, die er Ihnen widerfahren läßt, sozusagen in seine Schule. Er hat Sie entkleidet, er untersucht Sie. Er weiß genau, was Sie brauchen. Alles, was Sie nun tun müssen, ist, sich ihm zu unterwerfen und genau das zu tun, was er Ihnen sagt. Hören Sie auf den Lehrer! Durchlaufen Sie die Übungen! Wenn Sie das tun, wird es Ihnen »die friedsame Frucht der Gerechtigkeit« einbringen. Was bedeutet das alles? Wenn man es auslegt, bedeutet es folgendes.

Das erste, was wir zu tun haben, ist, uns selbst zu prüfen bzw. uns der Prüfung durch das Wort Gottes zu unterwerfen. In dem Augenblick, in dem uns ein widriges Ereignis zustößt, müssen wir sagen: »Ich befinde mich in Gottes Schule. Etwas muß der Anlaß hierzu sein. Was ist falsch gelaufen? Wo liegt mein Problem?« Das ist die Art und Weise, in der der Christ auf jedes dieser Dinge, die geschehen, reagieren sollte. Ist es eine Krankheit, ist es ein Unfall, ist es ein Versagen, ist es eine Enttäuschung, ist es der Tod eines Menschen? Es interessiert mich nicht, was es ist, aber aufgrund dieser Lehre sollte ich als erstes zu mir sagen: »Wozu ist mir das widerfahren? Bin ich irgendwo irregegangen?«

Lesen Sie Psalm 119, und Sie werden den Psalmisten sagen hören: »Es ist gut für mich, daß du mich gedemütigt hast« (Vers 71). »Ehe ich gedemütigt wurde, irrte ich; nun aber halte ich dein Wort« (Vers 67). Er hatte nicht bemerkt, daß er abgewichen war, aber seine Demütigung brachte ihn zum Nachdenken, und er sagt: »Ich danke Gott dafür. Es war gut für mich. Ich bin dadurch ein besserer Mensch geworden, denn ich ging in die Irre.« Daher sollten Sie und ich als erstes immer uns selber prüfen und fragen: »War ich nachlässig in meinem geistlichen Leben? Habe ich Gott vergessen? Bin ich irgendwie hochmütig und selbstzufrieden geworden? Habe ich gesündigt? Habe ich etwas falsch gemacht?« Wir prüfen uns selbst. Wir versuchen, die Ursache zu entdecken. Und das tun wir gründlich. Nichts davon ist, wie dieser Schreiber des Hebräerbriefes uns sagt, »Freude«, aber wir müssen – wie schmerzlich es auch sein mag – unser Leben erforschen und uns selbst bis in die tiefste Tiefe prüfen, um festzustellen, ob es etwas gibt, worin wir in die Irre gegangen sind, ohne es zu wissen. Wir müssen dem ehrlich entgegensehen.

Zweitens müssen wir es eingestehen und Gott bekennen. Wenn wir die Sünde, den Fehler, gefunden haben, die Trägheit oder irgend etwas, das falsch oder unwürdig ist, müssen wir Gott sofort alles ehrlich bekennen. Das ist ein wichtiger Teil der Übungen, und es wird uns nicht gutgehen, bevor wir es nicht ausgeführt haben. Gott befiehlt uns, das zu tun, also lassen Sie uns das auch tun. Lassen Sie uns direkt zu ihm gehen. Vielleicht beinhaltet das auch, daß wir ebenfalls zu einer anderen Person gehen müssen. Vielleicht bedeutet es, daß man sich entschuldigen muß. Vielleicht bedeutet es, daß man etwas bekennen muß. Das muß nicht unbedingt so sein, aber wenn Gott uns sagt, daß wir es tun sollen, müssen wir es tun. Hören wir auf die Stimme in uns (auf die Stimme des Lehrers in der Schule), auf die Stimme Gottes, die zu uns spricht. Wenn wir uns selbst prüfen, müssen wir ihr Aufmerksamkeit schenken und sagen: »Ich will es tun. Ich will es tun – koste es, was es wolle.« Wir müssen die Übung im einzelnen ausführen. Wir müssen den Fehler, das Versagen, die Sünde Gott eingestehen und bekennen.

Was folgt dann? Nun, nachdem wir das, was wir, wenn Sie so wollen, eine Art Loslösungsprozeß nennen können, durchlaufen haben, beginnen wir jetzt mit positiven Übungen. Wir kommen zu

Vers zwölf: »Darum« – Sie bemerken die Logik der Begründung – »richtet wieder auf die lässigen Hände und die müden Knie.« Das ist Gottes Art und Weise, uns zu sagen, daß wir uns zusammenreißen, uns aufraffen, uns gerade aufrichten, Haltung annehmen sollen. Mein Beispiel der Gelenke ist an dieser Stelle äußerst nützlich. Jeder, der jemals in irgendeiner Weise Rheumatismus gehabt hat, weiß, daß wir instinktiv dazu neigen, die schmerzhaften Teile zu pflegen und zu schützen. Wenn ich Schmerzen in meinem Knie habe, versuche ich, die Beine nicht zu beugen. Wir schützen, wir beschirmen die schmerzenden Teile. Und auf geistlicher Ebene tun wir genau dasselbe. Daher ermahnt uns der Schreiber in Vers zwölf, damit aufzuhören, die schmerzhaften Gelenke zu pflegen! In einem bestimmten Stadium ist Bewegung das Beste. »Aber«, so sagen Sie, »ich habe nicht die Kraft oder die Fähigkeit, das zu tun.« Da sagt der Lehrer: »Richtet euch auf, steht aufrecht, seid bereit, euch zu bewegen! Je mehr ihr euch bewegt, desto besser.«

Das ist etwas, das auf physischer Ebene wortwörtlich gilt, und Sie werden feststellen, daß Ihnen diese Anweisung immer von jemandem gegeben wird, der sein Fach versteht. Bleiben Sie in Bewegung, werden Sie nicht steif. Halten Sie die Gelenke in Bewegung, halten Sie sie so geschmeidig wie nur möglich. Und das gilt gleichermaßen für den geistlichen Bereich. Haben Sie nicht schon Menschen gesehen, die, wenn Versuchungen kamen, eine Art Pose annahmen? Sie tun sich sehr leid und wollen, daß jeder sie bedauert. »Komm aus jener Haltung heraus«, sagt der Schreiber, »schüttle sie ab! Richte die hängenden Arme auf, mach die müden Knie gerade, halte dich aufrecht! Sei dir der Tatsache bewußt, daß du ein Mann bist! Reiß dich zusammen!« Jetzt, nicht vorher, ist der Zeitpunkt gekommen, das zu tun, nachdem wir die Anweisung dazu erhalten und die Sündenvergebung erlangt haben.

»Und tut gewisse Tritte mit euren Füßen, daß nicht jemand strauchle wie ein Lahmer, sondern vielmehr gesund werde.« Wenn der Pfad nicht eben und fest ist, kann das erkrankte Gelenk verrenkt werden, aber wenn Sie für den Lahmen eine gerade und ebene Straße machen, worauf er laufen kann, wird das zu seiner Heilung beitragen.

Sie sehen also, wie bedeutsam eine gerade Straße ist. Was

bedeutet das geistlich gesehen? Es bedeutet, daß wir, nachdem wir alles, was wir überdacht haben, getan haben, uns einfach sagen: »Ja, ich bin in die Irre gegangen, ich muß auf die feste und enge Straße zurückkommen.« Und so schauen wir nach, wo der Heilsweg liegt. Wir kehren zurück zur Hauptstraße Gottes und erkennen erneut die Notwendigkeit der Disziplin. Wir entschließen uns, bestimmte Dinge nicht mehr zu tun, sondern machen gewisse Tritte, beziehungsweise gehen gerade Pfade mit unseren Füßen. Wenn wir diese Straße der Heiligung entlangwandern, werden wir feststellen, daß unsere müden Knie und unser ganzer Körper wie durch ein Kräftigungsmittel gestärkt werden.

Die letzte Anweisung steht in Vers vierzehn: »Jaget dem Frieden nach gegen jedermann und der Heiligung, ohne die niemand den Herrn sehen wird.« Ich kann nicht verstehen, wie jemand, der die Heilige Schrift gelesen hat, eine passive Vorstellung von der Heiligung bekommen kann. Hier ist ein Mann, der uns auffordert, uns mit all unserer Kraft nach der Heiligung auszustrecken, bis wir sie haben. Friede und Heiligung, Friede mit anderen Menschen, ja, alles und jedes, was wir tun können, um heilig und Gott gleich zu sein. Das sind die Übungen, die Gott uns in seiner Schule durchlaufen läßt. Das ist Gottes Art und Weise, uns wirklich zu seinen Kindern zu machen.

Echter Trost

Lassen Sie mich mit einem Wort der Ermutigung enden: »Alle Züchtigung aber, wenn sie da ist, dünkt uns nicht Freude, sondern Traurigkeit zu sein; aber danach wird sie geben eine friedsame Frucht der Gerechtigkeit.« Die Züchtigung ist manchmal sehr schmerzhaft, aber beachten Sie auch die Verheißung: ». . . aber danach wird sie geben eine friedsame Frucht der Gerechtigkeit.« Sorgen Sie sich nicht um den Schmerz, sondern fahren Sie fort, die steifen Muskeln zu bewegen. Dann werden Sie feststellen, daß sie bald geschmeidig werden. Fahren Sie fort mit den Übungen, denn »danach werden sie geben eine friedsame Frucht der Gerechtigkeit«.

Je intensiver wir dieses Training durchlaufen, desto besser, weil Gott uns vorbereitet – nicht nur für diese Zeit, sondern auch für die Ewigkeit. Körperliche Übungen dauern nur eine Zeitlang, unsere leiblichen Eltern erziehen uns nur für eine kurze Zeit, aber unser Leben in dieser Welt ist eine Vorbereitung für die Ewigkeit. Nicht diese Welt spielt eine Rolle, sondern die zukünftige. Nicht das Hier und Jetzt ist wichtig, sondern das Ewige. Gott bereitet uns in diesem Leben auf immerwährende Freude und Herrlichkeit vor.

Denken Sie in jenem Zusammenhang auch an den, zu dem wir gehen: »Ohne Heiligung wird niemand den Herrn sehen.« Wenn wir Gott sehen wollen, sollten wir die Übungen in der Lebensschule sehr gründlich tun. Gott läßt uns diese Übungen durchlaufen, um uns heilig zu machen. Wenn Sie und ich daher dieser Behandlung, die Gott uns gibt, keine Aufmerksamkeit schenken, dann bedeutet das, daß wir nicht erkennen, wer wir sind. Oder es bedeutet, daß wir überhaupt keine Kinder Gottes sind. Wenn wir wirklich zu Gott in den Himmel gehen wollen, müssen wir uns Gott unterwerfen und genau das tun, was er uns sagt, weil er uns diese ganze Behandlung widerfahren läßt, um unsere Heiligung zu fördern. Es geschieht alles zu unserem Besten und »auf daß wir Teilhaber an seiner Heiligkeit werden«.

Letztlich und vor allen Dingen sollten Sie zu Ihrer Ermutigung auf den Einen blicken, der sich selbst diesem Leben unterworfen hat, obwohl er es nicht nötig hatte. »Lasset uns aufsehen auf Jesus, den Anfänger und Vollender unseres Glaubens, welcher wegen der vor ihm liegenden Freude das Kreuz erduldete und achtete der Schande nicht« (Hebr. 12, 2). Er wußte, was das bedeutete. Er sagte: »Mein Vater, ist's möglich, so gehe dieser Kelch an mir vorüber; doch nicht wie ich will, sondern wie du willst« (Matth. 26, 39). Er erduldete das alles für die Freude, die vor ihm lag, und zu Ihrer und meiner Errettung. Wenn Sie also das Gefühl haben, daß die Erziehung zu hart und sehr schmerzhaft ist, blicken Sie, abgesehen von allem, was ich gesagt habe, auf ihn.

Schauen Sie beständig auf Jesus und folgen Sie ihm. Und so sicher, wie wir das tun, werden wir feststellen, daß das, was im Augenblick so schmerzhaft und schwer ist, danach – sogar in diesem Leben und dieser Welt, aber noch mehr in der Herrlichkeit – jene wunderbare Frucht der Gesundheit und Gerechtigkeit, des Friedens und der Freude Gottes geben wird. Ich weiß nicht, was Sie empfinden, aber nachdem ich über dieses große Wort nachgedacht habe, muß ich vor Gott und den Menschen ehrlich gestehen, daß es nichts gibt, das mir einen größeren Trost gibt, als zu wissen, daß ich in Gottes Hand bin und daß er mich so liebt und so fest dazu entschlossen ist, mich zu heiligen und in den Himmel zu bringen, daß er, wenn ich nicht auf sein Wort höre und ihm folge, anders mit mir umgeht. Er wird mich zum Ziel bringen. Es ist ungeheuerlich, aber es ist auch herrlich.

»Nichts kann uns scheiden von der Liebe Gottes, die in Christus Jesus ist, unserem Herrn« (Röm. 8, 39). Machen Sie die Übungen, mein Freund! Eilen Sie »zur Schule«! Tun Sie, was er Ihnen sagt! Prüfen Sie sich, führen Sie das Training durch, gleich, um welchen Preis und wie groß der Schmerz auch ist, und gehen Sie ein in die Freude des Herrn!

Der Friede Gottes

Sorget nichts, sondern in allen Dingen lasset eure Bitten in Gebet und Flehen mit Danksagung vor Gott kundwerden. Und der Friede Gottes, welcher höher ist als alle Vernunft, bewahre eure Herzen und Sinne in Christus Jesus. Philipper 4, 6-7

Unser Textwort ist zweifellos eine der vortrefflichsten, größten und tröstendsten Aussagen, die es je in der Literatur gegeben hat. Man ist geneigt, das von vielen Abschnitten der Bibel zu sagen, und dennoch gibt es vom Standpunkt der praktischen Erfahrung aus nichts, was für Gottes Volk einen größeren Trost besitzt als diese zwei Verse. In ihnen führt der Apostel fort, was nicht nur das Hauptthema des vierten Kapitels, sondern das Hauptthema des ganzen Briefes ist. Er befaßt sich mit dem Glück und mit der Freude der Gemeindeglieder in Philippi. Er hat die besondere Ermahnung geschrieben, daß sie sich »freuen sollen im Herrn allezeit« (Phil. 4, 4), und abermals sagt er: »Freuet euch!« In seinem starken Verlangen, daß die Gemeindeglieder die ständige Freude im Herrn nicht aufgeben sollten, hat der Apostel verschiedene Kräfte und Faktoren betrachtet, die von Zeit zu Zeit dazu neigen, den Christen jener Freude zu berauben und ihn auf eine niedrigere Ebene des christlichen Lebens herabzuziehen. Paulus hat gesagt: »Eure Lindigkeit – eure Nachsicht lasset kund sein allen Menschen. Der Herr ist nahe!« (Phil. 4, 5). Er hat gezeigt, wie uns ein unruhiger Geist, ein starkes Verlangen, unseren eigenen Weg zu gehen, sehr häufig unsere Freude raubt.

Wir brauchen uns nicht zu sorgen!

Hier in diesen Versen fährt der Apostel fort, einen weiteren Faktor zu betrachten, der vielleicht noch problematischer ist als irgendwelche anderen, die dazu neigen, uns die Freude des Herrn zu rauben. Wenn man die Bibel liest, ist es auffallend, wie oft dieses besondere Thema behandelt wird. Es gibt guten Grund zu sagen, daß alle Briefe des Neuen Testamentes dazu bestimmt waren, den ersten Christen zu helfen, die Tyrannei der Umstände zu überwinden. Sie lebten in einer sehr schwierigen Welt und hatten vieles zu leiden und zu erdulden. Die von Gott berufenen Apostel schrieben ihre Briefe, um ihnen zu zeigen, wie sie überwinden konnten. Es ist das große Thema des Neuen Testamentes; aber Sie finden es auch im Alten Testament.

Nehmen Sie zum Beispiel den 3. und 4. Psalm. Wie ausgezeichnet stellen sie die Dinge dar. Das große Problem im Leben besteht in gewissem Sinne darin, wie man sich niederlegen kann, um zu ruhen und zu schlafen. »Ich liege und schlafe«, sagt der Psalmist. Jeder kann sich niederlegen, aber die Frage ist, ob man schlafen kann. Der Psalmist beschreibt, wie er von Feinden, Schwierigkeiten und Versuchungen umgeben ist, und sein mächtigstes Zeugnis ist, daß er sich trotz allem aufgrund seines Vertrauens in den Herrn sowohl niederlegen wie auch schlafen kann und daß er am Morgen gesund und munter erwacht. Warum? Weil der Herr mit ihm war und über ihn wachte.

Das ist das Thema großer Teile der Bibel, sowohl im Alten wie im Neuen Testament. Es ist also offensichtlich ein Thema von größter Wichtigkeit. Ich habe manchmal das Gefühl, daß es vielleicht nichts gibt, was eine so gründliche Prüfung unseres Glaubens und unseres Christseins darstellt wie gerade dieser Punkt. Es ist eine Sache zu sagen, daß Sie den christlichen Glauben anerkennen, wenn Sie Ihre Bibel gelesen und ihre Lehre erfaßt haben. Aber es ist etwas anderes, den Zugang zu dem triumphierenden und siegreichen Glauben zu finden, der Sie in einem Zustand der Freude erhält, wenn sich alles gegen Sie verschworen zu haben scheint und Sie fast in die Verzweiflung getrieben werden. Es ist eine einfache und genaue Prüfung unserer Stellung zu Gott, weil sie so durch und durch praktisch ist. Es handelt sich überhaupt nicht um eine theoretische Angelegenheit.

Sie befinden sich in einer gewissen Situation, und die Frage ist: Wieviel ist Ihr Glaube in dem Augenblick wert? Unterscheidet er Sie von den Menschen, die nicht glauben? Das ist offensichtlich etwas von sehr großer Bedeutung – nicht nur für unseren Frieden und Trost, sondern auch und besonders in einer Zeit wie der heutigen vom ganzen Standpunkt unseres christlichen Zeugnisses aus.

Die Menschen von heute sagen uns, daß sie nüchtern und

praktisch sind. Sie sagen, daß sie am Wort Gottes nicht interessiert sind und nicht interessiert, sehr auf das zu hören, was wir sagen. Aber wenn sie Menschen sehen, die etwas zu haben scheinen, das sie befähigt, das Leben zu bewältigen, bekommen sie auf einmal Interesse. Das ist so, weil sie unglücklich, enttäuscht, unsicher und ängstlich sind. Wenn sie sich selber in einer solchen Lage befinden und dann Menschen sehen, die Frieden und Ruhe und Gleichmut zu haben scheinen, dann sind sie bereit, auf sie zu schauen und ihnen zuzuhören. So ist es vom Standpunkt unserer persönlichen Zufriedenheit und unseres Festhaltens an der Freude des Herrn sowie vom Standpunkt unseres Zeugnisses in diesen schwierigen Zeiten aus unsere Pflicht, sehr genau zu erwägen, was der Apostel in diesen meisterhaften Aussagen über die Art und Weise zu sagen hat, wie mit dieser Tyrannei der Umstände umzugehen ist.

Zuallererst sagt Paulus uns, was wir vermeiden müssen. Es gibt bestimmte Dinge, denen wir ausweichen müssen: »Sorget nichts.« Das ist ein negativer Befehl – etwas, das man vermeiden soll. Wir müssen uns aber völlig darüber im klaren sein, was der Begriff »sorgen« bedeutet.

»Sorgen« bedeutet, »voller Sorge zu sein« – das heißt ängstliche, aufreibende Sorge, nervöse Besorgtheit, die dazu neigt, über den Dingen zu brüten oder zu grübeln. Es ist dasselbe Wort, das Jesus in der Bergpredigt gebrauchte – Sie erinnern sich an jenen Abschnitt in Matthäus 6, 31: »Darum sollt ihr nicht sorgen . . .« Es bedeutet, nicht zuviel darüber nachzudenken, sich von der Sache nicht aufregen zu lassen. Das ist die Bedeutung des Begriffes.

Es ist, nebenbei gesagt, wichtig zu erkennen, daß uns die Bibel an keiner Stelle lehrt, keine normalen Vorkehrungen für unser Leben zu treffen oder den gesunden Menschenverstand nicht zu gebrauchen. Sie fördert die Faulheit nicht. Sie werden sich daran erinnern, daß Paulus, als er an die Gemeinde in Thessalonich schrieb, sagte: »Wer nicht arbeiten will, der soll auch nicht essen« (2. Thess. 3, 10). »Sorget« bezieht sich daher in diesem Zusammenhang nicht auf kluge Vorsorge, sondern muß als Ängstlichkeit und als aufreibende, zermürbende Sorge ausgelegt werden. Das, so sagt uns der Apostel, sollten wir um jeden Preis verhindern.

Aber Sie sehen, daß er nicht nur bei diesem Befehl stehenbleibt.

Wir haben hier ein sehr aufschlußreiches Stück biblischer Psychologie vor uns. Der Apostel zeigt uns, wie wir dazu neigen, in diesen Zustand nervöser, krankhafter, grübelnder Ängstlichkeit zu geraten, und daß das alles der Aktivität des Herzens und der Sinne zuzuschreiben ist. »Der Friede Gottes, welcher höher ist als alle Vernunft, bewahre eure Herzen und Sinne in Christus Jesus« (Phil. 4, 7). Die Schwierigkeit liegt also im Herzen und in den Sinnen. Es sind das Herz und die Sinne, die dazu neigen, diesen Zustand der Ängstlichkeit, dieser krankhaften Sorge und Besorgtheit hervorzubringen.

Wir haben hier, so behaupte ich, ein aufschlußreiches Stück Psychologie vor uns, und ich betone das, weil wir später sehen werden, wie lebenswichtig es ist bei der Anwendung des Mittels, das uns der Apostel gibt, damit wir seine psychologische Erklärung dieses Zustandes begreifen und verstehen. Paulus sagt hier mit anderen Worten, daß wir vieles innerhalb und außerhalb unseres Lebens beherrschen können, aber daß uns das hinsichtlich unseres Herzens und unserer Sinne nicht gelingt. »Dieser Zustand der Ängstlichkeit«, so sagt Paulus, »ist etwas, das in gewissem Sinne außerhalb eurer Kontrolle liegt«; er stellt sich ein gleichsam neben Ihnen und sogar gegen Ihren Willen. Und wie sehr können wir das praktisch erfahren! Erinnern Sie sich an irgendeine Gelegenheit, als Sie sich in diesem Zustand der Ängstlichkeit befanden. Erinnern Sie sich daran, wie Sie diesen Zustand nicht zu beherrschen vermochten. Sie lagen wach und hätten viel dafür gegeben, wenn Sie hätten schlafen können. Aber Ihre Sinne ließen Sie nicht schlafen, Ihr Herz ebensowenig. Herz und Sinne liegen außerhalb unserer Herrschaft. Wir würden die ganze Welt dafür geben, wenn wir Herz und Sinne daran hindern könnten, weiterzuarbeiten, nachzudenken und uns so wachzuhalten.

Hier haben wir in der Tat eine tiefschürfende Psychologie, und der Apostel zögert nicht, sie zu gebrauchen. Hier begegnen wir wieder einmal der wunderbaren Nüchternheit der Heiligen Schrift, ihrer absoluten Ehrlichkeit, ihrer realistischen Sicht des Menschen. So sagt uns der Apostel, daß auf diese Weise das Herz und die Sinne oder, wenn Sie es vorziehen, die Tiefe unseres Wesens dazu neigt, diesen Zustand der Ängstlichkeit hervorzurufen. An dieser Stelle bedeutet das »Herz« nicht nur den Sitz der Gefühle, es meint genau den innersten Teil der Persönlichkeit.

»Die Sinne« können, wenn Sie so wollen, mit dem Begriff »Gedanken« übersetzt werden.

Wir haben leider alle diesen Zustand erfahren und wissen genau, was der Apostel meint. Das Herz besitzt Gefühle und Empfindungen. Wenn ein geliebter Mensch krank ist, wie beginnt das Herz zu arbeiten! Ihr Interesse, Ihre ganze Liebe zu dieser Person ist die Ursache der Ängstlichkeit. Wenn Sie nichts von diesem Menschen halten würden, wären Sie nicht so besorgt. Da sehen Sie, wo das Herz und die Gefühle herkommen. Nicht nur sie, sondern auch die Phantasie! Welch eine wirkungsvolle Ursache der Ängstlichkeit ist die Phantasie. Sie werden mit einer Situation konfrontiert, aber wenn es nur das wäre, dann wären Sie wahrscheinlich in der Lage, sich niederzulegen und zu schlafen. Aber die Phantasie kommt dazu, und Sie beginnen zu denken: »Was ist, wenn dies oder jenes geschieht? Alles ist heute abend ziemlich unter Kontrolle, aber was ist, wenn morgen früh die Temperatur steigt oder wenn sich dieser Zustand ergeben und zu diesem oder jenem führen sollte?« Beunruhigt durch diese Vorstellungen, denken Sie stundenlang darüber nach. Auf diese Weise hält Ihr Herz Sie wach.

Oder Sie beginnen nicht so sehr im Bereich der Phantasie, sondern mehr im Bereich der Sinne und des reinen Denkens, die Möglichkeiten zu überdenken, und malen sich Möglichkeiten aus, beschäftigen sich mit ihnen und analysieren sie, indem Sie sagen: »Wenn das geschehen sollte, müssen wir diese Vorkehrung treffen, oder wir werden jenes tun müssen.« Sie sehen: das Herz und die Sinne beherrschen Sie.

In diesem Zustand der Ängstlichkeit sind wir die Opfer. Es sind das Herz und die Sinne, diese Kräfte, die in uns und außerhalb unserer Macht liegen, die uns beherrschen und tyrannisieren. Der Apostel sagt uns, daß das etwas ist, was wir um jeden Preis vermeiden müssen. Ich brauche auf den Grund hierfür wohl nicht näher einzugehen. Ich denke, daß wir das alle aus Erfahrung kennen. In diesem Zustand der Ängstlichkeit verbringen wir unsere ganze Zeit mit Nachdenken und Überlegen sowie dem Nachjagen von Phantasievorstellungen. In diesem Zustand sind wir nutzlos. Wir wollen nicht mit anderen Menschen sprechen. Zwar mögen wir den Anschein erwecken, daß wir ihnen zuhören, aber unser Verstand jagt den eigenen Gedanken nach. Und so ist leider unser Zeugnis nutzlos. Wir sind für andere nicht von Wert, und darüber hinaus verlieren wir die Freude des Herrn.

Aber nun wollen wir zum zweiten Grundsatz kommen. Was müssen wir tun, um jenen inneren Aufruhr zu vermeiden? Was lehrt uns der Apostel hier? Ich hoffe, daß es mir gelingen wird, Ihnen den ewigen Unterschied zwischen der christlichen Art und Weise, mit der Ängstlichkeit umzugehen, und dem psychologischen Weg oder dem des gesunden Menschenverstandes aufzuzeigen. Manche meiner Freunde scheinen das Gefühl zu haben, daß ich nicht viel von Psychologie halte, aber ich möchte zu meiner Verteidigung folgendes sagen. Die Psychologie, so glaube ich, ist eine der heimtückischsten Gefahren in Verbindung mit dem christlichen Glauben. Die Menschen denken manchmal, daß sie vom christlichen Glauben getragen werden, während das, was sie erleben, nur die Wirksamkeit eines psychologischen Mechanismus ist. In einer wirklichen Krise bricht dieser Mechanismus zusammen. Wir predigen keine Psychologie, wir predigen den christlichen Glauben.

Was heißt uns der Apostel hier zu tun, wenn wir von Ängstlichkeit bedroht werden? Er sagt nicht einfach: »Hört auf, euch Sorgen zu machen.« Das sagen uns der gesunde Menschenverstand und die Psychologie. Der Apostel sagt das nicht, und zwar aus gutem Grund: Es ist nutzlos, einem Menschen in jener Lage zu sagen, er solle aufhören, sich Sorgen zu machen. Es ist zugleich auch eine schlechte Psychologie. Genau das nennt man Verdrängung.

Jener Zustand ist noch schlimmer als die Ängstlichkeit selber, denn, wie bereits erwähnt, es ist im allgemeinen zwecklos, den Menschen zu sagen, sie sollen aufhören, sich Sorgen zu machen. Aus diesem Grund sage ich, daß des Paulus »Psychologie« so wichtig ist. Es ist genau das, was Sie nicht tun können. Sie würden es gerne tun, aber Sie können es nicht. Es ist genauso, als wenn man einem hoffnungslosen Alkoholiker sagen würde, er solle aufhören zu trinken. Er kann es nicht, weil er hilflos in seiner Lust und Leidenschaft gefangen ist. Ein gängiges Schlagwort der Psychologie – und die Menschen halten es für wunderbar – ist: »Warum sorgen, wenn es vielleicht niemals geschieht?« Aber wenn das jemand zu mir in einer solchen Lage sagen würde, dann wäre meine Antwort: »Ja, aber es *kann* geschehen. Das ist mein

Problem. Was, wenn es geschieht?« Das ist der Kern meines Problems. Es hilft mir also nicht, wenn man mir sagt, daß es vielleicht niemals geschieht.

Das dritte Negative ist dies: Die Menschen sind geneigt, zu jenen unglücklichen Leuten, die ängstlich und besorgt sind, zu sagen: »Du mußt dir keine Sorgen machen. Es ist falsch, sich zu sorgen. Alles Sorgen in der Welt wird die Lage überhaupt nicht ändern.« Nun ist das völlig richtig – es ist gesunder Menschenverstand. Die Psychologen sagen ihrerseits: »Vergeuden Sie nicht Ihre Energie. Die Tatsache, daß Sie sich Sorgen machen, beeinflußt Ihre Lage überhaupt nicht.« Darauf antworte ich: »O ja, das ist sicher richtig. Aber, wissen Sie, das berührt die Ursache meines Problems nicht, denn mich beschäftigt, was geschehen könnte. Ich gebe Ihnen recht, wenn Sie mir sagen, daß sich meine Lage durch das Sorgen nicht verändert, aber die Situation bleibt, und es ist die Situation, die mich dazu veranlaßt, mir Sorgen zu machen. Was Sie sagen, ist vollkommen richtig, aber es bezieht sich nicht auf mein besonderes Problem.« Mit anderen Worten: All diese Methoden versagen darin, mit der Situation fertig zu werden, weil sie die Kraft dessen, was Paulus »das Herz« und »die Sinne« – diese Dinge, die uns fesseln – nennt, nicht erkennen. Das ist der Grund dafür, warum alle Methoden der Psychologie und des gesunden Menschenverstandes letztendlich unbrauchbar sind.

Gebet kontra Segen

Was sagt der Apostel? Er drückt seine Antwort auf das Problem in der Form eines positiven Befehls aus: »Lasset eure Bitten . . . vor Gott kund werden.« Das ist die Antwort. Aber hier ist es jetzt von außerordentlicher Bedeutung, daß wir genau und im einzelnen wissen, wie wir damit umgehen sollen. »Leider«, sagen viele Leidende, »habe ich nicht den Frieden gefunden, von dem Sie sprechen, obwohl ich es versucht und gebetet habe. Ich habe keine Antwort erhalten. Es hat keinen Sinn, mir zu sagen, daß ich beten soll.« Glücklicherweise erkannte der Apostel das auch, und er hat uns besondere Anweisungen für das Ausführen seines Befehles gegeben. »Sorget nichts, sondern in allen Dingen lasset eure Bitten im Gebet und Flehen mit Danksagung vor Gott kundwerden.« Läßt der Apostel einfach ein Wort nach dem andern »hinpurzeln«, oder spricht er mit Bedacht? Ich kann Ihnen zeigen, daß er in der Tat wohlüberlegt spricht, wenn er uns zeigt, – wie wir unsere Bitten vor Gott kundwerden lassen sollen.

Wie sollen wir das tun? Zuerst heißt er uns zu beten. Er unterscheidet zwischen Gebet und Flehen und Danksagung. Was meint er mit Beten? Beten ist der allgemeinste Begriff und bedeutet Anbetung und Verehrung. Wenn Sie Probleme haben, die unlösbar scheinen, wenn Sie ängstlich und überlastet sind und Ihnen jemand rät zu beten, dann eilen Sie nicht zu Gott mit Ihrer Bitte. Das ist nicht der richtige Weg. Bevor Sie Ihre Bitten vor Gott kundwerden lassen, beten Sie Gott an, verehren Sie ihn. Treten Sie in die Gegenwart Gottes, und vergessen Sie einen Augenblick lang Ihre Probleme. Machen Sie sich bewußt, daß Sie direkt vor Gott stehen. In dem Wort »Gebet« ist die Vorstellung enthalten, daß man Gott gegenübersteht. Sie treten in die Gegenwart Gottes, und Sie erkennen diese Gegenwart und besinnen sich auf sie – das ist immer der erste Schritt. Schütten Sie erst danach Ihr Herz aus.

Auf das Gebet folgt das Flehen. Nachdem wir Gott angebetet haben, weil er Gott ist, nachdem wir diese allgemeine Anbetung und Verehrung dargebracht haben, kommen wir jetzt zu etwas Besonderem: Der Apostel ermutigt uns zu flehen. Er sagt uns, daß wir Dinge, die uns besonders beschäftigen, zu Gott bringen können und daß die Bitte ein rechtmäßiger Bestandteil des Gebets ist. Laßt uns also unsere Bitten bringen, die besonderen Dinge, die uns zur Zeit beschäftigen.

Nun kommen wir dahin, unsere Bitten vor Gott kundwerden zu lassen. Aber warten Sie noch, da ist noch etwas anderes: ». . . in Gebet und Flehen mit Danksagung.« Das ist mit das Wichtigste von all diesen Dingen. Und genau an diesem Punkt gehen so viele von uns in die Irre, wenn sie sich in dem Zustand befinden, mit dem sich der Apostel hier beschäftigt. Ich glaube nicht, daß es notwendig sein wird, im einzelnen aufzuzeigen, daß der Apostel hiermit nicht nur an liturgischen Formen interessiert war.

Wie tragisch ist es, wenn Menschen sich nur in einem rein liturgischen Sinn für die Anbetung interessieren. Das ist nicht das Anliegen des Apostels. Er ist nicht an Formen interessiert. Er interessiert sich für die Anbetung, und die Danksagung ist aus diesem Grund absolut notwendig. Wenn wir beim Beten in unserem Herzen einen Groll gegen Gott hegen, haben wir kein Recht, zu erwarten, daß der Friede Gottes unsere Herzen und Sinne bewahrt. Wenn wir auf unsere Knie gehen mit dem Gefühl, daß Gott gegen uns ist, können wir ebensogut aufstehen und davonlaufen. Nein, wir müssen uns ihm nähern »mit Danksagung«. Es darf kein Zweifel in unserem Herzen sein.

Wir haben unsere Probleme und Schwierigkeiten, aber da, auf unseren Knien, müssen wir uns fragen: »Wofür kann ich Gott danken?« Wir müssen das bewußt tun, und es ist etwas, das wir tun können. Wir müssen sagen: »Ich mag im Augenblick in Schwierigkeiten sein, aber ich kann Gott danken für meine Errettung, dafür, daß er seinen Sohn gesandt hat, um für mich und meine Sünden am Kreuz zu sterben. Ich stehe vor einer schrecklichen Not, das stimmt, aber Jesus hat mich erlöst. Ich danke Gott, daß er seinen Sohn, den Herrn Jesus Christus, in die Welt geschickt hat. Ich will ihm danken, daß er meine Sünden an seinem eigenen Leib an das Holz getragen hat. Ich will ihm danken, daß er zu meiner Rechtfertigung auferstanden ist. Ich will mein Herz dafür in Danksagung überströmen lassen. Ich will ihm danken für die vielen Segnungen, die ich in der Vergangenheit empfangen habe.«

Wir müssen mit unserem Verstand und all unserer Energie die Gründe herausarbeiten, um Gott zu danken und zu loben. Wir müssen uns daran erinnern, daß er unser Vater ist, daß er uns so sehr liebt, daß alle Haare unseres Hauptes gezählt sind. Und wenn wir uns an diese Dinge erinnert haben, müssen wir unser Herz in Danksagung überströmen lassen. Wir müssen in der richtigen Beziehung zu Gott stehen. Wir müssen die Wahrheit über ihn erkennen. Daher müssen wir in seine Gegenwart kommen mit einer liebenden, lobenden, anbetenden Verehrung und mit einem festen Vertrauen und dann unsere Bitten ihm kundwerden lassen.

Das Gebet, das Paulus befürwortet, ist mit anderen Worten nicht ein verzweifelter Schrei in der Dunkelheit, nicht eine wilde Anrufung ohne wirkliches Denken. Nein, ganz und gar nicht. Wir erkennen und erfassen zuerst, daß wir einen gesegneten, glorreichen Gott anbeten. Wir beten ihn zuerst an, und dann kommen wir mit unseren Bitten.

Nun wollen wir schnell zu dem dritten großen Prinzip übergehen, nämlich zu der gütigen Verheißung Gottes für diejenigen, die tun, was der Apostel uns gerade gesagt hat. Die Verheißung ist natürlich das Beste von allem, aber wir müssen lernen, wie wir sie betrachten sollen. Haben Sie die Verheißung gesehen, haben Sie ihren Charakter beachtet, haben Sie bemerkt, daß die Dinge, die Sie beunruhigen, nicht einmal erwähnt werden? Das ist das Besondere an der christlichen Methode, mit der Ängstlichkeit umzugehen. »In allen Dingen«, sagt der Apostel – in diesen Dingen, die Sorgen bereiten –, »laßt eure Bitten kundwerden« – und Gott wird sie beseitigen und wegnehmen? Das sagt Paulus nicht. Er erwähnt sie nicht, er sagt überhaupt nichts über sie. Für mich ist das eines der erregendsten Dinge am christlichen Leben. Das Wunderbare am Evangelium ist, daß es sich mit uns beschäftigt und nicht mit unseren Umständen. Der endgültige Triumph des Evangeliums ist hierin zu sehen, daß, wie unsere Umstände auch immer sind, wir herausgerissen und in die Lage versetzt werden können, weiterzugehen. Es erwähnt nicht unsere Lage, es spricht nicht über die Dinge, die beunruhigen und verwirren; es sagt kein einziges Wort über sie, sie können geschehen oder nicht. Paulus sagt nicht, daß das, was befürchtet wird, nicht stattfindet. Er sagt, daß wir bewahrt bleiben, gleich, was passiert. Gott sei Dank, das ist der Sieg! Ich werde über die Umstände gestellt. Ungeachtet der Umstände triumphiere ich.

Das ist ein großes Prinzip. Wir alle neigen dazu, uns von den Umständen tyrannisieren zu lassen, weil wir von ihnen abhängig sind. Darum möchten wir sie gerne in den Griff bekommen. Aber das ist nicht die Art und Weise, in der sich die Heilige Schrift mit der Situation befaßt. Der Apostel sagt: »Lasset eure Bitten ... vor Gott kundwerden, und der Friede Gottes, welcher höher ist als alle Vernunft, bewahre eure Herzen und Sinne.« Er wird Sie vollkommen vor diesen Dingen bewahren, die Sie wachhalten und Ihren Schlaf verhindern, und Sie werden ungeachtet von ihnen in Frieden bewahrt.

Ich weise nochmals darauf hin, daß der Apostel niemals sagt, daß, wenn wir beten, unsere Gebete an sich uns besser vorkommen lassen. Es ist eine schändliche Sache, daß Menschen aus diesem Grund beten. Das ist eine psychologische Anwendung des Gebets. Sie sagen uns, daß, wenn wir uns in Schwierigkeiten befinden, es uns guttun wird zu beten. Das ist, psychologisch gesehen, sehr gut, aber aus biblischer Sicht völlig falsch. Das Gebet ist keine Autosuggestion.

Auch sagt Paulus nicht: »Bete, denn während du betest, wirst du nicht an die Schwierigkeit denken, und daher wirst du zeitweise eine Erleichterung spüren.« Auch das ist psychologisch sehr gut, aber aus biblischer Sicht völlig falsch.

Paulus sagt auch nicht: »Wenn du deinen Verstand mit Gedanken an Gott und Jesus Christus füllst, werden diese Gedanken die anderen Dinge vertreiben.« Auch das ist wieder psychologisch sehr gut, aber es hat mit dem Christentum nichts zu tun.

Wiederum sagt Paulus nicht, und ich sage das absichtlich: »Bete, weil das Gebet die Dinge verändert.« Nein, das Gebet »verändert die Dinge« nicht. Das ist wieder Psychologie und hat überhaupt nichts mit dem Evangelium zu tun. Was der Apostel sagt, ist folgendes: »Du betest und läßt deine Bitten vor Gott kundwerden, und Gott wird etwas tun.« Es ist nicht Ihr Gebet, es sind nicht Sie, die es tun werden, sondern Gott. »Der Friede Gottes, welcher höher ist als alle Vernunft« – als alles bessere Wissen –, »wird eure Herzen und Sinne bewahren in Christus Jesus.«

Ich muß noch etwas über den Ausdruck »er wird eure Herzen und Sinne bewahren« sagen. Dieses Wort bedeutet »bewachen«, »beschützen«. Man kann hier mehrere Worte verwenden. Es beschwört ein Bild herauf: Der Friede Gottes wird um die Wälle und Türme unseres Lebens herumgehen. Wir befinden uns drinnen, während die Aktivitäten des Herzens und der Sinne außerhalb jene Belastungen, Ängste und Spannungen erzeugen. Aber der Friede Gottes wird sie alle draußen halten, und wir selbst befinden uns innerhalb in völligem Frieden. Es ist Gott, der das tut. Es sind nicht wir selbst, es ist nicht das Gebet, es ist nicht ein psychologischer Mechanismus. Wir lassen unsere Bitten vor Gott kundwerden, und Gott bewahrt uns in völligem Frieden.

Der Friede Gottes

Was sollen wir von diesem Ausdruck »der Friede Gottes, welcher höher ist als alle Vernunft«, sagen? Sie können diesen Frieden nicht verstehen, Sie können ihn sich nicht vorstellen, Sie können ihn in gewissem Sinne selbst nicht glauben. Dennoch ist er da, und

Sie erfahren ihn und erfreuen sich daran. Es ist Gottes Friede, der in Jesus Christus ist. Was meint Paulus damit? Er sagt uns, daß dieser Friede Gottes so wirkt, daß er uns Jesus Christus vor Augen führt und uns an ihn erinnert. Um es im Hinblick auf das Anliegen des Römerbriefes zu sagen: »Denn wenn wir mit Gott versöhnt sind durch den Tod seines Sohnes, als wir noch Feinde waren, um wieviel mehr werden wir selig werden durch sein Leben, nachdem wir nun versöhnt sind!« (Röm. 5, 10). »Denen, die Gott lieben, dienen alle Dinge zum Besten, denen, die nach dem Vorsatz berufen sind« (Röm. 8, 28). »Welcher auch seines eigenen Sohnes nicht hat verschont, sondern hat ihn für uns alle dahingegeben; wie sollte er uns mit ihm nicht alles schenken?« (Röm. 8, 32). »Denn ich bin gewiß, daß weder Tod noch Leben, weder Engel noch Fürstentümer noch Gewalten, weder Gegenwärtiges noch Zukünftiges, weder Hohes noch Tiefes noch keine andere Kreatur kann uns scheiden von der Liebe Gottes, die in Christus Jesus ist, unserm Herrn« (Röm. 8, 38-39).

Die Begründung lautet also, daß, wenn Gott für uns jenes überragende Werk im Tod seines Sohnes am Kreuz getan hat, er uns jetzt nicht im Stich lassen, er uns sozusagen nicht auf halbem Wege stehenlassen kann. So bewahrt der Friede Gottes, welcher höher ist als alle Vernunft, unsere Herzen und Sinne durch oder in Jesus Christus. Auf jene Weise garantiert Gott unseren Frieden und unsere Freiheit von der Ängstlichkeit.

Ich schließe mit einer kurzen Bemerkung über das letzte Prinzip, nämlich darüber, wie allumfassend die Verheißung ist. »Sorget nichts – macht euch über nichts Sorgen –, sondern in allen Dingen . . .« Es spielt keine Rolle, worum es sich handelt, es sind hier keine Grenzen gesetzt. Lieber Christ, was immer dich auch niederdrücken will, was immer dich zum Opfer dieser Ängstlichkeit, dieses krankhaften Sorgens macht, das dich in deinem Christenleben so sehr bedrängt und dein Zeugnis zunichte macht, laß es vor Gott auf diese Weise kundwerden. Wenn du das tust, ist es absolut sicher, daß der Friede Gottes, der höher ist als alle Vernunft, dein Herz und deine Sinne beschützt, bewahrt, bewacht. Jener gewaltige Aufruhr des Herzens und der Sinne in dir wird dich nicht berühren. Wie der Psalmist wirst du dich niederlegen und schlafen, wirst du diesen vollkommenen Frieden kennen. Hast du ihn schon bekommen, oder ist das nur Theorie?

Ich behaupte, daß beinahe zweitausend Jahre Kirchengeschichte – die Geschichte der Gemeinde Jesu – verkünden, daß das eine Tatsache ist. Lesen Sie die Lebensgeschichten der Heiligen und Märtyrer. Aber auch Berichte aus heutiger Zeit enthalten das gleiche Zeugnis. Kürzlich las ich über eine Erfahrung von John George Carpenter, der bis vor einigen Jahren General der Heilsarmee gewesen war. Er erzählt, wie er und seine Frau sich von ihrer Tochter trennen mußten. Sie war ein entzückendes Mädchen, das sie sehr gern hatten und auf das sie sehr stolz waren. Es hatte sein junges Leben der Auslandsmission im Osten geweiht. Plötzlich erkrankte es an Typhus. Natürlich begannen sie zu beten, aber John Carpenter und seine Frau spürten irgendwie, daß sie nicht für die Genesung ihrer Tochter beten konnten. Sie beteten zwar, aber ihr Gebet war: »Du kannst sie heilen, wenn du willst.« Sie konnten Gott nicht direkt bitten, sie zu heilen, sondern nur: »Du kannst, wenn du willst.« So beteten sie sechs Wochen lang, dann starb dieses prächtige Mädchen. Genau an dem Morgen, an dem es starb, sagte John Carpenter zu seiner Frau: »Weißt du, ich fühle mich merkwürdig ruhig.« Frau Carpenter antwortete: »Ich empfinde genau dasselbe.« Und dann sagte sie zu ihm: »Das muß der Friede Gottes sein.« Und es war der Friede Gottes. Es war der Friede Gottes, der ihr Herz und ihre Sinne so ruhig hielt, daß sie nicht aus der Fassung gerieten. Lassen Sie daher Ihre Bitten mit Gebet, Flehen und Danksagung vor Gott kundwerden, und er wird durch seinen Frieden in Christus Ihr Herz und Ihre Sinne in Ruhe und Frieden bewahren.

Zufriedenheit

Ich bin aber hocherfreut in dem Herrn, daß ihr wieder Kraft habt, für mich zu sorgen; wiewohl ihr allewege darauf bedacht waret, aber die Zeit hat's nicht wollen leiden. Nicht sage ich das des Mangels halben; denn ich habe gelernt, mir genügen zu lassen, wie ich's finde.

Ich kann niedrig sein und kann hoch sein; mir ist alles und jedes vertraut; ich kann beides: übrig haben und Mangel leiden.

Philipper 4, 10-12

Wir haben in den obigen Worten eines jener Schriftworte vor uns, bei denen ich immer das Gefühl habe, daß es in gewissem Sinn das einzig Richtige und Angebrachte ist, nachdem man sie gelesen hat, daß man ein Dankgebet spricht. Man zittert beinahe, wenn man sich solch erhabenen und vortrefflichen Worten nähert, da sie doch einen der Höhepunkte christlicher Erfahrung des mächtigen Apostels der Heiden in Erinnerung rufen.

Dennoch ist es, obwohl wir diesen Worten mit Furcht und Zittern nahen, unsere Aufgabe, zu versuchen, sie zu deuten. Mit dem Schluß von Vers neun sind auch die einzelnen Ermahnungen des Apostels an die Mitglieder der Gemeinde zu Philippi beendet. Eigentlich ist Paulus mit der Unterweisung fertig, aber er vermag den Brief noch immer nicht abzuschließen. Er muß noch etwas anderes tun, nämlich den Christen von Philippi seine große Dankbarkeit für das persönliche Geschenk aussprechen, das sie ihm, als er sich in Rom im Gefängnis befand, durch ihren Freund und Bruder Epaphroditus geschickt hatten.

In gewissem Sinn ist das der wirkliche Grund, warum Paulus diesen Brief überhaupt schrieb. Die Gemeinde zu Philippi hatte ihm eine Gabe gesandt. Uns wird nicht gesagt, was es war, ob es Geld war oder etwas anderes, aber sie hatten ihm durch ihren Boten Epaphroditus ein Geschenk gesandt. Epaphroditus kehrt jetzt nach Philippi zurück, und Paulus gibt ihm einen Brief mit. Nachdem er den lehrmäßigen Teil des Briefes beendet hat, möchte er den Philippern für den Ausdruck ihrer Liebe und Sorge für ihn in seinem Leiden in der Gefangenschaft danken. Er tut das in den

Versen zehn bis zwanzig. Ich habe immer das Gefühl, daß es nichts in diesem großartigen Brief gibt, das interessanter ist, als im einzelnen die Art und Weise zu untersuchen, in der der Apostel alles tut und den Mitgliedern der Gemeinde zu Philippi dankt. Das ist höchst bemerkenswert und hat uns viel zu sagen.

Es ist ganz offensichtlich, daß der Dank an die Philipper für ihr Geschenk und ihre Freundlichkeit den Apostel vor ein Problem stellte. Sie nehmen vielleicht an, daß es gewiß kein Problem ist, sich bei Menschen zu bedanken, die freundlich und großzügig gewesen sind. Dennoch ist es für Paulus offenbar ein Problem. Er benötigt dafür zehn Verse. Sie können feststellen, daß er in einem oder in zwei Versen eine wichtige Lehre behandelt, aber wenn es dazu kommt, daß er den Philippern für ihre Güte und Freundlichkeit danken soll, benötigt er dafür zehn Verse. Sie können auch sehen, daß er sich wiederholt. »Nicht sage ich das des Mangels halben« (Vers 11) und später »nicht, daß ich das Geschenk suche« (Vers 17). Paulus scheint es schwierig zu finden, die richtigen Worte für das zu finden, was er sagen möchte.

Das Problem des Paulus war ungefähr folgendes: Einerseits wollte er der Gemeinde zu Philippi sehr gerne für ihre Freundlichkeit danken, aber gleichzeitig wollte er ihnen ebensogerne, wenn nicht noch lieber, zeigen, daß er nicht ungeduldig darauf gewartet oder nach diesem Ausdruck ihrer Freundlichkeit ausgeschaut hat, ja daß er in keinerlei Hinsicht von ihrer Güte und Großzügigkeit abhängig war. In dieser Weise sieht er sich selbst vor eine Schwierigkeit gestellt. Er muß diese beiden Dinge gleichzeitig tun: Er muß seinen Dank an die Mitglieder der Gemeinde zu Philippi ausdrücken, und dennoch muß er es auf eine Art und Weise tun, die in keinerlei Hinsicht die Realität seiner Erfahrung als Christ, der völlig auf Gott vertraut, schmälert oder beeinträchtigt. Deshalb benötigt er zehn Verse.

Es war das Problem eines christlichen Gentleman, der auf die Gefühle anderer Rücksicht nimmt und versucht, diese beiden Dinge miteinander in Einklang zu bringen. Und wie sehr war Paulus ein Gentleman! Wie nahm er auf die Gefühle anderer Rücksicht. Als Gentleman war er bemüht, seine große Dankbarkeit auszudrücken und sie wissen zu lassen, daß ihre Freundlichkeit ihn wirklich tief bewegte. Dennoch ist er andererseits bemüht, ihnen völlig klarzumachen, daß er seine Zeit nicht damit verbracht hatte, darüber nachzudenken, warum sie seiner Nöte nicht gedachten, und daß er nicht gelitten hatte, weil sie ihm ins Gefängnis nichts geschickt hatten. Nein, er hatte nicht darüber nachgegrübelt, warum die Gemeinden ihm nichts für seinen Bedarf geschickt hatten. Er wollte vollkommen klarstellen, daß das überhaupt niemals der Fall gewesen war, und in diesen zehn Versen finden wir die Methode des Apostels, jenes besondere Problem zu lösen.

Wenn es im Christentum um die Wahrheit geht, müssen wir uns darüber im klaren sein, daß diese Wahrheit unser ganzes Leben regieren will. Das Evangelium bestimmt das ganze Leben des Christen. Es beherrscht sein Denken, wie wir in Vers acht sehen; es beherrscht sein Handeln, wie wir in Vers neun sehen. Und in diesen zehn Versen sehen wir jetzt, wie ein Christ sogar in einer solchen Angelegenheit wie dem Danken für eine Freundlichkeit das auf eine Weise tut, die sich von der Art und Weise des Nichtchristen unterscheidet.

Der Christ kann nichts – nicht einmal so etwas – tun, außer auf eine wahrhaft christliche Weise. So zeigt der Apostel hier zugleich sowohl seinen Dank gegenüber seinen Freunden als auch seinen noch größeren Dank gegenüber dem Herrn. Paulus liebt die Philipper sehr, und er ist ihnen von Herzen dankbar. Aber er liebt den Herrn noch mehr und befürchtet, daß er in seinem Dank an sie irgendwie auch nur den Anschein des Eindruckes erwecken könnte, daß der Herr nicht ausreichend sei für ihn oder daß er letztendlich von den Philippern abhängig sei.

Unabhängig von den Umständen

Aus diesem Grunde beginnt er diesen eindrücklichen Abschnitt mit verblüffenden und erstaunlichen Worten, um die Vorrangstellung und die Allgenügsamkeit des Herrn zu zeigen, während er gleichzeitig seine Dankbarkeit, Dankesschuld und Liebe zu den Philippern für diesen Ausdruck ihrer persönlichen Anteilnahme und Besorgtheit um ihn zeigt.

Wir wollen jetzt diese eindrucksvolle Lehre betrachten, die Paulus auf diese Weise verkündet. Es gibt hier zwei große Prinzipien. Das erste ist natürlich dic innere Einstellung, die der Apostel erlangt hatte. Das zweite ist die Art und Weise, auf die er diese Einstellung erlangt hatte. Sie bilden den Gegenstand dieser ungeheuren Aussage.

Lassen Sie uns zuerst die Haltung betrachten, die der Apostel erlangt hatte. Er beschreibt sie mit dem Wort, das mit »genügen lassen« übersetzt werden muß. Es bedeutet, daß er »unabhängig« ist, unabhängig von den inneren und äußeren Umständen. Daß es sich hierbei nicht nur um eine rhetorische Aussage des Apostels handelt, wird sehr deutlich in den Berichten, die wir in verschiedenen Teilen des Neuen Testaments über den Apostel Paulus und sein Leben haben. Da gibt es zum Beispiel ein interessantes Beispiel im 16. Kapitel der Apostelgeschichte, das den ersten Besuch von Paulus in Philippi, wo die Empfänger dieses Briefes lebten, beschreibt.

Sie erinnern sich daran, wie er und Silas gefangengenommen, geschlagen und in das Gefängnis geworfen wurden, wobei ihre Füße in den Stock gelegt wurden. Ihr körperlicher Zustand konnte unmöglich schlechter gewesen sein. Dennoch hatte das so wenig Auswirkungen auf Paulus und Silas, daß »sie um Mitternacht beteten und Gott lobten« (Apg. 16, 25). Unabhängig von den Umständen zu sein, mit dem zufrieden sein, was ich vorfinde, sich genügen zu lassen, unabhängig zu sein von der Umwelt, das finden Sie auch in dem bekannten Abschnitt im zweiten Brief an die Korinther, Kapitel zwölf, wo Paulus uns berichtet, wie er lernte, unabhängig zu sein von dem »Pfahl im Fleisch«.

Sie erinnern sich auch, wie er Timotheus ermahnt, an diesem Prinzip festzuhalten, indem er sagt: »Es ist aber ein großer Gewinn, wer gottselig ist und lässet sich genügen« (1. Tim. 6, 6). Es gibt nichts Entsprechendes, so sagt er eigentlich; wenn du das hast, dann hast du alles. Paulus war damals bereits ein alter Mann, als er dem jungen Mann Timotheus diese Worte schrieb. Das sind nur einige der vielen Beispiele, die ich hier nennen könnte.

Das Neue Testament behauptet jedoch nicht nur, daß das für den Apostel Paulus galt; es zeigt sehr klar und deutlich, daß es eine Haltung ist, die wir alle als Christen erlangen sollten. Sie erinnern sich, wie der Herr Jesus diesen Punkt im sechsten Kapitel des Matthäusevangeliums ausführt – »Darum sorget nicht für den andern Morgen« (Vers 34), seid nicht über die Maßen besorgt um Nahrung und Kleidung und Sachen dieser Art. Gerade das ist die herrliche, machtvolle Unabhängigkeit von dem, was uns zustößt, die wir alle kennen und erfahren sollten. Das ist »sich genügen lassen« in einem guten Sinn.

Es ist für die heutige Zeit bezeichnend, daß ein Großteil der Menschen zu der Auffassung neigt, das Christentum sei ein Hindernis für die Entwicklung und den Fortschritt der Menschen und »Opium für das Volk«. Sie sagen, daß dies das Volk gelehrt hat, sich mit allen Lebensbedingungen abzufinden, gleich, wie schändlich und ungerecht sie auch seien. Es hat eine heftige politische Reaktion gegen das Evangelium von Jesus Christus gegeben, weil die Menschen ein Bibelwort wie das unsere so falsch ausgelegt haben, daß sie es auf diese Weise sagten: »Der reiche Mann in seinem Schloß, der arme Mann an seiner Tür; Gott schuf sie, hoch oder niedrig, und ordnete ihren Stand.«

Nun ist das völliger Blödsinn und eine glatte Verneinung dessen, was der Apostel hier lehrt. Wie oft ist es dennoch so ausgelegt worden. »Der reiche Mann in seinem Schloß, der arme Mann an seiner Tür . . .« Sollten die Menschen so sein und immer so bleiben? Die Bibel lehrt das nirgendwo. Sie sagt nicht, daß der Mensch sich mit seiner Armut begnügen sollte, daß er niemals danach streben sollte, sich zu »verbessern«. Es gibt nichts in der Bibel, was die Grundsatzerklärung bestreitet, daß alle Menschen vor Gott gleich sind und daß sie alle das Anrecht auf gleiche Chancen haben. Schwerer Schaden ist der Gemeinde Christi zugefügt worden, weil eine Aussage wie die in unserem Text auf eine solche Weise falsch ausgelegt wurde.

Auch bedeutet das keine Gleichgültigkeit gegenüber den Umständen. Das ist nur die negative Resignation eines heidnischen Stoizismus und weit entfernt von der christlichen Stellung. Was bedeutet es dann? Um das, was der Apostel hier sagt, positiv zu formulieren: Es bedeutet, daß er von den Umständen nicht geleitet oder beherrscht wird.

Wenn Sie Ihre Situation durch faire und erlaubte Mittel verbessern können, dann tun Sie das unbedingt! Aber wenn Sie das nicht können und wenn Sie in einer unangenehmen und schwierigen Lage bleiben müssen, dann lassen Sie sich nicht davon überwältigen und niederdrücken! Lassen Sie sich nicht davon beherrschen und Ihre Stimmung dadurch nicht bestimmen. »Sie müssen«, so sagt der Apostel, »eine Haltung erlangen, in der Sie nicht von den

Umständen beherrscht werden, wie sie auch sein mögen.« Das ist es, was er von sich selbst behauptet. »Wie immer meine Lage oder die Umstände sein mögen, ich beherrsche sie. Ich bin Herr der Lage. Ich bin frei, ich bin ungebunden. Mein Glück ist nicht abhängig von dem, was mir zustößt. Mein Leben, mein Glück, meine Freude und meine Erfahrung sind unabhängig von den Dingen, die mir widerfahren.« Ich erinnere Sie noch einmal daran, daß Paulus sich damals im Gefängnis befand, daß er wahrscheinlich an einen Soldaten an seiner rechten und an einen anderen an seiner linken Seite gekettet war, als er diese Worte schrieb. Obwohl er sich in einer solchen Lage befindet, kann er sagen, daß er unabhängig ist von den Umständen. »Mein Leben«, so sagt Paulus, »wird nicht beherrscht und bestimmt von dem, was mir zustößt. Ich bin in einer Haltung und in einem Zustand, in dem ich mich über sie erhebe. Diese Dinge sind keine bestimmenden Faktoren in meinem Leben und meiner Erfahrung.«

Diesen Anspruch erhebt Paulus also, und er war äußerst bestrebt, die Tatsache zu betonen, daß es ein alles umfassender Anspruch ist. Betrachten Sie nochmals seine Worte. Nachdem er zunächst die allgemeine Aussage gemacht hat, führt er sie nun näher aus: »Ich kann beides, sowohl niedrig sein als auch Überfluß haben. Ich bin in allen Dingen bei allem geschickt; beides: satt sein und hungern, übrig haben und Mangel leiden.« Er war bestrebt, den alles umfassenden Charakter seines Anspruches vollkommen deutlich zu machen. Ich werde nun die Gegensätze der Reihe nach behandeln.

Ein Leben in Zufriedenheit

Was ist schwieriger: niedrig zu sein oder Überfluß zu haben, ohne dabei unzufrieden zu werden? Ich weiß nicht, ob wir die Frage je beantworten können. Beides ist äußerst schwierig. Kann ich niedrig sein, ohne einen Groll zu verspüren, ohne mich zu quälen oder ohne bekümmert zu sein? Kann ich Not leiden in bezug auf Nahrung und Kleidung, kann ich niedrig sein in meinem Beruf, im Büro oder bei der Arbeit? Kann ich, wenn man mich abschätzig behandelt, gleichmütig sein wie zuvor? Wie schwierig ist es, den zweiten Platz einnehmen zu müssen! Wie schwierig ist es, wenn man verletzt oder beleidigt wird oder wenn man sieht, daß andere auf gleiche Weise leiden! Wie schwierig ist es, körperliche Not oder Schmerzen ertragen zu müssen – zu wissen, wie man niedrig sein, hungern und in irgendeiner Beziehung Not leiden kann. Eine der größten Aufgaben im Leben ist es zu entdecken, wie man eins oder alle diese Dinge erduldet, ohne eine Spur von Groll zu empfinden, ohne zu klagen, ohne verdrießlich oder verbittert zu werden, zu entdecken, wie man nicht bekümmert und sorgenvoll durchs Leben geht. Paulus sagt uns, daß er das gelernt hat. Er hatte jede Versuchung und Prüfung durchgemacht, und dennoch blieb er davon unberührt.

Wie ist es nun mit der anderen Seite? »Ich kann Überfluß haben«, sagt Paulus. »Ich kann satt sein und hungern.« Wie schwierig ist das! Wie schwierig ist es für einen reichen Menschen, sich vollständig von Gott abhängig zu wissen! Wenn wir reich sind und alle »nach unserer Pfeife tanzen lassen können«, neigen wir dazu, Gott zu vergessen. Die meisten von uns denken erst dann wieder an ihn, wenn sie »unten« sind. Wenn wir in Not sind, beginnen wir zu beten, aber wenn wir alles haben, was wir brauchen, vergessen wir Gott nur zu leicht. Ich überlasse Ihnen die Entscheidung, was schwieriger ist. Paulus sagt jedenfalls, daß er von allen diesen Dingen vollkommen unabhängig sei. Armut macht ihn nicht niedergeschlagen, Reichtum läßt ihn nicht den Boden unter den Füßen verlieren. Er läßt sich genügen in dem Sinne, daß sein Leben nicht von den Dingen beherrscht wird. Ob er nun übrig hat oder Mangel leidet – es tut nichts zur Sache.

Aber Paulus ist noch nicht zufrieden. Er geht noch weiter und sagt: »Ich bin in allen Dingen und bei allem geschickt«, womit er jedes Ding, jede Einzelheit meint.

Nach Auffassung des Apostels ist das die richtige Lebenseinstellung, ist das die christliche Lebensweise. Wir leben in einer ungewissen Zeit, und es ist sehr wohl möglich, daß die wichtigste Lektion, die wir alle zu lernen haben, darin besteht, daß wir wissen, wie wir leben müssen, ohne unseren inneren Frieden und unsere Freude von den Umständen beeinflussen zu lassen. Aber vielleicht war es zu keiner Zeit in der Geschichte so schwer, das zu lernen, wie in der heutigen Zeit. Das Leben wird gegenwärtig so umfassend organisiert, daß es nahezu unmöglich ist, ein solches genügsames, christliches Leben zu führen. Wir schalten das

Radio oder das Fernsehen ein, und allmählich werden wir davon abhängig. Mit der Zeitung und den Vergnügungen verhält es sich genauso. Die Welt organisiert in jeder Hinsicht unser Leben, so daß wir in Abhängigkeit geraten.

Es gibt dafür ein gutes Beispiel aus der Anfangszeit des Zweiten Weltkriegs, als die Ausgangssperre zum erstenmal verfügt wurde. Die Menschen fanden es fast unmöglich, mehrere Stunden hintereinander zu Hause verbringen zu müssen, ohne etwas Besonderes unternehmen zu können. Sie waren abhängig geworden vom Kino, vom Theater und von verschiedenen anderen Formen der Unterhaltung. Als diese Dinge plötzlich nicht mehr zur Verfügung standen, wußten sie nicht, was sie mit sich selber anfangen sollten. Das ist gerade das Entgegengesetzte von dem, was Paulus hier beschreibt. Aber das Leben des heutigen Menschen neigt in zunehmendem Maße dazu, sich in eben dieser Richtung zu entwickeln. In zunehmendem Maße werden wir abhängig von dem, was andere für uns tun.

Aber leider gilt das nicht nur für die Welt im allgemeinen; es trifft auch immer mehr für die Christen zu. Ich möchte sagen, daß eine der größten Gefahren, denen wir geistlicherseits gegenüberstehen, die ist, daß wir von unseren Versammlungen abhängig werden. Es entwickelt sich eine Art »Versammlungsmanie«. Es gibt Christen, die ständig zu irgendwelchen Versammlungen unterwegs zu sein scheinen. Versammlungen sind zweifelsohne sehr wertvoll. Niemand möge mich hier falsch verstehen und glauben, daß ich behaupte, man solle sonntags nicht zum Gottesdienst gehen.

Versammlungen sind gut und ausgezeichnet, aber wir mögen uns davor hüten, so von unseren Versammlungen abhängig zu werden, daß wir mit uns selber nichts mehr anzufangen wissen, wenn wir eines Tages krank im Bett liegen. Wir können abhängig werden – sogar von christlichen Versammlungen oder von einer christlichen Atmosphäre. Vor kurzem sprach jemand mit mir über das, was man als »Besucherschwund« bezeichnen kann bei den Mitgliedern bestimmter christlicher Organisationen, die sich vor allem um die jungen Leute kümmern.

Das ist ein wirkliches Problem. Solange sie sich in der Atmosphäre einer christlichen Organisation befinden, sind diese jungen Leute aktiv, aber innerhalb weniger Jahre sind sie für die Kirche verloren. Was ist die Ursache für diesen Schwund? Sehr häufig ist es so, daß sie zu abhängig von einer bestimmten Gemeinschaft geworden sind, so daß, wenn sie in die Welt hinausgehen oder in eine andere Stadt ziehen, wo sie nicht mehr von eben dieser christlichen Gruppe umgeben sind, sie plötzlich dem Evangelium gegenüber gleichgültig werden und abfallen. Davor warnt uns der Apostel. Wir müssen uns vor der Gefahr hüten, uns auf Krücken zu stützen – selbst im christlichen Leben. Er ermahnt uns deshalb, jenen Zustand zu erlangen, in dem wir unabhängig werden von dem, was um und mit uns geschieht. Wir müssen diese wunderbare »Genügsamkeit« pflegen.

Professor Whitehead äußerte eine große Wahrheit, als er in seiner Definition von Religion sagte, daß »Religion das ist, was der Mensch tut, wenn er auf sich allein gestellt ist«. Sie und ich sind letztendlich das, was wir sind, wenn wir allein sind. Ich gebe zu, daß es mir in gewissem Sinne leichter fällt, von der Kanzel zu predigen, als allein in meinem Studierzimmer zu sitzen. Es fällt den meisten Leuten wahrscheinlich leichter, sich der Gegenwart des Herrn zu erfreuen, wenn sie mit anderen Christen zusammen sind, als wenn sie alleine sind. Paulus besaß eine Liebe zum Herrn, die ihn unabhängig machte von allem, was mit ihm geschah oder geschehen könnte. In allem, in allen Dingen, wo immer er auch war und was auch immer geschah, ließ er sich genügen. Er besaß dieses Leben, dieses verborgene Leben mit Christus.

Wir wollen uns nun kurz dem zweiten Punkt zuwenden, den wir am Anfang aufgestellt hatten, nämlich der Frage, wie der Apostel diese innere Einstellung erlangte. Auch hier macht er eine sehr interessante Aussage: »Ich habe gelernt« oder, besser gesagt: »Ich habe lernen müssen.« Ich danke Gott dafür, daß Paulus das sagte. Paulus war nicht immer so, ebensowenig wie wir es sind. Er hat es lernen müssen.

Paulus sagt, daß er hat lernen müssen, wie diese innere Haltung zu erlangen sei. Nun gibt es im Neuen Testament viele Hinweise dafür, daß ihm dies besonders schwerfiel. Paulus war empfindsam, stolz von Natur und dazu außerordentlich aktiv. Nichts konnte für solch einen Menschen quälender sein, als im Gefängnis zu liegen. Er war als römischer Bürger aufgewachsen, aber hier litt er in Gefangenschaft. Er verbringt sein Leben nicht im Kreise großer Intellektueller, sondern mit Sklaven. Wie schafft er das? »Oh«, sagt er, »ich habe es lernen müssen. Ich bin in das Geheimnis eingeweiht worden. Die Lösung des Rätsels mußte mir enthüllt werden.« Wie lernte Paulus? Ich möchte versuchen, diese Frage zu beantworten. An erster Stelle lernte er rein durch die Erfahrung. Ich brauche Sie nur auf 2. Korinther 12, 9-10 hinzuweisen, wo er über den »Pfahl in seinem Fleisch« spricht. Er gefiel Paulus nicht. Er wehrte sich dagegen. Dreimal betete er, daß der Pfahl entfernt werden möge, denn er konnte sich nicht damit abfinden. Er war ungeduldig und wollte zu gern mit Predigen fortfahren. Aber dieser Pfahl in seinem Fleisch hielt ihn »unten«.

Dann wurde ihm diese Lektion zuteil: »Laß dir an meiner Gnade genügen.« Er kam an einen Punkt, wo er zu verstehen anfing, allein aufgrund der Erfahrung, wie Gott mit ihm umging. Er mußte es lernen. Und die Erfahrung belehrt uns alle. Manche von uns sind sehr träge im Lernen, aber vielleicht schickt uns Gott in seiner Freundlichkeit eine Krankheit oder bringt uns zu Fall – alles, damit wir diese große Lektion lernen und diese wunderbare innere Haltung erlangen.

Zufriedenheit ist möglich

Paulus lernte nicht nur durch Erfahrung. Er mußte auch lernen, indem er eine großartige Beweisführung ausarbeitete. Ich werde Ihnen einige Punkte davon nennen, die Sie dann auch für sich selber ausarbeiten können. Ich meine, daß die Logik des Apostels ihn etwa zu sich selber sagen ließ:

1. Die Umstände verändern sich immer. Es ist daher einleuchtend, daß ich nicht von ihnen abhängig sein soll.
2. Was vor allen Dingen wichtig ist, sind meine Seele und meine Beziehung zu Gott. Das steht an erster Stelle.
3. Gott kümmert sich als Vater, so daß mir nichts geschieht, ohne daß er es zuläßt. Selbst die Haare meines Hauptes sind alle gezählt. Ich darf das nie vergessen.
4. Gottes Wille und Gottes Wege sind ein großes Geheimnis, aber ich weiß, daß alles, was er will oder zuläßt, notwendigerweise zu meinem Besten dient.

5. Jede Situation im Leben enthüllt etwas von der Liebe und Güte Gottes. Es ist daher meine besondere Aufgabe, nach diesen Beweisen der Liebe und Güte Gottes auszuschauen und auf Überraschungen und Segnungen gefaßt zu sein, weil »seine Wege weder meine Wege noch seine Gedanken meine Gedanken sind«. Was ist zum Beispiel die große Lektion, die Paulus im Zusammenhang mit dem »Pfahl im Fleisch« lernte? Diese: »Wenn ich schwach bin, so bin ich stark« (2. Kor. 12, 10). Paulus erfuhr durch körperliche Schwachheit hindurch diesen besonderen Beweis der Gnade Gottes.
6. Ich darf daher die Umstände und Bedingungen nicht an und für sich betrachten, sondern als Teil von Gottes Handeln mit mir bezüglich der Vervollkommnung meiner Seele.
7. Wie die Umstände im Augenblick auch sein mögen, sie sind nur zeitlich, sie gehen vorbei. Und sie können mir die Freude und Herrlichkeit nie rauben, die mich am Ende bei Jesus erwarten.

Ich glaube, daß Paulus etwa so gedacht und gefolgert hat. Er hatte die Bedingungen und Umstände im Licht der Wahrheit und des Evangeliums der Bibel betrachtet und diese Punkte herausgearbeitet. Nachdem er das getan hat, sagt er: »Was auch immer mit mir geschieht, es läßt mich unberührt.«

Christus – die Quelle unserer Zufriedenheit

Das große Prinzip, das uns hier vor Augen gestellt wird, ist, daß er es gelernt hatte, seine Freude und seine Befriedigung in Christus zu finden. Das ist der positive Aspekt der Sache. Wir müssen es lernen, von ihm abhängig zu sein. Aber um das tun zu können, müssen wir ihn kennenlernen. Wir müssen es lernen, Gemeinschaft mit ihm zu haben und unsere Freude in ihm zu finden.

Ich möchte es einmal ganz deutlich ausdrücken: Manche von uns laufen Gefahr, selbst viel zuviel Zeit damit zu verbringen, *über* Jesus zu lesen. Es kann der Tag kommen – und er wird kommen –, daß wir alle nicht mehr in der Lage sein werden, über ihn zu lesen. Dann kommt die Prüfung. Werden Sie auch dann noch glücklich sein? Kennen Sie ihn so gut, daß Sie, auch wenn Sie taub oder blind würden, noch immer zur Quelle gehen könnten? Kennen Sie ihn so gut, daß Sie mit ihm reden, auf ihn hören und sich seiner erfreuen können? Wird alles in Ordnung sein, weil Sie immer so von Ihrer Beziehung zu Gott abhängig waren, daß nichts anderes wirklich nötig war? Dies war die innere Haltung des Apostels. Seine innere Beziehung zu Jesus war so tief und so groß, daß er von allen anderen Dingen unabhängig geworden war.

Zum Schluß glaube ich, daß das, was ihm am meisten geholfen hat, seine Lektion zu lernen, war, daß er auf das großartige und vollkommene Beispiel von Jesus selber schaute. »... aufsehen auf Jesus ... der wegen der vor ihm liegenden Freude das Kreuz erduldete und achtete der Schande nicht ...« (Hebr. 12, 2). Paulus »sah auf Jesus«. Er sah Jesus und sein vollkommenes Beispiel. Und dieses Beispiel wandte er auf sein eigenes Leben an. Wir, »die wir nicht sehen auf das Sichtbare, sondern auf das Unsichtbare. Denn was sichtbar ist, das ist zeitlich; was aber unsichtbar ist, das ist ewig« (2. Kor. 4, 18). »Ich habe lernen müssen, mir genügen zu lassen und unabhängig von den Umständen zu sein – gleich, in welcher Lage ich mich befinde.«

Christen, könnt ihr das? Kennen Sie diesen Zustand? Möge dies unser wichtigstes Anliegen werden! Das Leben mag Zwang auf uns ausüben, aber selbst wenn sich die Umstände nicht so schnell verändern, wird früher oder später die Zeit kommen, daß die Erde und alles Irdische vorbeigehen werden. In dieser letzten Einsamkeit der Seele werden wir im Angesicht des Todes und der Ewigkeit auf uns allein gestellt sein. Das Größte im Leben ist, zu jener Stunde mit Jesus sagen zu können: »Aber ich bin nicht allein, denn der Vater ist bei mir« (Joh. 16, 32).

Möge Gott uns in seiner unendlichen Gnade dazu befähigen, diese große und lebenswichtige Lektion zu lernen! Lassen Sie uns deswegen oft das Gebet von August Toplady sprechen:

»Jetzt, da ich noch leb' im Licht,
wenn mein Aug' im Tode bricht,
wenn durchs finstre Tal ich geh',
wenn ich vor dem Richter steh':
Fels des Heils, geöffnet mir,
birg mich, ew'ger Hort, in dir!«

Das letzte Heilmittel

Ich vermag alles durch den, der mich mächtig macht, Christus.
Philipper 4, 13

Wir stehen hier vor einer jener überwältigenden Aussagen, die in solchem Überfluß in den Briefen des großen und vollmächtigen Apostels der Heiden zu finden sind.

Es gibt, wenn man die Briefe des Paulus liest, keinen größeren Irrtum, als anzunehmen, daß er beim Abschließen seines Themas zugleich auch aufhört, große und bedeutsame Dinge zu sagen. Wir sollten immer ein Auge haben auf die Nachträge dieses Apostels. Sie wissen niemals, wann und wo er eine Kostbarkeit in sie hineinlegt. Irgendwo, überall, in der Einführung seiner Briefe, im Nachtrag zu seinen Briefen befindet sich gewöhnlich irgendeine erstaunliche Erkenntnis der Wahrheit oder eine große Lehraussage.

Wir betrachten hier in gewissem Sinn den Nachtrag des Philipperbriefes. Der Apostel hatte das Thema mit dem Ende von Vers neun beendet und dankt jetzt persönlich den Mitgliedern der Gemeinde zu Philippi für ihre Güte, die sie seiner Person erwiesen hatten, nämlich für das Geschenk, das sie ihm gesandt hatten. Aber wie wir bereits gesehen haben, konnte der Apostel das nicht tun, ohne sich auch mit der Lehre zu beschäftigen. Bestrebt, ihnen zu danken, ist er noch mehr bestrebt, ihnen und anderen zu zeigen, daß er sein Auskommen in Christus immer reichlich hatte, ob sich nun die Menschen seiner erinnerten oder ihn vergaßen. In diesem Zusammenhang kommen wir zu Vers dreizehn.

Das christliche Leben – Kraft in Schwachheit

Ich meine, daß dieser Vers eine überwältigende Aussage macht: »Ich vermag alles durch den, der mich mächtig macht, Christus.« Es ist eine Aussage, die gleichzeitig gekennzeichnet ist durch ein Gefühl von Triumph und von Demut. Es hört sich zunächst so an, als würde er prahlen, aber wenn Sie seine Aussage erneut betrachten, werden Sie feststellen, daß es eine der großartigsten und eindrucksvollsten Ehrenerweisungen ist, die er seinem Herrn und Meister je gebracht hat. Es scheint eine jener widersprüchlichen Aussagen zu sein, an denen dieser Apostel Freude hat. Tatsächlich ist es aber die Wahrheit, wenn man sagt, daß die christliche Wahrheit im wesentlichen immer widersprüchlich ist. Sie ermuntert uns gleichzeitig, uns zu freuen, uns zu rühmen und dennoch demütig und niedrig zu sein. Aber doch gibt es hier keinen Widerspruch, weil der Ruhm des Christen nicht in ihm selbst liegt, sondern in Jesus.

Paulus sagte das sehr gerne. Nehmen wir zum Beispiel die Aussage: »Von mir aber sei es ferne, mich zu rühmen, als allein des Kreuzes unseres Herrn Jesus Christus« (Gal. 6, 14). Oder: »Wer sich rühmt, der rühme sich des Herrn« (1. Kor. 1, 31). Auf der einen Seite gibt es für uns die Ermunterung, uns zu rühmen, ja. Aber es ist immer ein Rühmen des Herrn.

Die Aussage aus Philipper 4, 13 gehört zu jener besonderen Gruppe. Paulus sagt im Grunde: »Ich habe Kraft für alle Dinge durch den einen, Christus, der mich beständig mit Kraft erfüllt.« Es ist also nicht so sehr das, daß er bestimmte Dinge selber tun kann, sondern daß er befähigt wird, bestimmte oder eigentlich alle Dinge durch diesen einen zu tun, der ihn mit seiner Kraft erfüllt. Mit anderen Worten: Wir haben in diesem Vers die letzte und abschließende Erklärung von dem, was Paulus in den vorangehenden Versen gesagt hat.

Aber hier im dreizehnten Vers haben wir die endgültige Erklärung. Das wahre Geheimnis, so sagt Paulus, das ich entdeckt habe, ist, daß ich stark gemacht werde für alle Dinge in dem einen, der mich beständig mit Kraft erfüllt. Das ist seine abschließende Erklärung. Nun brauche ich Sie kaum daran zu erinnern, daß das der Punkt ist, auf den der Apostel immer wieder zu sprechen kommt. Paulus arbeitet niemals einen Gedanken aus, ohne darauf zurückzukommen. Alles endet in und mit Christus. Es dreht sich letztlich alles um ihn. Er ist die Erklärung für das Leben von Paulus und für seine ganze Lebensanschauung.

Das ist die Lehre, die er uns hier anvertraut. Mit anderen Worten: Er teilt uns mit, daß Jesus Christus in jeder Lage völlig genügt. Indem er das sagt, führt er uns freilich zu dem, was wir in vielerlei Hinsicht als die Kardinalslehre des Neuen Testaments bezeichnen können. Das christliche Leben ist im Grunde ein Leben, eine Kraft, eine Aktivität. Wir neigen ständig dazu, das zu vergessen. Es ist nicht nur eine Philosophie, es ist nicht nur ein Standpunkt, es ist nicht nur eine Lehre, die wir aufnehmen und in die Praxis umzusetzen suchen. Das ist es auch, aber es ist unendlich mehr. Der eigentliche Kern des christlichen Lebens ist entsprechend der gesamten neutestamentlichen Lehre, daß es eine mächtige Kraft ist, die in uns hineinströmt. Es ist, wenn Sie so wollen, ein Leben, das in uns pulsiert. Es ist eine Aktivität, und zwar eine Aktivität, deren Ursprung bei Gott liegt.

Der Apostel hat dies bereits an verschiedenen Stellen des Philipperbriefes betont. Ich möchte Sie an einige erinnern. Im ersten Kapitel sagt er: Ich bin »deshalb in guter Zuversicht, daß, der in euch angefangen hat das gute Werk, der wird's auch vollführen bis an den Tag Jesu Christi« (Vers 6). »Ich will«, sagt Paulus, »daß ihr auf diese Weise von euch als Christen denkt. Ihr seid das Volk, in dem Gott sein Werk begonnen hat. Gott wirkt in euch.« Das ist es, was Christen wirklich sind: nicht einfache Menschen, die eine bestimmte Theorie angenommen haben und sie zu verwirklichen suchen. Es ist Gott, der etwas in ihnen und durch sie tut.

Oder hören wir noch einmal, was Paulus im zweiten Kapitel in den Versen zwölf und dreizehn sagt: »Schaffet, daß ihr selig werdet, mit Furcht und Zittern. Denn Gott ist's, der in euch wirkt beides, das Wollen und das Vollbringen, zu seinem Wohlgefallen.« Es ist zu seinem eigenen Wohlgefallen, daß Gott in uns wirkt – sowohl das Wollen wie auch das Vollbringen unserer höchsten Gedanken, unserer edelsten Bestrebungen. Jede rechtschaffene Neigung ist von und durch Gott, ist etwas, das durch Gott selber in uns ins Dasein gerufen wird. Es ist Gottes Tat, nicht unsere. Aus diesem Grund sagt Paulus uns in Kapitel drei, Vers zehn, daß sein höchstes Ziel im Leben war: »Ihn zu erkennen und die Kraft seiner Auferstehung . . .« Auf der ganzen Linie ist er an dieser Frage hinsichtlich der Kraft und des Lebens interessiert.

In seinen anderen Briefen sagt Paulus genau dasselbe. Was ist des Paulus größtes Gebet für die Epheser? Er betet, daß sie erkennen mögen »die überschwengliche Größe seiner Kraft in uns, die wir glauben nach der Wirkung seiner mächtigen Stärke, welche er gewirkt hatte in Christus, da er ihn von den Toten auferweckt hat« (Eph. 1, 19-20). In Kapitel zwei, Vers zehn, sagt er weiter: »Wir sind sein Werk, geschaffen in Christus Jesus.«

Sie erinnern sich sicher auch an die gewaltige Aussage am Ende des dritten Kapitels: »Dem aber, der überschwenglich tun kann über alles, was wir bitten oder verstehen nach der Kraft, die da in uns wirkt . . .« (Vers 20). Das ist nun die typische Lehre des Neuen Testaments, und wenn wir sie nicht erfaßt haben, fehlt uns gewiß eines der wunderbarsten Dinge im Hinblick auf den Stand und das Leben des Christen. Der Christ ist ein Mensch, der ein neues Leben empfangen hat. Damit kommen wir wieder zu John Wesleys Definition des Christen, die zu zitieren ich niemals müde werde. Wesley fand diese Definition in einem Buch des Schotten Henry Scougal, der im 17. Jahrhundert lebte, und zwar in dem Buchtitel »Das Leben Gottes in der Seele des Menschen«. Das ist es, was einen Christen ausmacht. Der Christ ist nicht nur ein guter, anständiger, moralisch hochstehender Mensch, sondern Gottes Leben ist in ihn hineingekommen. In ihm ist nun eine Energie, eine Kraft, ein Leben vorhanden, und gerade das macht ihn eigentümlicherweise und im besonderen zum Christen. Das nun ist es, was Paulus hier sagt.

Ich will damit beginnen, das in negativer Weise zu verdeutlichen. Der Apostel sagt uns in dem vorliegenden Vers nicht, daß er aufgrund einer intensiven Selbstzucht eine Gleichgültigkeit gegenüber der Welt und ihren Dingen entwickelt hat und aufgrund von Selbstdisziplin schließlich feststellen konnte, daß er alle Dinge tun oder ertragen konnte. Nein, so verhält es sich nicht. Ich möchte Sie daran erinnern, daß der Stoiker das tun konnte. Die Stoa war nicht nur eine Theorie, sondern in der Tat für viele Menschen eine Lebenseinstellung. Lesen Sie einmal die Lebensgeschichte einiger Stoiker, und Sie werden feststellen, daß sie infolge dieser Lebenseinstellung eine gewisse passive Gleichgültigkeit gegenüber dem, was in der Welt geschehen mochte, entwickelten.

Auf dieselbe Weise haben Sie vielleicht von den indischen Fakiren gehört oder gelesen. Das sind Männer, die ihre Geisteskraft so sehr entwickelt haben, daß sie ihren Körper beherrschen können. Durch die Konzentration auf den Geist erlangen sie diese Art der Unantastbarkeit oder Gleichgültigkeit gegenüber dem, was um sie und mit ihnen geschieht. Das ist auch das alles beherrschende Prinzip, das viele östliche Religionen, wie zum Beispiel den Hinduismus und den Buddhismus, charakterisiert. Alle jene Religionen sind grundsätzlich dazu bestimmt, den Menschen zu helfen, den Umständen und Lebensbedingungen abzusterben und eine Gleichgültigkeit der inneren und äußeren Welt gegenüber zu entwickeln und unberührt von den Umständen durch das Leben zu gehen. Das, was ich hier hervorheben möchte, ist, daß der Apostel eine derartige Lehre nicht verkündet. Paulus sagt uns nicht, daß wir wie die östlichen Mystiker werden sollen. Er sagt nicht, daß er die stoische Philosophie soweit entwickelt habe, daß ihn nichts mehr berühren kann.

Warum liegt mir an dieser negativen Betonung? Der zwingende Grund dafür ist, daß solche Lehren im Grunde genommen alle ohne Hoffnung sind: Man könne gar nichts machen und müsse daher sehen, daß man so gut wie möglich durch das Leben kommt, indem man sich einfach weigert, sich von den Dingen verletzen zu lassen. Die östlichen Religionen sind infolgedessen völlig pessimistisch. Sie betrachten die Materie an sich als böse. Sie halten das Fleisch für grundsätzlich böse. Alles ist böse, so sagen sie, und das einzige, das man tun sollte, ist, zu versuchen, mit einem Minimum an Schmerz durch das Leben zu kommen und zu hoffen, daß man in irgendeiner zukünftigen Reinkarnation von allem erlöst wird und man für immer in das Absolute und Ewige aufgeht, man also aufhört, ein Individuum zu sein.

Das alles steht in völligem Gegensatz zum Evangelium der Bibel, das nicht negativ, sondern ganz und gar positiv ist. Das Evangelium betrachtet weder die Materie noch die Welt in einem stofflichen Sinn als grundsätzlich böse. Aber wir lehnen die negative Sicht im ganzen vornehmlich aus dem Grunde ab, daß sie dem Herrn Jesus Christus keinen Ruhm und keine Ehre bringt. Und gerade das ist es, was das größte Anliegen des Apostels Paulus ist. Er möchte uns zeigen, daß sein Sieg auf seiner Verbindung mit Christus begründet ist. Mit anderen Worten, und damit kommen wir noch einmal zu unserer ursprünglichen Erklärung zurück: Christ sein heißt nicht nur, der Lehre Christi zu glauben und sie zu praktizieren, nicht nur zu versuchen, dem Vorbild und dem Beispiel Jesu Christi nachzufolgen, sondern Christ sein heißt, in einer so lebendigen Beziehung zu Jesus zu stehen, daß sein Leben und seine Kraft in uns wirksam sind. Es heißt, »in Christus« zu sein und »Christus in uns«. Diese Aussagen findet man überall in den Briefen des Neuen Testaments.

Paulus sagt also hier, daß Christus ihn mit soviel Kraft erfüllt, daß er stark und in der Lage ist, alle Dinge zu bewältigen. Er ist nicht sich selbst überlassen. Er kämpft nicht allein und vergeblich gegen die Übermacht an. Die gewaltige Kraft kommt von Jesus selber in sein Leben hinein, ja, sie ist bereits hereingekommen und wirkt dort als ein Dynamo, als eine Energie- und Kraftquelle. »In dieser Kraft«, so sagt Paulus, »vermag ich alles.«

Nun ist das gewiß eine der herrlichsten Aussagen, die er je machte. Paulus ist im Gefängnis. Er hat bereits einen Großteil seines Lebens gelitten und weiß, was es heißt, auf vielerlei Weise enttäuscht, verfolgt, verhöhnt und verspottet zu werden. Er wurde manchmal sogar von seinen Mitarbeitern enttäuscht, wie er uns in Philipper eins mitteilt. Dort im Gefängnis, unter Bedingungen, die normalerweise das kühnste Herz verzagen lassen, gewissermaßen im Angesicht eines grausamen Märtyrertodes, ist er dennoch imstande, diese gewaltigen Worte zu sprechen: »Ich bin fähig, standzuhalten und alle Dinge zu ertragen in dem Einen, der mich beständig mit Kraft erfüllt.«

Es ist mir ein Anliegen, diese Lehre in der heutigen Zeit in dieser Form darzulegen. Es gibt Menschen, die meinen, daß es in einer Zeit wie der heutigen die Aufgabe des Pfarrers und der Kirche sei, laufend Kommentare über die allgemeine Situation zu geben. Es gibt viele Menschen, die sagen: »Behandeln Sie nur Dinge, die die persönliche Erfahrung betreffen, während die Welt sich in einem solchen Zustand befindet! Ist das nicht wirklichkeitsfremd? Haben Sie die Zeitung nicht gelesen oder die Nachrichten im Radio nicht gehört? Sehen Sie nicht, in welchem Zustand sich die Welt befindet? Warum sagen Sie nichts über die Situation in der Welt oder über die Lage der Nation?« Meine einfache Antwort auf solches Gerede ist: Was ich oder eine Anzahl Pfarrer oder die ganze Kirche über die ganze Situation sagen, wird wahrscheinlich keinen Einfluß darauf haben.

Die Kirche hat jahrelang über die Politik und die ökonomische Situation gesprochen, ohne daß das ein bemerkenswertes Ergebnis hatte. Das ist nicht die Aufgabe der christlichen Predigt. Ihre Aufgabe besteht darin, den Menschen folgendes bekanntzumachen: Wie werden Sie in dieser unsicheren Welt, in der wir innerhalb von drei Jahrzehnten bereits zwei Weltkriege erlebt haben und in der uns möglicherweise ein weiterer Weltkrieg oder Schlimmeres bevorsteht, dem allen begegnen? Wie werden Sie mit dem allen fertig werden? Wenn ich meine Ansichten über die internationale Politik bekanntgebe, wird das niemandem wirklich helfen, aber – Gott sei Dank – es gibt etwas, das ich tun kann. Ich kann Ihnen etwas weitersagen. Ich kann Ihnen einen besseren Weg sagen, der Sie, wenn Sie ihn gehen, dazu befähigen wird, mit Paulus sagen zu können: »Ich bin stark und für alles ausgerüstet, das mir widerfahren könnte – sei es Friede oder Krieg, Freiheit oder Sklaverei, ein Leben, das ich bis jetzt gekannt habe, oder ein völlig anderes. Ich bin dazu bereit.« Das bedeutet nicht – ich muß es wiederholen – ein passives, negatives Sich-Fügen in das, was falsch ist. Überhaupt nicht! Sondern es bedeutet, daß, was immer auch kommen mag, Sie dazu bereit sind.

Sind wir in der Lage, die Sprache des Apostels Paulus zu sprechen? Wir haben bereits einige Prüfungen und Versuchungen kennengelernt, und es ist sehr gut möglich, daß noch andere folgen werden. Können wir mit diesem Mann sagen, daß wir eine solche Kraft besitzen, daß – was auch immer kommen mag – wir dafür bereit sind? Der Apostel besaß die Fähigkeit, die ihn dazu in die Lage versetzte, alles zu ertragen, was ihm widerfuhr. Wie erlangen wir diese Fähigkeit?

Es besteht über diesen Punkt viel Verwirrung. Alles, was ich tun möchte, ist zu versuchen, diese Verwirrung zu verringern.

Christus in mir

Es gibt viele Leute, die sagen: »Ich begegne anderen Christen, die die Zufriedenheit besitzen, aber ich scheine sie niemals zu erlangen.« Oder: »Ich würde die ganze Welt dafür hergeben, könnte ich nur diese Fähigkeit erhalten. Wie kann ich sie nur erlangen?« Sie versuchen ihr Leben lang, dieses Ziel zu erreichen, und dennoch gelingt ihnen das nie. Warum nicht? – Ich glaube, das Hauptproblem ist einem Versagen ihrerseits zuzuschreiben, nämlich dem Versagen, die richtige Stellung des »Ich«, des »Er« und des »Einen«, die uns der Apostel nennt, zu erkennen und sich bewußtzumachen. »Ich vermag alle Dinge« oder »ich habe Kraft für alle Dinge durch den einen, der mich beständig mit Kraft erfüllt« oder »ich vermag alles durch den, der mich mächtig macht, Christus«.

Über das Verhältnis zwischen dem Ich und Christus besteht ziemlich viel Unklarheit. Die erste Ursache hierfür liegt darin, daß ausschließlich das »Ich« betont wird. In gewissem Sinn habe ich dieses Thema bereits behandelt. Es ist das, was der Stoiker tut, der Hindu, der Buddhist und all diese Menschen, die sich der »geistigen Bildung« widmen. Aber vielleicht liegt der letzte Grund für das Scheitern derartiger Lebensphilosophien darin, daß sie sich nur für Menschen eignen, die eine starke Willenskraft besitzen und Zeit haben, diese Willenskraft zu pflegen. Ich stimme mit dem überein, was G. K. Chesterton als seinen wichtigsten Einwand gegen das einfache Leben bezeichnete, nämlich, daß man Millionär sein muß, um es leben zu können. Gilt das nicht genauso oder noch mehr für all diese anderen Lehren? Wenn man als hoch intellektueller Mensch auf die Welt kommt und noch dazu Zeit und Muße hat, dann kann man seine ganze Zeit der Konzentration und Bildung von Geist und Denken widmen. Das ist aber kein Evangelium für denjenigen, der dazu weder Muße noch Energie hat. Im besonderen gilt das für diejenigen, die nicht die erforderliche Intelligenz besitzen. Wir dürfen das »Ich« nicht überbetonen.

Das ist also der eine Irrtum, aber es gibt noch einen, und das ist das andere Extrem. So wie es manche Menschen gibt, die das »Ich« überbetonen, so gibt es auch solche, die dazu neigen, das »Ich« völlig verschwinden zu lassen. Ich möchte das anhand eines Artikels verdeutlichen, den ich in dieser Woche in einer christlichen Zeitschrift las. Es wird dort folgende Definition eines Christen gegeben: »Ein Verstand, durch den Jesus denkt, eine Stimme, durch die Jesus spricht, ein Herz, durch das Jesus liebt, eine Hand, durch die Jesus hilft.«

Meine Antwort darauf lautet: Unsinn! Und nicht nur ist es Unsinn, sondern es ist eine Karikatur der biblischen Lehre. Wenn der Christ ein Verstand ist, durch den Jesus denkt, eine Stimme, durch die Jesus spricht, ein Herz, durch das Jesus liebt, und eine Hand, durch die Jesus hilft, wo ist dann das »Ich«? Das »Ich« ist verschwunden, das »Ich« wurde ausradiert, das »Ich« existiert nicht mehr. Die Lehre, die das obige Zitat darlegt, besagt, daß der

Christ ein Mensch ist, dessen Persönlichkeit nicht mehr vorhanden ist, da Jesus Christus seine verschiedenen Fähigkeiten und Möglichkeiten benutzt. Er benutzt nicht den Menschen, sondern seine Stimme, seinen Verstand, sein Herz, seine Hand.

Aber das sagt Paulus nicht. Paulus sagt: »Ich vermag alle Dinge durch den, der mich mächtig macht, Christus.« Oder denken Sie an das, was er an einer anderen Stelle sagt: »Ich lebe; doch nun nicht ich, sondern Christus lebt in mir« (Gal. 2, 20). Wird irgendwo in diesen Versen das »Ich« ausradiert? »Ich lebe; doch nun nicht ich, sondern Christus lebt in mir. Denn was ich jetzt lebe im Fleisch, das lebe ich im Glauben an den Sohn Gottes, der mich geliebt und sich selbst für mich gegeben hat.« Das »Ich« ist immer noch vorhanden.

Wir müssen daher, wenn wir dieser biblischen Lehre gerecht werden wollen, sicher sein, daß wir den richtigen Standpunkt einnehmen. Das christliche Leben ist weder ein Leben, das ich selber in meiner eigenen Kraft lebe, noch ist es ein Leben, in dem mein »Ich« völlig verschwunden ist und Christus alles tut. Nein, »ich vermag alles durch Christus«. Ich frage mich, ob ich Ihnen das am besten anhand einer Geschichte über einen alten Pfarrer klarmachen kann, der im letzten Jahrhundert sehr berühmt war und einmal über eben dieses Schriftwort predigte.

Dieser alte Pfarrer predigte manchmal auf eine recht dramatische Weise. Es sollte auf der Kanzel ein kurzes Gespräch mit dem Apostel stattfinden. Und so begann der alte Pfarrer seine Predigt folgendermaßen: »Ich vermag alles durch Christus, der mich mächtig macht.« – »Einen Augenblick, lieber Paulus, was sagst du da?« – »Ich vermag alles.« – »Paulus, du bist gewiß ein Angeber. Du meinst damit doch sicher, daß du selber eine Art Übermensch bist?« – »Aber nein, ich vermag alles.« Auf diese Weise führte der alte Pfarrer ein ganzes Gespräch. Er befragte Paulus und zitierte jede Aussage, in der Paulus sagt, daß er der Geringste aller Heiligen ist. »Du bist im allgemeinen demütig, Paulus, und jetzt sagst du: ›Ich vermag alles.‹ Gibst du da nicht an?« Und dann sagt Paulus schließlich: »Ich vermag alles durch Christus.« – »Oh, es tut mir leid«, sagte der alte Pfarrer. »Entschuldige bitte, lieber Paulus, ich wußte nicht, daß es dich zweimal gibt.« Meiner Meinung nach verhält es sich genau so: nicht ich allein, nicht Christus allein, sondern ich und Christus, Christus und ich, wir beide.

So wollen wir dann also die Lehre auf diese Weise verstehen. Was ist nun die rechte Art und Weise, sich der Frage bezüglich der Kraft zu nähern? Wie kann ich diese Kraft erlangen, von der Paulus sagt, daß er beständig mit ihr gefüllt werde, und die ihn stark und fähig mache, standzuhalten und alles zu ertragen? Darf ich eine Analogie vorschlagen? Ich tue es mit einigem Zögern und unter Vorbehalt, weil keine Analogie in dieser Angelegenheit vollkommen stimmt. Aber dennoch kann die Benutzung eines Vergleiches helfen, die Wahrheit zu erfassen. Das Wichtigste in diesem Zusammenhang ist die Annäherungsmethode oder, wenn Sie so wollen, die Strategie. Niemals ist die Strategie der indirekten Annäherung wichtiger als hier. Sie wissen, daß man bei einer militärischen Strategie nicht immer geradewegs auf das Ziel lossteuert. Manchmal scheint es, als ob man sich in die genau entgegengesetzte Richtung bewege; aber man kommt zurück. Das ist die Strategie der indirekten Annäherung. Und das ist die Strategie, die wir hier brauchen.

Ich werde das also anhand eines Beispiels verdeutlichen. Die Frage nach der Kraft im christlichen Leben ähnelt der Frage nach der körperlichen Gesundheit. Es gibt auf dieser Welt viele Menschen, die einen Großteil ihres Lebens auf der Suche nach ihrer Gesundheit verbringen. Sie verwenden ihre Zeit und ihr Geld, um von Heilbad zu Heilbad zu reisen, und sie gehen von einer Behandlung zur nächsten und von einem Arzt zum andern.

Wann immer Sie diesen Menschen begegnen, beginnen sie sofort, über ihre Gesundheit zu sprechen. Das Wichtigste in ihrem Leben ist eben diese Frage nach der Gesundheit. Dennoch sind sie nie wohlauf. Wie kommt das? Manchmal ist das Problem der Tatsache zuzuschreiben, daß sie die einfachsten Prinzipien nicht beachten. Ihr ganzer Zustand ist nämlich dadurch zu erklären, daß sie zuviel essen oder zuwenig Bewegung haben. Sie leben ein unnatürliches Leben. Weil sie zuviel essen, erzeugen sie gewisse Säuren, und diese Säuren verursachen Beschwerden, die behandelt werden müssen. Man sagt ihnen, daß sie weniger essen und sich mehr bewegen müssen. Ihr Problem wäre nie entstanden, wenn sie nicht diese einfachsten Regeln, diese Grundregeln des Lebens und der Lebensweise, unbeachtet gelassen hätten. Weil sie das tun, entwickeln sie einen unnatürlichen körperlichen Zustand, der behandelt werden muß.

Nun meine ich, daß hier eine Ähnlichkeit zu dem ganzen Thema der Kraft im Leben eines Christen vorhanden ist. Gesundheit kann man nicht direkt oder unmittelbar in und durch sich selbst erhalten. In einem gewissen Sinne möchte ich sogar sagen, daß ein Mensch überhaupt nicht an seine Gesundheit als solche denken sollte. Gesundheit ist das Ergebnis einer richtigen Lebensweise, und ich behaupte genau dasselbe bei der Frage nach der Kraft im Leben des Christen.

Ich kann aber auch ein anderes Beispiel nennen. Nehmen wir die Predigt. Kein Thema ist mehr und öfter erörtert worden, als die Frage nach der Kraft der Predigt. »Oh, daß ich doch Vollmacht hätte, wenn ich das Wort verkündige!« sagt der Pfarrer, und er geht auf die Knie und betet um Kraft. Ich glaube, daß das völlig falsch sein kann. Das ist es sogar bestimmt, wenn es das einzige ist, was der Pfarrer tut. Der Weg, Kraft zu erhalten, besteht darin, daß man die Predigt gründlichst vorbereitet. Studieren Sie das Wort Gottes! Denken Sie darüber nach! Zergliedern und ordnen Sie es! Tun Sie Ihr Bestes! Das ist die Predigt, die Gott am wahrscheinlichsten segnen wird – die indirekte Annäherung ist besser als die direkte. Es verhält sich genauso mit der Frage nach der Kraft und der Fähigkeit, das christliche Leben zu leben. Zusätzlich zu unserem Gebet hierum müssen wir bestimmte grundsätzliche Regeln und Gesetze befolgen.

Ich kann die Lehre daher folgendermaßen zusammenfassen: Das Geheimnis der Kraft liegt darin, daß man im Neuen Testament entdeckt und lernt, was uns in Christus möglich ist. Was ich tun muß, ist, zu Jesus gehen. Ich muß meine Zeit mit ihm verbringen. Ich muß Gemeinschaft mit ihm haben. Ich muß ihn kennenlernen. Das war des Paulus Anliegen. Ich muß den Kontakt und die Gemeinschaft mit Jesus aufrechterhalten. Ich muß mich darauf konzentrieren, ihn immer besser kennenzulernen.

Was sonst noch? Ich muß genau tun, was er sagt. Ich muß die Dinge vermeiden, die mich dabei hemmen könnten. Um ein Beispiel zu gebrauchen: Ich sollte nicht zuviel essen und nicht an Plätze gehen, deren Atmosphäre schädlich für mich ist. Ich sollte mich nicht in den Zug stellen, wenn ich mich nicht erkälten will. So ist es auch im geistlichen Bereich: Wenn wir die geistlichen Grundsätze nicht beachten, können wir endlos um Kraft beten, aber wir werden sie nie erhalten. Es gibt im christlichen Leben keine Abkürzungswege. Wenn wir uns inmitten der Verfolgung so fühlen wollen wie Paulus, dann müssen wir so leben wie er. Wir müssen tun, was Jesus sagt, sowohl im Hinblick auf das, was ich tun, als auch im Hinblick auf das, was ich lassen soll. Ich muß die Bibel lesen. Ich muß lernen, das christliche Leben zu praktizieren, indem ich es in seiner ganzen Fülle auslebe. Mit anderen Worten: Ich muß so sein, wie Paulus in Philipper 4, 8-9 lehrt.

Das ist meines Erachtens das, was das Neue Testament über das Bleiben in Christus lehrt. Das Wort »bleiben« läßt manche Leute empfindsam reagieren, indem sie meinen, daß dieses Bleiben etwas Passives und Tatenloses ist. Aber »in Christus bleiben« heißt, daß Sie genau das tun, was er ihnen sagt, unbedingt, und daß Sie ohne Unterlaß beten.

»Nun«, so sagt der Apostel, »wenn Sie das alles tun, wird Gott Sie mit seiner Kraft erfüllen.« Wie wunderbar! Es ist wie eine Art geistliche Bluttransfusion, was Paulus hier lehrt. Es gibt einen Patienten, der aus irgendwelchen Gründen Blut verloren hat. Er ist ohnmächtig und atmet nur mühsam. Es hat keinen Zweck, ihm Medizin zu geben, weil er nicht genügend Blut hat, um die Medizin aufzunehmen, so daß sie wirken kann. Der Mann hat zuwenig Blut. Das einzige, das man für ihn tun kann, ist, ihm eine Bluttransfusion zu geben, Blut in seinen Körper hineinströmen zu lassen. Gerade das, so sagt Paulus, tat der Herr Jesus Christus bei ihm. »Ich finde, daß ich sehr schwach bin«, sagt Paulus. »Meine Kräfte scheinen nachzulassen, und manchmal fühle ich mich ganz und gar kraftlos. Aber aufgrund dieser Beziehung spüre ich, wie er mich mit seiner Kraft erfüllt. Er weiß genau, in welchem Zustand ich mich jeweils befinde. Er weiß genau, was ich brauche. Oh, wie viel gibt er mir! Er sagt: ›Meine Gnade ist dir genug.‹ So kann ich sagen: ›Wenn ich schwach bin, bin ich stark.‹ Manchmal bin ich mir einer großen Kraft bewußt. Aber es gibt auch Zeiten, da ich nichts erwarte, aber er alles gibt.«

Das ist das Gewaltige des christlichen Lebens. Nirgendwo erfährt man das deutlicher als auf der Kanzel. Es liegt gewiß etwas Geheimnisvolles im Predigen. Ich sage oft, daß der herrlichste Ort auf Erden die Kanzel ist. Ich besteige sie an jedem Sonntag und weiß nie, was geschehen wird. Ich muß bekennen, daß ich manchmal aus verschiedenen Gründen nichts erwarte. Aber plötzlich wird mir die Kraft geschenkt, die ich brauche.

Manchmal denke ich auch, daß ich mich so gut vorbereitet habe, daß sicherlich viel geschehen wird. Aber leider muß ich feststellen, daß die Kraft fehlt. Gott sei Dank, daß es sich so verhält! Ich tue mein Möglichstes, aber er lenkt die Zufuhr und die Kraft, mit der er die Botschaft ausstattet. Er ist der himmlische Arzt, und er kennt jede Veränderung in meinem Zustand. Er sieht meine Gesichtsfarbe, er fühlt meinen Puls. Er kennt meine unzulängliche Predigt. Er kennt alles. »So ist es«, sagt Paulus, »und deswegen vermag ich alles durch den, der mich beständig mit Kraft erfüllt.«

Das ist also das Rezept. Quälen Sie sich nicht ab im Gebet, indem Sie ihn um Kraft anbetteln! Tun Sie, was er Ihnen befohlen hat! Leben Sie das christliche Leben! Beten Sie! Haben Sie Gemeinschaft mit ihm! Verbringen Sie Ihre Zeit mit ihm, und bitten Sie ihn, sich Ihnen zu offenbaren! Solange Sie das tun, können Sie alles andere ihm überlassen. Er wird Ihnen Kraft schenken: »Wie deine Tage, so deine Kraft.« Er kennt uns besser, als wir uns selbst kennen, und gemäß unserer Bedürfnisse wird er uns geben. Handeln Sie so, und Sie werden mit dem Apostel sagen können: »Ich vermag alles (ich habe Kraft) durch den Einen, der mich beständig mit Kraft erfüllt.«